Betriebswirtschaftslehre

Betriebswirtschaftslehre für technische Kaufleute und HWD

Grundlagen mit Beispielen, Repetitionsfragen und Antworten sowie Übungen

Clarisse Pifko, Marcel Reber und Rita-Maria Züger

Betriebswirtschaftslehre für technische Kaufleute und HWD
Grundlagen mit Beispielen, Repetitionsfragen und Antworten sowie Übungen
Clarisse Pifko, Marcel Reber und Rita-Maria Züger

Grafisches Konzept: dezember und juli, Wernetshausen
Satz und Layout: Mediengestaltung, Compendio Bildungsmedien AG, Zürich
Druck: Edubook AG, Merenschwand

Redaktion und didaktische Bearbeitung: Thomas Hirt

Artikelnummer: 6789
ISBN: 978-3-7155-9402-6
Auflage: 2., aktualisierte und ergänzte Auflage 2009
Ausgabe: K1020
Sprache: DE
Code: XTK 001

Alle Rechte, insbesondere die Übersetzung in fremde Sprachen, vorbehalten. Das Werk und seine Teile sind urheberrechtlich geschützt. Jede Verwertung in anderen als den gesetzlich zugelassenen Fällen bedarf der vorgängigen schriftlichen Zustimmung von Compendio Bildungsmedien AG.

Copyright © 2007, Compendio Bildungsmedien AG, Zürich

Inhaltsverzeichnis

	Über die Reihe «Wirtschaft und Recht TK/HWD»	7
	Vorwort	8

Teil A	Wirtschaft und Märkte	11

1	**Die Nachfrage nach Gütern und Dienstleistungen**	12
1.1	Bedürfnisse als Motor der Wirtschaft	12
1.2	Nicht alle Bedürfnisse sind gleichrangig	13
1.3	Unbegrenzte Bedürfnisse, beschränkte Mittel	14
1.4	Vom Bedürfnis zur Nachfrage	15
	Repetitionsfragen	17

2	**Das Angebot von Gütern und Dienstleistungen**	19
2.1	Verarbeitung von Produktionsfaktoren	19
2.2	Ziele und Kenngrössen der Wirtschaftstätigkeit	20
2.3	Kenngrössen eines Markts	24
2.4	Die Einteilung der Güter	25
2.5	Die drei Wirtschaftssektoren	27
	Repetitionsfragen	29

3	**Der Markt von Gütern und Dienstleistungen**	31
3.1	Die wichtigsten Märkte im Überblick	31
3.2	Die Spielregeln eines Markts	32
3.3	Teilmarkt und Marktsegment	34
	Repetitionsfragen	36

4	**Die Betriebswirtschaftslehre (BWL)**	37
4.1	Schwerpunkte der VWL	37
4.2	Schwerpunkte der BWL	37
	Repetitionsfragen	39

Teil B	Das Unternehmen	41

5	**Das Unternehmen und seine Umwelt**	42
5.1	Die Sphären der Unternehmens-Umwelt	42
5.2	Die Anspruchsgruppen eines Unternehmens	46
5.3	Zielkonflikte zwischen den Anspruchsgruppen	51
	Repetitionsfragen	52

6	**Das Unternehmen als System**	**55**
6.1	Merkmale des Systems «Unternehmen»	55
6.2	Die Funktionsbereiche des Unternehmens	56
6.3	Unternehmensführung	57
6.4	Die primären Funktionsbereiche	64
6.5	Die sekundären Funktionsbereiche	69
6.6	Informationsmanagement	75
	Repetitionsfragen	78

7	**Die Unternehmenstypologie**	**80**
7.1	Einteilung nach der Grösse	80
7.2	Einteilung nach Branchen	80
7.3	Einteilung nach den vorherrschenden Produktionsfaktoren	81
7.4	Weitere Einteilungsmöglichkeiten	82
	Repetitionsfragen	83

8	**Unternehmensverbindungen**	**84**
8.1	Beweggründe für Unternehmensverbindungen	84
8.2	Formen von Unternehmensverbindungen	86
8.3	Erfolgs- und Misserfolgsfaktoren bei Fusionen	90
	Repetitionsfragen	92

Teil C	**Die Gründung eines Unternehmens**	**95**

9	**Von der Idee zum Unternehmen**	**96**
9.1	Warum reicht die Geschäftsidee nicht aus?	96
9.2	Die Bausteine eines Unternehmenskonzepts	97
9.3	Anforderungen an eine Geschäftsidee	97
9.4	Anforderungen an die Unternehmensleitung	99
9.5	Voraussetzungen für die Beschaffung von Startkapital	100
9.6	Anforderungen an den Businessplan	100
	Repetitionsfragen	104

10	**Wie ist ein Businessplan aufgebaut?**	**105**
10.1	Das Unternehmen im Überblick	106
10.2	Aktuelle und zukünftige Situation	106
10.3	Markt heute und in Zukunft	108
10.4	Marketing	108
10.5	Infrastruktur und Meilensteine	109
10.6	Die Finanzplanung	109
10.7	Finanzierung	111
10.8	Management Summary (Zusammenfassung)	111
	Repetitionsfragen	113

11	**Die Wahl des Standorts**	**114**
11.1	Kriterien für die Standortwahl	114
11.2	Arbeitskraft	115
11.3	Absatz	115
11.4	Werkstoffe	116
11.5	Ökologie und Raumplanung	116
11.6	Wirtschaftspolitisches Umfeld	117
11.7	Die Nutzwertanalyse – ein Instrument zur Entscheidungsfindung	117
	Repetitionsfragen	**120**
12	**Die Wahl der Rechtsform**	**121**
12.1	Die wichtigsten Rechtsformen im Überblick	121
12.2	Kriterien für die Wahl der Rechtsform	122
12.3	Handelsregister-Eintrag und Firma	125
	Repetitionsfragen	**127**
13	**Die Wahl der Organisationsform**	**128**
13.1	Was ist Organisation?	128
13.2	Die Ablauforganisation	129
13.3	Die Aufbauorganisation	130
13.4	Die funktionale Organisation	132
13.5	Die divisionale oder Spartenorganisation	133
13.6	Die Matrixorganisation	134
13.7	Projekt- oder Teamorganisation	135
	Repetitionsfragen	**136**

Teil D	**Ausgewählte Managementprobleme**	**139**
14	**Change Management**	**140**
14.1	Veränderungen in Organisationen	140
14.2	Veränderungsprozesse begleiten	147
	Repetitionsfragen	**158**
15	**Projektcontrolling**	**160**
15.1	Ist-Situation des Projekts erheben	161
15.2	Soll/Ist-Vergleich durchführen	165
15.3	Abweichungsursachen ermitteln	170
15.4	Steuerungsmassnahmen entwerfen	171
	Repetitionsfragen	**173**
16	**Risikomanagement**	**176**
16.1	Der Umgang mit Risiken	176
16.2	Instrumente der Risikoüberwälzung	181
	Repetitionsfragen	**187**

17	**Total Quality Management**	**189**
17.1	Grundgedanken von Total Quality Management	189
17.2	Der Total-Quality-Management-Prozess	190
17.3	Chancen und Gefahren von Total Quality Management	191
	Repetitionsfragen	193

18	**Wissensmanagement**	**195**
18.1	Was ist Wissen?	195
18.2	Aufgaben des Wissensmanagements	196
18.3	Anforderungen an das Wissensmanagement	196
18.4	Kosten und Nutzen des Wissensmanagements	197
	Repetitionsfragen	198

19	**Ökologiemanagement**	**199**
19.1	Ökologiepolitik	199
19.2	Der Ökologiemanagement-Prozess	200
19.3	Kosten und Nutzen des Ökologiemanagements	202
	Repetitionsfragen	203

Teil E	**Übungen**	**205**
	Übung macht den Meister	206
1	Schreinerei Mödinger	208
2	Brauerei Dentenbräu	209
3	Womeco AG	211
4	Metafor AG	213
5	Zulliger & Co.	214
6	Bepito AG	217
7	Lobisto AG	219
8	Miratas AG	220
9	Sensini Food GmbH	221
10	Micop AG	222
11	Jubilo AG	223
12	FC Behnried	224
13	Kompako Holding AG	225
14	Thermalbad Unternabingen AG	227
15	Bafin AG	228
16	Transportunternehmen Rudolf Bähler Busreisen RBB	230
17	RIMO AG «Profit Getränkeabholmarkt»	232

Teil F	**Anhang**	**235**
	Antworten zu den Repetitionsfragen	236
	Stichwortverzeichnis	260

Über die Reihe «Wirtschaft und Recht TK/HWD»

Die Reihe ist auf die Bedürfnisse von Studierenden zugeschnitten, die sich auf die Prüfungen zum technischen Kaufmann / zur technischen Kauffrau mit eidg. Fachausweis (TK) oder zum Erwerb des Höheren Wirtschaftsdiploms (HWD) vorbereiten.

Sie richtet sich deshalb in Stoffauswahl und -tiefe nach den Prüfungsreglementen der beiden Lehrgänge, wobei die Neuerungen des TK-Prüfungsreglements 2010 berücksichtigt sind. Mit den Bedürfnissen der beiden Zielgruppen vertraute Dozierende haben bei der Konzeption der Reihe und bei der Erarbeitung der Inhalte mitgewirkt.

Die Reihe umfasst folgende Titel:

- Betriebswirtschaftslehre (Management)
- Rechnungswesen
- Marketing
- Organisation und Projektmanagement
- Führung
- Kommunikation und Information
- Recht
- Volkswirtschaftslehre
- Logistik
- Informatik

Die Lehrmittel folgen dem bewährten didaktischen Konzept der Compendio-Lehrmittel. Verständliche Texte, zahlreiche Beispiele und Grafiken sowie Repetitionsfragen mit ausführlich kommentierten Musterlösungen ermöglichen die zielgerichtete Vor- und Nachbereitung des Unterrichts und gegebenenfalls auch ein Selbststudium.

Als Besonderheit enthält jedes Lehrmittel dieser Reihe einen Übungsteil mit anwendungsorientierten Aufgabenstellungen, wie sie an TK- und HWD-Abschlussprüfungen typischerweise gestellt werden.

Zürich, im Juni 2009

Marcel Reber, Projektleitung

Vorwort

Das vorliegende Buch bietet Ihnen die betriebswirtschaftlichen Grundlagen für das Fach Management.

Inhalt und Aufbau dieses Lehrmittels

Das Buch umfasst folgende Teile:

- **Teil A «Wirtschaft und Märkte».** Hier geht es um die grundlegenden Fragen und Zusammenhänge des Wirtschaftsgeschehens.
    - Im Zentrum stehen die **Märkte** – die Nachfrage nach Gütern und Dienstleistungen, das Angebot von Gütern und Dienstleistungen sowie das Geschehen auf den Märkten selbst.
    - Zum Schluss befassen wir uns mit den Fragen, mit denen sich die **Betriebswirtschaftslehre** auseinandersetzt, und wie sie sich von der **Volkswirtschaftslehre** abgrenzt.
- **Teil B «Das Unternehmen».** Hier geht es um das Unternehmen als Teil eines grösseren Systems mit Wechselwirkungen und Zielkonflikten.
    - Wir befassen uns zuerst mit den **Umweltsphären,** in denen sich ein Unternehmen bewegt, und den **Anspruchsgruppen,** denen es gegenübersteht.
    - Anschliessend befassen wir uns mit dem **Unternehmen als System** und zeigen, welche verschiedenen **Funktionsbereiche** zu diesem System gehören.
    - Danach zeigen wir, wie die Unternehmen in der Schweiz nach verschiedenen Kriterien eingeteilt werden können.
    - Zum Schluss dieses Teils werfen wir einen Blick auf die **Unternehmensverbindungen.** Weshalb verbinden sich Unternehmen und in welchen Formen können sie dies tun?
- **Teil C «Die Gründung eines Unternehmens».** Von der Idee bis zum erfolgreichen Start eines Unternehmens ist es ein weiter Weg. Zahlreiche Grundsatzfragen sind zu beantworten. Es handelt sich um Problemkreise, die auch bei längst etablierten Unternehmen immer wieder hinterfragt werden müssen.
    - Zuerst zeigen wir, wie aus einer **Geschäftsidee** ein **Unternehmenskonzept** entwickelt wird und dieses in Form eines **Businessplans** festgehalten wird.
    - Danach befassen wir uns mit der Wahl eines geeigneten **Standorts** und der geeigneten **Rechtsform** für ein Unternehmen.
    - Zum Schluss geht es um die Organisation des **Unternehmens.**
- **Teil D «Ausgewählte Managementprobleme».** Die Rahmenbedingungen für Unternehmen ändern sich laufend. Das führt zu besonderen Herausforderungen an das Management. In diesem Teil befassen wir uns mit solchen Fragestellungen, und zwar mit:
    - **Change Management**
    - **Projektcontrolling**
    - **Risikomanagement**
    - **Total Quality Management**
    - **Wissensmanagement**
    - **Ökologiemanagement**
- **Teil E «Übungen».** In diesem Teil steht die Anwendung des erworbenen Wissens im Zentrum. Wir haben 15 kapitelübergreifend vernetzte Übungen aufbereitet. So können Sie trainieren und sich zielgerichtet auf die Prüfung vorbereiten.
- **Teil F «Anhang».** Hier finden Sie Musterlösungen zu den Repetitionsfragen, die in den Theorieteilen A bis D jeweils am Schluss jedes Kapitels enthalten sind.

Arbeitshinweise

Dieses Lehrmittel eignet sich auch für das Selbststudium. Nützliche Tipps dazu erhalten Sie auf www.compendio.ch/Lerntipps.

Vertiefungen zu den beiden Themen «St. Galler Management-Modell» und «Balanced Scorecard» finden Sie auf www.compendio.ch/Bildungsmedien/?Titel=2028 in der Rubrik «Download».

In eigener Sache

Um den Text möglichst einfach und verständlich zu halten, verwenden wir abwechslungsweise die männliche und die weibliche Form bei Personenbezeichnungen, so z. B. in einem Abschnitt «der Mitarbeiter» und in einem nächsten «die Mitarbeiterin». Wenn möglich verwenden wir bei der Mehrzahl das Partizip I (Partizip Präsens), also z. B. «die Mitarbeitenden», und beziehen uns dabei sowohl auf männliche als auch weibliche Personen.

Haben Sie Fragen oder Anregungen zu diesem Lehrmittel? Über unsere E-Mail-Adresse postfach@compendio.ch können Sie uns diese gerne mitteilen. Sind Ihnen Tipp- oder Druckfehler aufgefallen, danken wir Ihnen für einen entsprechenden Hinweis über die E-Mail-Adresse korrekturen@compendio.ch.

Zürich, im Juni 2009

Marcel Reber und
Compendio-Autorenteam

Teil A Wirtschaft und Märkte

1 Die Nachfrage nach Gütern und Dienstleistungen

Lernziele: Nach der Bearbeitung dieses Kapitels können Sie ...

- die Bedürfnisse als Motor der Wirtschaft beschreiben.
- die unterschiedlichen menschlichen Bedürfnisse anhand der Maslow-Pyramide aufzeigen.
- zeigen, wie sich das Bedürfnis zur wirtschaftlich relevanten Nachfrage entwickelt.

Schlüsselbegriffe: Bedürfnis, Bedarf, Maslow-Pyramide, Nachfrage

Warum wirtschaften wir überhaupt? Die Antwort ist vorerst einfach: Wir wirtschaften, um unseren Lebensunterhalt zu bestreiten, um unsere Bedürfnisse zu befriedigen.

Welches sind aber unsere Bedürfnisse und wie lassen sich diese befriedigen? Dieser grundlegenden Frage des wirtschaftlichen Handelns gehen wir in diesem Kapitel nach.

1.1 Bedürfnisse als Motor der Wirtschaft

Begeben wir uns noch einmal auf den Wochenmarkt:

Beispiel

Claudia und Stefan Walder haben für heute Abend Gäste eingeladen. Gemeinsam gehen sie auf den Wochenmarkt, um die verschiedenen Zutaten für das Essen einzukaufen. Sie brauchen dazu unter anderem Brot, Olivenöl, Zitronen, Spinat und Fische, die sich zum Braten eignen. Claudia und Stefan kommen an einem Blumenstand vorbei. «Sieh nur, diese wunderschönen Tulpen», ruft Stefan aus und kauft spontan einen grossen Strauss davon.

Alle Handlungen des Menschen entstehen aus Bedürfnissen, die nach Befriedigung drängen. Ein Bedürfnis ist ein Gefühl des **Mangels** (z. B. Hunger und Durst), verbunden mit dem Wunsch, den Mangel zu beseitigen (durch Essen und Trinken).

Nicht alle Bedürfnisse lassen sich durch **Güter** oder **Dienstleistungen** befriedigen: unser Bedürfnis nach Freundschaft und Liebe, nach frischer Luft oder Freiheit beispielsweise. Für viele Bedürfnisse bietet der Markt jedoch die Möglichkeit der Befriedigung an, wie unser Beispiel zeigen soll:

Beispiel

Stefan Walder kann sein Bedürfnis nach Natur zwar nicht direkt befriedigen – er kann sich jedoch ein Stück Natur in die Wohnung holen, indem er einen Strauss Tulpen kauft.

Sobald also die Möglichkeit besteht, ein bedürfnisgerechtes Produkt anzubieten, werden Bedürfnisse wirtschaftlich interessant. Bedürfnisse oder Wünsche verändern sich ständig, und ein bestimmtes Bedürfnis lässt sich oftmals auf unterschiedliche Weise befriedigen. Man kann zwischen verschiedenen Angeboten wählen.

Es gibt einige **grundlegende Bedürfnisse,** die **alle** Menschen haben (z. B. Bedürfnis nach Nahrung, nach Schutz vor Kälte). Viele weitere Wünsche sind **individuell, kulturell und situativ** (d. h. von den momentanen Umständen) geprägt. Wie und in welchem Masse der Einzelne seine Bedürfnisse befriedigt, hängt ebenfalls von verschiedensten Einflüssen ab:

- von den kulturellen, religiösen oder moralischen Wertvorstellungen,
- von gesetzlichen oder gesellschaftlichen Bestimmungen,
- vom sozialen und persönlichen Lebensumfeld,
- von den Produkten, die man bereits kennt,
- von Gewohnheiten, der Mode usw.

Wir beobachten diese unterschiedlichen Bedürfnisse und Einflüsse auch auf Wochenmärkten:

Beispiel
- Sie finden auf einem islamischen Wochenmarkt kein Schweinefleisch, weil es aus religiösen Gründen nicht gegessen wird.
- Bekanntlich gibt es in jeder Region andere Wurstspezialitäten: Vielleicht kaufen auch Sie am liebsten jene, die Sie schon als Kind mochten.

Nicht selten geht die individuelle Befriedigung eines Bedürfnisses aber **auf Kosten anderer,** wie das folgende Beispiel veranschaulichen soll:

Beispiel
Kürzlich wurde in der Nähe des Marktplatzes ein neues Parkhaus erstellt. Dieses deckt das Bedürfnis der Marktbesucher, mit dem Auto zum Wochenmarkt fahren zu können. Für die Anwohnerinnen bringt der zusätzliche Autoverkehr jedoch eine grössere Lärmbelastung; sie werden in ihrem Bedürfnis nach Ruhe am Samstagmorgen beeinträchtigt.

1.2 Nicht alle Bedürfnisse sind gleichrangig

In den Sozialwissenschaften[1] gibt es einige anerkannte Einteilungsvorschläge. Der bekannteste ist die Bedürfnispyramide des Psychologen A. H. Maslow. Er stuft die menschlichen Bedürfnisse in fünf Kategorien ein:

- Die **Grundbedürfnisse** sichern die Erhaltung des Lebens. Sie haben eine körperliche Grundlage und werden daher auch physiologische Bedürfnisse genannt. Hierher gehört z. B. das Bedürfnis nach Nahrung, nach Schlaf und nach Schutz durch Kleidung.
- In die zweite Stufe setzt Maslow die Bedürfnisse nach Schutz vor möglichen Bedrohungen oder Gefahren. Er nennt diese Gruppe **Sicherheitsbedürfnisse.** Sie werden durch Sicherung eines bestimmten Einkommens, durch Dienstleistungen der Feuerwehr und der Polizei und durch Versicherungen, z. B. für den Krankheitsfall oder für die Altersvorsorge, befriedigt.
- **Kontakt- oder soziale Bedürfnisse** sind der Wunsch nach Geborgenheit, Zugehörigkeit und Akzeptiertwerden, mit anderen zusammen zu sein und Zuneigung zu erfahren.
- Es folgen die **Bedürfnisse nach Achtung und Anerkennung,** d. h. nach Wertschätzung, Status, Prestige, Einfluss und Macht in der eigenen Umwelt. Man will nicht nur dazugehören und aufgenommen sein, man möchte auch mitreden und mitgestalten.
- An der Spitze der Pyramide steht der Wunsch nach **Selbstverwirklichung.** Der Mensch will seine persönlichen Möglichkeiten und Fähigkeiten voll ausschöpfen und sich so bestmöglich entfalten.

[1] Die Sozialwissenschaften untersuchen die Beziehungen zwischen Menschen.

[1-1] Die Bedürfnispyramide nach A. H. Maslow

Die Bedürfnispyramide besagt Folgendes: Sind die Bedürfnisse der jeweils unteren Stufe befriedigt, strebt der Mensch nach der nächsthöheren Stufe. Hat man eine Bedürfnisart erreicht, bemüht man sich um die nächste.

Betrachten wir die verschiedenen Bedürfnisstufen am Beispiel «Schuhe»:

Beispiel

Zunächst besteht das Grundbedürfnis nach irgendeinem Paar Schuhe, um die Füsse zu schützen. Ist dieses Grundbedürfnis gedeckt und kann man sich dies leisten, entsteht der Wunsch nach zweckdienlichen Schuhen, die mehr Sicherheit geben (z. B. durch eine rutschfeste Sohle), oder nach mehr Komfort (z. B. durch ein gepolstertes Fussbett).

Die Mode sendet Botschaften an die Mitmenschen aus und befriedigt unser Bedürfnis nach sozialem Kontakt. Man will dazugehören und auffallen; so wünscht man sich ein modisches Paar Schuhe. Auch das Bedürfnis nach Anerkennung lässt sich befriedigen: Man verschafft sich ein bestimmtes Image, indem man Schuhe einer begehrten Marke trägt. Dafür ist man bereit, ein Vielfaches gegenüber «gewöhnlichen» Schuhen auszugeben.

1.3 Unbegrenzte Bedürfnisse, beschränkte Mittel

Die Wirtschaftstätigkeit vollzieht sich im Spannungsfeld unbegrenzter Bedürfnisse und beschränkter Mittel. Das zwingt laufend zu Entscheidungen:

- Der einzelne Mensch entscheidet, welche Güter seine Bedürfnisse am besten befriedigen und auf welche er verzichten will oder muss.
- Die Produzenten entscheiden, welche Güter sie herstellen und anbieten wollen.

Beide entscheiden, indem sie den **Nutzen** verschiedener Möglichkeiten gegeneinander abwägen. Sie wählen das, was ihnen den grössten Nutzen verspricht.

Schauen wir genauer, was es bedeutet, dass die Bedürfnisse unbegrenzt und die Mittel begrenzt sind:

- Die **Bedürfnisse** und Wünsche der Menschen sind **unbegrenzt.** Man hat ein Auto und möchte noch ein Motorrad, ein Mountainbike, ein Boot, einen Heissluftballon …

- Die Herstellung von Gütern und Dienstleistungen ist immer mit dem Einsatz von beschränkten Mitteln verbunden: mit Arbeitseinsatz, Fachwissen, Maschinenleistung, Rohstoffen usw. Die Natur stellt uns nur wenige Güter frei zur Verfügung wie Tageslicht, Luft, Wasser usw. Die meisten müssen wir selbst herstellen. Der Aufwand dafür ist beträchtlich, die Mittel dazu sind begrenzt.
- Wirtschaftsgüter sind daher immer knapp. Während wir in Westeuropa mit Gütern überschwemmt werden, hat die Mehrheit der Weltbevölkerung knapp oder nicht einmal das Nötigste zum Überleben. Und auch wir entwickeln immer neue Bedürfnisse und Wünsche, die befriedigt sein wollen. Es werden nie alle alles haben können, was sie möchten.
- Grenzen werden der Güterproduktion mehr und mehr auch von der Natur gesetzt. Ihre Ressourcen (z. B. Rohstoffvorräte) und ihre Belastbarkeit für Schadstoffe und Abfälle sind begrenzt.

Die Knappheit der Mittel zwingt zu einer umsichtigen Denk- und Handlungsweise. Das übergeordnete Ziel, an dem sich wirtschaftliches Handeln orientiert, ist der Nutzen.

1.4 Vom Bedürfnis zur Nachfrage

Wir haben bereits gesagt, dass nicht jedes Bedürfnis wirtschaftlich interessant ist. Drei Bedingungen müssen erfüllt sein, damit Ihre Bedürfnisse für die Wirtschaft interessant werden:

1. Ihr Bedürfnis muss mit einem herstellbaren Gut befriedigt werden können.
2. Sie müssen bereit sein, Geld für dieses Gut auszugeben.
3. Sie müssen über das nötige Geld verfügen, um das entsprechende Gut kaufen zu können. Es geht um Ihre Kaufkraft.

Nur wenn diese drei Bedingungen erfüllt sind, wird das Bedürfnis zur wirtschaftlichen Nachfrage: Ein Bedürfnis wird zum Bedarf, wenn es sich im Wunsch nach bestimmten Gütern konkretisiert. Nachfrage entsteht, wenn Kaufkraft dazukommt.

Beispiel

Wir haben ein Bedürfnis nach mündlicher Kommunikation über Distanzen hinweg. So entstand der Bedarf nach Kommunikationsinstrumenten, die dies ermöglichen. Der Telefonapparat zu Hause, im Büro oder in der öffentlichen Telefonkabine befriedigte dieses Bedürfnis vorerst, doch entstand allmählich der Wunsch, ortsunabhängiger telefonieren zu können. Es entwickelte sich ein Bedarf nach mobilen Telefongeräten.

Dank Fortschritten in der Telekommunikation wurde die serienmässige Fertigung in den Neunzigerjahren des letzten Jahrhunderts möglich. Dadurch konnten die Preise massiv gesenkt und Mobiltelefone somit für viele erschwinglich gemacht werden. Es entstand weltweit ein Nachfrageboom. Heute können sich viele ein Leben ohne ein solches Mobiltelefon nicht mehr vorstellen.

Bedürfnisse sind **Gefühle des Mangels**, verbunden mit dem Wunsch, den Mangel zu beseitigen. Bedürfnisse werden **durch Güter und Dienstleistungen befriedigt**.

Das bekannteste Modell für die Einteilung der verschiedenen Bedürfnisse ist die **Maslow-Pyramide**. Sie unterscheidet fünf Bedürfnisstufen:

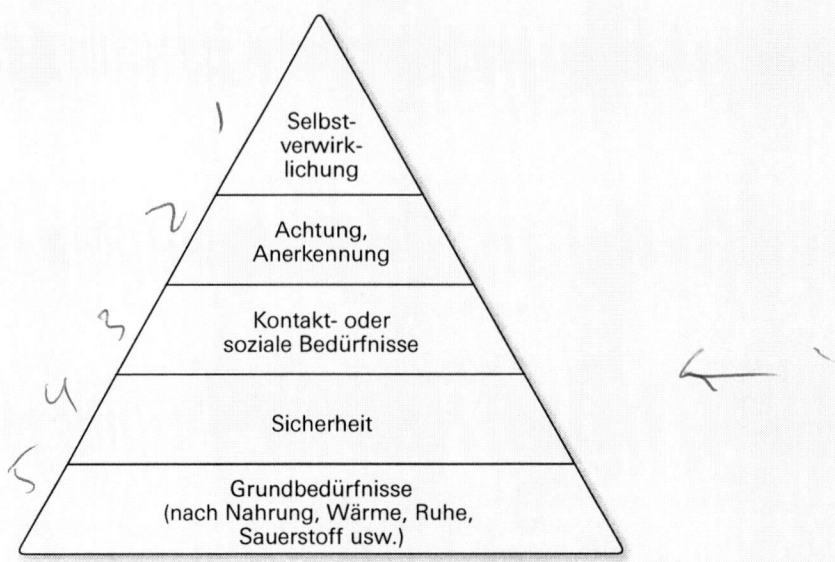

1. **Grundbedürfnisse** sichern die körperliche Überlebensfähigkeit.
2. **Sicherheitsbedürfnisse** decken das Bedürfnis nach Schutz vor möglichen Bedrohungen und Gefahren ab.
3. **Soziale Bedürfnisse** drücken sich im Wunsch nach Zugehörigkeit in einer Gemeinschaft aus.
4. **Anerkennungsbedürfnisse** betreffen den Status, Einfluss und die Macht im eigenen Umfeld.
5. **Selbstverwirklichungsbedürfnisse** sind alle individuellen Bedürfnisse nach Selbstentfaltung.

Die menschlichen **Bedürfnisse** sind im Prinzip **unbegrenzt** und rufen nach immer neuen Gütern. Die **Mittel** zur Güterproduktion jedoch sind **knapp**. Es wird nie so viele Güter geben, sodass alle Bedürfnisse befriedigt werden können. Wirtschaftliches Handeln ist daher immer ein Entscheiden, und die Entscheidungen orientieren sich am vermutlich grössten **Nutzen**.

Eine **Nachfrage** entsteht erst dann, wenn drei Bedingungen erfüllt sind:

- Aus dem Bedürfnis entsteht ein Bedarf, wenn das Bedürfnis durch ein bestimmtes Gut befriedigt werden kann.
- Um den Bedarf zu decken, muss man bereit sein, Geld für dieses Gut auszugeben.
- Um Geld ausgeben zu können, muss man es haben.

Somit ergibt sich: **Nachfrage = Bedarf + Kaufkraft**

Repetitionsfragen

1 Auf dem Wochenmarkt gibt es auch eine Lottoannahmestelle. An diesem Wochenende sind rund vier Millionen Schweizer Franken zu gewinnen. Ein Radioreporter fragt verschiedene Marktbesucher, was sie mit dem Hauptgewinn machen würden.

Ordnen Sie die folgenden Wünsche der befragten Personen den Bedürfnisebenen nach Maslow zu:

A] Alexander: «Ich würde mir einen verrückten Traum erfüllen und einen Ferrari kaufen.»

B] Barbara: «Ich bin sehbehindert. Das gewonnene Geld würde ich deshalb für den besten Augenchirurgen der Welt einsetzen, damit er meine Augen operiert.»

C] Carlo: «Ich würde morgen schon meinen jetzigen Job kündigen und mindestens ein Jahr lang durch Australien und die Südsee reisen.»

D] Denise: «Ich will eine eigene Firma gründen – mit dem Hauptgewinn hätte ich genügend Startkapital.»

E] Eric: «Ich würde einen Teil des Geldes für eine gute Lebensversicherung aufwenden und den Rest in Wertschriften anlegen.»

2 Vanessa Gerber ist mit ihrer Freundin auf dem Wochenmarkt. Sie stöbern in den Auslagen der verschiedenen Kleiderstände, probieren Schuhe an, betrachten sich im Spiegel, ob die angebotenen Sonnenbrillen ihnen stehen würden.

Auf ihre Kaufwünsche angesprochen, antwortet Vanessa: «Ich will nicht irgendeine Sporthose, sondern eine von Puma!»

Was zeigt dieses Beispiel auf, das für Bedürfnisse sehr charakteristisch ist?

3 Erklären Sie in zwei, drei Sätzen die Aussage «Nachfrage = Bedarf + Kaufkraft».

4 Die Bedürfnispyramide von A. H. Maslow unterscheidet fünf Arten von Bedürfnissen.

Welche Bedürfnisse gehören zu welcher Aussage?

Ordnen Sie die Bedürfnisse aus der Auswahl den Aussagen zu. Mehrfachzuweisungen sind möglich.

Aussage	Bedürfnis
Herr De Weck kauft Milch und Brot im Supermarkt.	
Als Ausgleich zum Berufsleben malen Sie in der Freizeit Bilder.	
Marcel Rossi geht jeden Samstag in sein Stammlokal, um Freunde zu treffen.	
Corinne bildet sich mit Abendkursen weiter.	
Zwei Freundinnen verkaufen auf dem Markt billig Secondhandkleider.	
Das Ehepaar Christo verpackt Gebäude auf der ganzen Welt.	
Daniel Gerber verbringt den Abend vor dem Computer und chattet mit Partnern.	
Ein Ehepaar installiert eine Alarmanlage im Haus.	

5   Viele Bedürfnisse lassen sich befriedigen. Sind die Aussagen in der Tabelle richtig (R) oder falsch (F)?

Aussage	R/F
Jedes Bedürfnis ist wirtschaftlich interessant.	
Bedarf entsteht, wenn Kaufkraft dazukommt.	
Nachfrage = Bedarf + Kaufkraft.	
Freie Güter sind für die Wirtschaft nicht interessant.	
Die Nachfrage nach einem wirtschaftlichen Bedürfnis kann erst durch Kaufkraft realisiert werden.	

2 Das Angebot von Gütern und Dienstleistungen

Lernziele: Nach der Bearbeitung dieses Kapitels können Sie ...

- die Produktionsfaktoren benennen, mit denen Unternehmen ihre Güter/Dienstleistungen erstellen.
- das ökonomische Prinzip mit eigenen Worten erklären.
- Produktivität, Wirtschaftlichkeit und Wertschöpfung als wichtige Kenngrössen wirtschaftlichen Handelns erklären und berechnen.
- aufzeigen, wie man Güter nach verschiedenen Kriterien einteilen kann.
- die drei Wirtschaftssektoren beschreiben. Know-how,

Schlüsselbegriffe: Angebot, Arbeitskraft, Betriebsmittel, Dienstleistungen, Effektivität, Effizienz, freie Güter, Gebrauchsgüter, immaterielle Güter, Input, Investitionsgüter, Konsumgüter, Marktgrösse, Marktposition, Marktsättigung, materielle Güter, Minimumprinzip, Maximumprinzip, ökonomisches Prinzip, Optimumprinzip, Output, Primärsektor, Produktionsfaktoren, Produktivität, Sekundärsektor, Tertiärsektor, Verbrauchsgüter, Werkstoffe, Wertkette, Wertschöpfung, Wirtschaftsgüter, Wirtschaftlichkeit, Wirtschaftssektoren

Viele unserer Bedürfnisse lassen sich mit Gütern und Dienstleistungen befriedigen, und die meisten von uns verfügen auch über die Kaufkraft, um den Grundbedarf zu decken. Damit wird es für Anbieter attraktiv, Güter und Dienstleistungen zu produzieren und auf den Markt zu bringen.

In diesem Kapitel betrachten wir die Bedingungen genauer, die sich für die Anbieter von Gütern und Dienstleistungen ergeben.

2.1 Verarbeitung von Produktionsfaktoren

Um Güter zu produzieren, setzen wir die vielfältigsten Mittel ein. Man nennt diese Produktionsfaktoren. Jede betriebliche Leistung ist das Ergebnis eines Transformations- oder Umsetzungsprozesses: Ein **Input** wird zu einem bestimmten **Output** verarbeitet.

[2-1] Produktionsfaktoren werden zu Gütern und Dienstleistungen

Analysieren wir drei Produkte, die auf dem Wochenmarkt angeboten werden. Wahrscheinlich fallen auch Ihnen einige Produktionsfaktoren sofort auf:

Beispiel

- Input = Milch, Salz, Wasser, Kenntnisse über die Käseherstellung, Lagerraum ➔ Output = Käse
- Input = Stoff, Schnittmuster, Faden, Reissverschluss, Knöpfe, Nähmaschine ➔ Output = Hose
- Input = Papier, Informationen, Fotos, Computer, Drucker, Klebemittel ➔ Output = Zeitschrift

Unternehmen erbringen sehr vielfältige Leistungen. Betrachten wir diese Leistungsvielfalt etwas abstrakter, dann gibt es immer dieselben grundsätzlichen Elemente:

- Es wird ein **Input** in einen **Output** verarbeitet, transformiert bzw. umgewandelt.
- Der Input besteht aus **Produktionsfaktoren.**
- Durch die Transformation entsteht ein **Mehrwert.**

Im Folgenden interessieren uns die **Produktionsfaktoren** näher, also die Inputseite. Sie bildet die Bausteine jeder betrieblichen Leistung.

Produktionsfaktor	Erklärung
Arbeitskraft	Der Produktionsfaktor Arbeitskraft umfasst jeden körperlichen und geistigen Aufwand von **Menschen,** der zur Schaffung von Gütern und Dienstleistungen geleistet wird.
Know-how	Das Know-how ist ein wesentlicher Erfolgsfaktor für die Herstellung von Gütern oder für Dienstleistungen und ist eng mit dem Produktionsfaktor Arbeitskraft verknüpft. Know-how umfasst sämtliches **Können, Wissen** und **Informationen** in allen Bereichen der Produktion und des Marketings, in der Mitarbeiterführung, der Kommunikation usw.
Betriebsmittel	Zu den Betriebsmitteln gehören alle Güter, die **nicht Bestandteil des Outputs** werden: Maschinen, Werkzeuge, Boden, Gebäude und Geld. Der Boden hat eine doppelte wirtschaftliche Bedeutung: Er ist zum einen Lieferant von Rohstoffen für die Produktion (Wasser, Erdöl, Kohle, Kupfer usw.) und zum anderen wird er benötigt, um darauf Produktionsgebäude, Lagerhallen, Ausstellungsräume oder Bürogebäude zu erstellen. Man bezeichnet die Betriebsmittel auch als Produktions- oder Investitionsgüter oder als **Produktionsmittel.** Manchmal spricht man auch vom **Produktivkapital.** Gemeint ist damit das für die Produktionsmittel aufgewendete Geld.
Werkstoffe	Als Werkstoffe gelten die • Rohstoffe, • Hilfsstoffe, • Betriebsstoffe, • vorfabrizierten Einzelteile (Halb- und Fertigfabrikate), die im Produktionsprozess verarbeitet werden: Baumwollstoff wird zu einem Kleid verarbeitet, Holz zu Papier, Leder zu Schuhen usw.

2.2 Ziele und Kenngrössen der Wirtschaftstätigkeit

Die Anbieter versorgen die Gesellschaft nicht aus Idealismus mit Gütern, sondern um davon zu leben. Um davon zu leben, müssen sie an der Güterversorgung verdienen. Um zu verdienen, müssen sie wirtschaftlich produzieren.

Dies bedeutet: **Der Output hat mehr Wert als der gesamte Input.**

- Die Anbieter handeln **gewinnorientiert:** Erfolgreiche Anbieter von Gütern und Dienstleistungen verstehen es, so zu produzieren, dass sie mehr verdienen, als sie ausgeben müssen. Sie erzielen dadurch für sich Gewinne.
- Die Anbieter handeln jedoch auch **gesellschaftsorientiert:** Viele Inputgüter eignen sich in ihrem natürlichen Zustand nicht zur Bedürfnisbefriedigung, sondern erst nach ihrer Bearbeitung. Die Anbieter leisten somit auch einen Beitrag an die Gesellschaft.

Beispiel

Die Roggenpflanze auf dem Feld kann mein Bedürfnis nach Nahrung vorerst nicht befriedigen, sondern erst dann, wenn der Roggen geerntet, zu Mehl und schliesslich zu Brot verarbeitet wird.

Im obigen Beispiel erzielen beide, der Konsument und der Produzent von Brot, einen Nutzen. Der Konsument kann damit sein Bedürfnis nach Nahrung befriedigen, und der Produzent verdient mit dem Brotverkauf Geld.

2.2.1 Wertschöpfung

Der materielle Wert eines Produkts oder einer Dienstleistung drückt sich im Preis aus. Anders formuliert: Jede betriebliche Leistung ist so viel wert, wie sie kostet. Die gesamte Wertschöpfung, die durch ein Produkt oder eine Dienstleistung erzielt wird, entspricht somit dem Verkaufspreis.

Wir wechseln nun den Blickwinkel und betrachten anhand der betrieblichen Leistungserstellung, welche Wertschöpfung ein einzelnes Unternehmen erbringt.

Von Michael E. Porter, Professor für Wirtschaftswissenschaften, stammt die sog. **Wertkette** (value chain). Sie umfasst alle betrieblichen Aktivitäten eines Unternehmens, durch die ein Produkt bzw. eine Dienstleistung entworfen, hergestellt, vertrieben, ausgeliefert und unterstützt wird.

[2-2] Wertkette nach Porter

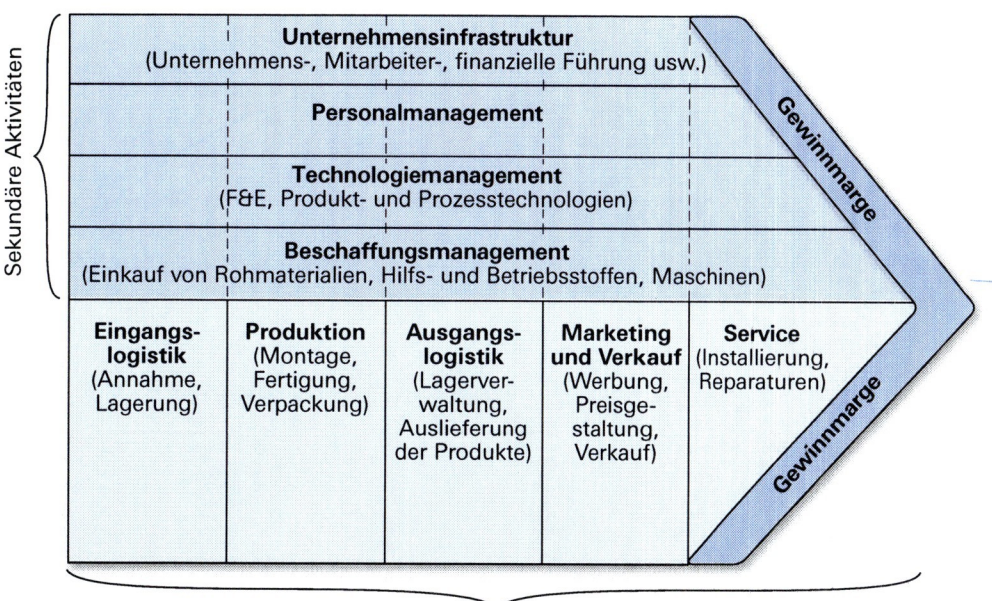

Porter unterscheidet die wertschöpfenden Aktivitäten nach ihrem Einfluss auf den Leistungserstellungsprozess und gliedert sie in primäre und sekundäre Aktivitäten:

- Die **primären Aktivitäten** Eingangslogistik, Produktion, Ausgangslogistik, Marketing & Verkauf und Service leisten einen direkten Beitrag zum Kundennutzen, indem sie sich mit der Herstellung, dem Verkauf und der Übermittlung von Produkten und Dienstleistungen (Service) für den Kunden befassen. Sie sind direkt an der Wertbildung für den Kunden beteiligt.
- Die **sekundären Aktivitäten** Unternehmensinfrastruktur, Personalmanagement, Technologiemanagement und Beschaffungsmanagement beeinflussen den Kundennutzen indirekt, indem sie die primären Aktivitäten massgeblich unterstützen. Sie sind folglich indirekt an der Wertbildung für den Kunden beteiligt.

Wenn wir uns die Frage nach dem **Wertschöpfungsanteil** stellen, den ein Unternehmen durch seine Leistungen erzielt, müssen wir den Blickwinkel noch einmal einschränken. Nur in Ausnahmefällen erarbeitet ein Unternehmen die gesamte Wertschöpfung nämlich selbst. Fast immer beschafft es einen Teil der Leistungen durch Zukäufe von Dritten und verarbeitet diese weiter. Diese zugekauften Leistungen bezeichnet man als **Vorleistungen.**

| Beispiel | • Eine Autofabrik bezieht eine Vielzahl von Bestandteilen (Autositze, Stossdämpfer usw.) von Fremdlieferanten.
• Ein Fernsehsender beschafft die Nachrichten über spezialisierte Agenturen und die ausgestrahlten Filme von aussenstehenden Produktionsstudios. |
|---|---|

Der Wertschöpfungsanteil der betrieblichen Leistungserstellung entspricht somit nicht dem Verkaufspreis, sondern wird durch die Vorleistungen vermindert. Die folgende Gleichung drückt dies aus:

Wertschöpfung des Unternehmens = Verkaufspreis − Vorleistung

Jede Leistungserstellung ist mit Kosten verbunden: Ein Teil dieser Kosten wird durch die **Vorleistungen** (also die Zukäufe) verursacht. Die restlichen Kosten entfallen auf die **Betriebskosten,** d. h. auf die Erstellungskosten für den eigenen Wertschöpfungsanteil. Die Differenz zwischen dem Verkaufserlös der Leistung und der Summe aller Kosten wird als **Erfolg** bezeichnet. Im positiven Fall, wenn die Kosten kleiner sind als der Erlös, ist dieser Erfolg ein Gewinn. Im negativen Fall, wenn der Erlös die Kosten nicht zu decken vermag, ist der Erfolg ein Verlust.

Die Zusammenhänge zwischen Wertschöpfung, Kosten und Erfolg lassen sich schematisch wie folgt darstellen:

[2-3]   Wertschöpfung, Kosten und Erfolg

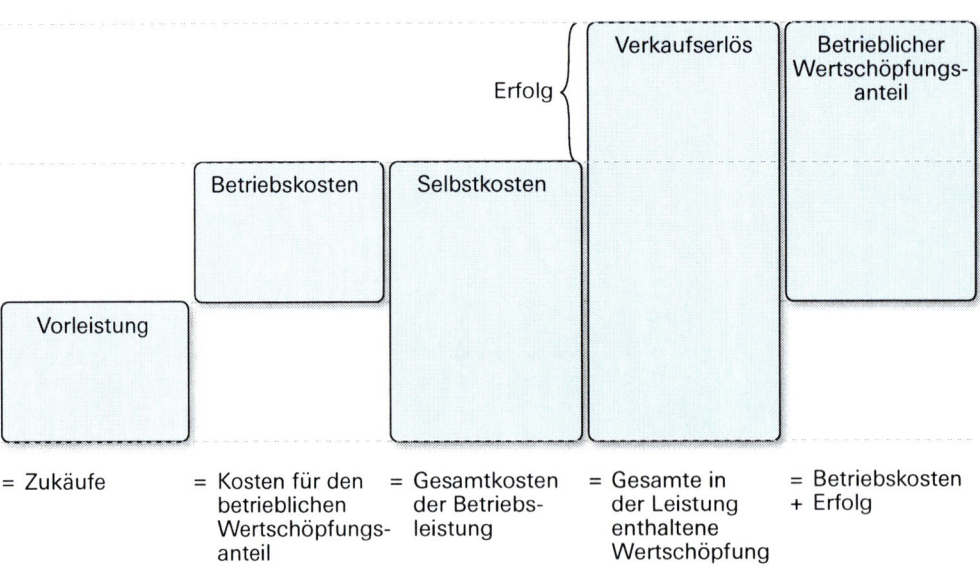

2.2.2 Ökonomisches Prinzip

Das ökonomische Prinzip ist ein grundlegendes Prinzip des Wirtschaftens. Es heisst auch **Wirtschaftlichkeitsprinzip** und besagt Folgendes:

- Mit vorhandenen Mitteln soll ein maximales Ergebnis erzielt werden. Man nennt dies das **Maximumprinzip.**
- Ein gewünschtes Ergebnis soll mit einem minimalen Einsatz an Mitteln erreicht werden. In diesem Zusammenhang spricht man vom **Minimumprinzip.**
- Wenn das Verhältnis zwischen In- und Output (zwischen eingesetzten Mitteln und dem Ergebnis) möglichst günstig sein soll, spricht man vom **Optimumprinzip.** Es ist folglich eine Kombination des Maximum- und des Minimumprinzips.

Betrachten wir das ökonomische Prinzip nochmals am Beispiel des Wochenmarktes:

Beispiel

- Der Landwirt handelt nach dem Maximumprinzip, wenn er Gemüse so anbaut, dass sein Ackerboden über den ganzen Sommer hinweg verschiedene Ernten und damit einen maximalen Ertrag ermöglicht.
- Kunden handeln nach dem Minimumprinzip, wenn sie Tomaten bei jenem Händler kaufen, der sie am günstigsten verkauft.
- Ein Landwirt, der das von ihm produzierte Gemüse auf dem Wochenmarkt direkt verkauft, handelt nach dem Optimumprinzip, falls seine Aufwand-/Ertragsrechnung besser abschneidet, als wenn er seine Produkte einem Grossverteiler liefern würde.

Im Wettbewerb stehende Unternehmen richten ihre Aktivitäten grundsätzlich auf das ökonomische Prinzip aus. Den Massstab für die Wirtschaftlichkeit bilden zunächst zwei Kriterien, nämlich die Effizienz und die Effektivität.

- Als **Effizienz** bezeichnet man die Leistungsfähigkeit, d. h. das Verhältnis zwischen der erbrachten Leistung und dem dafür benötigten Einsatz von Mitteln. In der unternehmerischen Tätigkeit wird die Effizienz mit der Produktivität gleichgesetzt.
- Als **Effektivität** bezeichnet man die Wirksamkeit einer Leistung, d. h. den Grad der Zielerreichung. In der unternehmerischen Tätigkeit zeigt sich die Effektivität vor allem im Erfolg und in der Wirtschaftlichkeit.

Nachfolgend gehen wir auf die drei Kenngrössen Produktivität, Wirtschaftlichkeit und Erfolg näher ein. Sie werden in der Betriebswirtschaftslehre auch die **Erfolgsziele** eines Unternehmens genannt.

2.2.3 Produktivität

Die Produktivität misst die Effizienz der erbrachten Leistung. Man kann den Produktionsprozess rein quantitativ, also mengenmässig, betrachten: als **Verhältnis zwischen Input- und Outputmenge.**

$$\text{Produktivität} = \frac{\text{Menge des Outputs}}{\text{Menge des Inputs}}$$

Das Ermitteln der Gesamtproduktivität eines Unternehmens ist kaum möglich, weil verschiedenste Grössen (Arbeitsstunden, Gütermengen, Geldeinheiten usw.) miteinander in Beziehung gesetzt werden müssen.

Es ist einfacher, das Verhältnis von nur zwei Messgrössen zu berechnen, z. B. die Maschinen- und die Arbeitsproduktivität:

$$\text{Maschinenproduktivität} = \frac{\text{Produktionsausstoss (Menge des Outputs)}}{\text{Maschinenstunden}}$$

$$\text{Arbeitsproduktivität} = \frac{\text{Produktionsleistung (Menge des Outputs)}}{\text{Arbeitsstunden}}$$

Beispiel

- Maschinenproduktivität: Anzahl abgefüllter Flaschen Apfelsaft pro Maschinenstunde einer Abfüllanlage.
- Arbeitsproduktivität: Anzahl eingesetzter Arbeitsstunden für das Nähen von tausend Hemden.

Die Arbeitsproduktivität ist ein sehr entscheidender Faktor, weil die Personalkosten in vielen Branchen den grössten Teil der Produktionskosten ausmachen. Allerdings stellen Löhne für die Unternehmen nicht nur einen Kostenfaktor dar, sondern sie kommen ihnen indirekt wiederum zugute: Denn die Lohnempfänger geben das verdiente Geld zu einem grossen Teil wieder für den Konsum von Gütern und Dienstleistungen aus.

2.2.4 Wirtschaftlichkeit und Erfolg

Wirtschaftlichkeit und Erfolg messen die Effektivität der erbrachten Leistung. Die Wirtschaftlichkeit setzt nicht Mengen, sondern den **Wert von Input und Output in Geldeinheiten** ins Verhältnis. Die Ökonomen nennen den Wert des Inputs Aufwand, den des Outputs Ertrag. Wirtschaftlichkeit ist das Verhältnis von Ertrag und Aufwand:

$$\text{Wirtschaftlichkeit} = \frac{\text{Wert des Outputs in Geldeinheiten} = \text{Ertrag}}{\text{Wert des Inputs in Geldeinheiten} = \text{Aufwand}}$$

Obwohl Produktivität und Wirtschaftlichkeit eng miteinander zusammenhängen, folgt die Wirtschaftlichkeit nicht automatisch aus der Produktivität. Ein Unternehmen kann durchaus produktiv und trotzdem unwirtschaftlich sein, z. B. wenn die Preise seiner Güter (Output) fallen, diejenigen des Inputs jedoch nicht. Die Wirtschaftlichkeit hat für ein Unternehmen somit eine höhere Priorität als die Produktivität. Denn auf Dauer kann es nur überleben, wenn am Ende so viel Geld vorhanden ist, dass alle Produktionsfaktoren bezahlt werden können: die Löhne für die Arbeitskräfte, die Kosten für das eingesetzte Material, die Zinsen für das dem Unternehmen zur Verfügung gestellte Kapital usw.

Wenn man den Aufwand vom Ertrag subtrahiert, erhält man eine weitere Kenngrösse, den Erfolg der wirtschaftlichen Tätigkeit eines Unternehmens:

Erfolg = Outputwert (Ertrag) – Inputwert (Aufwand)

Ist der **Ertrag grösser als der Aufwand,** hat das Unternehmen einen **Gewinn** (positiven Erfolg) erzielt; ist der Ertrag **kleiner** als der Aufwand, liegt ein **Verlust** (negativer Erfolg) vor.

In der Unternehmenspraxis wird der Erfolg nicht nur als absolute Grösse gemessen, sondern auch als relative Grösse. Man bezeichnet sie als **Rentabilität.** Drei wichtige Kenngrössen der Rentabilität sind:

- **Eigenkapitalrentabilität** (auch ROE oder Return on Equity genannt) = der Gewinn im Verhältnis zum dafür eingesetzten Eigenkapital.
- **Gesamtkapitalrentabilität** (auch ROI oder Return on Investment genannt) = der Gewinn plus die Fremdkapitalzinsen im Verhältnis zum dafür eingesetzten Gesamtkapital.
- **Umsatzrentabilität** (auch ROS oder Return on Sales genannt) = der Gewinn im Verhältnis zum Verkaufsumsatz.

2.3 Kenngrössen eines Markts

Unternehmen orientieren sich an bestimmten Kenngrössen, um ihren Erfolg im Markt beurteilen oder die Wachstumschancen eines Markts einschätzen zu können.

2.3.1 Marktgrösse

Bei der Marktgrösse wird zwischen dem Marktvolumen und dem Marktpotenzial unterschieden:

- Mit dem **Marktvolumen** wird die aktuelle Grösse des Markts gemessen. Das Marktvolumen entspricht der Summe der erzielten Umsätze der auf dem Markt aktiven Unternehmen.
- Mit dem **Marktpotenzial** versucht man, die Wachstumsmöglichkeiten des Markts abzuschätzen. Es beziffert den theoretisch grösstmöglichen Marktumsatz.

2.3.2 Marktposition

Die Marktposition beschreibt die Stellung des Unternehmens in einem bestimmten Absatzmarkt. Der wichtigste Indikator für die Marktposition ist der **Marktanteil**. Mit einem hohen Marktanteil kann das Unternehmen mehr Einfluss auf die Gestaltung der Rahmenbedingungen nehmen, vor allem auf das Preisniveau.

$$\text{Marktanteil} = \frac{\text{Unternehmensumsatz} \times 100}{\text{Marktvolumen}}$$

Wird der Marktanteil nicht am Marktvolumen, sondern an den Gesamtumsätzen der Hauptkonkurrenten gemessen, spricht man vom **relativen Marktanteil**. Je höher der relative Marktanteil, desto dominanter ist die Stellung des betreffenden Unternehmens im Markt.

[2-4] Marktpotenzial, Marktvolumen und Marktanteil

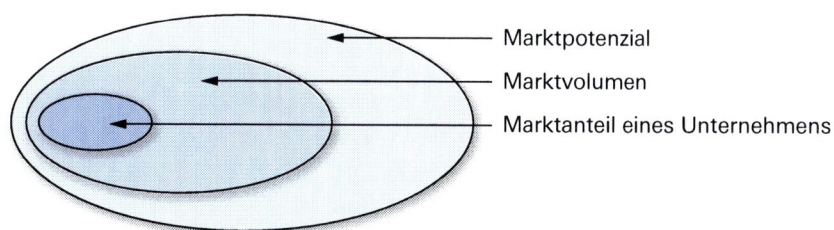

2.3.3 Marktsättigung

Aus der Kombination von Marktvolumen und Marktpotenzial lassen sich Rückschlüsse auf den **Sättigungsgrad** des Markts ziehen: Ein hoher Sättigungsgrad bedeutet, dass die Wachstumsmöglichkeiten des Markts praktisch ausgeschöpft sind. Für das einzelne Unternehmen ist eine Umsatzzunahme nur noch auf Kosten der Konkurrenz zu erzielen. Es herrscht ein Verdrängungswettbewerb in diesem Markt.

$$\text{Sättigungsgrad} = \frac{\text{Marktvolumen} \times 100}{\text{Marktpotenzial}}$$

2.4 Die Einteilung der Güter

Die Betriebe produzieren vielfältige Güter und Dienstleistungen, die man in verschiedenen Gruppen zusammenfassen kann:

[2-5] Die Einteilung der Güter

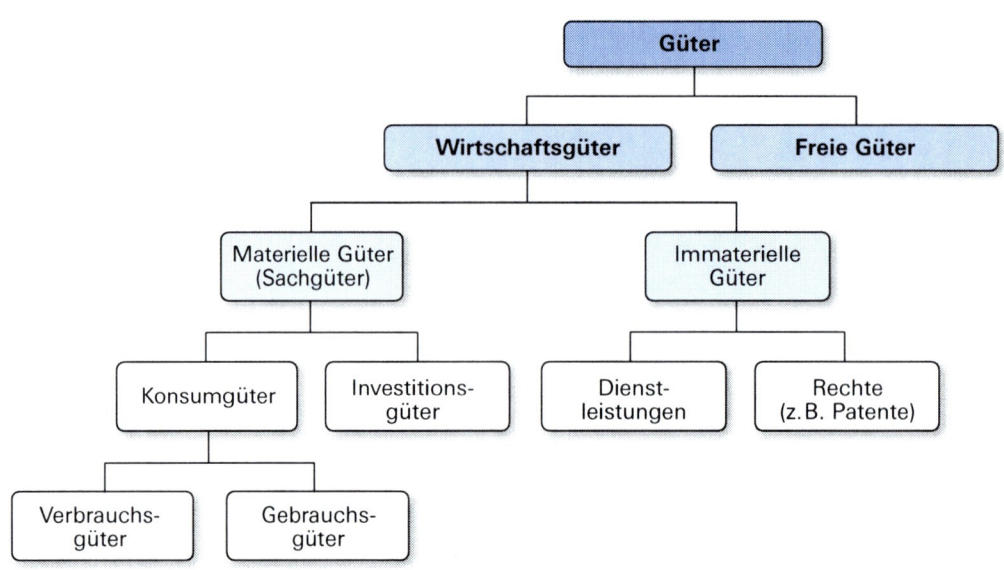

Zunächst unterscheiden wir zwischen **Wirtschaftsgütern** und sogenannt **freien Gütern**. Als freie Güter werden die natürlichen Ressourcen Luft und Wasser bezeichnet, die niemandem direkt gehören.

Innerhalb der Wirtschaftsgüter unterscheiden wir zwischen **materiellen Gütern** oder Sachgütern und **immateriellen Gütern.** Materielle Güter sind stofflich, aus Material hergestellt und physisch fassbar – im Gegensatz zu den immateriellen Gütern.

Auf der nächsten Betrachtungsebene zählen zu den Sachgütern die Konsum- und die Investitionsgüter:

Die **Konsumgüter** werden zu persönlichen Zwecken ge- oder verbraucht. Man unterteilt sie nach folgenden Gesichtspunkten in Verbrauchs- und Gebrauchsgüter.

- Die **Verbrauchsgüter** existieren nach dem Gebrauch nicht mehr.
- Die **Gebrauchsgüter** dienen während längerer Zeit der gleichen Bedürfnisbefriedigung.

Beispiel
- Typische Verbrauchsgüter sind Nahrungsmittel, Kosmetika, Medikamente usw.
- Typische Gebrauchsgüter sind Staubsauger, Waschmaschinen, Autos, Kleider usw.

Die **Investitionsgüter** (auch Produktionsgüter oder Input-Güter) werden während längerer Zeit zur Produktion neuer Güter verwendet.

Beispiel
Typische Investitionsgüter sind Maschinen, Produktionsanlagen und Gebäude.

Die zweite grosse Gruppe von Gütern sind die **immateriellen Güter:**

Produktion und Verbrauch fallen bei **Dienstleistungen** zeitlich oft zusammen. Man kann Dienstleistungen daher nicht auf Vorrat produzieren und lagern. Dienstleistungen haben in den letzten vierzig Jahren enorm an wirtschaftlicher Bedeutung gewonnen.

Beispiel
Typische Dienstleistungen sind Beratungsleistungen jeglicher Art, Verkauf, ärztliche oder psychologische Hilfeleistungen, Reisen und Freizeitangebote, Schulunterricht, Fernsehnachrichten usw.

Von besonderer wirtschaftlicher Bedeutung bei den **Rechten** sind die Patente (Recht an einer Erfindung). Sie können als Lizenz verkauft werden; der Lizenznehmer erhält damit das

Recht, die Erfindung zu nutzen. Urheberrechte und Baurechte sind weitere wirtschaftlich relevante Rechte.

2.5 Die drei Wirtschaftssektoren

Die gesamte Wirtschaft kann in drei grundlegende Wirtschaftssektoren aufgeteilt werden. Man unterscheidet den primären, den sekundären und den tertiären Sektor.

Der Primärsektor umfasst alle Betriebe, die Güter direkt aus der Natur gewinnen: Landwirtschaft, Fischerei, Bergbau, Rohstoffgewinnung u. a.
Die Güterproduktion in diesem Wirtschaftssektor beansprucht meist ein hohes Mass an physischer Arbeitskraft und Zeit – er ist arbeitsintensiv. In der Schweiz arbeitet heute ein sehr kleiner Teil der Erwerbstätigen im Primärsektor (weniger als 5 %).

Zum Sekundärsektor gehören alle Betriebe, die Güter aus dem Primärsektor weiterverarbeiten: die Industrieproduktion und das Handwerk.
Der Sekundärsektor bearbeitet Material (Roh- oder Hilfsstoffe): Aus Eisenerz und Kohle wird Stahl, aus Stahlblech werden Autokarosserien hergestellt usw. Der Sekundärsektor ist material- und kapitalintensiv, weil moderne Anlagen mit hohen Investitionen verbunden sind. Rund ein Viertel der Erwerbstätigen der Schweiz arbeitet im Sekundärsektor.

Der Tertiärsektor umfasst alle Unternehmen, die Dienstleistungen erbringen: die Handelsunternehmen, Banken, Versicherungen, Tourismusbetriebe, Krankenhäuser, Schulen, Telekommunikationsunternehmen usw.
Man nennt den Tertiärsektor oft auch einfach Dienstleistungssektor. Er hängt weitgehend von den darin tätigen Menschen ab – er ist personalintensiv. Demgemäss fallen vor allem Personalkosten an; im Bereich Informations- und Kommunikationstechnologie schlagen zusätzlich die Systemkosten zu Buche. Der Tertiärsektor ist der mit Abstand grösste Arbeitgeber in der Schweiz: für mehr als zwei Drittel der Erwerbstätigen.

Jede betriebliche Leistung ist das Ergebnis eines Transformationsprozesses: Aus einem Input in Form der Produktionsfaktoren Arbeitskraft, Know-how, Betriebsmittel und Werkstoffe wird ein Output in Form von Gütern (Produkten oder Dienstleistungen) erzeugt. Gegenüber dem Input stellt der Output einen Mehrwert dar.

Der Wertschöpfungsanteil, der in der betrieblichen Leistungserstellung enthalten ist, entspricht dem Verkaufspreis der Leistung abzüglich der Vorleistungen in Form von Zukäufen:

Wertschöpfungsanteil des Unternehmens = Verkaufspreis – Vorleistung

Weil jede Leistungserstellung mit Kosten verbunden ist, lässt sich der betriebliche Wertschöpfungsanteil auch folgendermassen beziffern:

Betriebliche Wertschöpfung = Betriebskosten + Erfolg

Das ökonomische Prinzip (Wirtschaftlichkeitsprinzip) besteht aus drei Grössen:

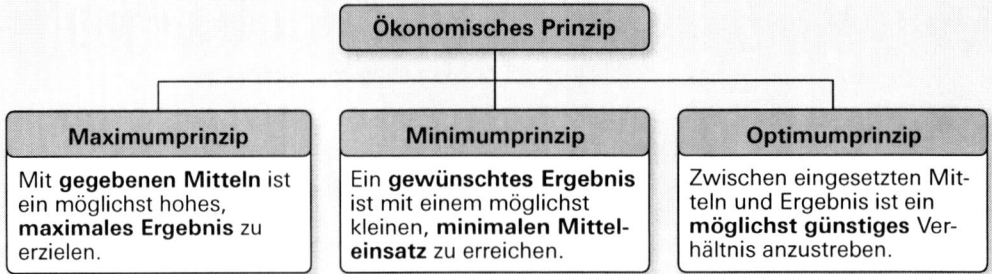

Die Realisierung des ökonomischen Prinzips lässt sich anhand von **wirtschaftlichen Kenngrössen** beurteilen:

- Die **Produktivität** misst die Effizienz der erbrachten Leistung. Sie zeigt, wie gross (quantitativ) der Output bei einem bestimmten Input ist. Weil es um das Verhältnis von Mengen geht, spricht man auch von mengenmässiger Wirtschaftlichkeit.
- Die **Wirtschaftlichkeit** misst die Effektivität der erbrachten Leistung. Sie setzt den Wert (in Geldeinheiten) von Input (Aufwand) und Output (Ertrag) ins Verhältnis. Daraus ergibt sich der Erfolg (Gewinn oder Verlust). Wird der Erfolg im Verhältnis zum dafür eingesetzten Kapital gemessen, spricht man von der Rentabilität.
- Der **Erfolg** entspricht dem Outputwert (Ertrag) abzüglich des Inputwerts (Aufwand).

Die wichtigsten **Kenngrössen eines Markts** sind:

- Marktvolumen: effektiv erreichter Gesamtumsatz in einem Markt
- Marktpotenzial: theoretisch möglicher Maximalumsatz in einem Markt
- Marktanteil: prozentualer Umsatzanteil eines Unternehmens am Marktvolumen im Markt
- Sättigungsgrad: prozentualer Anteil des Marktvolumens am Marktpotenzial eines Markts

Bei den **Wirtschaftsgütern**, die der Bedürfnisbefriedigung dienen, unterscheidet man Sachgüter und immaterielle Güter. **Sachgüter** bestehen aus Material und sind fassbar. Es können Investitions- und Konsumgüter sein. Bei den **immateriellen Gütern** gibt es zwei grosse Gruppen: Dienstleistungen und Rechte.

Man kann die Wirtschaft in drei Wirtschaftssektoren einteilen:

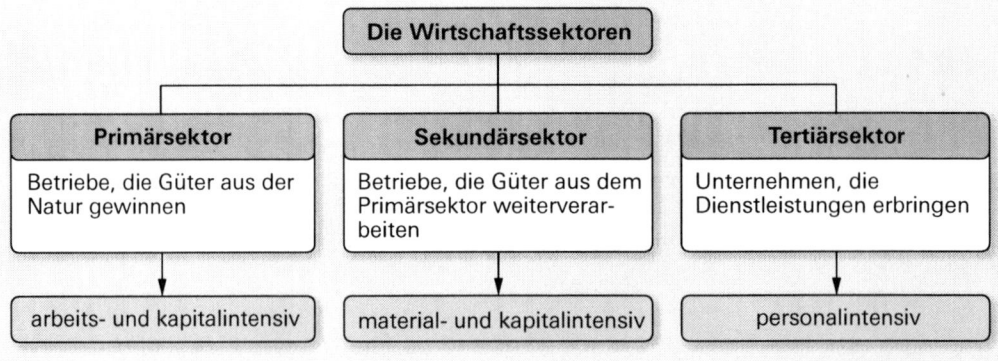

Repetitionsfragen

6 Um welche Art von (klassischen) Gütern handelt es sich im Folgenden?

A] Ein bekannter Pianist gibt ein Wohltätigkeitskonzert.

B] Ein Wasserkraftwerk erzeugt Strom.

C] Ein Uhrenunternehmen erwirbt die Herstellungslizenz für eine Luxusuhrenmarke.

D] Eine Diätköchin kocht für Zuckerkranke.

E] Ein Unternehmen stellt Schokolade für Diabetiker her.

F] Ein Bauunternehmer baut für die Familie X ein Einfamilienhaus und im Auftrag der Firma Y ein neues Betriebsgebäude.

7 Ein Gemüsebauer produziert Tomaten und Bohnen, die vom nahe gelegenen Konservenhersteller verarbeitet werden. Der Gemüsehändler verkauft die Konserven auf dem Wochenmarkt. – Ordnen Sie die drei Betriebe den Wirtschaftssektoren zu.

8 Claudio Cescutti betreibt in der Innenstadt einen Coiffeursalon für Damen und Herren. Welche Produktionsfaktoren setzt er dabei ein? Nennen Sie pro Produktionsfaktor zwei Beispiele.

9 Erklären Sie anhand des Beispiels «Lernaufwand für die Modulprüfung» den Unterschied zwischen dem Minimum- und dem Maximumprinzip. Stichworte genügen.

10 Wer produziert wirtschaftlicher – A oder B? Begründen Sie Ihre Entscheidung in Stichworten.

A kauft für CHF 1 000.– Stoff, verarbeitet ihn zu T-Shirts und erzielt damit auf dem Wochenmarkt einen Verkaufserlös von CHF 3 000.–.

B kauft für CHF 1 500.– Stoff, verarbeitet ihn zu T-Shirts und erzielt damit auf dem Wochenmarkt einen Verkaufserlös von CHF 3 300.–.

11 Die für die Produktion von Gütern eingesetzten Mittel nennt man Produktionsfaktoren. Welche 4 Faktoren gehören zu den Produktionsfaktoren? Markieren Sie die Produktionsfaktoren in der Tabelle.

Faktoren	Prod.faktoren
Umweltgüter	☒
Arbeitskraft	☒
Arbeitslosigkeit	☐
Kapitalgüter	☒
Boden	☐
Ressourcen	☐
Konsumgüter	☐

12 Wirtschaften heisst, mit der Knappheit von Ressourcen und Gütern umzugehen. Verschiedene Prinzipien helfen, Entscheide zu treffen.

Sind die Aussagen in der Tabelle richtig (R) oder falsch (F)?

Aussage	R/F
Das Wirtschaftlichkeitsprinzip ist eine theoretische Richtgrösse, die im Optimumprinzip konkret dargestellt werden kann.	R
Das Maximumprinzip besagt, dass mit den vorhandenen Gütern ein maximales Ergebnis hergestellt werden soll.	R
Das Optimumprinzip besagt, dass mit einem Minimum an eingesetzten Gütern ein maximales Ergebnis erzielt werden soll.	F
Eine hohe Produktivität ist erreicht, wenn mit geringem Input ein mengenmässig hoher Output erzielt werden kann.	R
Für ein Unternehmen ist es wichtiger, eine hohe Produktivität zu haben als eine hohe Wirtschaftlichkeit zu erzielen.	F

13 Um welche Güter handelt es sich bei den in der Tabelle aufgeführten Beispielen?

Tragen Sie nur den zutreffenden Buchstaben in der Tabelle ein. Zuordnungen sind auch mehrfach möglich.

- A Materielle Güter
- B Rechte
- C Investitionsgüter
- D Verbrauchsgüter
- E Gebrauchsgüter
- F Immaterielle Güter
- G Dienstleistungen

Beispiel	Güterart
Neue Kaffeeröstanlage	A C
Beratungen durch Steuerberater	G C
Patente für die Herstellung von Energie aus Kompost	B A
Putzmittel im Haushalt	D
Autos von Privatpersonen	E
Haarschnitte beim Coiffeur	A G
Zwei moderne Autowaschanlagen	A C
Medikamente gegen Migräne	D

3 Der Markt von Gütern und Dienstleistungen

Lernziele: Nach der Bearbeitung dieses Kapitels können Sie ...

- erklären, was man unter einem Markt versteht.
- das Gesetz von Angebot und Nachfrage erläutern.
- Marktvolumen, Marktpotenzial und Marktanteil als wichtige Kenngrössen eines Markts aus betriebswirtschaftlicher Sicht beschreiben.
- erklären, was man unter Teilmärkten und Marktsegmenten versteht.

Schlüsselbegriffe: Angebot, Markt, Markt-Preis-Mechanismus, Marktanteil, Marktpotenzial, Marktsegment, Marktvolumen, Nachfrage, Teilmarkt

Der Wochenmarkt ist der Urtyp eines Marktes:

Der Markt ist der Ort des Güteraustauschs. Am Markt begegnen sich die Konsumenten als Nachfrager und die Produzenten als Anbieter von Produkten mit der Bereitschaft, Güter gegen Geld (als Gegenleistung) auszutauschen.

Der Austausch erfolgt, wenn beide Seiten Wert und Gegenwert gegeneinander abgewogen haben und den Austausch als lohnend erachten:

- Die Kunden auf dem Wochenmarkt sind bereit, jene Produkte zu kaufen, die sie brauchen und die ihren Preis wert sind.
- Die Händler auf dem Wochenmarkt sind bereit, ihre Produkte zu einem Preis zu verkaufen, der sich für sie lohnt.

[3-1] Am Markt treffen sich Angebot und Nachfrage

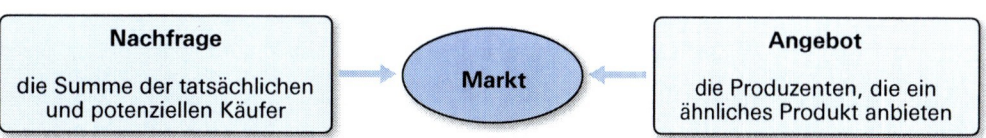

Viele solcher Austauschbeziehungen zwischen Nachfragern und Anbietern kommen heute auch ohne Direktbegegnung zustande: Produkte werden im Schaufenster eines Ladens, per Werbespot am Fernsehen, im Versandkatalog oder übers Internet angeboten. Der interessierte Kunde kann heute viele Güter mit einer Bestellkarte, per Telefon oder übers Internet einkaufen, ohne den Anbieter je gesehen zu haben.

Märkte sind dynamisch. Diese Dynamik wird durch das Wechselspiel von Angebot und Nachfrage bestimmt. Die bestimmende Grösse für das Marktgeschehen ist der Preis.

3.1 Die wichtigsten Märkte im Überblick

Märkte entstehen immer um Produkte und Dienstleistungen herum. Aus der Sicht der Unternehmen kann man sie in zwei Gruppen einteilen, in die Absatz- und die Beschaffungsmärkte.

Auf den Beschaffungsmärkten werden die Produktionsfaktoren eingekauft. Die wichtigsten sind:

- Der Arbeitsmarkt (Markt für Arbeitsleistungen)
- Der Investitionsgütermarkt (für Maschinen, Werkzeuge usw.)
- Der Bodenmarkt (für Grundstücke, Gebäude)
- Die Rohstoffmärkte (z. B. für Kupfer, Kaffee usw.)

- Der Halbfabrikatemarkt und die Märkte für Hilfsstoffe
- Die Dienstleistungsmärkte (z. B. für Banken- und Versicherungsdienstleistungen)
- Der Finanzmarkt für Geldmittel (Kapitalmarkt für mittel- und langfristige Geldmittel; Geldmarkt für kurzfristige Geldmittel)

Für jeden Anbieter sind die **Absatzmärkte** der Prüfstein des Erfolgs. Dort verkaufen die Unternehmen ihre Güter und Dienstleistungen. Man nennt die Absatzmärkte auch Waren- oder Gütermärkte. Wem es gelingt, die Kundenbedürfnisse durch bedürfnisgerechte und preiswerte Produkte besser als andere zu befriedigen, sichert die Nachfrage nach seinen Produkten oder Dienstleistungen und damit seinen Erfolg.

Die **Einteilung** erfolgt meist **nach dem angebotenen Produkt** oder nach der angebotenen Produktegruppe.

Beispiel

Der Nahrungsmittelmarkt umfasst sämtliche angebotenen Nahrungsmittel.

Der Milchproduktemarkt ist ein Teil des Nahrungsmittelmarktes. Sämtliche auf Milch basierenden Produkte sind darin vereinigt, wie Milchgetränke, Joghurt, Käse, Quark usw.

Der Käsemarkt ist ein Teil des Milchprodukte- und damit auch des Nahrungsmittelmarktes.

Der Käsemarkt kann noch weiter unterteilt werden, z. B. in den Weich- und Hartkäsemarkt.

Die Absatzmärkte lassen sich natürlich auch **geografisch** gliedern. Man unterscheidet dann zwischen dem Weltmarkt, dem nationalen und dem regionalen Markt.

3.2 Die Spielregeln eines Markts

Sie haben bisher einiges über die Spielregeln eines funktionierenden Markts erfahren. Nun geht es darum, diese genauer zu erfassen. Insbesondere geht es um die Frage, wie sich der Preis eines Produktes oder einer Dienstleistung ergibt und welche Auswirkungen er auf das Verhalten der Marktteilnehmer hat.

3.2.1 Der Markt- oder Preismechanismus

Damit es zum Gütertausch kommt, müssen sich Anbieter und Nachfrager über den **Wert**, d. h. über den Preis, des zu tauschenden Produkts einigen. Sie verhandeln dazu persönlich oder vergleichen Angebote in Schaufenstern, an Messen, in der Zeitung, im Internet. Grundsätzlich bestimmt das **Gesetz von Angebot und Nachfrage** den Preis.

Wie die Preise entstehen, zeigen wir nochmals am Beispiel des Wochenmarktes auf. In der Nachbarstadt gibt es ebenfalls einen Wochenmarkt. Auf beiden Märkten werden im Frühsommer einheimische weisse Spargeln angeboten und nachgefragt.

[3-2] Beispiel zur Entstehung von Preisen

	Markt Stadt A	Markt Stadt B
Marktsituation (beim Preis CHF 6.– pro kg Spargeln)	Angebot: 100 kg Nachfrage: 80 kg	Angebot: 120 kg Nachfrage: 150 kg
Kommentar	20 kg Überangebot, es gibt zu viele Spargeln im Verhältnis zur Nachfrage.	30 kg Unterangebot (Nachfrageüberhang), es gibt zu wenig Spargeln im Verhältnis zur Nachfrage.
Folgen	1. Der Preis wird sinken, denn die Anbieter sind gezwungen, sich gegenseitig zu unterbieten, wenn sie ihre Spargeln verkaufen wollen. 2. Sinkt der Preis, so steigt die Nachfrage. 3. Die Preise sinken und die Nachfrage steigt, bis es zum Ausgleich von Angebot und Nachfrage (bzw. deren Mengen, d. h. 100 kg) kommt.	1. Der Preis wird steigen, denn die Anbieter werden merken, dass sie ihre Ware auch zu einem höheren Preis absetzen können. 2. Steigt der Preis, so sinkt die Nachfrage. 3. Die Preise steigen und die Nachfrage sinkt, bis es zum Ausgleich von Angebot und Nachfrage (bzw. deren Mengen, d. h. 120 kg) kommt.

Hinweis

Zum Ausgleich bei der ursprünglichen Angebotsmenge kommt es nur, wenn die Anbieter die Spargeln an diesem Markttag absetzen wollen oder müssen.

Der Markt- oder Preismechanismus ist am Beispiel der Spargeln ohne weiteres nachvollziehbar. Was genau steckt aber hinter diesem von unsichtbarer Hand gesteuerten Ausgleich von Angebot und Nachfrage?

Schauen wir uns den Markt der Stadt A noch einmal etwas genauer an: Wieso unterbieten sich die Anbieter, sobald sie merken, dass sie ihre Spargeln nicht zum gegebenen Preis absetzen können? Sie gehen davon aus, dass die Kunden bei ihnen kaufen, wenn sie den Preis senken. Denn sie wissen: Kunden sind Nutzenmaximierer und versuchen, mit ihrem Geld so viele Bedürfnisse wie möglich zu befriedigen. Wenn sie Spargeln für CHF 5.– statt CHF 6.– kaufen, haben sie den Nutzen ihrer CHF 6.– vergrössert. Den verbleibenden Franken können sie zur Befriedigung anderer Bedürfnisse verwenden.

Kurz: Das Verhältnis von Angebot und Nachfrage bestimmt den Preis. Ein Überangebot (oder eine zu geringe Nachfrage) wie auf dem Markt der Stadt A führt dazu, dass die Preise sinken, ein Unterangebot (oder eine zu grosse Nachfrage) wie auf dem Markt der Stadt B zu einem Preisanstieg. Man bezeichnet den Preis deshalb auch als Knappheitsindikator und den Anpassungsprozess als Markt- oder Preismechanismus.

3.2.2 Die Allokation der Ressourcen

Das Gesetz von Angebot und Nachfrage hat nicht nur eine kurzfristige Wirkung auf das Preisgefüge von Märkten. Es wirkt sich auch langfristig auf die Güterproduktion aus, wenn es nämlich um die optimale Nutzung der Ressourcen (Produktionsfaktoren) geht. Was ist damit gemeint?

Allokation heisst: Verteilung der Ressourcen. Wir können dies modellhaft an unserem Marktbeispiel erklären:

Beispiel

Marktsituation

Die Preise für weisse Spargeln sinken (von CHF 6.– auf CHF 5.– pro kg).

Kommentar

Die Produktion von Spargeln wird weniger attraktiv, weil der zu erzielende Gewinn durch die Preisreduktion zu gering ausfällt; allenfalls müssen einzelne Anbieter sogar Verluste hinnehmen, da ihre Produktionskosten höher sind als ihr Verkaufserlös.

Folgen

- Manche Anbieter sind nicht mehr bereit, Spargeln zu produzieren. Sie pflanzen lieber etwas anderes an (im Extremfall gar nichts).
- Die Produktionsmittel (Ressourcen), d. h. Arbeitskräfte, Kapital, Boden, Betriebsmittel, werden folglich für andere Produkte verwendet, die letztlich den Bedürfnissen der Nachfrager besser entsprechen.

Es gilt also auch die **Umkehrung des Gesetzes von Angebot und Nachfrage:** Sinkende Preise senken das Angebot. Im Gegenzug führen steigende Preise zu einem grösseren Angebot, weil viele Produzenten sich einen Gewinn davon versprechen, in einem attraktiven Markt verkaufen zu können.

3.3 Teilmarkt und Marktsegment

Im Zusammenhang mit Märkten gibt es noch zwei weitere wichtige Begriffe, die Sie häufig antreffen werden. Beide stammen aus dem Marketing: Teilmärkte und Marktsegmente.

3.3.1 Teilmarkt

Als Teilmarkt wird eine bestimmte **Produktgruppe** innerhalb eines Gesamtmarktes bezeichnet, z. B. der Teilmarkt «Damenoberbekleidung» im Gesamtmarkt «Oberbekleidung».

[3-3] Die Gliederung eines Markts in Teilmärkte

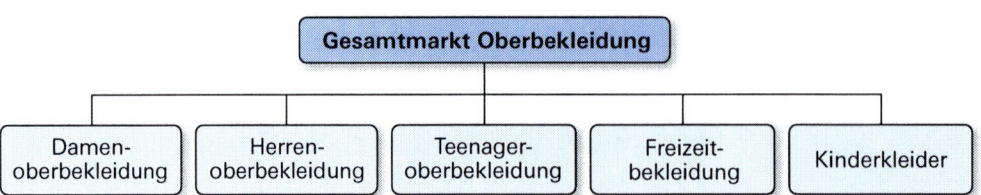

Die Gliederung eines Marktes in Teilmärkte erleichtert die Übersicht und die Entscheidungsfindung. Sie erfolgt nach Gesichtspunkten der Zweckmässigkeit, z. B. nach Produkten wie in unserer Grafik. Es ist aber auch eine Gliederung nach Bedürfnissen bzw. Kundengruppen möglich.

Der Markt für ein bestimmtes Produkt besteht in der Regel aus einer Vielzahl von Kunden, die sich unter anderem durch unterschiedliche Bedürfnisse voneinander unterscheiden. Daher sind Unternehmen bestrebt, die Kunden ihrer Produkte in möglichst gut fassbare Kundengruppen einzuteilen.

3.3.2 Marktsegment

Ein Marktsegment ist eine **Kundengruppe** mit ähnlichen (sog. homogenen) Bedürfnissen, z. B. die Marktsegmente «berufstätige Mütter mit Kindern im Vorschulalter» oder «Singles mit überdurchschnittlichem Einkommen».

Die gängigen Einteilungs- oder Segmentierungskriterien sind:

- geografische (Nation, städtisch-ländlich, Klima, Sprache),
- demografische (Alter, Geschlecht, Einkommen, Nationalität, Religion, Ausbildung, Beruf),
- sozialpsychologische (Lebensstil, Temperament, Werthaltungen, soziale Schicht),
- verhaltensbezogene (Freizeitverhalten, Essgewohnheiten, Kaufmotive, Einkaufsverhalten, Preisbewusstsein, Informationsquellen, Markenbindung usw.).

Am Markt treffen sich **Anbieter** und **Nachfrager.** Märkte entstehen um Produkte und Dienstleistungen herum.

Aus Sicht der Unternehmen spricht man von zwei Marktgruppen:

Das **Gesetz von Angebot und Nachfrage** steuert den Markt. Es hat kurzfristige und langfristige Wirkungen:

Aktuelle Marktsituationen werden durch den **Markt- oder Preismechanismus** gesteuert, d. h., der Preis wird durch das Verhältnis von Angebot und Nachfrage bestimmt.

- Ist das Angebot grösser als die Nachfrage, so sinkt der Preis (und die Nachfrage steigt).
- Ist die Nachfrage grösser als das Angebot, so steigt der Preis (und die Nachfrage sinkt).

Der Preis- oder Marktmechanismus führt zum Ausgleich des momentan auf dem Markt bestehenden Angebots und der Nachfrage.

Der Markt- oder Preismechanismus regelt aber auch den Gang der Wirtschaft durch **Steuerung (Allokation) des Ressourceneinsatzes.** Kurzfristig ist nur der Preis variabel, längerfristig aber auch die Menge. Das Gesetz vom Markt- und Preismechanismus gilt daher auch in seiner Umkehrung:

- Sinkende Preise senken (längerfristig) das Angebot.
- Steigende Preise erhöhen (längerfristig) das Angebot.

Das bedeutet: Umverteilung der knappen Ressourcen in Produktionsbereiche, die für die Bedürfnisbefriedigung der Konsumenten von grösserem Nutzen sind.

Die wichtigsten Kenngrössen eines Marktes sind:

- **Marktanteil:** Anteil in Prozent eines Unternehmens am Marktvolumen eines Produktes
- **Marktvolumen:** effektiver Umsatz eines Produktes in einem Markt
- **Marktpotenzial:** maximaler oder theoretisch möglicher Umsatz eines Produktes in einem Markt

Unterschied zwischen Teilmarkt und Marktsegment:

- **Teilmarkt:** eine **Produktegruppe** innerhalb eines Gesamtmarktes von Produkten
- **Marktsegment:** eine **Kundengruppe** innerhalb eines Marktes

Repetitionsfragen

14 Nennen Sie für jedes der folgenden Unternehmen jeweils einen wichtigen Beschaffungsmarkt, den es beobachten muss:

A] Möbelproduzent

B] Immobilienhändler

C] Airline (Fluglinie)

[Handschriftliche Notizen: Rohstoff = Holz / Arbeitsmarkt - Schweiner... / Bodenmarkt - / Dienstleistungsmarkt]

15 Eine halbe Stunde vor Marktschluss verkauft der Fischhändler die restlichen Fische und Meeresfrüchte aus seinem Angebot zum halben Preis.

Beschreiben Sie in einigen Sätzen, welche Spielregeln des Marktes dabei zum Tragen kommen.

16 Auszug aus einer Medienmitteilung der BIO SUISSE:

«... Vom gesamten Umsatz mit Bioprodukten sind nach wie vor die Frischprodukte (das sind vor allem Fleisch, Milchprodukte, Brot, Eier, Frischgemüse, Früchte) der wichtigste Teilmarkt. Hier erzielen Bioprodukte einen Umsatz von 701 Mio. Franken. Dies ist ein Plus von 45 Mio. Franken gegenüber dem Vorjahr und entspricht einem Marktanteil von 7.5 % ...»

Erklären Sie in Stichworten die folgenden Kenngrössen oder Begriffe:

A] Wie heisst der Gesamtmarkt, von dem Frischprodukte ein Teilmarkt sind?

B] Bio-Frischprodukte erzielen einen Umsatz von 701 Mio. Franken. Wie nennt man diese Kenngrösse?

C] Was bedeutet in diesem Zusammenhang die Aussage: «Marktanteil von 7.5 %»?

17 Gehören die in der Tabelle aufgeführten Anspruchsgruppen zum Beschaffungs- oder zum Absatzmarkt? Kreuzen Sie die zutreffende Antwort an.

Anspruchsgruppe	Beschaffungsmarkt	Absatzmarkt
Lieferanten	☐	☐
Kunden	☐	☐
Konkurrenz	☐	☐
Mitarbeitende	☐	☐
Kapitalgeber	☐	☐

18 Ordnen Sie die Marktgrössen

- Marktvolumen
- Marktanteil und
- Marktpotenzial

in aufsteigender Reihenfolge.

4 Die Betriebswirtschaftslehre (BWL)

Lernziel: Nach der Bearbeitung dieses Kapitels können Sie ...

- zwischen der Betriebswirtschaftslehre und der Volkswirtschaftslehre unterscheiden.

Schlüsselbegriffe: Betriebswirtschaftslehre, Volkswirtschaftslehre

Die BWL ist eine Wirtschaftswissenschaft, und die Wirtschaftswissenschaften gehören zu den Sozialwissenschaften. Die Sozialwissenschaften untersuchen das menschliche Verhalten und die Beziehungen zwischen Menschen. Die Wirtschaftswissenschaften interessieren sich besonders dafür, wie Menschen sich beim Austausch wirtschaftlicher Güter verhalten.

Man unterteilt die Wirtschaftswissenschaften in die Betriebswirtschaftslehre (BWL) und in die Volkswirtschaftslehre (VWL).

4.1 Schwerpunkte der VWL

Die Volkswirtschaftslehre beschäftigt sich mit dem Wirtschaftsgeschehen eines ganzen Landes, d. h. einer Volkswirtschaft. Sie verfolgt deren Dynamik über lange Zeitperioden hinweg und sucht nach den tieferen Ursachen für Veränderungen, um daraus Empfehlungen abzuleiten, wie z. B. die Wirtschaftspolitik eines Landes gestaltet werden soll.

Die Volkswirtschaftslehre betrachtet das wirtschaftliche Verhalten eines ganzen Landes, einer Region oder einer Ländergemeinschaft, wie z. B. der EU. Sie wird daher auch Nationalökonomie genannt.

4.2 Schwerpunkte der BWL

Die Betriebswirtschaftslehre behandelt die Aktivitäten der einzelnen Unternehmen und die Austauschbeziehungen auf den Märkten. Sie untersucht vor allem die privatwirtschaftlichen und öffentlichen Unternehmen. Als Theorie erforscht sie die Zusammenhänge und Gesetzmässigkeiten betrieblicher Abläufe und Entscheidungen, als angewandte Wissenschaft interessiert sie sich für die Optimierung dieser Abläufe.

Sie beschäftigt sich beispielsweise damit, wie sich die Produktion optimieren lässt, wie ein effizientes Marketing entwickelt wird und welche Überlegungen bei der Wahl des Unternehmensstandorts anzustellen sind.

[4-1] Die Unterschiede zwischen BWL und VWL

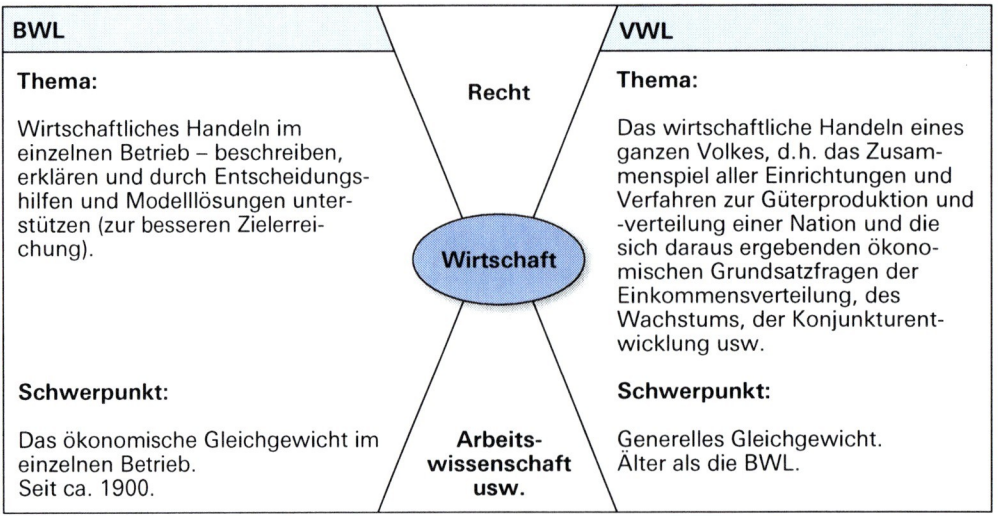

Zwischen BWL und VWL gibt es viele Schnittstellen: Das einzelne Unternehmen kann nie völlig losgelöst von der gesamtwirtschaftlichen Situation eines Landes oder der Weltwirtschaft gesehen werden. Ausserdem gibt es auch Verbindungen zwischen BWL und VWL zu anderen Sozialwissenschaften, insbesondere zu den Rechts- oder Arbeitswissenschaften.

[4-2] Die Einteilung der BWL

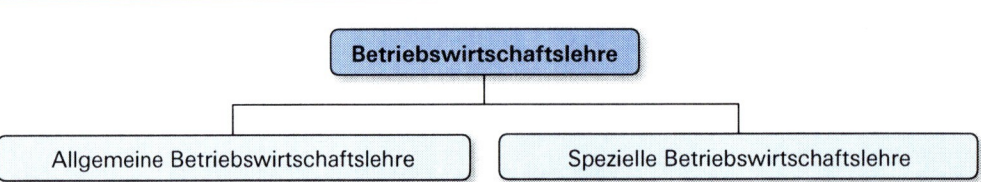

Die allgemeine BWL befasst sich mit Abläufen und Problemen, die jedes Unternehmen zu lösen hat, unabhängig davon, welchem Wirtschaftszweig es angehört und wie es rechtlich organisiert ist.

Die spezielle BWL baut auf den Erkenntnissen der allgemeinen BWL auf und erweitert sie durch Spezialwissen zu den einzelnen Wirtschaftszweigen. Ein Unternehmen, das Elektrogeräte herstellt, hat andere Aufgaben zu lösen als eine Apotheke oder ein Seilbahnbetrieb. Es gibt z. B. die spezielle BWL für Banken, Versicherungen, Industrie, Handel usw.

Die **VWL** beschäftigt sich mit der Wirtschaftstätigkeit eines **ganzen Landes,** die **BWL** mit der eines **einzelnen Betriebs.**

Die BWL hat zum Ziel, Tatsachen und Zusammenhänge zu erfassen, zu ordnen und zu erklären und Modelllösungen für eine erfolgreiche Wirtschaftstätigkeit anzubieten.

Man unterscheidet in der Betriebswirtschaftslehre die **allgemeine BWL** und die **spezielle BWL.** In der allgemeinen BWL geht es um Fragen, die alle Unternehmen betreffen, in der speziellen BWL um branchenspezifische Fragen.

Repetitionsfragen

19 Welchem wirtschaftswissenschaftlichen Gebiet ordnen Sie diese Fragestellungen zu?

A] Soll der Staat Branchen unterstützen, die in wirtschaftlichen Schwierigkeiten stecken?

B] Lassen sich die Dienstleistungen von Hotelbetrieben rationalisieren, ohne dass die Kunden negativ davon berührt werden?

C] Zahlt sich betriebliche Weiterbildung aus, wie lässt sich dies messen?

20 Gehören die folgenden Tätigkeiten zur BWL oder zur VWL?

Aktivitäten	BWL	VWL
Erforschung der Ursachen der Arbeitslosigkeit	☐	☐
Einstellung von Mitarbeitenden	☐	☐
Beschreiben und erklären, wie Märkte funktionieren	☐	☐
Güter und Dienstleistungen bereitstellen	☐	☐
Entwickeln von Massnahmen zur sozialen Sicherheit	☐	☐
Optimierung der Produktionsabläufe	☐	☐

Teil B Das Unternehmen

5 Das Unternehmen und seine Umwelt

Lernziele: Nach der Bearbeitung dieses Kapitels können Sie ...

- die fünf Umweltsphären beschreiben und erklären, wie sie auf das Unternehmen wirken.
- die wichtigsten Anspruchsgruppen eines Unternehmens, ihre typischen Ansprüche an das Unternehmen beschreiben und zeigen, wie es dabei zu Zielkonflikten kommen kann.

Schlüsselbegriffe: Anspruchsgruppen, Umweltsphären, Zielkonflikte

Unternehmen sind als Wirtschaftssubjekte in ein ganz bestimmtes eigenes Umfeld eingebettet. Zwischen einem Unternehmen und seinem Umfeld gibt es wechselseitige Beziehungen: Veränderungen im Umfeld verlangen oftmals eine Anpassung oder gar eine Neuausrichtung der unternehmerischen Aktivitäten. Andererseits kann ein Unternehmen aber auch sein Umfeld beeinflussen. Der Erfolg eines Unternehmens ist zu einem wesentlichen Teil darin begründet, wie geschickt es mit den Chancen und Risiken umgeht, die sich aus diesen wechselseitigen Beziehungen mit dem Umfeld ergeben. Man bezeichnet das Umfeld eines Unternehmens auch als seine Umwelt. Sie besteht aus verschiedenen **Umweltsphären** und aus verschiedenen **Anspruchsgruppen.**

5.1 Die Sphären der Unternehmens-Umwelt

Unternehmen müssen die **ökologische,** die **soziale,** die **technologische,** die **ökonomische** und die **rechtliche** Entwicklung in ihrem Umfeld beobachten. Sie veröffentlichen entsprechende Aussagen oder Werthaltungen, wie das folgende Beispiel der Konzerngrundsätze von Roche veranschaulicht:

Beispiel

«Als führendes Unternehmen im Gesundheitsbereich entwickeln, produzieren und vertreiben wir hochwertige innovative Lösungen für bisher ungelöste Gesundheitsprobleme. Unsere Produkte und Dienstleistungen dienen der Prävention, Diagnose und Therapie von Krankheiten und tragen damit zur Verbesserung von Gesundheit und Lebensqualität bei. Wir üben unsere Geschäftstätigkeit verantwortungsbewusst und im Sinne einer nachhaltigen Entwicklung aus und nehmen dabei Rücksicht auf die Bedürfnisse des Individuums, der Gesellschaft und der Umwelt.» (Quelle: www.roche.com – Corporate Governance – Konzerngrundsätze)

[5-1] Modell der Umweltsphären

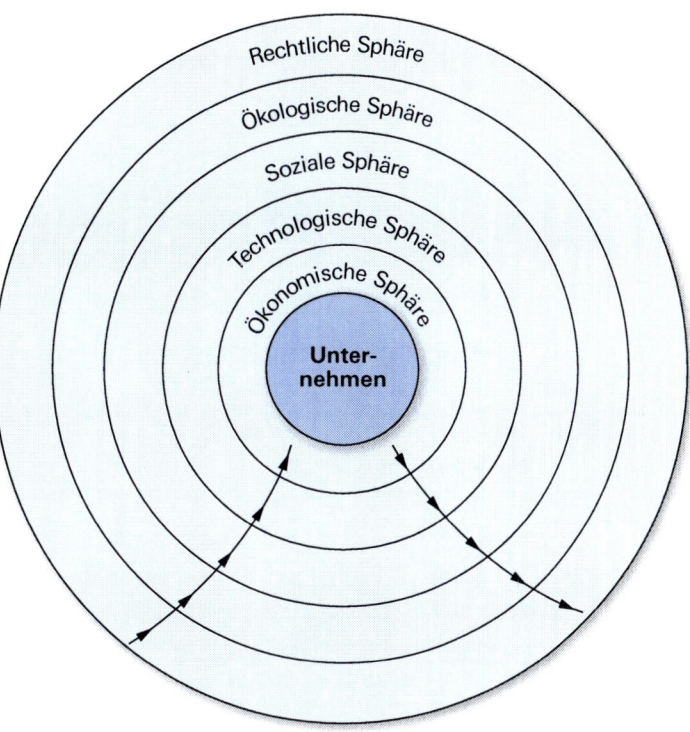

5.1.1 Die ökologische Sphäre

Ohne Natur gibt es keine Wirtschaft, denn die Natur ist unsere Lebens- und Wirtschaftsgrundlage.

Der technische Fortschritt hat den Menschen in den letzten hundert Jahren dazu befähigt, seine natürliche Umwelt so tief greifend zu verändern wie nie zuvor. Zwar hat er die Natur schon immer genutzt, aber noch nie in der Geschichte so intensiv mit allen Problemen, die daraus resultieren. Die Wirtschaft nutzt die Natur nicht nur, sie verändert sie auch (Strassen verändern die Landschaft, Abgase die Luft und die Vegetation usw.).

Das gestiegene ökologische Bewusstsein der Gesellschaft wirkt sich auf die Unternehmen aus. Sie stehen im Spannungsfeld Ökonomie und Ökologie. Einerseits möchten sie möglichst grosse Gewinne erzielen, andererseits müssen sie den ökologischen Anliegen Rechnung tragen. Das kostet zwar unter Umständen einiges, macht sich aber langfristig gesehen in der Regel bezahlt.

Was können die Unternehmen tun? Die Idee einer ökologiebewussten Unternehmensführung besteht darin, Produkte und Produktionsverfahren in einem grösseren Zusammenhang und langfristig zu sehen: Unternehmen forschen nach umweltfreundlicheren Produktionsformen, berücksichtigen die Entsorgung bereits bei der Produktentwicklung und orientieren die Öffentlichkeit in Ökobilanzen über ihre Leistungen auf diesem Gebiet. Damit es nicht bei Einzelinitiativen von fortschrittlichen Unternehmen bleibt, greift der Staat ein, z. B. indem er eine Energiesteuer erhebt, die den Energieverbrauch senken soll. Die Einnahmen der Energiesteuer können dann zur Behebung von Umweltschäden verwendet werden. Der Staat kann auch Gesetze erlassen, in denen er umweltschädliche Stoffe verbietet oder Richtwerte und Vorschriften über die Entsorgung aufstellt.

5.1.2 Die gesellschaftliche Sphäre

Die Gesellschaft – das sind Menschen, Einzelne, Gruppen, die Öffentlichkeit und ihre Wünsche, Meinungen, Erwartungen sowie die dahinter stehenden **Einstellungen und Werte.**

Der Einfluss der gesellschaftlichen Sphäre auf den Markt und auf die Unternehmen ist in den letzten Jahren gewachsen. Neue Einstellungen und Werte haben Gewicht bekommen, z. B. der Wunsch nach flexibler Arbeitszeit oder nach gleichem Lohn für Mann und Frau. Aber auch mit **Fragen der Ethik** müssen sich Unternehmen auseinandersetzen. So wird z. B. mehr Transparenz über die Arbeitsbedingungen in den Produktionsstätten von Billig-Lohnländern gefordert.

Das gesellschaftliche Umfeld ist komplex. Es lässt sich in drei Hauptaspekte gliedern: politische, kulturelle und soziale Aspekte.

A Das politische Umfeld

Politik und Wirtschaft sind eng miteinander verflochten. Jede Volkswirtschaft muss sich an die Rahmenbedingungen halten, die in der Verfassung, in Gesetzen, Verordnungen, Erlassen usw. festgelegt sind. Diese Rahmenbedingungen entstehen durch den politischen Prozess. Sie werden z. B. im Parlament diskutiert und dann in einer verbindlichen Form z. B. als Gesetze festgelegt.

Die Eingriffe des Staates in die Wirtschaft konzentrieren sich auf drei wirtschaftspolitische Aktionsfelder:

- Mit der **Ordnungspolitik** bestimmt der Staat die **Rahmenbedingungen** für die Tätigkeit der Unternehmen. Er legt die Wirtschaftsordnung fest durch Gesetze, beispielsweise über die Führung von Betrieben oder gegen die Einschränkung des freien Wettbewerbs.
- Der Staat greift mittels **Konjunkturpolitik** lenkend in den Wirtschaftsprozess ein, z. B. durch Konjunkturbelebungsprogramme.
- Die staatliche **Strukturpolitik** schützt ausgewählte Wirtschaftszweige und wichtige Strukturen (z. B. die Landwirtschaft) oder unterstützt notwendige Strukturveränderungen (z. B. die Liberalisierung des Telekommunikationsmarktes).

B Das kulturelle Umfeld

Die Internationalisierung der Wirtschaft zwingt viele Unternehmen, sich mit der Kultur – den Sitten, Traditionen, Grundüberzeugungen und Wertvorstellungen – anderer Nationen zu beschäftigen. Aber auch die Veränderungen der Werte in der eigenen Gesellschaft müssen beobachtet werden.

Wichtig sind auch die **gesamtgesellschaftlichen Grössen** des Umfelds, in dem ein Unternehmen tätig ist oder tätig werden will:

- Die **demografische** Entwicklung – wie stark wächst eine Bevölkerung, wie gross ist der Anteil an jungen und älteren Menschen?
- Der **Bildungsstand** – welche Voraussetzungen bringen die Menschen eines Landes oder einer Region mit?
- Die **politische** und **militärische** Lage eines Landes – sind die Verhältnisse stabil oder nicht?

C Das soziale Umfeld

Das kulturelle Umfeld ist der grosse gesamtgesellschaftliche Rahmen; das soziale Umfeld umfasst die mehr kurzfristigen und zum Teil sehr vielfältigen Einstellungen, Lebensstile, Denkweisen von Einzelnen und Gruppen. Sie äussern sich in dem, was diese Einzelnen oder Gruppen wünschen als Kunden, Mitarbeiter, Sparer usw. Unternehmen sind gezwungen, mit den oft raschen Veränderungen Schritt zu halten und sich auf neue Essgewohnheiten, neue Freizeitinteressen, ein wachsendes Fitnessbewusstsein, wachsende Wünsche nach Selbstverwirklichung, nach Teilzeitarbeit auch für Männer usw. einzustellen.

5.1.3 Die technologische Sphäre

Ohne technischen Fortschritt hätte es keine Industrialisierung gegeben. Die Forschung an den Hochschulen und die Neu- oder Weiterentwicklungen bei der Konkurrenz bilden einen wichtigen Teil der technologischen Umwelt eines Unternehmens. Der technische Fortschritt hat uns einen grossen Wohlstand gebracht. Er schafft aber auch Probleme:

- Die Unternehmen stehen unter hohem Innovationsdruck; sie müssen den beschleunigten technologischen Wandel mitmachen, um am Markt bestehen zu können.
- Die Unternehmen stehen unter hohem Kostendruck; sie müssen ihre Produktionsverfahren rationalisieren, um am Markt bestehen zu können. Dadurch fallen Arbeitsplätze weg oder die Mitarbeitenden sehen sich mit veränderten Anforderungen oder einem grösseren Stress konfrontiert.

Hier kommt es darauf an, dass die Technik verantwortungsbewusst genutzt wird, d. h. mit Respekt für Werte wie die Natur, Menschlichkeit und Lebensqualität. Die ökonomische, an Kosten und Produktivität orientierte Denkweise wird dadurch nicht über den Haufen geworfen – sie bleibt das Prinzip der Wirtschaftstätigkeit.

5.1.4 Die ökonomische Sphäre

Dabei handelt es sich im Wesentlichen um die Wirtschaftlichkeit und die Produktivität des einzelnen Unternehmens. Das Unternehmen muss wirtschaftlich arbeiten, damit es sich gegenüber der Konkurrenz durchsetzen kann.

Das ökonomische Umfeld besteht aus einer gesamtwirtschaftlichen Einflusssphäre und einem Nahbereich.

A Gesamtwirtschaftliche Einflüsse

Die Wirtschaft ist ein dynamisches System. Veränderungen an einer Stelle wirken sich meist auf andere Teile oder auf das Ganze aus. Steigen zum Beispiel die Zinsen für Hypotheken, haben die Vermieter von Liegenschaften höhere Kosten. Die Vermieter erhöhen daher die Mieten, um ihre Mehrkosten zu decken.

Die gesamtwirtschaftliche Situation (d. h. die Konjunktur) verändert sich in längeren zeitlichen Wellen. Man kann die konjunkturelle Entwicklung anhand von bestimmten Indikatoren beobachten. Indikatoren sind Zahlen, die einen wesentlichen Einblick in wichtige Zusammenhänge geben. Wichtige Wirtschaftsindikatoren sind:

- Höhe der Zinssätze
- Umfang der gesamten Güternachfrage in einem Zeitraum
- Investitionsvolumen der Unternehmen
- Wechselkurse
- Arbeitslosenrate usw.

B Das nähere ökonomische Umfeld: Markt und Konkurrenz

Die Märkte sind das eigentliche Aktionsfeld der Unternehmen. Die Unternehmen **gestalten** ihren Auftritt auf dem Markt, ihr Angebot, ihren Kontakt mit den Kunden und Lieferanten, ihr Profil gegenüber den Mitbewerbern und der Konkurrenz. Damit ein Unternehmen die richtigen Entscheidungen treffen kann, muss es die Märkte **beobachten.**

Dabei geht es um folgende Fragen:

- Entwicklungen auf dem Waren-, Dienstleistungs-, Arbeits-, Kapital- oder Rohstoffmarkt
- Eventuelle neue Anbieter auf den eigenen Märkten oder Konzentrationstendenzen
- Eventuelle neue Produkte aufgrund der technischen Entwicklung
- Grösse des eigenen Marktanteils
- Preisentwicklung auf den Absatz- und Beschaffungsmärkten
- Kunden und Konkurrenz; Marktpotenziale, Bedürfnisse der Kunden usw.

Das Umfeld der Unternehmen verändert sich heute deutlich rascher und die Veränderungen in kurzen Zeitabschnitten sind tief greifender als früher. Jedes Unternehmen muss sich ständig mit neuen Chancen und Gefahren auseinandersetzen. Der heutige Konkurrenzkampf hängt auch mit steigenden Ansprüchen der Konsumenten und den wechselnden Trends und Modeerscheinungen zusammen. Die Kundenbindung über längere Zeit zu halten, stellt zusätzliche Anforderungen an das Management und die Unternehmen.

5.1.5 Die rechtliche Sphäre

Die rechtliche Sphäre hat einen direkten Einfluss auf die Unternehmen und ihre Politik. Sie wird auch als normativer Bereich bezeichnet und umfasst die **Gesetze oder die Verordnungen** des Staates. Die rechtliche Sphäre nimmt an Bedeutung zu, weil immer mehr Gesetze und Vorschriften erlassen werden und die Unternehmen beeinflussen.

Beispiel

- Das Arbeitsgesetz regelt die Rahmenbedingungen für die Unternehmen und ihre Mitarbeitenden. Zu diesen Rahmenbedingungen kommt in der zweiten Ebene auch der Einfluss der Gesamtarbeitsverträge, die mit den Wirtschaftsverbänden und den Mitarbeitervertretern ausgearbeitet wurden.
- Die unterschiedlichen Steuergesetze in den einzelnen Kantonen spielen bei der Wahl des Standorts des Unternehmens eine wichtige Rolle.
- Normen (Qualitäts-, Rechnungslegungs-, Industrienormen usw.) können ebenfalls einen Einfluss auf den rechtlichen Bereich des Unternehmens haben.

Ebenso bestimmen **Regelungen innerhalb des Unternehmens,** wie zum Beispiel die Unternehmensverfassung, die Statuten einer Aktiengesellschaft oder interne Weisungen, die rechtliche Sphäre.

5.2 Die Anspruchsgruppen eines Unternehmens

Die Umwelt eines Unternehmens setzt sich aus verschiedenen Gruppen zusammen, die unterschiedliche Erwartungen und Ansprüche geltend machen. Man spricht in diesem Zusammenhang auch von den Anspruchsgruppen eines Unternehmens oder auf Englisch von **«Stakeholders».**

[5-2] Die Anspruchsgruppen des Unternehmens

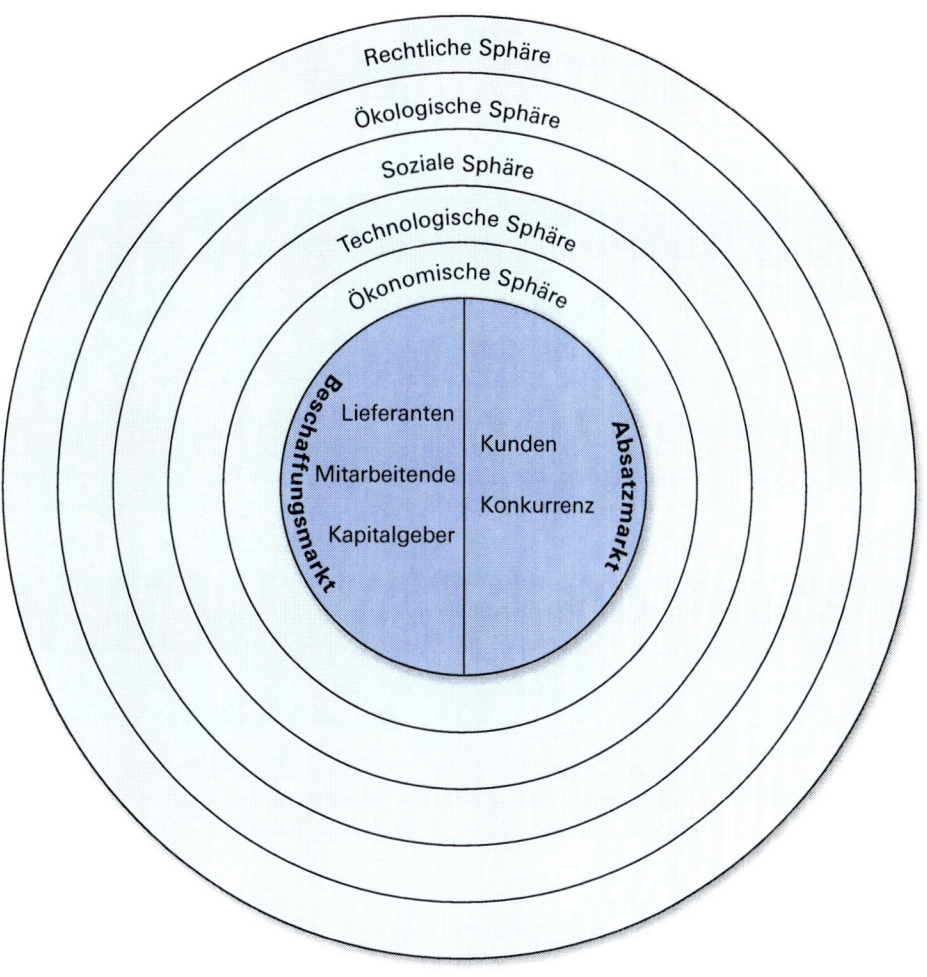

5.2.1 Die Mitarbeitenden

Motivierte Mitarbeiterinnen und Mitarbeiter sind das wichtigste Kapital für eine erfolgreiche Geschäftstätigkeit. Das weiss jede Unternehmensleitung, und so ist man bestrebt, die Ziele der Mitarbeitenden mit jenen des Unternehmens so weit wie möglich in Einklang zu bringen.

Die Mitarbeitenden bringen ihre Fähigkeiten und Fertigkeiten in den Leistungsprozess ein und erwarten dafür ein Arbeitseinkommen, Sicherheit des Arbeitsplatzes und Sicherheit am Arbeitsplatz. Als selbstbewusster Leistungsträger kennen sie ihren Stellenwert. Sie wollen nicht irgendeine Aufgabe erfüllen, sondern wünschen sich Freude an der Arbeit, ein gutes Arbeitsklima sowie ein hohes Mass an Mitbestimmung am betrieblichen Geschehen (z. B. in der Gestaltung der Arbeitszeit).

Es geht jedoch nicht nur um die persönlichen Arbeitsverhältnisse, sondern das Augenmerk der Mitarbeitenden richtet sich auch auf übergeordnete Fragen: Ethische Fragen wie die im Unternehmen angewandten Produktionsmethoden, die Umweltverträglichkeit der Produkte, der soziale Wert der Unternehmenstätigkeit und die soziale Einstellung des Unternehmens bekommen einen wachsenden Stellenwert.

Um die Erwartungen von Mitarbeitenden und Arbeitgebern auszuhandeln, haben sich die **Arbeitgeber- und Mitarbeiterorganisationen** gebildet. Die Sozialpartner sorgen für den kollektiven Ausgleich von Mitarbeiter- und Arbeitgeberinteressen und die Erhaltung des Arbeitsfriedens. Im Zentrum stehen Lohnverhandlungen und die Festlegung von Gesamtarbeits- oder Tarifverträgen. Weitere Themen sind die Arbeitsplatzgestaltung, Arbeitszeitregelungen, Sicherheitsvorschriften, die Gleichstellung von Mann und Frau am Arbeitsplatz usw. Als wichtigste Arbeitgeberorganisationen treten der **schweizerische Arbeitgeberverband** und die einzelnen Branchenverbände auf, die **Gewerkschaften** vertreten die Interessen der Mitarbeitenden.

5.2.2 Die Kapitalgeber

Unternehmen können erst tätig werden, wenn sie über die notwendigen Geldmittel verfügen. Diese Mittel stammen von Kapitalgebern, die entweder am Eigenkapital des Unternehmens direkt beteiligt sind (Investoren, Aktionäre oder Eigentümer) oder sich als Fremdkapitalgeber für eine bestimmte Zeit oder für bestimmte Vorhaben finanziell engagieren (insbesondere Banken durch Kredite oder Darlehen). Jeder Geldgeber erwartet vom Unternehmen, dass es eine sichere Kapitalanlage bedeutet.

Die Fremdkapitalgeber erhalten als Entschädigung für das zur Verfügung gestellte Geld einen vereinbarten Zins, während die am Eigenkapital Beteiligten vom Unternehmen einen Anteil am Gewinn (in Form von Dividenden), einen Vermögenszuwachs (in Form einer Wertsteigerung des Unternehmens und höherer Börsenkurse) und ein Mitspracherecht bei wichtigen Entscheidungen erwarten können.

5.2.3 Die Lieferanten

Die Lieferanten sind an guten Kontakten und am regen Austausch mit dem Unternehmen interessiert – sie leben ja davon, dass sie ihre Güter verkaufen können. Regelmässige Bestellungen und pünktliche Zahlungen sind weitere Ansprüche, welche die Lieferanten an das Unternehmen stellen.

Die Zusammenarbeit zwischen den Unternehmen und den Lieferanten ist in den vergangenen Jahren enger geworden, z. B. im Bereich der Forschung und Entwicklung oder der gesamten Logistik. Beide können dadurch profitieren: Der Lieferant bindet durch bedürfnisgerechte Leistungen das Unternehmen als Kunden an sich, das Unternehmen kann sich auf das Know-how des Lieferanten verlassen und davon profitieren.

5.2.4 Die Kunden

Jedes Unternehmen ist vom Absatz seiner Produkte und Dienstleistungen abhängig. Nur zufriedene Kunden garantieren den Erfolg im Markt. Daher sind die Kunden die wichtigste Anspruchsgruppe jedes Unternehmens.

Die Erwartungen der Kunden scheinen klar: Sie fragen nach einem Produkt, das möglichst gut auf ihre Bedürfnisse abgestimmt ist. Grundsätzlich erwarten sie, dafür einen möglichst günstigen Preis zahlen zu müssen oder einen besonders guten Service zu bekommen. Die Kunden wollen sich mit den Anbietern von Produkten aber auch insofern identifizieren können, als sie sich mehr und mehr für das Image des Unternehmens, die Qualität der Produktion, sein soziales oder gesellschaftliches Engagement interessieren. Mit ihrem Kaufverhalten machen sie solche Ansprüche deutlich.

Einflussreiche **Interessengruppen** vertreten bestimmte Kundenanliegen sowohl auf politischer Ebene als auch gegenüber einzelnen Unternehmen, wie z. B.:

- die Stiftung für Konsumentenschutz,
- der Schweizerische Mieterinnen- und Mieterverband,
- Greenpeace, WWF oder der Verkehrsclub der Schweiz (VCS) die ökologischen Anliegen bestimmter Kundengruppen.

5.2.5 Die Konkurrenz

In den meisten Absatzmärkten herrscht ein reger Wettbewerb. Verschiedene Anbieter umwerben potenzielle Kunden mit oft sehr ähnlichen Produkten. Für den Einzelnen bedeutet dies, sich von der Konkurrenz durch besondere Leistungen (z. B. den tiefsten Preis, bessere Lieferbedingungen) oder durch ein besonderes Image abzuheben (z. B. durch eine ökologisch orientierte Unternehmensphilosophie, besondere Originalität).

Gleichzeitig herrschen auf jedem Markt bestimmte **Spielregeln** und Grundsätze, die es einzuhalten gilt. Auch erwartet die Konkurrenz eine faire Zusammenarbeit bei übergeordneten Problemen oder Aufgaben innerhalb der Branche (z. B. bei der berufsbezogenen Aus- und Weiterbildung, bei der Einhaltung von Gesamtarbeitsverträgen).

In der Schweiz übernehmen die **Branchenverbände** eine wichtige Rolle bei der Festlegung solcher brancheninterner Spielregeln, aber auch beim Austausch und bei der Lösungsfindung von branchenpolitischen Anliegen oder beim Lobbying auf politischer Ebene. So nimmt z. B. der Wirteverband die Interessen des Gastgewerbes wahr, der Industrieverband diejenigen der Industriebranche usw.

5.2.6 Der Staat

Der Staat als öffentliche Institution bzw. seine Vertreter auf der Gemeinde-, Kantons- und Bundesebene greifen über die **Wirtschaftspolitik** lenkend ein und stellen ihre Ansprüche an die Unternehmen.

Der Staat erwartet finanzielle Beiträge der Unternehmen an die Bewältigung der öffentlichen Aufgaben, in Form von **Steuern und Abgaben.** Für Rechtssicherheit sorgt der Staat durch den Erlass von **Gesetzen** (z. B. das Kartellgesetz zum Schutz des freien Wettbewerbs, das Arbeitsrecht zum Schutz der Arbeitnehmenden usw.) und überwacht deren Einhaltung durch das Unternehmen. Indem er über die **Subventionspolitik** Direktzahlungen an bestimmte Bereiche leistet (z. B. die Landwirtschaft, Kultur- und Bildungsinstitutionen), unterstützt er verschiedene Unternehmen, greift aber gleichzeitig in den Wettbewerb dieser Branchen aktiv ein.

Ausserdem tritt er als **Anbieter von Infrastruktur, öffentlichen Gütern und Dienstleistungen** (Strassen, öffentliche Sicherheit, öffentlicher Verkehr, Krankenhäuser, Schulen usw.) sowie als **Käufer** auf den Märkten auf. Dabei kann er auch in Konkurrenz mit privaten Unternehmen treten.

Die politischen **Parteien** wirken im Parlament und in der Regierung am politischen Willensbildungs- und -umsetzungsprozess mit. Sie vertreten z. B. wirtschaftsfreundliche oder sozial orientierte Programme, die umfassende Konzepte für das gesellschaftliche Zusammenleben sind und über Einzel- oder Gruppeninteressen hinausgehen und somit den Handlungsspielraum der Unternehmen indirekt beeinflussen. Deshalb wirken in den Parteien die Interessenvertreter verschiedener Branchen aktiv mit.

5.2.7 Die Nicht-Regierungsorganisationen (NGO)

Verschiedene Organisationen sind nicht direkt an der politischen Macht bzw. der Regierung beteiligt, lassen aber bestimmte Interessen in den gesellschaftlichen Willens- und Meinungsbildungsprozess einfliessen. Sie werden als NGOs (non-governmental organizations) oder zu Deutsch als Nicht-Regierungsorganisationen bezeichnet. Geprägt wurde dieser Begriff anlässlich der Konferenz der Vereinten Nationen für Umwelt und Entwicklung in Rio de Janeiro 1992.

Die Kirchen und Vereine üben einen kulturellen oder moralischen Einfluss auf ein einzelnes Unternehmen oder auf ganze Branchen aus, den sie auch auf politischer Ebene austragen. Sie setzen sich z. B. gegen bestimmte Verfahren wie die Gentechnologie oder für den Tierschutz ein. Initiativgruppen sind eine Form von Bürgerbewegungen. Sie werden spontan von Bürgern und Mitgliedern von Interessenverbänden gebildet, um aktuelle Ansprüche an ein Unternehmen in der Öffentlichkeit auszutragen, z. B. zu einer gerechteren Fluglärmverteilung oder gegen den Bau einer Sondermülldeponie. Zu den NGOs zählt man auch die bereits erwähnten Gewerkschaften und Umweltverbände.

5.2.8 Das Ausland

Durch die zunehmende internationale Verflechtung der Beschaffungs- und Absatzmärkte (Globalisierung) hat der Einfluss des Auslands auf die Schweizer Wirtschaftspolitik und damit auch auf das einzelne Unternehmen in den letzten Jahrzehnten stark zugenommen. Die Schweiz ist im gesamten Welthandel ein kleiner Akteur. Dennoch ist unsere Geschäftstätigkeit traditionellerweise stark vom Ausland abhängig, insbesondere von den Mitgliedstaaten der Europäischen Union (EU). Durch die Osterweiterung der EU werden sich diese Beziehungen noch verstärken. Einige Zahlen sollen diese Verflechtung verdeutlichen:

- **Warenverkehr:** Rund 60 % unserer Export- und 70 % unserer Importbeziehungen bestehen mit EU-Mitgliedländern.
- **Ausländische Arbeitskräfte:** Mehr als 70 % der ausländischen Arbeitskräfte in der Schweiz stammen aus der EU.
- **Direktinvestitionen:** Rund 50 % der schweizerischen Investitionen fliessen in die EU-Staaten.

Nachdem das Schweizer Stimmvolk 1992 einen Beitritt zum EWR (Europäischen Wirtschaftsraum) abgelehnt hatte, sind verschiedene bilaterale Verhandlungsrunden mit der EU auch heute noch im Gange. Nach langen Verhandlungen und Verzögerungen bei der Ratifikation der Verträge durch die Mitgliedstaaten konnten sieben bilaterale Abkommen im Sommer 2002 in Kraft treten. Derzeit laufen die Verhandlungen für ein zweites Paket von bilateralen Abkommen, die für bestimmte Wirtschaftssektoren besonders heikel und dementsprechend umstritten sind: Die Fragen der gegenseitigen Amts- und Rechtshilfe berühren insbesondere das in unserer Verfassung verankerte Bankgeheimnis.

5.2.9 Die Medien

Die Presse, das Radio, Fernsehen und Internet spielen heutzutage für die Meinungsbildung der Öffentlichkeit eine entscheidende Rolle. Die Zulassung von privat finanzierten Anbietern hat den Wettbewerb beim Radio und insbesondere beim Fernsehen um Zuhörer- und Zuschauerquoten massiv verschärft. Ebenso buhlen immer mehr Zeitungen und Zeitschriften um die Aufmerksamkeit von Leserinnen und Lesern. Das Internet als weltweit zugänglicher Informationskanal ist heute nicht mehr wegzudenken.

Das Kernprodukt der Medien ist der Verkauf von Informationen an ihre Kunden. Über Schlagzeilen und Hintergrundberichte prägen sie die Wahrnehmung der Öffentlichkeit gegenüber einem Unternehmen entscheidend mit. Durch Negativmeldungen können sie beispielsweise das Image eines Unternehmens als Produktanbieter bei den Kunden, als Arbeitgeber bei den Mitarbeitenden, als Investitionsobjekt bei den Kapitalgebern oder als Abnehmer bei den Lieferanten empfindlich schädigen.

Die Medien stellen an das einzelne Unternehmen den Anspruch, offen zu kommunizieren oder Stellung zu Medienberichten bzw. gesellschaftlichen Forderungen zu beziehen. Die aktive Gestaltung dieser Kommunikationsbeziehungen in Form von PR (Public Relations) ist deshalb zu einer wichtigen Unternehmensaufgabe geworden.

5.3 Zielkonflikte zwischen den Anspruchsgruppen

Wir haben in den vorherigen Abschnitten die Ziele der verschiedenen Anspruchsgruppen näher betrachtet. Jeder dieser Stakeholders ist bestrebt, seine Ziele gegenüber dem jeweiligen Unternehmen zu erreichen. Da die einzelnen Stakeholders verschiedene oder gar entgegenläufige Ansprüche haben, wird ein Unternehmen diese nie gleichzeitig und vollständig erfüllen können.

Im Gegenteil: Oft verunmöglicht die Verwirklichung eines Ziels die Verwirklichung eines anderen. Man spricht in diesem Zusammenhang von einem Zielkonflikt.

Beispiel

Die Mitarbeitenden erwarten vom Unternehmen hohe Löhne und gute Sozialleistungen. Die Unternehmensleitung ist bestrebt, eine grosszügige Lohn- und Sozialleistungspolitik anzuwenden. Dies bedeutet jedoch, dass der Gewinn durch höhere Personalkosten geschmälert wird.

Die Kapitalgeber sind ihrerseits an hohen Gewinnen interessiert, denn sie erwarten eine angemessene Rendite für ihre Investition. Ansonsten sind sie nicht länger bereit, in dieses Unternehmen ihr Geld zu investieren. Um die Eigenkapitalbasis langfristig zu sichern, muss die Unternehmensleitung folglich die Ansprüche der Kapitalgeber zu befriedigen suchen.

Eine wichtige Aufgabe der Unternehmensführung ist es, das Unternehmen im Spannungsfeld solcher Zielkonflikte zu lenken. Ihre Aufgabe ist es, die möglichen Zielkonflikte auszuloten, d. h. die verschiedenen Ansprüche sorgfältig gegeneinander abzuwägen und Entscheidungen über die Zielhierarchie zu treffen. Denn bestimmte Ansprüche müssen zwingend erfüllt werden (z. B. diejenigen des Staates), andere kann das Unternehmen mitbeeinflussen (z. B. mittels einer ausgewogenen Personalpolitik). Solche Werthaltungen oder Grundsätze eines Unternehmens drücken sich im Leitbild und in der Unternehmenspolitik aus.

Das Umfeld eines Unternehmens wird in folgende Umweltsphären eingeteilt:

- Die **ökologische Sphäre,** d. h. die Nutzung der Natur durch das ökonomische System.
- Die **gesellschaftliche Sphäre** vereinigt drei Gruppen:
  - Das **politische Umfeld** umfasst die Gesetze und wirtschaftspolitischen Massnahmen des Staates und das Mitwirken von Unternehmensvertretern in politischen Meinungsbildungsprozessen.
  - Das **kulturelle Umfeld** wird durch Traditionen, Werte einer Gesellschaft und durch demografische Grössen geprägt.
  - Das **soziale Umfeld** umfasst die Einstellungen und Lebensstile von Einzelnen und von Gruppen.
- Die **technologische Sphäre:** Die technische Entwicklung, Forschung und Innovationen ermöglichen ständig neue Produkte und neue Produktionsverfahren.
- Die **ökonomische Sphäre** umfasst zwei Einflussbereiche:
  - Die **gesamtwirtschaftlichen Einflüsse:** Die Unternehmen werden beeinflusst von der gesamtwirtschaftlichen Entwicklung ihres Landes und der Weltwirtschaft.
  - Das **nähere ökonomische Umfeld:** Unternehmen sind im Markt tätig. Ihr Erfolg hängt davon ab, wie gut sie mit ihrem Angebot die Wünsche der Kunden erfüllen und sich von der Konkurrenz abheben.
- Die **rechtliche Sphäre:** Gesetze und Vorschriften.

Die Umwelt eines Unternehmens setzt sich aus verschiedenen **Anspruchsgruppen** zusammen, die unterschiedliche Erwartungen haben:

Anspruchsgruppen	Erwartungen an das Unternehmen
Mitarbeitende	• Persönliche Existenzsicherung durch Lohn, Sozialleistungen, Arbeitsplatzsicherheit, Sicherheit am Arbeitsplatz • Persönliche Zufriedenheit durch ein gutes Arbeitsklima, kooperative Führung, Anerkennung • Identifikation mit einer sozialen, ethisch- und umweltverträglichen Unternehmenspolitik
Kapitalgeber	• Sichere und wertsteigernde Kapitalanlage • Rendite (Zinsen, Dividende) • Mitspracherecht bei wichtigen Entscheidungen
Lieferanten	• Regelmässige Bestellungen • Zahlungsfähigkeit
Kunden	• Bedürfnisgerechte Produkte • Produkte- und Servicequalität • Identifikation mit Image des Unternehmens
Konkurrenz	• Einhalten von Spielregeln • Kooperation bei übergeordneten Problemen • Lobbying über die Branchenverbände
Staat	• Steuern und Abgaben • Erfüllung von wirtschaftspolitischen Lenkungsmassnahmen • Einhaltung von Gesetzen • Anbieter und Kunde • Politische Willensbildung und -umsetzung
NGO	• Einhaltung von gesellschaftlichen Forderungen
Ausland	• Einhaltung internationaler Rechtsnormen • Zölle, Steuern und Abgaben • Anbieter und Kunde
Medien	• Offene Kommunikation • Einhaltung von gesellschaftlichen Forderungen

Die unterschiedlichen Erwartungen der Anspruchsgruppen führen zu **Zielkonflikten:** Es ist Aufgabe der Unternehmensleitung, diese Zielkonflikte auszutragen und Entscheidungen zu treffen, welche Ansprüche das Unternehmen auf welche Weise erfüllen will.

Repetitionsfragen

21 Welchen Umweltsphären ordnen Sie die folgenden Entwicklungen zu?

A] Die Nachfrage nach Luxusgütern ist in den letzten Jahren gestiegen.

B] Seitdem es Antihaftbeläge in Pfannen gibt, werden kaum noch andere Pfannen gekauft.

C] Immer mehr Bauern steigen auf biologische Produktion um.

D] Der Schweizer Franken ist gegenüber dem US-Dollar stärker geworden.

22 Jedes Unternehmen ist in ein ganz bestimmtes Umfeld eingebettet. Betrachten wir die Umweltsphären eines Viersternehotels in Lugano:

Notieren Sie pro Umweltsphäre einen konkreten Einfluss auf das betreffende Hotel.

23 Die Umwelt eines Unternehmens setzt sich aus verschiedenen Anspruchsgruppen zusammen, die zum Teil einander gegenläufige Erwartungen hegen.

Beschreiben Sie für jede der folgenden drei Situationen eine mögliche Abweichung in den verfolgten Zielen oder einen Zielkonflikt zwischen verschiedenen Anspruchsgruppen:

A] Die Gewerkschaften fordern von den Arbeitgebern bei gleich bleibenden Löhnen eine Erhöhung des Ferienanspruchs auf mindestens fünf Wochen pro Jahr.

B] Die Kantonsregierung beschliesst, zwei Regionalspitäler zusammenzulegen.

C] In der Konsumentensendung «Kassensturz» des Schweizer Fernsehens werden verschiedene Sonnenschutzmittel auf ihre Wirksamkeit hin untersucht.

24 Welche der in der Tabelle angegebenen Sphären gehören zu den fünf Sphären der Unternehmensumwelt? Kreuzen Sie die zutreffenden Begriffe an.

Sphäre	Sphäre der Unternehmensumwelt
Rechtliche Sphäre	☐
Ökologische Sphäre	☐
Weltliche Sphäre	☐
Technologische Sphäre	☐
Soziale Sphäre	☐
Ökonomische Sphäre	☐
Überirdische Sphäre	☐

25 Ein Unternehmen überlegt, ob es einen Teil seiner Produktion aus Kostengründen ins Ausland verlagern soll. Welche Gruppen sind hier mit welchen Ansprüchen betroffen?

Nennen Sie drei Anspruchsgruppen und formulieren Sie ihre Ansprüche.

Anspruchsgruppe	Ansprüche

26 Ordnen Sie die in der Tabelle aufgeführten Forderungen einer der folgenden Gruppen zu:

    A   Lieferanten

    B   Mitarbeitende

    C   Kapitalgebende

    D   Kunden

    E   Konkurrenz

    F   Staat

Forderungen der Anspruchsgruppe	Anspruchsgruppe
Wir möchten, dass unsere Arbeitszeiten flexibel sind.	
Wir wünschen uns, dass die Rechnungen schnell bezahlt werden.	
Wir wünschen, dass ein angemessener Gewinn erwirtschaftet wird.	
Wir wollen ein optimales Preis-Leistungs-Verhältnis.	
Wir wünschen uns einen kooperativen Führungsstil.	
Der Wettbewerb ist manchmal hart, trotzdem wünschen wir uns Fairness.	
Wir erwarten einen optimalen Service.	
Wir hoffen, dass regelmässig bestellt wird.	
Wir wollen einen angemessenen Lohn.	
Wir wollen, dass die Steuern pünktlich gezahlt werden.	

6 Das Unternehmen als System

> **Lernziele:** Nach der Bearbeitung dieses Kapitels können Sie ...
>
> - das Unternehmen als System beschreiben.
> - die Funktionsbereiche eines Unternehmens benennen, deren Aufgaben aufzeigen und ihr Zusammenwirken beschreiben.
>
> **Schlüsselbegriffe:** Absatzkanäle, Beschaffung, Controlling, Einkauf, Finanzmanagement, finanzwirtschaftliche Ziele, Forschung und Entwicklung, Funktionsbereiche, Informationsmanagement, Informationstechnologie (IT), Investitionsmanagement, leistungswirtschaftliche Ziele, Logistik, Marketing, Marketing-Mix, Materialwirtschaft, operatives Management, Organisation, Personalmanagement, Produktion, Public Relations, Rechnungswesen, Rechtsabteilung, sozio-technisches System, soziale Ziele, strategisches Management, Unternehmensführung, Unternehmenskultur, Vertrieb

Das Unternehmen ist eine zentrale Grösse des Wirtschaftssystems. Es erstellt Güter und Dienstleistungen und befriedigt damit menschliche Bedürfnisse. Die Produkte entstehen durch Transformation der Produktionsfaktoren und werden auf den Absatzmärkten angeboten. Der Markt entscheidet über den Erfolg eines Unternehmens. Dies zeigt, wie eng Unternehmen in ihr Umfeld eingebettet sind, in ein Netz von Anspruchsgruppen, von denen jede ihre eigenen Erwartungen hat.

In diesem Kapitel schränken wir nun den Blickwinkel ein und betrachten das Unternehmen als System näher. Insbesondere interessieren uns dabei der Aufbau und das Zusammenwirken der verschiedenen Funktionen innerhalb eines Unternehmens.

Hinweis

Ein System ist ein geordnetes, funktionsfähiges Ganzes, das aus Teilen (oder Elementen) besteht, die eng miteinander verknüpft sind. Diese Verknüpfungen oder Beziehungen zwischen den Elementen sind nicht zufällig, sondern folgen Gesetzmässigkeiten: Eine Veränderung an einer Stelle des Systems führt zu bestimmten Veränderungen an vielen anderen Stellen, mit den entsprechenden Auswirkungen auf das gesamte System.

6.1 Merkmale des Systems «Unternehmen»

Inwiefern ist das Unternehmen ein System? Es ist ein in sich geschlossenes Funktionsgefüge (Ganzes) und erbringt seine Leistung durch das Lösen verschiedener Aufgaben (Elemente), die folgerichtig (gesetzmässig) miteinander verknüpft sind.

Man bezeichnet das Unternehmen auch als **komplexes, offenes und dynamisches sozio-technisches System** mit **ökonomischer Ausrichtung.**

Was ist damit gemeint? Betrachten wir die einzelnen Merkmale etwas genauer:

Das Unternehmen ist ein **komplexes System,** weil viele Elemente in ihm zusammenwirken. – Sie erhalten in diesem Kapitel einen Einblick in die verschiedenen Elemente und ihr Zusammenwirken.

Das Unternehmen ist ein **offenes System,** weil es in ständigem Austausch mit seiner Umwelt steht. – Mit den Umweltsphären bzw. den Anspruchsgruppen haben Sie sich im vorhergehenden Kapitel befasst.

Das Unternehmen ist ein **dynamisches System:** Es entwickelt sich laufend weiter. – Auf zentrale Fragestellungen der Unternehmensentwicklung gehen wir insbesondere im Teil C dieses Lehrbuchs ein.

Das Unternehmen ist ein **sozio-technisches System:** Um eine Leistung zu erstellen, braucht es den Einsatz von Betriebsmitteln (Maschinen, Anlagen usw.) und Werkstoffen (Rohstoffe, Energie usw.). Da Menschen den Einsatz dieser Mittel planen und mit ihnen arbeiten, bedeutet die Leistung des Unternehmens ein Zusammenwirken von technischen und menschlichen Leistungen, also ein sozio-technisches System.

Das Unternehmen ist ein **ökonomisch orientiertes System,** denn es plant seine Tätigkeiten nach wirtschaftlichen Richtlinien.

6.2 Die Funktionsbereiche des Unternehmens

Schauen wir uns nun die einzelnen betrieblichen Funktionsbereiche als Elemente des sozio-technischen Systems «Unternehmen» genauer an. Jeder Bereich ist ein Subsystem, weil er selbst aus mehreren ineinandergreifenden Grössen besteht.

[6-1] Die betrieblichen Funktionsbereiche des Unternehmens

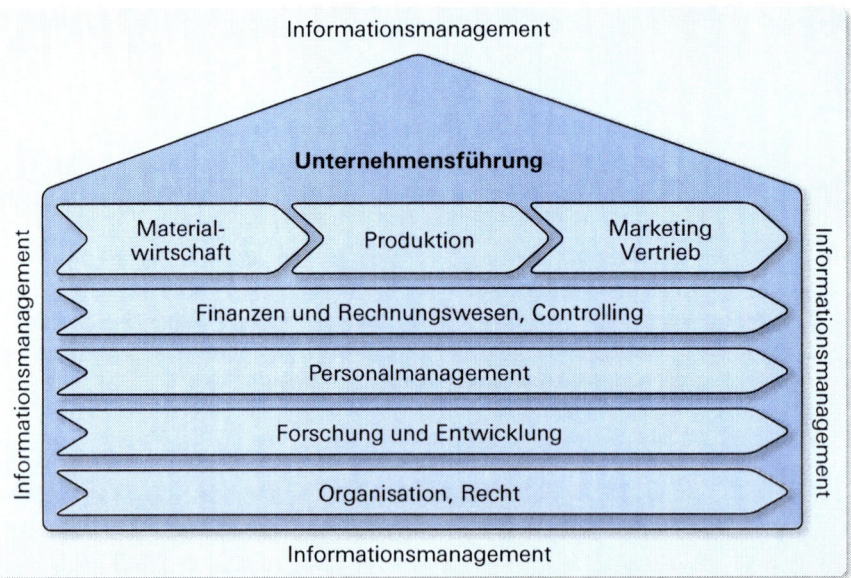

Die Betriebswirtschaftslehre bezeichnet die Funktionen **Materialwirtschaft, Produktion** und **Absatz (Marketing, Vertrieb)** als **primäre Funktionen,** weil sie direkt der eigentlichen Aufgabe von Unternehmen dienen, nämlich der Versorgung des Marktes mit Gütern. Die primären Funktionen werden unterstützt durch die sekundären Funktionen: **Finanzen, Rechnungswesen, Controlling, Personalmanagement, Forschung und Entwicklung, Organisation und Rechtsabteilung.** Diese stehen nur indirekt im Dienst der Leistungserstellung – was nicht heisst, dass sie weniger wichtig sind. Das **Informationsmanagement** steuert und koordiniert den Informationsaustausch des Unternehmens. Über den einzelnen Funktionen steht die **Unternehmensführung;** sie bildet das Dach des Unternehmens. Die Unternehmensführung entwickelt, gestaltet und lenkt das Unternehmen als Ganzes wie auch die verschiedenen Funktionsbereiche.

Hinweis

Es gibt in der Literatur verschiedene Meinungen darüber, ob die Funktion «Forschung und Entwicklung» eine primäre oder eine sekundäre Funktion ist. Wir betrachten die Funktion als sekundäre Funktion, andere wegen ihrer Bedeutung für das Marketing als primäre Funktion.

In den folgenden Abschnitten gehen wir auf sämtliche Funktionsbereiche näher ein.

6.3 Unternehmensführung

Die Verantwortung für die Gesamtkoordination und -steuerung des Unternehmens trägt die Unternehmensleitung (d. h. das Management). Die Unternehmensführung umfasst drei grundlegende Aufgaben: die Entwicklung, Lenkung und Gestaltung.

[6-2] Hauptaufgaben der Unternehmensführung

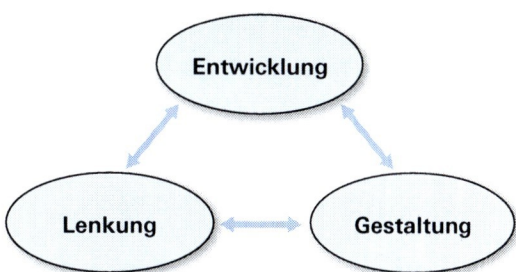

- **Entwicklung der Unternehmenskultur:** Die Unternehmensleitung setzt sich auf einer übergeordneten Ebene mit den Wertvorstellungen auseinander, die im Unternehmen gelten sollen. Sie befasst sich ebenso mit konkreten Fragen der Personalentwicklung oder der Innovationsfähigkeit des Unternehmens.
- **Gestaltung des strategischen Managements:** Die Unternehmensleitung legt den Rahmen für die Überlebens- und Entwicklungsfähigkeit des Gesamtunternehmens fest. Man spricht in diesem Zusammenhang auch vom langfristigen oder strategischen Management eines Unternehmens.
- **Lenkung des operativen Managements:** Die Unternehmensleitung steuert bzw. führt das Gesamtunternehmen und die einzelnen Funktionsbereiche auf die Erreichung der Unternehmensziele hin. Es geht dabei vor allem um das kurzfristige oder operative Management des Unternehmens.

Der Begriff Management im engeren Sinne umfasst die Entwicklung, Lenkung und Gestaltung auf Gesamtebene oder auf Teilebene.

6.3.1 Entwicklung der Unternehmenskultur

Die Unternehmensleitung prägt die Unternehmenskultur in vielfältiger Weise: Über den Gesamtführungsprozess fördert sie die Veränderungs-, Lern- und Problemlösungsfähigkeit des Unternehmens, das sich in einem dynamischen Umfeld bewegt und mit diesen Einflüssen möglichst gut umgehen können muss.

Die Unternehmenskultur stellt die Gesamtheit der von den Mitarbeitenden gemeinsam getragenen Überzeugungen, Normen, Handlungs- und Verhaltensmuster dar, d. h. die geltenden Werte. Sie bestimmen das Zusammenleben im Unternehmen sowie das Verhalten der Unternehmensmitglieder nach aussen.

Es gibt starke und weniger ausgeprägte Unternehmenskulturen; man spürt sie, wenn man mit einem Unternehmen zu tun hat. So herrscht z. B. ein lockerer, unkonventioneller Ton oder eine formelle, eher steife und distanzierte Atmosphäre. Sie zeigt sich durch Sitten, Gebräuche, Symbole, Rituale usw., ebenso in der Art, sich zu kleiden, in der Gebäudearchitektur und Einrichtung von Arbeitsplätzen. Die Art, wie Sitzungen abgehalten werden, wie mit Erfolgen und Krisen umgegangen wird, wie Mitarbeitende ausgewählt und befördert werden, ob man auch in der Freizeit gemeinsam etwas unternimmt, sind ebenfalls Manifestationen einer Unternehmenskultur. Die in der Unternehmenskultur verankerten Werte ergeben sich aus der Geschichte des Unternehmens, den Überzeugungen der Gründer und prägenden Persönlichkeiten, aus Gewohnheiten, Legenden, Anekdoten, einschneidenden Erlebnissen, gezielten Veränderungsmassnahmen usw.

Es gehört zu den wesentlichen Aufgaben der Unternehmensleitung, die Entwicklung einer bestimmten Unternehmenskultur bewusst zu unterstützen und gegebenenfalls in eine neue Richtung zu weisen. Jedes Mitglied der Unternehmensleitung muss sich dabei seiner Vorbildwirkung bewusst sein, als Persönlichkeit über den eigenen Führungs- und Kommunikationsstil und als Funktionsträger über die bewusste Gestaltung von Veränderungsprozessen. Denn ein unternehmenspolitischer Kurswechsel bringt oftmals auch Veränderungen in der Unternehmenskultur mit sich.

Unternehmenskultur und Ethik

Die Wahl der berücksichtigten Werte und Normen hängt von der Einstellung des Unternehmens zu **ethischen Fragen** ab. Die Erfahrung zeigt zudem, dass erfolgreiche Unternehmen in der Regel ethische Grundsätze respektieren.

Das Unternehmen muss die ethischen Grundsätze bestimmen und festhalten. **Ethikrichtlinien** müssen allen Mitarbeitern bekannt sein und von ihnen gelebt werden.

Die goldene Regel der Ethik kann mit dem bekannten Sprichwort formuliert werden: «Was du nicht willst, das man dir tut, das füg auch keinem anderen zu!» Daraus lassen sich Verhaltensweisen für das Unternehmen ableiten.

Beispiel

- **Ethik im Umgang mit Partnern und Konkurrenten.** Hier geht es vor allem darum, gegenüber Partnern und Konkurrenten fair zu sein.
- **Ethik im Umgang mit den Mitarbeitenden.** Die Mitarbeiterzufriedenheit ist für das Unternehmen wichtig. Nur zufriedene Mitarbeiter setzen sich für das Unternehmen ein.
- **Ethik in der Produktpolitik.** Bei der Herstellung von Gütern sollen Unternehmen Risiken wie zum Beispiel bei der Verwendung von giftigen Stoffen oder von gefährlichen Maschinen vermeiden.
- **Ethik in der Preispolitik.** Preise sollen «fair» gesetzt werden, das heisst ohne eine Situation der Stärke (z. B. Monopolsituation) auszunutzen und ohne Preisabsprachen mit Mitkonkurrenten einzugehen (Kartell).
- **Ethik in der Kundenpolitik.** Kundinnen und Kunden sollen nicht mit irreführenden Werbebotschaften gelockt werden. In der Schweiz wird der Konsumentenschutz sowohl vom Privatrecht als auch vom öffentlichen Recht geregelt. Das Privatrecht regelt die rechtlichen Beziehungen von Bürgern untereinander. Vertragsbeziehungen zwischen Konsumentinnen und Lieferanten werden vom Obligationenrecht bestimmt. Das Gesetz gegen den unlauteren Wettbewerb (UWG) ist auf unlautere Geschäftspraktiken anwendbar, die die Beziehungen zwischen Konsumentinnen und Lieferanten von Waren oder Dienstleistungen betreffen.
- **Ethik in der Kommunikationspolitik.** Kommunikation ist für die Unternehmen wichtig, denn die Kunden müssen ja wissen, welche Produkte und Dienstleistungen das Unternehmen anbietet. Kommunikationsinstrumente sind Werbung, Public Relations und Verkaufsförderung. Hier sind ethische Verhaltensregeln sehr wichtig. Die Kommunikation soll vollständig und wahr sein und keine Bluffs enthalten.
- **Umweltschutz.** Das Unternehmen muss sich mit Rücksicht auf kommende Generationen bewusst mit dem Thema Umweltschutz auseinandersetzen.

Zum Unternehmensethikbereich gehören die folgenden Themen:

- Umweltschutz/Energie
- Betriebliche Sicherheit
- Gemeinwohl/Sozialverträglichkeit
- Geschäftspraktiken
- Marktleistungsqualität
- Personalentwicklung
- Arbeitsplatzsicherung

6.3.2 Gestaltung des strategischen Managements

Die Ziele und Werte, denen sich ein Unternehmen verpflichten will, ergeben die Leitlinie für das langfristige Handeln, d. h. für die nächsten fünf bis zehn Jahre. Diese grundsätzliche Marschrichtung wird als **Grundstrategie** bezeichnet. Sie ist insofern geheim, als dass sie nur einem ausgewählten Kreis der Unternehmensführung zugänglich bleibt. Jene Informationen zur langfristigen Ausrichtung und zu den Werten, die das Unternehmen an Dritte weitergeben will, werden deshalb in einem **Leitbild** zusammengefasst und veröffentlicht.

Zum Beispiel finden Sie auf der Homepage der Holcim (Schweiz) AG, die folgenden Leitsätze publiziert:

> **Unsere Leitsätze:**
>
> Die Leitsätze der Holcim (Schweiz) AG sind der Angelpunkt zwischen unserem übergeordneten, langfristigen Denken und tagtäglichen Anforderungen. Sie sind der Grundpfeiler unseres Erfolgs.
>
> Die Holcim (Schweiz) AG ist die Schweizer Tochtergesellschaft des weltweit tätigen Baustoffkonzerns Holcim Ltd. Unser Ursprung ist die Zementherstellung; heute bilden Zement, Kies und Beton die Kernbereiche.
>
> Holcim (Schweiz) AG ist führend im Markt. Unsere Kunden sind Partner, für die wir mit Produkten und Know-how Mehrwert schaffen.
>
> Holcim (Schweiz) AG hat hoch motivierte Mitarbeiterinnen und Mitarbeiter. Wir fordern Engagement und anerkennen Leistung.
>
> Holcim (Schweiz) AG handelt zielorientiert, mutig und schnell. Permanentes Lernen und Verbessern macht uns erfolgreich.
>
> Holcim (Schweiz) AG ist regional stark verankert, effizient organisiert und offen für neue Märkte. Wir treten als Einheit auf.
>
> Holcim (Schweiz) AG ist verantwortungsbewusst gegenüber Umwelt und Gesellschaft. Wir informieren offen.
>
> Holcim (Schweiz) AG ist wirtschaftlich erfolgreich. Wir schaffen dauerhafte Werte.

Quelle: www.holcim.ch / Über uns / Unsere Leitsätze

Strategische Ziele im Allgemeinen

Die Unternehmensleitung konkretisiert die Grundstrategie in Form von strategischen Zielen. Diese müssen unmissverständlich und klar formuliert sein. Als Richtlinie dafür kann die **SMART-Formel** eingesetzt werden.

[6-3] Die SMART-Formel zur Zielformulierung

SMART A GOOD TARGET IS SMART

S	pecific (konkret)	Eindeutiger Schwerpunkt Kein Missverständnis über Inhalte / was zu tun ist
M	easurable (messbar)	Möglichst quantitativ Nicht nur blosse Richtung
A	chievable (erreichbar)	Realistische Herausforderung Fordernd, aber durchführbar
R	esult-oriented (ergebnisorientiert)	Ergebnis/Situation/Output beschreibend Keine Aktivitäten
T	ime-related (termingebunden)	Eindeutige Fristen und/oder Zeitraum angeben

Damit die Ziele «SMART» sind, müssen sie:

- **Konkret (= specific) sein (S):** Dies ist der Fall, wenn der Gegenstand bzw. Schwerpunkt eindeutig ist. Nur so ist ein Ziel unmissverständlich und damit messbar.
- **Messbar (= measurable) sein (M):** Wenn immer möglich, sollte man einen eindeutigen Massstab oder Leistungsstandard für die Ziele finden. Beispiele dafür sind: Absatzmengen, Umsatz-, Produktivitätszahlen, Zeiteinheiten, Qualitätsgrade.
- **Realistischerweise erreichbar (= achievable) sein (A):** Nur Ziele, die aufgrund der Eignung und Leistungsfähigkeit des jeweiligen Mitarbeiters und mit den verfügbaren Mitteln erreicht werden können, stellen eine motivierende Herausforderung dar. Sowohl unter- als auch überfordernde Ziele wirken kontraproduktiv.
- **Ergebnisorientiert (= result-oriented) sein (R):** Nicht das WIE, also der Weg in Form von einzelnen Tätigkeiten, wird formuliert, sondern das WAS in Form eines Ergebnisses, einer künftigen Situation oder eines konkreten Endprodukts.
- **Termingebunden (= time-related) sein (T):** Es ist ein genauer Zeitpunkt oder ein Zeitraum für die Zielerfüllung zu vereinbaren, damit die Zielerreichung kontrolliert werden kann.

Beispiel

Das Ziel darf nicht heissen: «Sie steigern den Umsatz.» Nach der SMART-Formel könnte es wie folgt lauten: «Wir erreichen in den **nächsten 9 Monaten** (= t) eine **Umsatzsteigerung** (= r) des **Produkts X** (= s) um **10 Prozent gegenüber dem Vorjahr** (= m und a).»

Nicht immer ist es möglich, einen quantifizierbaren Leistungsstandard festzulegen; bei **qualitätsbezogenen Zielen,** wie z. B. Kundenorientierung, Qualitätsverbesserungen usw. müssen daher auf Hilfsmassstäbe oder qualitative Leistungsstandards ausgewichen werden.

Beispiel

- **Hilfsmassstab** für eine verbesserte Kundenorientierung: «Kundenanfragen beantworten wir innerhalb von maximal 36 Stunden.»
- **Qualitativer Leistungsstandard** für einen verbesserten Internetauftritt: «Wir entwickeln bis 31. März 200x ein Kontaktformular, das die Kriterien einer benutzerfreundlichen und sicheren Übermittlung von Kundenanfragedaten bestmöglich erfüllt.»

Grundsätzlich lassen sich drei Hauptkategorien von strategischen Unternehmenszielen unterscheiden:

A Leistungswirtschaftliche Ziele

Die leistungswirtschaftlichen Ziele betreffen in erster Linie das Leistungsangebot des Unternehmens, also die Produkte und Dienstleistungen sowie die zu beliefernden Märkte:

Ziele	Detailziele
Produktziele	- Art und Ausgestaltung der Produkte und Dienstleistungen - Angestrebtes Qualitätsniveau - Sortimentsgestaltung - Mengen- und Wachstumsziele
Marktziele	- Absatzmärkte - Marktsegmente (Kundengruppen) - Marktstellung in den Märkten und Marktsegmenten (z. B. Marktanteilsziele) - Umsatzziele

Um die leistungswirtschaftlichen Ziele erreichen zu können, braucht es weitere strategische Überlegungen in den einzelnen Bereichen der Leistungserstellung: in Form von strategischen Marketing- und Vertriebszielen, Produktions- und Beschaffungszielen sowie Forschungs- und Entwicklungszielen.

B Finanzwirtschaftliche Ziele

Oberstes Ziel eines Unternehmens ist die Sicherung seiner Existenz. Die finanzwirtschaftlichen Ziele betreffen alle geldmässigen strategischen Ziele des Unternehmens:

Ziele	Detailziele
Liquiditätsziele	• Zahlungsbereitschaft • Liquiditätsreserven
Ertragsziele	• Reingewinn • Cash-Flow (Mehrwert, Deckungsbeitrag) • Rentabilität (Gewinn im Verhältnis zum Umsatz, Eigenkapital usw.)
Sicherungsziele	• Finanzierung • Risikodeckung

C Soziale Ziele

Die sozialen Ziele beziehen sich auf den Umgang mit den Mitarbeitenden und der Gesellschaft:

Ziele	Detailziele
Mitarbeiterbezogene Ziele	• Arbeitsbedingungen • Qualifikation und Förderung • Soziale Sicherheit
Gesellschaftsbezogene Ziele	• Ökologisches Engagement • Kulturelles Engagement • Politisches Engagement, Mitwirkung in Verbänden • Soziales Engagement

Genauso wie ein Unternehmen nicht alle Erwartungen der verschiedenen Anspruchsgruppen erfüllen kann, wird es ihm nicht gelingen, die leistungswirtschaftlichen, finanzwirtschaftlichen und sozialen Ziele gleichermassen zu verfolgen. Vielmehr gehört es zu den wesentlichen Aufgaben im strategischen Management zu entscheiden, welche Ziele im Unternehmen welche **Prioritäten** haben. Wichtig dabei ist, dass sich aus den strategischen Ziele nicht widersprüchliche Planungsgrundlagen für die Umsetzung ergeben, sondern die Ziele aufeinander abgestimmt sind. Nur so erhält das Unternehmen ein klares Profil.

D Strategien für Geschäftseinheiten und Funktionsbereiche

Die strategischen Gesamtziele bilden die Ausgangslage für die Formulierung von Strategien. Eine Strategie besteht aus detaillierteren, langfristig orientierten Zielen, den für die Zielerreichung notwendigen Massnahmen und dem entsprechenden Mitteleinsatz. Man unterscheidet dabei zwischen Strategien für:

- die strategischen **Geschäftseinheiten:** die detaillierten Markt- und Produktziele und strategischen Massnahmen für die einzelnen Produktgruppen (auch «Business Unit» genannt).

- die einzelnen **Funktionsbereiche:** z. B. die Produkt-, Marketing-, Finanz- oder die Personalstrategie.

Auch die Strategien sind mittel- bis langfristig ausgerichtet, d. h. für die nächsten drei bis fünf Jahre. Gleichzeitig dienen sie als Richtlinie und Planungsgrundlage für das operative Management.

Bei der Entwicklung von strategischen Zielen wird zunächst eine **Umweltanalyse** durchgeführt, um die Veränderungen in der Unternehmensumwelt zu berücksichtigen. In einem zweiten Schritt wird eine **Unternehmensanalyse** durchgeführt, welche die Stärken und Schwächen des eigenen Unternehmens aufzeigt.

Das Ziel der Strategieentwicklung ist der Aufbau von **strategischen Erfolgspositionen** (SEP). Eine strategische Erfolgsposition besteht dann, wenn die eigenen Fähigkeiten und die auf dem Markt vorhandenen Chancen zusammenpassen.

[6-4]   Die wichtigsten Strategiekonzepte im Überblick

Produkt-/Markt-Strategien	Hier handelt es sich um Wachstumsstrategien, mit denen sich ein Unternehmen neue Märkte erschliesst oder seinen Absatz durch intensivere Marktbearbeitung ausweitet. Man unterscheidet hier vier mögliche Strategien: • **Marktdurchdringung.** Den bisherigen Abnehmern wird mehr verkauft oder es werden mehr Abnehmer angesprochen. Der steigende Absatz geht zulasten der Konkurrenz. • **Marktentwicklung.** Neue geografische Märkte, neue Anwendungsmöglichkeiten und neue Abnehmergruppen werden erschlossen. • **Produktentwicklung.** Das bisherige Programm wird durch völlig neue oder nur veränderte Produkte erweitert, sodass neue Bedürfnisse (und Zielgruppen) befriedigt werden können. • **Diversifikation.** Wachstum wird durch neue Produkte in neuen Märkten angestrebt.
Wettbewerbsstrategien	Der bekannte Strategieforscher Michael Porter unterscheidet drei Hauptstrategien in der Auseinandersetzung mit den Konkurrenten des Branchenumfelds: • **Kostenführerschaft.** Das Unternehmen schafft sich einen klaren Kostenvorsprung innerhalb seiner Branche, indem es sehr effizient produziert, sämtliche Kostensenkungsmöglichkeiten wahrnimmt, die variablen und Gemeinkosten strikt kontrolliert, so wenig wie möglich für Service, Werbung, Entwicklung usw. ausgibt. Es kann so dank Preissenkungen seinen Umsatz vergrössern oder bei gleichen Preisen mehr Gewinn erwirtschaften. Voraussetzung ist, dass das Unternehmen einen relativ hohen Marktanteil hat und sein Absatzinstrumentarium relativ aggressiv einsetzt. • **Differenzierungsstrategie.** Das Unternehmen bietet eine einzigartige Leistung an, die sich von den Angeboten der Konkurrenz deutlich unterscheidet – durch besondere Materialeigenschaften, Design, Service, einzigartige Verfügbarkeit usw. Differenzierungsstrategien schliessen ein straffes Kostenmanagement natürlich nicht aus! • **Nischenstrategien.** Das Unternehmen konzentriert sich dabei auf ausgewählte und begrenzte Branchenausschnitte. Dies können bestimmte Kundensegmente, Regionen oder Produkte sein, die für die grossen Unternehmen der Branche uninteressant sind. Nischenstrategien sind geeignet für Spezialisten, die die Bedürfnisse bestimmter Zielgruppen präziser, besser und/oder billiger erfüllen als ihre Konkurrenten.

Eine festgelegte Strategie, die umgesetzt wird, muss auf ihre Zielerreichung überprüft werden. Das strategische Controlling überwacht dabei:

1. **Die Fortschritte in der Strategieumsetzung:** Werden die qualitativ und quantitativ gesetzten Ziele erreicht, werden die in Auftrag gegebenen Projekte realisiert?
2. **Die Annahmen, von denen die Strategie ausgeht:** Treffen die Annahmen noch zu, oder bahnen sich im Umfeld – im Markt, in der Branche, bei der Konkurrenz, im Kundenverhalten, in der Gesellschaft – Entwicklungen an, auf die man durch eine Strategiekorrektur reagieren soll?

Abweichungen müssen auf ihre Ursache hin analysiert und die Folgen von Abweichungen müssen abgeschätzt werden. Das strategische Controlling übernimmt die Funktion einer laufenden Überwachung der eingeschlagenen Strategie und dient als Frühwarnsystem für Veränderungen.

6.3.3 Lenkung des operativen Managements

Neben der Gestaltung des strategischen Managements sind von der Unternehmensleitung weitere Weichenstellungen im Führungsprozess gefragt: von der Wahl der geeigneten Organisationsform über die personelle Besetzung von Schlüsselfunktionen bis hin zur Führung der Verantwortlichen des operativen Managements.

Das operative Management kümmert sich um die Umsetzung der strategischen Unternehmensziele. Es geht dabei um die kurzfristige Lenkung des Unternehmens mit einem Zeithorizont von maximal einem Jahr.

[6-5] Aufgaben des operativen Managements

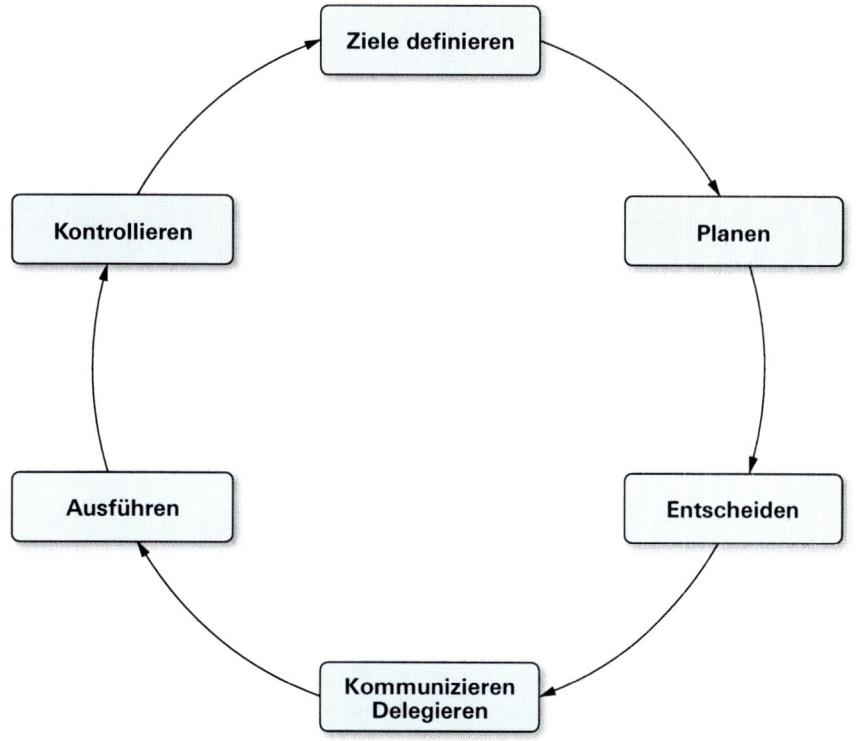

Die Umsetzung der strategischen Vorgaben geschieht zunächst in Form von operativen Zielen, die aus den strategischen Zielen abgeleitet und für jeden Funktionsbereich definiert werden (in Form von Gewinn-, Umsatz- oder Kostenzielen).

Daraus ergibt sich die Planung von konkreten Massnahmen oder Aufträgen für jeden Unternehmensbereich. In einem nächsten Schritt geht es darum, die richtigen Prioritäten zu setzen, das heisst, einzelne Möglichkeiten gegeneinander abzuwägen und die notwendigen Entscheidungen zu treffen: Welche Massnahmen müssen in welcher Reihenfolge, mit welchen Mitteln, in welchem Zeitraum und durch wen umgesetzt werden?

Zur täglichen Führungspraxis gehört es, die getroffenen Entscheidungen zu kommunizieren oder zu delegieren: in Form eines konkreten Auftrags an die ausführenden Mitarbeitenden, in der gemeinsamen Aufgabenbesprechung oder als Information an das betreffende Team.

Die laufende Beurteilung und Kontrolle der Ausführung der Massnahmen gehört ebenfalls zu den Aufgaben des operativen Managements. Bei Abweichungen muss korrigierend eingegriffen oder aber die Zielsetzungen noch einmal überprüft werden.

6.4 Die primären Funktionsbereiche

Als primäre Funktionsbereiche gelten die drei Funktionsbereiche, in denen der **Transformationsprozess** im Unternehmen geschieht: Ein **Input** wird zu einem bestimmten **Output** verarbeitet:

Durch diese Transformation entsteht ein Mehrwert. Die **Wertschöpfung** des Unternehmens wird somit vor allem in den drei primären Funktionsbereichen Materialwirtschaft, Produktion und Marketing/Vertrieb erbracht.

6.4.1 Materialwirtschaft

Die Aufgaben der Materialwirtschaft sind: das **Beschaffen** (Einkauf), **Lagern, Verteilen** (interne Transporte von den Lagern zu den Orten der Produktion) aller benötigten Materialien und Bauteile und das **Entsorgen** von Abfällen. Das Hauptziel dabei ist die Wirtschaftlichkeit, d. h. die Minimierung der Gesamtkosten.

[6-6]   Die Aufgaben der Materialwirtschaft

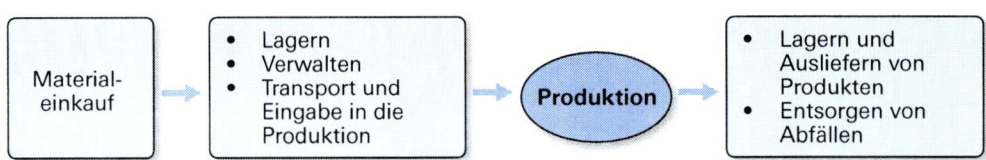

A   Einkauf/Beschaffung

Jedes produzierende Unternehmen braucht Werkstoffe (Roh-, Hilfs- und Betriebsstoffe, Vorfabrikate), die es im Produktionsprozess weiter verarbeitet und aus denen es ein Endprodukt herstellt. Der eigentliche Geschäftszweck eines Handelsunternehmens ist es, Werkstoffe oder Endprodukte an seine Kunden weiter zu verkaufen.

Für die Beschaffung der Werkstoffe (im Falle des Handelsunternehmens auch der Endprodukte) ist der Einkauf zuständig. Das Hauptziel ist es, die geeigneten Lieferanten mit den optimalen Lieferbedingungen zu finden. Dabei spielen Wirtschaftlichkeitsüberlegungen eine entscheidende Rolle: Die Gesamtkosten der Beschaffung möglichst tief halten zu können.

Die Kernaufgaben des Einkaufs sind die folgenden:

- Die **Bestellung** mit den entsprechenden Verhandlungen über den Preis und die Beschaffungsbedingungen, wie Mindest- oder Maximalmengen, Zahlungskonditionen, Liefertermine usw.
- Der **Transport,** d. h. die Klärung der logistischen Fragen, wie das Material zum Unternehmen kommt
- Die **Qualitätssicherung** der Zulieferungen durch die Lieferanten
- Die Gewährleistung der **Lagerhaltung** und der betrieblichen **Abfallwirtschaft**

Die Aktivitäten des Einkaufs sind eng mit den Funktionsbereichen Produktion und Marketing verbunden, denn die Grundlagen für die Beschaffungsplanung liefern zunächst die Absatz- und Produktionsplanung des Unternehmens. Zusätzlich kommt die Lagerplanung der Logistik als Einflussgrösse hinzu:

[6-7]   Einflussgrössen der Beschaffungsplanung

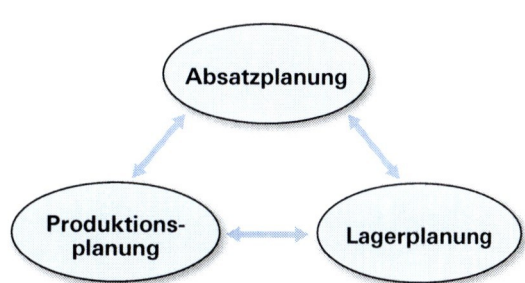

Aus der Absatzplanung ergeben sich die für den Planungszeitraum benötigten Mengen an Endprodukten. Aufgrund der Absatzplanung legt die Produktionsplanung fest, welche Mengen an Endprodukten zu welchem Zeitpunkt und an welchem Standort herzustellen sind. Daraus leitet sich der mengenmässige Bedarf an Werkstoffen für den Planungszeitraum ab. Die Bedarfsplanung ergibt sich aus dem Vergleich der Produktionsplanung mit der Lagerplanung.

B   Logistik

Mit dem Logistikbegriff verbindet man Transport, Lagerung und Umschlag von Gütern.

- Im Lager eines Unternehmens sind oft unzählige von Materialtypen und Materialteilen (Schrauben, elektronische Bauteile usw.) zu bewirtschaften. Die Optimierung der Lagerhaltung ist hier eine besondere betriebswirtschaftliche Aufgabe, denn Lager sollen nicht zu gross sein, da sie Geld binden. Sie dürfen aber auch nicht zu klein sein, weil die Produktion auf lückenlosen Materialnachschub angewiesen ist.
- Traditionell ist mit dem Transport die Lieferung von einem Ort A zu einem Ort B mit Bereitstellung der Waren zu einem bestimmten Termin gemeint.
- Moderne Logistik beinhaltet die Steuerung der gesamten Produktströme vom Lieferanten bis zum Kunden. Dies geschieht mit modernen IT-Systemen und schliesst ergänzende Dienstleistungen ein wie Qualitätsprüfung, auftragsbezogene Kommissionierung, kundengerechte Teilelieferung, Transportabwicklung, Zwischenlagerung und Bestandsführung. Heute übernehmen spezialisierte Logistikdienstleister die Planung, Organisation und Umsetzung der Logistikprozesse für das Unternehmen. Man spricht in diesem Zusammenhang von einem Outsourcing des Supply Chain Management.

6.4.2   Produktion

In der Produktion werden die verschiedensten Materialien be- und verarbeitet, werden Bauteile montiert usw. Hier entstehen die Produkte, die das Unternehmen auf den Absatzmärkten anbietet. Dieser Funktionsbereich hat in den produzierenden Unternehmen einen zentralen Stellenwert, da die Investitionen für Produktionsanlagen mit hohen Kosten verbunden und somit langfristig auszurichten sind. Das Produktionsmanagement umfasst verschiedene Planungs- und Ausführungsaufgaben:

[6-8]   Aufgaben des Produktionsmanagements

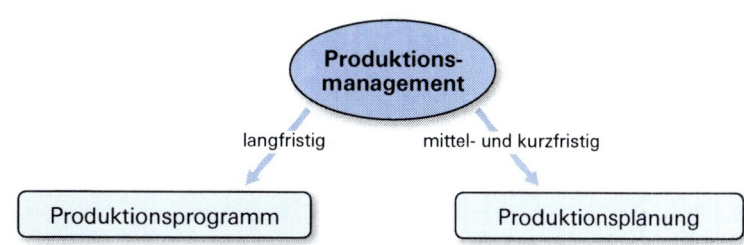

Bei der Festlegung des **Produktionsprogramms** geht es um eine langfristige Entscheidung: Welche Produkte stellen wir her?

Die **Produktionsplanung** ist mittel- und kurzfristig ausgerichtet und befasst sich mit den Produktionsabläufen. Dabei geht es um folgende Fragen:

- Welche Produktionsstandorte produzieren welche Produkte oder Leistungen?
- Wie durchlaufen einzelne Aufträge die Produktion?
- Wie werden die vorhandenen Kapazitäten optimal ausgelastet?
- Wie werden die einzelnen Produktionsschritte terminiert?
- Wie werden die Produktionstermine eingehalten?

Das eigentliche Ziel der Produktion ist es, die Produkte in der erforderlichen Qualität und Menge, im richtigen Zeitpunkt und auf rentable Weise herzustellen. Die Wirtschaftlichkeit in Form von möglichst geringen Kosten steht dabei im Zentrum. Es geht im Wesentlichen um eine Optimierung der eingesetzten Mittel: so wenig Abfälle und Ausschuss wie möglich, eine bestmögliche Auslastung von Maschinen, Hotelbetten usw., die optimale Abstimmung von Arbeitskräften und Betriebsmitteln.

Aus diesem Grund und um die Produktion besser auf die Marktbedürfnisse ausrichten zu können, hat sich in vielen produzierenden Unternehmen die sog. **Just-in-Time-Produktion** durchgesetzt. Damit ist die **Produktion auf Abruf** gemeint: Es wird jederzeit nur so viel produziert, wie notwendig. Die Lagerbestände bleiben bei der Just-in-Time-Produktion möglichst klein.

Die Produktionsplanung basiert auf einer Vielfalt von Informationen, die in Form von technischen und administrativen Daten erfasst, verarbeitet und ausgewertet werden müssen. Dies erfolgt heute weitestgehend durch verschiedene computergestützte Programme, die als **Computer-Integrated Manufacturing (CIM)** bezeichnet werden. Die bekanntesten Elemente des CIM sind:

- **Computer-Aided Design (CAD):** die computergestützte Entwicklung und Konstruktion
- **Computer-Aided Manufacturing (CAM):** die computergestützte Steuerung und Überwachung des Fertigungsprozesses
- **Produktionsplanung und -steuerung (PPS):** die computergestützte organisatorische Planung, Steuerung und Überwachung der gesamten Produktionsabläufe.

6.4.3 Marketing und Vertrieb

Die Aufgabe des Marketings und Vertriebs besteht darin, die Produkte und Dienstleistungen des Unternehmens optimal im Markt zu **positionieren,** um das Hauptziel zu erreichen: die produzierten Güter und Dienstleistungen zu verkaufen.

Wir wissen: Der Erfolg eines Unternehmens hängt davon ab, ob es seinen Kunden einen besonderen Nutzen bieten kann, sodass sie die Produkte oder Dienstleistungen kaufen. Anders formuliert: Man kann ein noch so gutes Produkt oder eine noch so interessante Dienstleistung anbieten – wenn man dafür nicht rasch genug einen gewinnbringenden Markt findet, ist das Unternehmen zum Scheitern verurteilt.

A Marketing

Erfolgreiches Marketing bedeutet daher, sämtliche Aktivitäten auf die **Marktbedürfnisse** bzw. den **Kundennutzen** auszurichten und somit den Produkten und Dienstleistungen des Unternehmens ein unverwechselbares Profil zu geben. Nur wenn dies gelingt, kauft der Kunde bei uns und nicht bei der Konkurrenz.

Auf die Bedürfnisse der Kunden kann man nur eingehen, wenn man diese kennt. Dies geschieht in Form von Marktanalysen, in denen die Informationen über Märkte und Käufer systematisch erfasst und ausgewertet werden. Die Marktforschung liefert dem Unternehmen die dafür notwendigen Entscheidungsgrundlagen.

Die folgende Grafik veranschaulicht die Hauptaufgabenbereiche des Marketings:

[6-9]   Marketing im Überblick

Auf der strategischen Ebene gilt es, eine Marketingstrategie zu formulieren. Das Unternehmen legt darin die mittel- und langfristigen Marketingziele fest. Im Kern geht es bei der Marketingstrategie darum, drei Einflussgrössen aufeinander abzustimmen:

- die Bedürfnisse der Kunden,
- die eigenen Stärken und
- die Leistungen der Konkurrenz.

Aus den strategischen Marketingzielen lässt sich auch der optimale Einsatz der Marketinginstrumente ableiten. Die folgende Aufstellung gibt Ihnen einen ersten Überblick über diese Instrumente.

[6-10]   Übersicht über die Marketinginstrumente

Produkt-Mix	Preis-Mix	Distributions-Mix	Kommunikations-Mix
Was bieten wir an?	Zu welchem Preis bieten wir an?	Wo (über welche Kanäle) bieten wir an?	Wie sprechen wir unseren Kunden an?
Produkteigenschaften Sortiment Name (Marke) Garantie-/Service-Leistungen	Preis Zahlungs- und Rabattkonditionen Kreditbedingungen	Absatzkanäle Logistik (Transport, Lagerung, Verwaltung)	Persönlicher Verkauf Verkaufsförderung Werbung Öffentlichkeitsarbeit (Public Relations, PR)

Die Abstimmung der vier Marketinginstrumente erfolgt im sogenannten **Marketing-Mix.** Nur wenn sämtliche Massnahmen des Marketing-Mix fein aufeinander abgestimmt sind, wirkt das Produkt oder die Dienstleistung als überzeugendes Ganzes.

Beispiel

Luxusgüter sind in einer gepflegten Atmosphäre und mit individueller Beratung zu verkaufen. Sonst lässt der Kunde sich kaum von ihrer Exklusivität und dem dafür zu zahlenden hohen Preis überzeugen.

Der Discounter dagegen kann seine Produkte in einfach gestalteten Räumen und mit einem Mindestmass an Beratung anbieten. Seine Kunden suchen primär den Preisvorteil.

Im vorherigen Kapitel haben wir die Bedeutung der Medien als Anspruchsgruppe hervorgehoben. Mit ihren Artikeln oder Sendungen können sie das Image, das ein Unternehmen in der Öffentlichkeit geniesst, wesentlich beeinflussen. **Public Relations (PR)** ist eine spezielle Funktion innerhalb des Marketings, die in den letzten Jahren stark an Bedeutung gewonnen hat. Die PR-Abteilung kümmert sich um den professionellen **Kommunikations-Auftritt** des Unternehmens gegenüber seinen Anspruchsgruppen und wird daher auch als **Öffentlichkeitsarbeit** bezeichnet.

Die Pflege der Kommunikationsbeziehungen zwischen dem Unternehmen und der Öffentlichkeit geschieht durch **Pressekonferenzen** bei wichtigen Ereignissen (Generalversammlung, Verkauf oder Kauf von Unternehmensbereichen, schwer wiegende Ereignisse für das Unternehmen), das **Sponsoring** und Veranstaltungsmanagement, die Herausgabe von **Publikationen** (von Broschüren, Geschäftsberichten oder Informationen für die Medien), die Website-Betreuung usw. Die Kommunikation mit den Mitarbeitenden (z. B. in Form von Mitarbeiterzeitungen oder Newslettern) wird als **interne Kommunikation** bezeichnet und gehört ebenfalls zu den Aufgaben einer PR-Abteilung.

B Vertrieb

Der **Vertrieb** oder Verkauf ist ein Teil des Marketings. Er setzt die Verkaufsziele operativ um, indem er die verfügbaren Absatzkanäle intensiv bearbeitet. Man unterscheidet dabei zwei Arten von Absatz- oder Distributionskanälen:

[6-11]   Direkte und indirekte Absatzkanäle

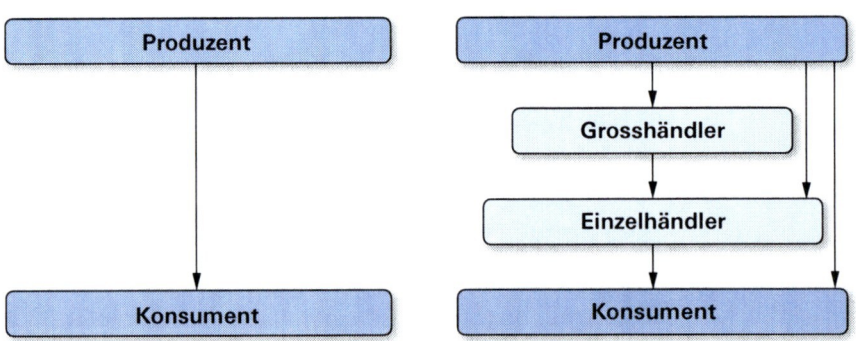

Bei den **direkten Absatzkanälen** erfolgt der Verkauf direkt zwischen dem Produzenten und dem Konsumenten.

Beispiel

Ein Computer-Produzent verkauft seine Produkte übers Internet direkt an die Endverbraucher (Einzelpersonen oder Firmen).

Bei den **indirekten Absatzkanälen** werden eine oder mehrere Zwischenhandelsstufen eingeschaltet.

| Beispiel | Ein Computer-Produzent verkauft seine Produkte an Einzelhändler, welche die Computer verschiedener Hersteller an die Endverbraucher weiterverkaufen.

Einen **Verkaufsabschluss** zu erzielen, ist das Hauptziel des Verkaufs. Der Verkäufer nutzt dabei den Spielraum aus, der ihm der Marketing-Mix bietet, wie z. B. die Rabattkonditionen, Werbe- und Verkaufsförderungsmassnahmen, Garantie- und Serviceleistungen usw. Nebst dem Verkaufsabschluss gehört die systematische **Pflege von Kundenbeziehungen** (Customer Relationship Management) zu den Aufgaben des Vertriebs.

Auch hier kommen zunehmend computergestützte Datenverarbeitungsprogramme zum Einsatz: «Customer Relationship Management»-Anwendungen **(CRM)** unterstützen die systematische Erhebung, Aufbereitung und Auswertung von Kundendaten zur Pflege der Kundenbeziehungen.

6.5 Die sekundären Funktionsbereiche

Als sekundäre Funktionsbereiche werden alle den Wertschöpfungsprozess unterstützenden Aufgabenbereiche eines Unternehmens bezeichnet:

[6-12]   Die sekundären Funktionsbereiche

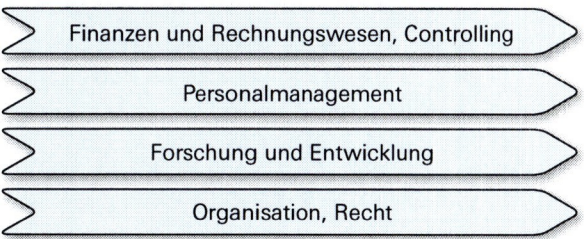

6.5.1 Finanzen und Rechnungswesen

Der Funktionsbereich Finanzen und Rechnungswesen erfasst und überwacht die Geldflüsse im Unternehmen sowie zwischen dem Unternehmen und Dritten. Er soll jederzeit den vollständigen Überblick über die vorhandenen Mittel, über Schulden und Vermögen des Unternehmens haben. Er versorgt sämtliche Stellen im Unternehmen, vor allem aber die Unternehmensleitung, mit finanzwirtschaftlichen Daten. Ohne diese sind fundierte Planungs- und Führungsentscheidungen nicht möglich.

Dieser Funktionsbereich lässt sich in drei Unterbereiche gliedern:

A Finanzmanagement

Rentabilität und Liquidität sind zwei gleichberechtigt nebeneinanderstehende Unternehmensziele. Unternehmen müssen rechtzeitig über finanzielle Mittel verfügen können, um Betriebsmittel, Werkstoffe, Know-how und Arbeitskraft einzukaufen. Ein Unternehmen kann noch so rentabel arbeiten; wenn es den laufenden Zahlungsverpflichtungen nicht nachkommen kann, entsteht die Gefahr eines Konkurses.

Das Problem besteht darin, die Zahlungsströme so zu managen, dass auf der einen Seite die jederzeitige **Zahlungsbereitschaft gewährleistet** bleibt, während auf der anderen Seite **unnötige Finanzreserven** nach Möglichkeit **vermieden** werden. Denn diese sollten lieber zinsbringend oder für die Finanzierung anderer Projekte oder für Investitionsvorhaben eingesetzt werden, nach dem Grundsatz: Geld muss arbeiten!

Der Finanzmanager (Treasurer) befasst sich mit der Planung, Analyse und Durchführung der **Kapitalbeschaffung** sowie der **Kapitalanlage.** Im Zusammenhang mit der Kapitalbeschaffung stellen sich folgende grundlegende Fragen:

- Wie viel Kapital braucht das Unternehmen für welchen Zeitraum für welchen Zweck?
- Woher kommt das Kapital? Wird es vom Unternehmen selber erwirtschaftet oder kommt es von aussen, d. h. von Kapitalgebern?

Bei der Kapitalbeschaffung unterscheidet man je nach Herkunft des Kapitals zwischen der Aussen- und Innenfinanzierung:

- Bei der **Aussenfinanzierung** kommt Kapital von aussen in das Unternehmen durch Kredite von Dritten oder durch Einlagen der Eigentümer.
- Bei der **Innenfinanzierung** werden die Mittel vom Unternehmen in Form von Einnahmen bzw. Gewinnen erwirtschaftet.

Zur Aufgabe des Finanzmanagers gehört neben der Sicherstellung der Zahlungseingänge die **Absicherung vor möglichen Zahlungsausfällen.** Hierfür gewinnen Instrumente wie die Warenkreditversicherung oder das Factoring (d. h. der Kauf von Geldforderungen aus Waren- und Dienstleistungsgeschäften) immer mehr an Bedeutung.

B Investitionsmanagement

Das Investitionsmanagement ist sehr eng mit dem Finanzmanagement verknüpft. **Finanzieren** ist **Mittelbeschaffung, Investieren** ist **Einsatz dieser Mittel.** Konkret bedeutet Investieren: das Unternehmen so mit Vermögenswerten (Gebäuden, Maschinen, Labors, Fahrzeugen, Materialvorräten usw.) ausstatten, dass es optimal arbeiten kann.

Investitionsentscheidungen haben eine weit reichende Bedeutung für das Unternehmen, denn sie müssen sich langfristig lohnen (also rentabel sein).

C Rechnungswesen

Das Rechnungswesen beantwortet, wo ein Unternehmen steht und wohin es sich entwickeln kann. Ein gut ausgebautes Rechnungswesen gibt auf alle wichtigen unternehmerischen Fragen in Form von Zahlen Auskunft, wie die folgenden Beispiele zeigen:

Beispiel

- Wie sieht die Ertragskraft des Unternehmens aus?
- Welche Kosten verursachen bestimmte Produkte/Dienstleistungen, welche Erträge bringen sie?
- Sind die Verkaufspreise realistisch kalkuliert?
- Wie gross muss der Nutzen eines neuen Dienstleistungsservices sein, um die in diesem Projekt entstehenden Kosten zu decken?

Man unterscheidet zwei Bereiche des Rechnungswesens:

[6-13] **Die Finanz- und die Betriebsbuchhaltung**

Im finanziellen Rechnungswesen, d. h. in der **Finanzbuchhaltung,** werden alle wertmässigen Transaktionen des Unternehmens erfasst, die innerhalb des Unternehmens oder zwischen dem Unternehmen und seiner Umwelt stattfinden.

Beispiel
- Innerhalb des Unternehmens: die Auszahlung der Löhne an die Mitarbeitenden
- Zwischen dem Unternehmen und seiner Umwelt: der Verkaufserlös aus den verkauften Produkten

Die einzelnen Geschäftsfälle werden wertmässig abgebildet (verbucht), dokumentiert (mit Belegen) und für verschiedenste Auswertungen bereitgestellt. Typische Berichte der Finanzbuchhaltung sind:

- **Bilanz:** Vermögen (Aktiven) und Kapital (Passiven)
- **Erfolgsrechnung:** Aufwände und Erträge
- **Kapital- oder Mittelflussrechnung:** finanzielle Mittelzu- und -abflüsse
- **Finanzkennzahlen:** Messgrössen für den finanziellen Zustand eines Unternehmens

Die Unternehmensführung nutzt die Auswertungen der Finanzbuchhaltung für die finanzwirtschaftliche Steuerung des Unternehmens; der Eigentümer oder Kapitalgeber erhält Information über die Rentabilität und Sicherheit; dem Staat dienen sie als Bemessungsgrundlage für die Unternehmenssteuern.

Ein betriebliches Rechnungswesen, d. h. eine **Betriebsbuchhaltung,** zu führen ist – im Gegensatz zur Finanzbuchhaltung – gesetzlich nicht vorgeschrieben. Für die Steuerung der verschiedenen Funktionsbereiche des Unternehmens ist es jedoch unerlässlich, eine Betriebsbuchhaltung zu führen. Man nennt diese auch **Kostenrechnung.**

Deren **Hauptaufgaben** sind:

- Das Erfassen der Kosten für die betriebliche Leistung in einer Rechnungsperiode
- Die Ermittlung des Betriebserfolgs und des Erfolgs einzelner Kostenträger (d. h. der kostenverursachenden Organisationseinheiten im Unternehmen)
- Das Bereitstellen von Unterlagen für die Kosten- und Erfolgskontrolle sowie für die Kalkulation und für die Planung der zukünftigen betrieblichen Leistungen

Beispiel
Die Kostenrechnung zeigt detailliert auf, wie gross die Personalkosten im Einkauf, in der Produktion und im Marketing sind.

In einem weiteren Schritt werden die Kosten auf die einzelnen Kostenträger heruntergebrochen. Man will z. B. feststellen, wie hoch die Personalkosten für das Produkt X oder jene für das Produkt Y sind.

Aus dem Vergleich der Gesamtkosten mit dem Gesamtertrag des Produktes X lässt sich feststellen: Ist das Produkt X für uns rentabel – erzielen wir damit einen Gewinn?

Die Betriebsbuchhaltung dient somit der genauen Planung, Aufzeichnung und Kontrolle aller wirtschaftlichen Daten, die mit der **Leistungserstellung** (Kosten) und der **Leistungsverwertung** (Ergebnis) zusammenhängen.

Im gesamten Rechnungswesen kommen heute modernste computergestützte Datenverarbeitungssysteme zum Einsatz, die gleichzeitig Management-Informationssysteme (MIS) sind, wie z. B. SAP R/3.

6.5.2 Controlling

Das Controlling liefert ebenfalls Antworten auf die Fragen, wo ein Unternehmen steht und wohin es sich entwickeln kann. Es unterstützt die Führungskräfte aller Stufen beim unternehmerischen Entscheidungs- und Steuerungsprozess.

Die Hauptaufgabe des Controllings ist das Schaffen einer Art von **Frühwarnsystem,** um Situationen und Tendenzen frühzeitig zu erkennen und Massnahmen zur Gegensteuerung und Zielerreichung zu treffen. Als übergeordnete Aufgaben kommen vor allem die folgenden hinzu:

- Dafür sorgen, dass in einem Unternehmen überhaupt geplant wird, dass systematisch geplant wird und dass die Planwerte koordiniert und zusammengefasst werden können
- Richtlinien für das betriebliche Rechnungswesen festlegen, d. h. einheitliche Methoden und Verfahren für die Ermittlung und Messung von Kosten und Ergebnissen

Aus der Aufgabenbeschreibung wird klar: Die wesentlichen Grundlagen für das Controlling liefert das Rechnungswesen. Daher werden die Controllingaufgaben besonders in KMU-Betrieben oftmals direkt von den Rechnungswesenverantwortlichen übernommen.

6.5.3 Personalmanagement

Unter Personalmanagement (auf Englisch: Human Resources Management oder HRM) verstehen wir die Summe aller Entscheidungen und Massnahmen, die den einzelnen Mitarbeiter und seinen Arbeitsplatz, aber auch die Zusammenarbeit mit anderen betreffen.

Das moderne Personalmanagement bewegt sich im **Spannungsfeld** zwischen den wirtschaftlichen und sozialen Zielen des Unternehmens:

- **Wirtschaftliche Ziele** streben eine Minimierung der Personalkosten und eine Optimierung der Arbeitsleistung an.
- **Soziale Ziele** streben eine höhere Arbeitszufriedenheit bei den Mitarbeitenden an.

Personalfragen lassen sich nicht an eine Personalabteilung delegieren, sondern sind ein Hauptbestandteil der Führungsaufgabe auf allen Stufen und in allen Funktionsbereichen des Unternehmens. Dabei gelten die folgenden Grundsätze:

- Die **Personalabteilung** trägt die Verantwortung für die Regelung von **Grundsatzfragen,** die sämtliche Mitarbeitenden – also die gesamte Belegschaft – betreffen. In der Personalpolitik werden die Werte, Richtlinien und Leitplanken für das Personalmanagement definiert.
- Die **Linienvorgesetzten** sind für alle **Einzelmassnahmen** zuständig, welche die ihnen unterstellten Mitarbeitenden betreffen. Dabei setzen sie die Richtlinien der Personalpolitik um.
- Sämtliche Personalaufgaben sollen so weit wie möglich **vor Ort,** d. h. im Rahmen des Führungsprozesses, wahrgenommen werden und nur so weit wie nötig von der Personalabteilung.

Die Aufgaben des Personalmanagements lassen sich in vier Hauptbereiche aufteilen. Sie sind eng miteinander verknüpft – deshalb die Verbindungspfeile in der Grafik:

[6-14] Die Hauptaufgaben des Personalmanagements

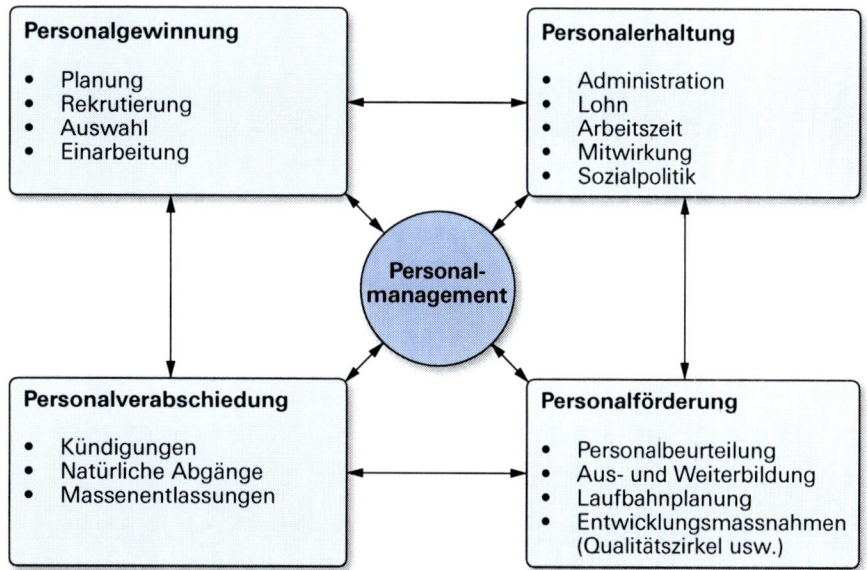

Die Rahmenbedingungen für das Personalmanagement liefert die Personalpolitik des Unternehmens, die ein Teil der strategischen Unternehmensführung darstellt.

Zur Personalgewinnung zählt die Bedarfsplanung der personellen Ressourcen. Aus dieser ergeben sich die konkreten Gewinnungsaufgaben, d. h. die Rekrutierung, Auswahl und Einarbeitung von neuen Mitarbeitenden.

Die Personalerhaltung betrifft die Arbeitsbedingungen für das Personal: die Lohnfindung, Arbeitszeitregelungen, Mitwirkungsrechte der Mitarbeitenden und die Sozialpolitik im Unternehmen. Bei der Ausführung dieser Aufgaben spielen die Personaladministration und die Personalbetreuung eine wichtige Rolle.

Die Personalförderung umfasst sämtliche Entwicklungsaufgaben: die systematische Personalbeurteilung, die Aus- und Weiterbildung, die Laufbahnplanung der einzelnen Mitarbeitenden sowie weitere Entwicklungsmassnahmen, wie z. B. Qualitätszirkel.

Der Aufgabenbereich der Personalverabschiedung betrifft alle rechtlichen, organisatorischen und administrativen Fragen, die im Zusammenhang mit dem Ausscheiden von Mitarbeitenden aus dem Unternehmen zu lösen sind.

6.5.4 Forschung und Entwicklung

Will ein Unternehmen auf dem Markt langfristig bestehen können, muss es sein Sortiment an Produkten und Dienstleistungen immer wieder überprüfen, anpassen, optimieren und gezielt erneuern. Die Innovationskraft ist ein wichtiger Überlebensfaktor für viele Unternehmen geworden. Der rasante technische Fortschritt der letzten Jahrzehnte, die Globalisierung der Märkte und die wachsende Konkurrenz in fast allen Branchen zwingen die Unternehmen, immer bessere Produktlösungen zu finden und solche Neuentwicklungen rasch voranzutreiben.

Als Produktentwicklung werden alle Forschungs- und Entwicklungstätigkeiten bezeichnet, aus denen neue oder verbesserte Produkte oder Verfahren entstehen. Die Produktentwicklung – von der Ideensuche bis zum verkaufsfähigen (serienreifen) Produkt – bedeutet einen sehr komplexen, oft auch langwierigen Prozess.

«Was und wie muss das Produkt sein?» – Wie gross, schwer, teuer, hell, durchsichtig, griffig darf oder muss es sein, welche spezielle Funktion soll es erfüllen, was darf es auf keinen Fall können usw.? – Solche Schlüsselfragen beschäftigen die Entwicklungsspezialisten.

Die Produktentwicklung beginnt normalerweise mit der Suche nach neuen **Produktideen,** wobei aus der Vielzahl von Möglichkeiten nur wenige den Schritt in die nächste Entwicklungsstufe, die Konkretisierung einer Produktidee, schaffen.

Die Anforderungen (Funktionen, Aussehen, gesetzliche Bestimmungen, Materialverbrauch, technische Verfahren usw.) an das neue Produkt werden detailliert beschrieben und genauestens geprüft. Spezialisierte Produktedesigner fertigen zunächst Skizzen des Produktes und allenfalls erste Umsetzungsmodelle an, aus denen ein oder mehrere Vorschläge herausgesucht werden. Die Konstrukteure fertigen davon Prototypen oder Modelle an und weisen die Funktionsfähigkeit der gewählten technischen Lösungen nach. Oft wird auch eine Kombination aus mehreren Modellen erstellt, bevor in einer weiteren Arbeitsphase die Detailentwicklung des Produkts erfolgt.

Insbesondere in technologischen Branchen arbeiten die Forschungs- und Entwicklungsabteilungen von Unternehmen eng mit den wissenschaftlichen Forschungsanstalten zusammen, um Erkenntnisse und Forschungsresultate gegenseitig zu nutzen.

Neben sehr guten Fachkenntnissen brauchen die Spezialisten, die mit der Produktentwicklung betraut sind, auch Kreativität. Kreativität ist in der Regel nicht einfach das Resultat eines Zufalls, sondern bedeutet intensive und zielgerichtete Arbeit.

Die Praxis hat eine Reihe von **Kreativitätstechniken** entwickelt, die den Mitarbeitenden helfen sollen, ihr Ideenpotenzial zielgerichtet auszuschöpfen:

- **Morphologischer Kasten:** Das Problem wird in möglichst viele Teilprobleme zerlegt. Für jedes der Teilprobleme werden alternative Lösungsmöglichkeiten entwickelt und bewertet. Die definitive Problemlösung entsteht durch die Kombination der gefundenen Lösungen zu den Teilproblemen.
- **Brainstorming:** Alle mit der Problemstellung vertrauten Mitarbeitenden (nach Möglichkeit aus verschiedenen Fachbereichen) werden versammelt und entwickeln in einer Gruppendiskussion spontan Ideen, die zur Problemlösung beitragen könnten. Diese Ideen werden vorerst unkommentiert und unbewertet in einer Ideenliste gesammelt. In einem zweiten Schritt werden die Ideen systematisch auf ihren möglichen Beitrag zu einer Problemlösung untersucht und bewertet.
- **Synektik:** Aus anderen Wissensbereichen werden ähnlich gelagerte Problemstellungen gesucht und deren Lösungsansätze auf die eigene Problemstellung übertragen. Bei technischen oder sozialen Problemstellungen dient oft die Natur als Vorbild und Inspirator für die Lösungssuche.

6.5.5 Organisation

Die Organisation koordiniert vier Elemente: Aufgabe – Mensch – Sachmittel – Information. Sie gestaltet die Beziehungen zwischen diesen vier Elementen, indem sie Leitungs-, Kommunikations- und Kontrollsysteme für die Gestaltung von Arbeitsplätzen und Arbeitsabläufen festlegt. Sie legt Tätigkeitsabläufe, Über- und Unterstellungen, Kompetenzen, Verantwortlichkeiten, Dienst- und Informationswege fest. Sie gliedert damit das Unternehmen als Ganzes in überschaubare und funktionsfähige Einheiten.

Es gibt zwei Arten der Organisation: die Aufbau- und die Ablauforganisation. Die **Aufbauorganisation** legt die Struktur der Tätigkeiten fest, die **Ablauforganisation** sorgt für den reibungslosen Ablauf der Tätigkeiten. Eine anpassungsfähige Gestaltung dieser Prozesse ist heute bei den schnelllebigen Veränderungen ein bedeutender Wettbewerbsfaktor für das Unternehmen.

Die Organisation ist – wie das Personalmanagement oder das Controlling – eine Dienstleistungsstelle für das gesamte Unternehmen. Es unterstützt alle anderen Funktionsbereiche und arbeitet eng mit den Linien-Vorgesetzten aller Stufen zusammen.

6.5.6 Recht

Unternehmen werden in ihrer Tätigkeit tagtäglich mit rechtlichen Fragestellungen konfrontiert. Deshalb müssen sich die meisten Unternehmen durch Juristen rechtlich absichern. In grösseren Unternehmen gibt es dafür eigene, interne Rechtsabteilungen; kleinere oder mittlere Unternehmen arbeiten oftmals mit externen Juristen zusammen.

Die Rechtsspezialisten bearbeiten sämtliche Rechtsfragen sowohl aus dem Kundengeschäft als auch aus innerbetrieblichen Vorkommnissen: aus dem Arbeitsrecht, Vertragsrecht, Wettbewerbsrecht, Patentrecht, Gesellschaftsrecht, Umweltschutzrecht oder dem Steuerrecht usw. Gegenüber bestimmten staatlichen Stellen, wie dem Steueramt, vertritt die Rechtsabteilung überdies die Interessen des Unternehmens.

6.6 Informationsmanagement

Unternehmen sind dynamische Systeme und bewegen sich in einer dynamischen Umwelt. Dies bedingt eine stetige Anpassungs- und Veränderungsfähigkeit, wofür der Besitz und Transfer von Informationen eine entscheidende Rolle spielt. Allerdings geht es oftmals nicht um «zu wenige», sondern um «zu viele» Informationen, die uns beschäftigen. Wir werden täglich von Informationen überschwemmt. Probleme bereitet aber nicht nur die Menge, sondern auch die Qualität der angebotenen Informationen. Die Frage nach dem Nutzen der einzelnen Informationen steht dabei im Zentrum.

In der Übersichtsgrafik zu diesem Kapitel auf S. 56 haben wir das Informationsmanagement als eine Art Kreislauf rund um das Unternehmen eingezeichnet. Diese Darstellung soll die Kernaufgabe des Informationsmanagements aufzeigen: die optimale **Vernetzung der Informationsflüsse** eines Unternehmens.

Dazu gehören die folgenden Teilaufgaben:

- Ermittlung des Informationsbedarfs
- Beschaffen von Informationen
- Herausfiltern der «wichtigen» Informationen
- Aufbereitung von Informationen
- Darstellung von Informationen
- Speichern von Informationen
- Weitergabe von Informationen

Das Ziel eines optimal funktionierenden Informationsmanagements ist es, den einzelnen Mitarbeitenden die für die Erfüllung ihrer Aufgaben notwendigen Informationen in der geeigneten Form am gewünschten Ort zur richtigen Zeit zur Verfügung zu stellen.

Dazu müssen die Informationen

- richtig und genau sein,
- beim Empfänger wirksam sein – er bekommt, was er braucht,
- rationell gesammelt, gespeichert und übermittelt werden,
- rechtzeitig erfolgen – nicht zu früh und nicht zu spät,
- die richtigen Empfänger erreichen – nur jene, die sie brauchen,
- für den Empfänger verständlich und im richtigen Umfang aufbereitet sein.

Die **Informationstechnologie (IT)** vereinfacht und strafft die Kommunikation und Koordination dieser Flut von Daten. Computer, Netzwerke, Speichermedien, Drucker, Internet, Intranet, Telekommunikationssysteme sowie Anwendungs- und Systemprogramme (Software) sind zu unverzichtbaren Werkzeugen in fast allen Unternehmen geworden.

Mit dem Einsatz solcher IT-Werkzeuge wird vorerst ein **Rationalisierungsziel** verfolgt: Viele Aufgaben müssen nicht mehr durch Personen «von Hand» erledigt werden, sondern werden mithilfe des Computers gesteuert und verwaltet. Beispiele dazu finden Sie in vielen Funktionsbereichen: vom CAD (Computer-Aided Design) in der Konstruktion bis zum MIS (Management Information System), das dem Management aller Unternehmensstufen auf Abruf die notwendigen Informationen aufbereitet und präsentiert.

Die gezielte Nutzung der Informationstechnologie für das Produkte- und Dienstleistungsangebot schafft aber auch Wettbewerbsvorteile für ein Unternehmen.

Beispiel

Viele grosse Detailhandelsgeschäfte haben einen «Online-Shop» eingerichtet – der Kunde kann sich via Internet über Produkte informieren und seine Einkäufe «online» tätigen, die ihm dann zu einem vereinbarten Zeitpunkt nach Hause geliefert werden.

Das Informationsmanagement zu betreiben, ist die Aufgabe aller Funktionsbereiche und aller Mitarbeitenden eines Unternehmens. Die Informatikspezialisten sind für die Entwicklung, Implementierung und Pflege der computerbasierten **Informations- und Kommunikationssysteme** im Unternehmen wie auch für die Dokumentation und Schulung von Anwendern, die Forschung, Datenbankadministration, die Überwachung von Datenschutzbestimmungen usw. zuständig.

Das Unternehmen ist ein **System:** Es besteht aus verschiedenen Elementen, die miteinander in Beziehung stehen und sich gegenseitig beeinflussen.

Ein Unternehmen wird auch als **sozio-technisches System** bezeichnet: In ihm wirken soziale (Menschen) und technische Elemente (Betriebsmittel – Werkstoffe) zusammen.

Das Unternehmen besteht aus verschiedenen Teilsystemen, den Funktionsbereichen.

Die **primären Funktionsbereiche** stellen die wichtigsten Elemente der Wertschöpfungskette des Unternehmens dar:

Die **Materialwirtschaft** besteht aus dem **Einkauf**, der die für die Produktion benötigten Materialien und Bauteile in der richtigen Menge und Qualität, zur richtigen Zeit und am richtigen Ort bereitstellt. Die **Logistik** kümmert sich um den Transport, die Lagerung und den Umschlag der produzierten Güter.

Die **Produktion** plant, steuert und kontrolliert den gesamten Herstellungsprozess der Güter in der nötigen Qualität und Menge, zu den festgelegten Terminen.

Die Vermarktung der produzierten Güter und Dienstleistungen ist die primäre Aufgabe des Funktionsbereichs **Marketing.** Die wichtigsten Marketinginstrumente werden mit dem Marketing-Mix festgelegt und umgesetzt. Der **Vertrieb** übernimmt dabei die operative Umsetzung, d. h. den Verkauf in den betreffenden Absatzkanälen.

Die primären Funktionsbereiche werden von verschiedenen sekundären Funktionsbereichen unterstützt, die je nach Branche und Unternehmensgrösse einen anderen Stellenwert haben können:

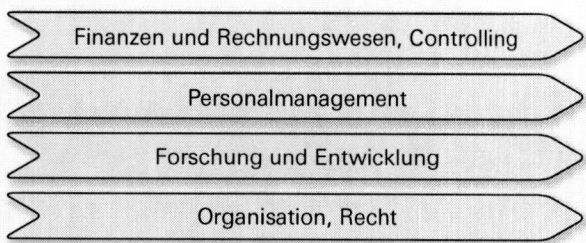

Der Finanz- und Rechnungswesenbereich des Unternehmens lässt sich in drei Hauptaufgaben gliedern: Das Finanzmanagement steuert die Zahlungsbereitschaft des Unternehmens durch Kapitalbeschaffung und die Kapitalanlagen des Unternehmens. Unter Investitionsmanagement versteht man den Einsatz der finanziellen Mittel. Das Rechnungswesen hat zwei Hauptaufgaben: Es dokumentiert die finanziellen Tätigkeiten des Unternehmens und es ist ein Führungsinstrument.

Eng verknüpft mit dem Finanz- und Rechnungswesen ist das Controlling, das um eine systematische Planung und Koordination der unternehmerischen Entscheidungs- und Steuerungsprozesse besorgt ist.

Das Personalmanagement besteht aus vier wesentlichen Teilfunktionen: Personalgewinnung, Personalerhaltung, Personalförderung und Personalverabschiedung.

Forschung und Entwicklung treiben die Innovationsfähigkeit des Unternehmens voran, indem sie sich intensiv um die Verbesserung und Erneuerung bestehender Produkte sowie um die Entwicklung neuer Produkte kümmern. Der Informationsaustausch mit den wissenschaftlichen Forschungsstätten gehört ebenfalls zu den Aufgaben dieses Funktionsbereichs.

Die Organisation strukturiert das Unternehmen und regelt Tätigkeitsabläufe so, dass eine optimale Koordination in der Zusammenarbeit von Menschen und Unternehmensabteilungen möglich wird.

Weil Unternehmen regelmässig mit Rechtsfragen konfrontiert werden, braucht es im Unternehmen selber oder aber als externe Fachstelle die Rechtsspezialisten, welche die Unternehmensinteressen gegenüber anderen Anspruchsgruppen vertreten.

Zu den übergeordneten Bereichen im Unternehmen zählen:

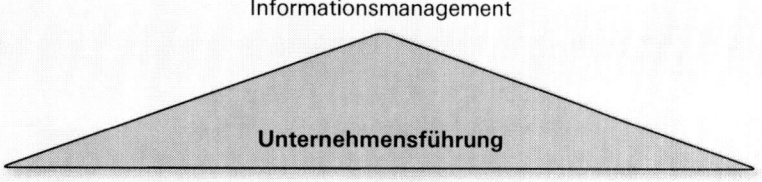

Die **Unternehmensführung** ist die Gesamtleitung eines Unternehmens und umfasst:

- die Entwicklungsfunktion, d. h. die Förderung der Veränderungs- und Innovationsfähigkeit eines Unternehmens und die Entwicklung der Unternehmenskultur,
- die Gestaltungsfunktion, d. h. die Ausrichtung des Unternehmens auf langfristige, strategische Ziele,
- die Lenkungsfunktion, d. h. die Koordination der verschiedenen Unternehmensbereiche und die laufende Kontrolle der Zielerreichung im operativen Management.

Der Einsatz der Informationstechnologie (IT) hat das **Informationsmanagement** im Unternehmen zu einem wichtigen Funktionsbereich gemacht. Seine Hauptaufgabe besteht darin, die Informationsflüsse optimal zu vernetzen, mit dem Ziel, den einzelnen Mitarbeitenden die für die Erfüllung ihrer Aufgaben

- notwendigen Informationen
- in der geeigneten Form
- am gewünschten Ort
- zur richtigen Zeit

zur Verfügung zu stellen.

Repetitionsfragen

27 Welchem Funktionsbereich eines Unternehmens ordnen Sie die folgenden Aufgaben zu?

A] Bewerbungsgespräche für die Stelle der Verkaufsleiterin führen.

B] Kundenrechnungen (Debitoren) verbuchen.

C] Verhandlungen mit Lieferanten im Hinblick auf bessere Konditionen führen.

D] Ein Inserat für die Weihnachtsverkaufsaktion in den Tageszeitungen schalten.

E] Das Leitbild des Unternehmens verfassen.

28 Erläutern Sie in Stichworten, warum man in der Betriebswirtschaftslehre zwischen primären und sekundären Funktionen unterscheidet.

29 Zeigen Sie anhand des Beispiels «Wochenumsatzliste für die Produktegruppe X» stichwortartig die sechs Anforderungen an ein gut aufgebautes Informationssystem auf.

30 Es ist eine Aufgabe der Unternehmensführung, die strategischen Unternehmensziele festzulegen. Ordnen Sie die folgenden Beispiele dem richtigen Zielbereich zu:

A] Bis 2006 zählen wir im Produktebereich XY mindestens 120 000 Kunden, bei einem Umsatz von mindestens 4 Mio. Franken.

B] Aus unserem erzielten Reingewinn (vor Steuern) fliessen jährlich maximal 3 Prozent in die regionale und überregionale Jugend-Sportförderung.

C] Mittels des Führungsmodells MbO (Management by Objectives) beteiligen wir unsere Mitarbeitenden finanziell am persönlichen Leistungserfolg.

D] Sämtliche Investitionsvorhaben, welche die Erweiterung unserer Fertigungskapazitäten betreffen, müssen zu mindestens 75 % eigenfinanziert sein.

31 Sind die Aussagen in der Tabelle richtig (R) oder falsch (F)?

Aussage	R/F
Die Materialwirtschaft ist zuständig für Lagerung, Verteilung und Entsorgung der Güter. Den Einkauf übernimmt das Marketing.	
Damit kein Produktionsunterbruch entsteht, ist es sinnvoll, möglichst grosse Lager zu unterhalten.	
Unter Transformation versteht man die Umformung von Produkten.	
Die Produktion sollte möglichst flexibel gestaltet werden.	
Die Wirtschaftlichkeit ist bei der Produktion kein zentrales Ziel.	

32 Im Unternehmen gibt es verschiedene Funktionsbereiche. Welcher Funktionsbereich gehört zu den Tätigkeiten in der Tabelle?

Tätigkeit	Funktionsbereich
Beschaffung des nötigen Kapitals	
Beschaffung, Weiterbildung und Betreuung von Mitarbeitenden	
Termingerechte Herstellung von Gütern in der notwendigen Menge und Qualität	
Festlegung des Ablaufs der Tätigkeiten im Unternehmen	
Festlegung der Ziele des Unternehmens und Koordination aller Funktionsbereiche	
Vermarktung von Gütern und Dienstleistungen	
Dokumentation der finanziellen Tätigkeiten	
Ausstattung des Unternehmens mit Vermögenswerten	

7 Die Unternehmenstypologie

> **Lernziel:** Nach der Bearbeitung dieses Kapitels können Sie ...
>
> - die Unternehmen nach den gängigen Kriterien einteilen.
>
> **Schlüsselbegriffe:** KMU, Unternehmenstypologie

Ein Lehrsatz heisst: «Nicht Äpfel mit Birnen vergleichen!» Mit der Bildung von Unternehmenstypen nach spezifischen Merkmalen versucht man, eine Vergleichsgrundlage zwischen ähnlichen Unternehmen zu schaffen.

7.1 Einteilung nach der Grösse

Je nach der Grösse des Betriebs spricht man von einem **Klein-, Mittel- oder Grossbetrieb**. Ein Unternehmen wird dann einer dieser drei Kategorien zugeteilt, wenn zwei der drei folgenden Merkmale zutreffen:

- Anzahl der Beschäftigten
- Umsatz (Total der verkauften Produkte in Geldeinheiten)
- Bilanzsumme (Vermögen eines Unternehmens)

[7-1] Einteilungskriterien für Klein-, Mittel- und Grossbetriebe in der Schweiz

Merkmale Klasse	Beschäftigte Anzahl Personen	Bilanzsumme CHF	Umsatz CHF
Kleinbetrieb	Unter 50	Unter 1 Mio.	Unter 5 Mio.
Mittelbetrieb	50–1 000	1–25 Mio.	5–50 Mio.
Grossbetrieb	Über 1 000	Über 25 Mio.	Über 50 Mio.

Die meisten Grossbetriebe sind historisch gewachsen und heute international tätig. Klein- und Mittelbetriebe oder KMU (kleinere und mittlere Unternehmen) sind nach wie vor die wichtigste Stütze der schweizerischen Volkswirtschaft. Mehr als 70 % der Beschäftigten arbeiten in einem KMU.

Im internationalen Vergleich wird die Grösse eines Unternehmens auch über die folgenden beiden Kriterien bestimmt:

- Unternehmenswert (Marktwert = Preis, der für das Unternehmen bezahlt würde)
- Gewinn (pro Mitarbeiter oder pro Aktie)

7.2 Einteilung nach Branchen

Eine Branche setzt sich aus Unternehmen zusammen, die **gleiche oder ähnliche Produkte** für denselben Markt herstellen oder an verschiedenen Produktionsstufen des gleichen Produkts beteiligt sind.

Beispiel Zur Uhrenbranche gehören die Uhrenproduzenten, aber auch die Geschäfte und Organisationen, die Uhren verkaufen.

Das Unternehmen muss sich gegen seine Konkurrenten behaupten. Jede Branche hat ihre eigene Struktur und ihre besonderen Gegebenheiten, in jeder Branche herrschen andere **Spielregeln für den Wettbewerb** unter den Konkurrenten. Je genauer man darüber als Unternehmen Bescheid weiss, desto besser kann man die sich bietenden Chancen nutzen und unnötige Risiken umgehen. – Welche wesentlichen Faktoren bestimmen den Wettbewerb in einer Branche?

Innerhalb einer Branche beeinflussen sich die **Konkurrenten** gegenseitig durch ihr Verhalten. Dadurch entsteht eine Wettbewerbsdynamik mit Gewinnern und Verlierern.

Beispiel   Ein wichtiger Konkurrent nimmt Preissenkungen vor, um Marktanteile zu gewinnen. Dies zwingt die anderen Konkurrenten, zu reagieren und ihre Preise ebenfalls zu senken.

Wenn es für ein bestimmtes Produkt mögliche **Ersatzprodukte** gibt, verschärft sich der Wettbewerb ebenfalls. Der Kunde kann problemlos auf einen anderen Lieferanten ausweichen, der ihm bessere Konditionen anbietet. – Nebst den bestehenden Konkurrenten spielt die Bedrohung durch neue Konkurrenten eine wichtige Rolle in der Branche. Denn mit jedem neuen Anbieter erhöhen sich die angebotenen Produkte in einem Markt, wodurch der Wettbewerb verstärkt wird. Ein zentraler Faktor sind daher die **Eintrittsbarrieren für neue Konkurrenten,** wie beispielsweise ein hoch spezialisiertes Know-how (Biotechnologie, Pharmaherstellung), besondere Zulassungsbedingungen (als Anwalt oder für Banken) oder staatliche Eingriffe (Schutz der einheimischen Landwirtschaft).

Die **Kunden** und die **Lieferanten** können ebenfalls den Wettbewerb einer Branche massgeblich beeinflussen und damit den Spielraum des einzelnen Unternehmens verringern. Dies ist insbesondere dann der Fall, wenn es in einer Branche entweder nur wenige mächtige Kunden oder wenige mächtige Lieferanten gibt.

Beispiel   Die Lebensmittel-Grossverteiler Coop und Migros verfügen über eine grosse Kundenmacht und können dadurch die Konditionen ihrer Lieferanten wesentlich mitbestimmen.

Die Lieferanten von Erdöl (und vieler anderer Rohstoffe) kontrollieren ihren Markt – sie bestimmen weitestgehend ihre Lieferkonditionen.

7.3 Einteilung nach den vorherrschenden Produktionsfaktoren

Als wichtigste Unterscheidungsmerkmale für diese Einteilung gelten:

- **Personal** oder **Arbeit:** Die Lohnkosten machen einen hohen Anteil an den gesamten Produktionskosten des Unternehmens aus. Dienstleistungsbetriebe gehören in diese Kategorie.
- **Material:** In den Produkten dieser Unternehmen ist der Rohstoffanteil sehr hoch, beispielsweise bei den Nahrungsmittelproduzenten oder in der Baumwollverarbeitung.
- **Anlagen:** Die Unternehmen benötigen teure Betriebsmittel (Maschinen, Anlagen, Gebäude) und binden hohe Kapitalbeträge. Der Schiffsbau oder die chemische Industrie sind typische Beispiele.
- **Energie:** Die Produktion dieser Unternehmen erfordert einen hohen Energieverbrauch oder -umsatz. In diese Kategorie gehören unter anderem die Aluminium- und die Stromproduzenten.
- **Information:** Hier stehen das Verarbeiten von Informationen und die Kommunikation im Vordergrund, z. B. bei Telekommunikations- und EDV-Dienstleistungsbetrieben.
- **Technologie** und **Know-how:** Diese Unternehmen sind Know-how-intensiv und hängen von technologischen Innovationen besonders ab. Dazu gehören Unternehmen aus der Medizinaltechnik, der Biotechnologie oder der Pharmazie.

7.4 Weitere Einteilungsmöglichkeiten

Weitere Unterscheidungsmerkmale für Unternehmen können sein:

Merkmal	Hinweise
Fertigungsart	Im Wesentlichen unterscheidet man zwischen Unternehmen der: • **Einzel- bzw. Auftragsfertigung** (d. h. Produktion auf Bestellung oder von wenigen Einheiten), • **Massenfertigung** (d. h., das gleiche Produkt wird über längere Zeit in grossen Mengen hergestellt), • **Serienfertigung** (d. h. Produktion von begrenzten Stückzahlen).
Rechtsform	Gemäss schweizerischem Obligationenrecht OR können Unternehmen eine der folgenden Rechtsformen wählen: • **Einzelunternehmung,** wenn eine einzelne Person das Kapital und die Leistung des Unternehmens verkörpert, • **Gesellschaft,** wenn es sich um einen Zusammenschluss mehrerer Personen handelt: einfache Gesellschaft, Kollektivgesellschaft, Kommanditgesellschaft, Aktiengesellschaft, Kommanditaktiengesellschaft, Gesellschaft mit beschränkter Haftung, Genossenschaft oder Verein. Auf Details zu den einzelnen Rechtsformen gehen wir im Kap. 12 (Die Wahl der Rechtsform) näher ein.
Trägerschaft	Je nach Eigentumsverhältnissen bzw. Trägerschaft unterscheidet man: • **Privatbetriebe** (gehören Privatpersonen), • **öffentliche Betriebe** (gehören dem Staat, z. B. die Bahn) und • **gemischtwirtschaftliche Betriebe** (sowohl Privatpersonen wie auch der Staat sind Eigentümer, z. B. nationale Fluggesellschaften oder die Swisscom).
Standort	Man unterscheidet nach den geografischen Standorten **lokale, regionale, nationale, internationale und multinationale** Unternehmen. Während internationale Unternehmen hauptsächlich im Inland produzieren und ins Ausland exportieren, produzieren und verkaufen multinationale Unternehmen in mehreren Ländern.

Unternehmen lassen sich einteilen:

- nach der Grösse (Klein-, Mittel-, Grossbetriebe),
- nach Branchen (d. h. nach der Ähnlichkeit ihrer Produkte),
- nach der Dominanz eines Produktionsfaktors (Personal, Anlagen, Material, Energie, Information, Know-how),
- nach der Fertigungsart (Einzel-, Massen-, Serienfertigung),
- nach der Trägerschaft bzw. den Eigentumsverhältnissen (Privatbetriebe, Betriebe der öffentlichen Hand, gemischtwirtschaftliche Betriebe),
- nach der Rechtsform (Einzelunternehmung, Personen-, Kapitalgesellschaften) oder
- nach dem Standort (lokal, regional, national, international, multinational).

Repetitionsfragen

33   Erklären Sie, was ein «KMU» in der Schweiz ist.

34   Nennen Sie je ein Beispiel für eine Branche, die von wenigen mächtigen Lieferanten und von wenigen mächtigen Kunden abhängig ist.

35   In den Industrieländern arbeiten weit mehr Beschäftigte in KMU als in Grossunternehmen. Die Grossunternehmen stehen aber im Mittelpunkt des Interesses in der Öffentlichkeit. Woran könnte das liegen? Nennen Sie zwei mögliche Gründe dafür.

8 Unternehmensverbindungen

Lernziele: Nach der Bearbeitung dieses Kapitels können Sie ...

- die Gründe für Unternehmensverbindungen nennen.
- die wichtigsten Formen von Unternehmensverbindungen und ihre Vor- bzw. Nachteile aufzeigen.
- die kritischen Erfolgsfaktoren von Unternehmensverbindungen benennen.

Schlüsselbegriffe: Interessengemeinschaft, Joint Venture, Kartell, Konsortium, Konzern, Kooperation, Partizipation, Risikostreuung, Synergieeffekte, Unternehmenskonzentration, Unternehmensverbindung

In den letzten zehn Jahren hat sich die Zahl von Unternehmenszusammenschlüssen weltweit fast verdreifacht. Unternehmen schliessen sich zusammen, um gemeinsam effizienter und erfolgreicher tätig zu sein. Sie versprechen sich dadurch vielfältige Chancen: Wettbewerbsvorteile, mehr Marktmacht, eine stärkere internationale Tätigkeit, eine wirtschaftlichere Kostenstruktur, die Nutzung von Know-how, bessere Möglichkeiten der Kapitalbeschaffung usw. Es gibt verschieden intensive Formen von Verbindungen: von der vorübergehenden losen Kooperation zwischen eigenständigen Unternehmen bis zur kompletten Fusion von zwei Unternehmen.

Hinweis

Für solche Unternehmensverbindungen hat sich inzwischen auch der englische Begriff «Mergers & Acquisitions (M&A)» bei uns eingebürgert. Er bedeutet so viel wie Zusammenschluss, Vereinigung oder Verschmelzung (merger) von Unternehmen und Unternehmensteilen bzw. den Erwerb derselben (acquisition).

Wir beschäftigen uns zunächst mit den Motiven für solche Unternehmensverbindungen, dann mit ihren Formen. Auch gehen wir kurz auf das Kartellgesetz (KG) ein, das dem Staat die Möglichkeit gibt, solche Zusammenschlüsse im Hinblick auf die Bewahrung eines freien Wettbewerbs zu überwachen. Das letzte Jahrzehnt war geprägt durch eine Fusionswelle von Unternehmen. Die Hauptursachen dafür, warum solche Fusionen oftmals nicht den gewünschten Erfolg gebracht haben, wollen wir ebenfalls kurz beleuchten.

8.1 Beweggründe für Unternehmensverbindungen

Als Hauptargument für Unternehmensverbindungen wird meistens die langfristige Zukunftssicherung genannt, die auf den folgenden zwei grundsätzlichen Überlegungen basiert:

[8-1] Beweggründe für Unternehmensverbindungen

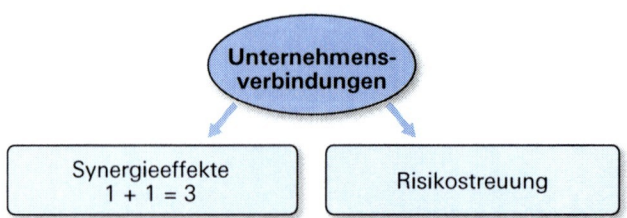

Man verspricht sich von der Unternehmensverbindung **Synergieeffekte:** Synergismus bezeichnet das Zusammenwirken von Faktoren, die sich gegenseitig fördern. Vielleicht haben Sie in diesem Zusammenhang schon die Aussage gehört: «1 + 1 = 3!» Damit ist gemeint: Das Ganze hat einen grösseren Wert als die Summe der Einzelteile. Solche Synergieeffekte will man vor allem durch eine **Verbesserung der Marktstellung** (d. h. mehr

Marktmacht, mehr Umsatz) bei gleichzeitigen Kosteneinsparungen (in Form von Rationalisierungen oder durch Vermeidung von Doppelspurigkeiten usw.) erreichen.

Ein weiterer Hauptgrund liegt in der Risikostreuung: Jede umsichtige Unternehmensführung ist bestrebt, das wirtschaftliche Risiko zu verringern. Möglichkeiten dafür sind die Verteilung des Risikos auf eine grössere Vielfalt von Produkten (d. h. verschiedene Produkte anbieten) oder auf mehrere Absatzmärkte (z. B. in verschiedenen Ländern oder für verschiedene Kundengruppen anbieten).

8.1.1 Aus Sicht des Gesamtunternehmens

Der Wunsch nach einer Unternehmensverbindung kann folgende Gründe haben:

- **Global Player:** In den letzten Jahren sind die internationalen Grenzen für Güter und Kapital gefallen und dadurch neue, grosse Absatzmärkte entstanden. Wer in den globalisierten Märkten eine bestimmte Stärke erlangen will, muss weltweit operieren können und daher eine bestimmte Unternehmensgrösse erreichen. Der Zusammenschluss mehrerer Unternehmen bietet solche Wachstumschancen.
- **Ausschalten von Konkurrenz:** Unternehmen werden aufgekauft, um dann liquidiert zu werden – unliebsame Konkurrenz wird so ausgeschaltet.
- **Wirtschaftliche Schwierigkeiten:** Ein Unternehmen ist in wirtschaftliche Schwierigkeiten geraten. Dank der Fusion oder der Verbindung mit einem starken Partner kann es überleben.
- **Nachfolgeprobleme und Zukunftssicherung:** Familien- oder Kleinbetriebe haben oft mit Nachfolgeproblemen zu kämpfen. Um die Weiterführung und den Erhalt der Arbeitsplätze zu garantieren, wird das Unternehmen verkauft.
- **Asset Stripping:** Hier geht es nicht um die eigentliche Geschäftstätigkeit der zu übernehmenden Firma, sondern um attraktive Vermögenswerte (englisch: Assets), die man zu einem hohen Preis veräussern will (englisch: Stripping für «Ausschlachten, Auseinandernehmen»).
- **Spekulation:** Ein Unternehmen wird ausschliesslich mit der Absicht erworben, es relativ schnell wieder zu einem höheren Preis weiterzuverkaufen. Mit dem erzielten Gewinn kann ein Unternehmen seine Rendite kurzfristig verbessern.

8.1.2 Aus Sicht der einzelnen Funktionsbereiche

Wenn wir die einzelnen Funktionsbereiche betrachten, ergibt sich ebenfalls eine Vielzahl möglicher Gründe für Unternehmensverbindungen:

A Beschaffungsbereich

Durch gemeinsames Einkaufen auf den Beschaffungsmärkten lassen sich günstigere Lieferkonditionen (Liefertermine, Finanzierungsmöglichkeiten, Preise, Rabatte) aushandeln. Man spricht in diesem Zusammenhang von einer grösseren Nachfragemacht.

Zusammenschlüsse können auch der Risikominderung dienen. Dies ist besonders bei Unternehmen der Fall, die sehr stark auf die Versorgung von vorgelagerten Produktionsstufen (d. h. auf Zulieferer) angewiesen sind. Ein typisches Beispiel hierfür ist die Autoindustrie.

B Produktionsbereich

Die wichtigsten Zielsetzungen von Unternehmenszusammenschlüssen aus Produktionssicht sind:

- gemeinsam neue Produktionsverfahren zu entwickeln,
- die Produktionsabläufe zu rationalisieren, z. B. durch eine Spezialisierung auf bestimmte (Teil-)Produkte,
- Produktionskosten zu senken, wenn durch das Zusammenlegen der Produktion grössere Mengen hergestellt oder die vorhandenen Kapazitäten besser ausgelastet werden können.

C Absatzbereich

Eine gemeinsame Verkaufsorganisation verbessert die Wirtschaftlichkeit. Man braucht z. B. weniger Aussendienstmitarbeitende, wenn diese die Produkte von zwei oder mehreren Unternehmen verkaufen. Auch die Zusammenlegung der Werbung, Öffentlichkeitsarbeit usw. kann Vorteile bringen.

Ebenso die Aufteilung von Absatzmärkten: Statt sich zu konkurrenzieren, spezialisieren sich die verbundenen Unternehmen auf je einen Markt – so können alle überleben.

D Forschungs- und Entwicklungsbereich

Viele Unternehmen schliessen sich heute zur gemeinsamen Realisierung von Forschungs- und Entwicklungsprojekten zusammen, um die sehr hohen Kosten gemeinsam zu tragen oder dank den gemeinsamen Anstrengungen die Entwicklungszeiten zu verkürzen.

E Finanzierungsbereich

Die wichtigsten finanzwirtschaftlichen Vorteile sind: das Schaffen einer breiteren Eigenkapitalbasis, das Aufteilen von Risiken, das gemeinsame Aufbringen hoher Kapitalbeträge für Grossprojekte, die Stärkung der Kreditwürdigkeit, die Verbesserung der Wirtschaftlichkeit von grossen Finanzierungsvorhaben (z. B. von grösseren Bauvorhaben) und die Nutzung von Steuervorteilen.

8.2 Formen von Unternehmensverbindungen

Man unterscheidet grundsätzlich zwischen den beiden folgenden Formen:

[8-2] Formen von Unternehmensverbindungen

Unternehmensverbindungen

Formen der Kooperation
- Partizipationen
- Konsortien
- Kartelle
- Interessengemeinschaften
- Joint Ventures

Formen der Unternehmenskonzentration
- Mehrheitsbeteiligungen von Unternehmen an anderen Unternehmen
- Konzerne mit Gleich- oder Unterordnung der abhängigen Unternehmen
- Fusionen

Von **Kooperation** spricht man, wenn zwei oder mehrere Unternehmen aufgrund einer **vertraglichen Abmachung** in einem **begrenzten** Bereich zusammenarbeiten. **Finanziell und rechtlich** bleiben sie **selbstständig**.

Das Ziel von Kooperationen ist eine wirtschaftliche Zusammenarbeit, die durch die Zusammenlegung von Ressourcen besser erreicht werden kann. Die Zusammenarbeit ist paritätisch (gleichberechtigt); meist stehen die Unternehmen im engen Kontakt. Allerdings kann die vertragliche Gestaltung sehr anspruchsvoll sein: Wer bringt was ein, wie werden Gewinne (oder andere Vorteile) ermittelt und untereinander verteilt?

Kooperationen verändern die wirtschaftliche und rechtliche Selbstständigkeit der beteiligten Unternehmen nicht. Bei der Unternehmenskonzentration ist dies anders: Der Zusammenschluss ist hier viel enger und dauerhafter. Die beteiligten Unternehmen geben ihre wirtschaftliche Selbstständigkeit auf und unterstellen sich z. B. einer Konzernleitung, oder sie geben sogar ihre rechtliche Selbstständigkeit auf und vereinigen sich durch Fusion zu einem neuen Unternehmen. Dadurch verändert sich ihre Struktur, was bei den Kooperationen nicht der Fall ist.

Wir besprechen nun die wichtigsten Formen von Unternehmensverbindungen:

8.2.1 Partizipationen

Es handelt sich dabei um Arbeitsgemeinschaften, die gebildet werden, um gemeinsam Aufträge zu erledigen oder Geschäfte auf gemeinsame Rechnung abzuschliessen. Typisch für die Partizipation ist, dass sie nach aussen nicht in Erscheinung tritt und nur wenige Partner umfasst.

Beispiel: Zwei Bürobetriebe kaufen gemeinsam grosse Mengen von Kopierpapier ein, um günstigere Konditionen auszuhandeln.

8.2.2 Konsortien

Sie basieren auf Verträgen zur Realisierung von genau abgegrenzten Grossprojekten, die die Kapazität eines Einzelnen übersteigen. Erst der Zusammenschluss ermöglicht in vielen Fällen die Durchführung des Projekts, weil das mit Grossaufträgen verbundene Risiko auf mehrere Partner verteilt wird. Das Konsortium tritt nach aussen in Erscheinung, löst sich nach Erfüllung eines Auftrags aber wieder auf.

Beispiel:
- Bankenkonsortien zur Emission von Obligationen oder Aktien (Emissionskonsortium) oder zur Vergabe von grösseren Krediten (Kreditkonsortium).
- Für die Koproduktion eines Films wird ein entsprechendes Produktionskonsortium gegründet.
- Der Bau einer Industrieanlage erfolgt durch ein Baukonsortium.

8.2.3 Kartelle

Dies sind Verträge oder Absprachen, die auf eine Beschränkung des Wettbewerbs zielen. Voraussetzung ist, dass der grösste Teil der Anbieter oder auch der Nachfrager in einem Wirtschaftszweig zum Kartell gehört. Dadurch entsteht Marktmacht, denn die beteiligten Unternehmen können Preise, Konditionen usw. so festlegen, dass Dritte sich dagegen kaum mehr durchzusetzen vermögen. Aber auch das stillschweigende Abstimmen von Preisen, Lieferbedingungen usw. gilt als kartellähnlich, wenn dadurch Marktmacht angestrebt wird.

Bei horizontalen Absprachen verpflichten sich die Beteiligten, einen festen Preis oder Mindestpreise einzuhalten (Preiskartell) oder dieselben Zahlungsbedingungen, Rabatte, Garantien usw. anzubieten (Konditionenkartell). Beim Gebietskartell wird der Markt in Gebiete aufgeteilt, an die sich die Mitglieder halten müssen. Beim Mengenkartell darf eine bestimmte Produktionsquote nicht über- oder unterschritten werden. Bei einem Submissionskartell werden die Offerten für öffentliche Ausschreibungen untereinander abgesprochen.

Vertikale Absprachen beziehen sich auf **verschiedene Marktstufen:** Der Produzent schreibt dem Händler den Endverkaufspreis als Mindest- oder Festpreis vor oder verlangt das alleinige Lieferrecht – und umgekehrt.

Der Staat greift in solche Wettbewerbsbeschränkungen jedoch ein. Das auf den 1.4.2004 revidierte **schweizerische Kartellrecht** wurde gegenüber den früheren Bestimmungen wesentlich verschärft und an das Wettbewerbsrecht der Europäischen Gemeinschaft (EU) angepasst. Kartelle wurden in der Schweiz bisher nach dem **Missbrauchsprinzip** beurteilt: Sie waren grundsätzlich erlaubt, solange sie nicht Dritte vom Wettbewerb ausschlossen oder erheblich behinderten. Mit der Reform erhält die schweizerische Wettbewerbsbehörde die Möglichkeit, **direkte Sanktionen** in Form von **massiven Geldbussen** beim Vorliegen bestimmter Wettbewerbsverstösse zu ergreifen. Ebenfalls neu ist, dass sie Sachverhalte sanktionieren kann, die nicht mehr aktuell sind, sondern sich **in der Vergangenheit** abspielten.

8.2.4 Interessengemeinschaften

Sie unterscheiden sich vom Kartell dadurch, dass sie Vorteile für die Beteiligten nicht durch Wettbewerbsbeschränkungen, sondern durch gemeinsame **Interessenverfolgung** anstreben. Interessengemeinschaften wollen ihre Mittel für gemeinsame Ziele nutzen, in politischer oder wirtschaftlicher Hinsicht. – Von **strategischen Allianzen** spricht man, wenn das Schaffen gemeinsamer Wettbewerbsvorteile im Vordergrund steht.

Beispiel Allianzen von Fluggesellschaften, wie z. B. One World oder Skyteam.

8.2.5 Joint Ventures

Eine spezielle Form der Interessengemeinschaft ist die Gründung einer **gemeinsamen Tochtergesellschaft,** eines Joint Venture. Ein solches Gemeinschaftsunternehmen entsteht, wenn sich zwei Unternehmen finanziell an einem gemeinsamen Unternehmen beteiligen und es gemeinsam leiten.

[8-3] Joint Venture

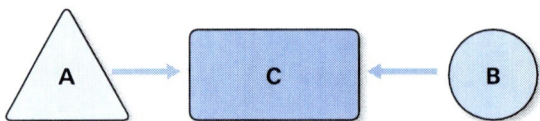

A und B beteiligen sich mit je 50 % am Aktienkapital des neu gegründeten Unternehmens C und leiten dieses gemeinsam.

Die gemeinsame Führung kann lose oder durchorganisiert sein. Sie ist anspruchsvoll, weil es leicht zu Pattsituationen unter gleichberechtigten Partnern kommt. Man versucht sie zu umgehen, indem man jedem die endgültige Entscheidung in seinem Spezialbereich zubilligt: Der eine ist z. B. für den Absatz, der andere für die Produktion zuständig.

Die Motive für die Gründung von Joint Ventures sind die Verbesserung der Konkurrenzfähigkeit durch gemeinsames Wahrnehmen von Funktionen (Beschaffung, Fertigung, Verkauf usw.) oder durch Know-how-Austausch. Joint Ventures werden häufig mit Unternehmen anderer Länder geschlossen. In Osteuropa bringen die westlichen Firmen das technische Know-how ein, die einheimischen Unternehmen Kenntnisse über lokale Märkte, Eigenheiten ihres Landes, billige Arbeitskräfte usw.

| Beispiel | Brilliance China Automotive ist ein chinesischer Fahrzeugbauer, der neben eigenen Marken im Joint Venture mit BMW Autos der 3er- und 5er-Serie herstellt. |

8.2.6 Konzern

Die in einem Konzern zusammengeschlossenen Unternehmen verlieren ihre wirtschaftliche, aber nicht ihre rechtliche Selbstständigkeit. Sie werden meist von einer Holdinggesellschaft geleitet. Die beherrschende Gesellschaft, die Muttergesellschaft, hält und verwaltet die Mehrheitsbeteiligungen an den rechtlich noch selbstständigen Tochtergesellschaften.

| Beispiel | Nestlé ist der grösste Schweizer Konzern mit einem Umsatz von fast 88 Mrd. Franken im Jahr 2003. |

Die Holdinggesellschaft führt den Konzern und verwaltet die Beteiligungen (Aktien der Tochtergesellschaften). Die **reine** Holding produziert selbst nicht; sie beschränkt sich auf das Verwalten der Aktien ihrer Töchter. Die **gemischte** Holding führt selbst produktive Tätigkeiten aus.

[8-4]   Aufbau einer Holdinggesellschaft

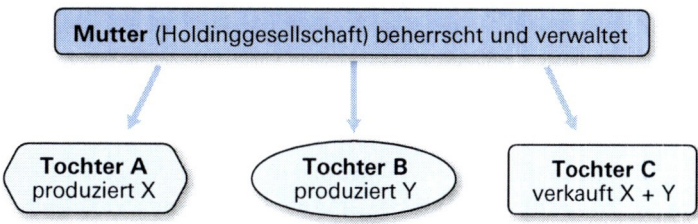

8.2.7 Fusion

Durch Fusion verschmelzen zwei oder mehrere Unternehmen völlig, sie geben ihre rechtliche und ihre wirtschaftliche Selbstständigkeit auf – es entsteht ein neues Unternehmen.

| Beispiel | Im Jahr 1996 fusionierten Ciba und Sandoz erfolgreich zu Novartis. |

Man unterscheidet dabei zwei Arten der Verschmelzung:

- Bei der **Kombination** werden zwei oder mehrere Unternehmen zu einem **neuen** Unternehmen zusammengeschlossen.
- Bei der **Annexion** wird das übernommene Unternehmen vollständig in das übernehmende **integriert.** Annexionen sind häufiger als Kombinationen.

Fusionen kommen oftmals durch eine wirtschaftliche Notwendigkeit zustande. Wenn eine Gesellschaft nicht über genügend Mittel verfügt, bleibt oft kein anderer Weg, als sich mit einer finanzkräftigen Gesellschaft zusammenzutun.

Man nennt den auf gegenseitiger Übereinkunft ausgehandelten Vertrag der Geschäftsleitungen **Friendly Take-over** (freundliche Übernahme). Bei **Unfriendly Take-overs** übernimmt eine Gesellschaft eine schwächere gegen ihren Willen, indem sie an der Börse deren Aktien kauft, bis sie die Mehrheit hat. Nun kann sie entweder als Muttergesellschaft die Tochtergesellschaft lenken und vom annektierten Unternehmen profitieren (z. B. von seinem Know-how) oder sich das übernommene Unternehmen einverleiben (Annexion).

Gewöhnlich teilt man Fusionen **nach den Produktionsstufen** ein, die in ihnen zusammenkommen:

Horizontale Vereinigungen entstehen, wenn sich Unternehmen der **gleichen** Produktions- oder Handelsstufe zusammenschliessen, um dadurch Rationalisierungs- und Marktvorteile gewinnen.

Beispiel

Ein Schuhproduzent kauft einen Konkurrenten auf, um eine stärkere Marktposition zu erreichen.

In den **vertikalen Vereinigungen** kommen **aufeinander folgende** Produktions- oder Handelsstufen zusammen. Wird eine vorgelagerte Stufe angegliedert, spricht man von einer **Rückwärtsintegration.** Fügt man eine nachgelagerte Stufe hinzu, so nennt man dies eine **Vorwärtsintegration.**

Beispiel

Wenn sich der Schuhproduzent mit einer Lederfabrik zusammenschliesst, um sich den Werkstoff Leder zu sichern, handelt es sich um eine Rückwärtsintegration.

Wenn der Schuhproduzent eine Schuhladenkette aufkauft, um sich einen Verkaufskanal zu sichern, spricht man von einer Vorwärtsintegration.

Ausserdem gibt es **diagonale Vereinigungen,** an denen **verschiedene Branchen** beteiligt sein können. Man nennt solche branchenfremden Zusammenschlüsse auch laterale Fusionen.

Beispiel

Der Schuhproduzent schliesst sich mit einem Parfumproduzenten zusammen. Er sichert sich damit ein zweites Standbein.

8.3 Erfolgs- und Misserfolgsfaktoren bei Fusionen

Unabhängig davon, ob es sich bei der Fusion zweier Unternehmen um eine Kombination oder Annexion handelt, ob sie sich horizontal, vertikal oder diagonal vereinigen: Ein solcher Zusammenschluss verspricht nicht nur Synergien, sondern birgt mindestens so viele Gefahren.

Jede Fusion bedeutet einen **tief greifenden Wandel:** Umstrukturierungen sind auf allen Ebenen notwendig, es braucht eine neue Vision und einheitliche Ziele, die unterschiedlichen Auffassungen, Werte und Kulturen müssen einen neuen, gemeinsamen Weg finden usw. Für alle Beteiligten heisst dies: Man muss sich von Gewohntem verabschieden, was von den meisten Menschen zunächst einmal als Bedrohung empfunden wird.

Eine unabdingbare Voraussetzung für das Gelingen einer Fusion ist daher die Fähigkeit der Unternehmensleitung, diesen Prozess des Wandels zu beherrschen, d. h., die Integration der beiden Unternehmen richtig zu planen, konsequent voranzutreiben und nach aussen, vor allem aber gegenüber den Mitarbeitenden überzeugend zu vertreten.

Verschiedene Studien und Umfragen belegen, dass ein beträchtlicher Teil von Unternehmenszusammenschlüssen nicht den gewünschten Erfolg gebracht haben oder gar gescheitert sind.

Als Gründe dafür werden zum einen **Fehleinschätzungen** bei den möglichen **Synergieeffekten** oder bei den **Folgekosten** einer Fusion genannt. Als häufigste **Misserfolgsfaktoren** gelten jedoch die sogenannt «weichen» Faktoren:

- **Fehlender Miteinbezug der Mitarbeitenden:** Die Unternehmensleitung ist sich ihrer Integrationsverantwortung zu wenig bewusst und entscheidet über die Köpfe der Mitarbeitenden hinweg. Die Unternehmensverbindung wird nicht von allen gemeinsam getragen, was sich in Verunsicherung, Demotivation oder gar in offenem Widerstand äussert.

- **Unzureichende Kommunikation:** Die Vision, Ziele und die Gründe der Fusion werden zu wenig klar kommuniziert. In der Praxis stellt man dabei zwei Missstände fest: Es gibt noch keine neue Strategie für die fusionierten Unternehmen, das Ziel ist also auch der Unternehmensleitung noch zu wenig klar. Häufiger ist man sich jedoch seitens des Managements der positiven Wirkung einer offenen, überzeugenden Kommunikation auf die Motivation der Mitarbeitenden zu wenig bewusst und geht daher mit Informationen allzu spärlich um.
- **Unvereinbarkeit der Unternehmenskulturen:** Bei einer Fusion treffen «zwei Welten» aufeinander. Dies drückt sich in unterschiedlichen Unternehmensgeschichten, Identifikationen, Auffassungen, Grundsätzen und Werthaltungen aus, die allesamt die fusionierten Unternehmen geprägt haben. Eine neue Unternehmenskultur entsteht nicht einfach von selbst, sondern muss von der Unternehmensleitung bewusst entwickelt werden. Ein mangelndes Verständnis für die Bedeutung der Unternehmenskultur und für die Sorgen und Ängste, die ein Fusionsprozess auslöst, behindert den Prozess, gemeinsam zu neuen Ufern aufzubrechen.

Durch den **Zusammenschluss** von mehreren Unternehmen in loser Form oder in enger Verflechtung können in verschiedenen Bereichen **Vorteile** erzielt werden: eine Effizienzsteigerung in Form von Kosteneinsparungen oder besserer Auslastung der Kapazitäten, eine Stärkung von Marktpositionen, mehr Einflussnahme auf Kunden, Lieferanten oder Kapitalgeber und die Verteilung der unternehmerischen Risiken.

Die Gefahr der Machtballung und damit der Wettbewerbsbeschränkung besteht vor allem beim Zusammenschluss grosser Unternehmen. Über das **Kartellgesetz (KG)** kann der Staat hier korrigierend eingreifen, indem er bei Verstössen gegen den freien Wettbewerb Sanktionen in Form von massiven Geldbussen verhängt.

In den 1990er-Jahren haben Unternehmensfusionen stark zugenommen. Nicht alle sind geglückt, sondern viele Fusionen haben sich im Nachhinein als Misserfolg erwiesen. Die Hauptgründe für das **Scheitern von Fusionen** liegen einerseits in einer Fehleinschätzung der Vorteile, vor allem aber bei den sog. weichen Faktoren, d. h. im fehlenden Miteinbezug von Mitarbeitenden in den notwendigen Veränderungsprozess, in der unzureichenden Kommunikation und Unvereinbarkeit der aufeinandertreffenden Unternehmenskulturen.

Man unterscheidet grundsätzlich zwei **Formen** von Unternehmensverbindungen:

Kooperationen sind freiwillig, vertraglich vereinbarte und **zeitlich meist begrenzte** Formen der Zusammenarbeit, wie z. B. Partizipationen oder Kartelle.

Unternehmenskonzentrationen sind **dauernde Zusammenschlüsse** von Unternehmen. Diese geben dabei ihre wirtschaftliche Selbstständigkeit auf und vereinigen sich durch Fusion zu einem neuen Unternehmen.

Die wichtigsten **Formen der Kooperation** sind:

- **Partizipationen:** gemeinsame Geschäftsabwicklung unter meist wenigen Partnern, nach aussen nicht sichtbar.
- **Konsortien:** Kooperationen in abgegrenzten Projekten; es können viele Beteiligte sein, ihre Zusammenarbeit kann unterschiedlich organisiert sein.
- **Kartelle:** wettbewerbsbeschränkende Abreden oder Verträge zur Stärkung der eigenen Position.

- **Interessengemeinschaften:** gemeinsames Wahrnehmen von Interessen und von begrenzten Aufgaben, dies über eine längere Zeit.
- **Joint Ventures:** Gründung einer gemeinsamen Tochtergesellschaft durch finanzielle Beteiligung und unter gemeinsamer Führung.

Die wichtigsten **Formen der Unternehmenskonzentration** sind:

- **Konzern:** Die zusammengeschlossenen Unternehmen behalten ihre **rechtliche, nicht** aber ihre **wirtschaftliche Selbstständigkeit.** Der Zusammenschluss erfolgt in der Regel über eine **Kapitalbeteiligung** und wird unter dem Dach einer **Holdinggesellschaft** organisiert.
- **Fusion:** Die **rechtliche und wirtschaftliche Selbstständigkeit** der beteiligten Unternehmen wird aufgelöst. Bei der **Kombination** entsteht ein neues Unternehmen, bei der **Annexion** wird ein Unternehmen in ein anderes integriert; dies kann freiwillig (friendly) oder unfreiwillig (unfriendly) geschehen.

Repetitionsfragen

36 Kreuzen Sie in der Tabelle an, welche Kriterien für die verschiedenen Formen von Zusammenschlüssen jeweils zutreffen:

Kriterien / Formen	Dauer		Art			Selbstständigkeit			
						Wirtschaftlich		Rechtlich	
	Dauernd	Vorübergehend	Horizontal	Vertikal	Diagonal	Selbstständig	Unselbstständig	Selbstständig	Unselbstständig
Partizipation									
Konsortium									
Kartell									
Interessengemeinschaft									
Joint Venture									
Konzern									
Fusion									

37 Was wird unter einem Kartell verstanden?

38 Zählen Sie drei Vorteile auf, die Unternehmensverbindungen im Absatzbereich mit sich bringen.

39 Geben Sie je ein Beispiel für eine mögliche Vorwärts- und Rückwärtsintegration Ihres Unternehmens oder einer Branche, in der Sie schon tätig waren.

40 Welche der folgenden Unternehmensverbindungen sind Formen der Kooperation und welche sind Formen der Konzentration?

Unternehmensverbindung	Form der Kooperation	Form der Konzentration
Mehrheitsbeteiligung	☐	☐
Kartelle	☐	☐
Konsortien	☐	☐
Partizipationen	☐	☐
Joint Ventures	☐	☐
Fusionen	☐	☐
Konzerne	☐	☐

41 A] Nennen Sie eine Voraussetzung, die für den Erfolg einer Fusion entscheidend ist.

B] Nennen Sie zwei Faktoren, die das Misslingen einer Fusion bewirken können.

Teil C   Die Gründung eines Unternehmens

9 Von der Idee zum Unternehmen

Lernziele: Nach der Bearbeitung dieses Kapitels können Sie ...

- die wesentlichen Anforderungen an ein Unternehmenskonzept wie Geschäftsidee, Leitung, Kapitalbeschaffung, Standortwahl, Rechts- und Organisationsform beschreiben.
- erklären, was ein Businessplan ist und wann man einen Businessplan erstellt.

Schlüsselbegriffe: Ablauforganisation, Aufbauorganisation, Businessplan, divisionale Organisation, Einzelunternehmen, Finanzierung, Finanzplanung, Firma, Flussdiagramm, funktionale Organisation, Geschäftsidee, Globalisierung, Handelsregister, Infrastruktur, Kapitalgesellschaften, Kernkompetenzen, Liquiditätsrechnung, Management Summary, Marketing, Marketing-Mix, Markt, Matrixorganisation, OR, Organigramm, Organisation, Personengesellschaften, Plan-Bilanz, Plan-Erfolgsrechnung, Projekt- oder Teamorganisation, Rechtsform, Spartenorganisation, Standort, Standortfaktoren, Startkapital, Umfeldbedingungen, Unternehmenskonzept, Unternehmensleitung, Vision

Am Anfang jeder Unternehmensgründung steht eine Geschäftsidee: Eine einzelne Person oder ein Team hat eine erfolgversprechende **Vision,** die man in einen existenzsichernden Gewinn ummünzen will.

Mit einer guten Idee alleine ist es jedoch nicht getan, im Gegenteil: Nun beginnt der Prozess der Unternehmensgründung erst richtig. Die Geschäftsidee muss konsequent weiterentwickelt und in das wirtschaftliche Umfeld eingebettet werden, damit sie nicht ein Luftschloss bleibt, sondern auf soliden Boden zu stehen kommt.

9.1 Warum reicht die Geschäftsidee nicht aus?

In der Schweiz werden jährlich über 20 000 Unternehmen gegründet. Fast die Hälfte dieser sogenannten «Start-up-Firmen» scheitern in den ersten fünf Jahren ihres Bestehens. Dies kann verschiedene Ursachen haben, doch zeigt es sich in vielen Fällen, dass man solch «unternehmerisches Pech» mit einer sorgfältigeren Planung hätte verhindern können. Eine systematische Analyse der Gegebenheiten und eine realistische Einschätzung der eigenen Möglichkeiten ist daher ein Muss.

Viele Unternehmensgründer sind allzu begeistert von ihrer glänzenden Idee und beachten nicht, wie viel Zeit und Einsatz, Abklärungen und auch Planung es braucht, bis aus der Idee ein **ausgereiftes Konzept** für ein startklares Unternehmen wird. Standardrezepte für die Lösung von anstehenden Problemen gibt es kaum, was einen zusätzlichen Anspruch in der Gründungsphase darstellt.

Fast jedes neue Unternehmen ist auf finanzielle Mittel in Form von **Startkapital** von Dritten angewiesen. Eine Geschäftsidee muss Geldgeber davon überzeugen, dass es sich lohnt, in sie zu investieren. Dies bedingt eine sorgfältige, auf Tatsachen beruhende Analyse der Gegebenheiten und Möglichkeiten sowie eine umsichtige Planung des geschäftlichen Vorhabens.

Vereinfacht gesagt beruht der Erfolg jedes Unternehmens auf zwei grundlegenden Bedingungen:

- **Kernkompetenzen:** Was können wir? Welches sind unsere speziellen Stärken? Damit sind die inneren Bedingungen für ein erfolgreiches Unternehmen gemeint.
- **Umfeldbedingungen:** Welche spezifischen Chancen bieten sich uns in unserem Markt? Damit sind die äusseren Bedingungen für ein erfolgreiches Unternehmen gemeint.

9.2 Die Bausteine eines Unternehmenskonzepts

Wenn wir die verschiedenen Bausteine einer Unternehmensgründung betrachten, so braucht es zunächst drei entscheidende Voraussetzungen:

- Eine erfolgversprechende Geschäftsidee (eine Vision)
- Das notwendige Startkapital, um das Unternehmen gründen zu können
- Eine kompetente Unternehmensleitung

[9-1]   Bausteine eines Unternehmenskonzepts

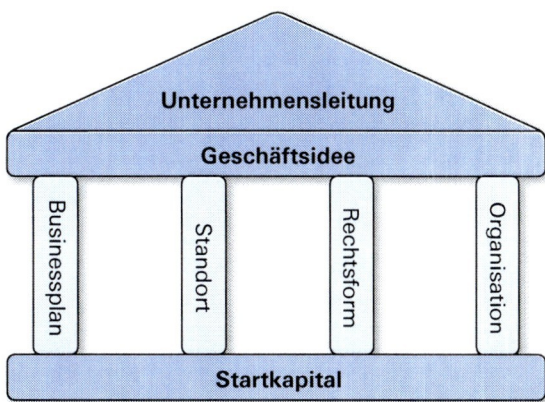

Darüber hinaus sind vier folgenschwere Entscheidungen zu fällen, welche die Grundpfeiler eines Unternehmens bilden:

- Welchen **Businessplan** (welches geschäftliche Konzept) verfolgen wir bei der Umsetzung unserer Geschäftsidee?
- Welche **Rechtsform** wählen wir für das Unternehmen?
- Von welchem **Standort** aus werden wir tätig?
- Welche **Organisation** wählen wir für das Unternehmen?

Man nennt diese Entscheidungen auch **konstitutive Entscheidungen,** weil sie das Unternehmen konstituieren, das heisst begründen. Wir betrachten sie in den folgenden Kapiteln nacheinander, doch in Wirklichkeit hängen sie eng zusammen. Denn zwischen dem Kapitalbedarf für den Start, der Rechtsform, der Standortwahl, der Ausrichtung des Businessplans, der Zusammensetzung des Managementteams und der Organisation des Unternehmens gibt es verschiedene Wechselwirkungen und gegenseitige Abhängigkeiten.

Beispiel

- Die Umsetzung des Businessplans einer Kaffeehaus-Kette, wie z. B. Starbucks, ist von Standortfragen viel stärker abhängig als diejenige einer Unternehmensberatung.
- Die geltenden Haftungsbestimmungen schliessen die Wahl bestimmter Rechtsformen unter Umständen aus. So werden sich die Gründer eines kapitalintensiven Produktionsunternehmens wenn möglich nicht für eine Personengesellschaft entscheiden, bei der sie nicht nur mit dem Geschäfts-, sondern auch mit dem Privatvermögen haften.
- Ein Handelsunternehmen, das eine Vielzahl von Produkten an verschiedenen Standorten anbieten will, wird eine andere Organisationsform wählen als ein lokales Fitnesscenter.
- Für die erfolgreiche Umsetzung des Businessplans für einen Kopiershop sind andere Stärken des Managementteams gefragt als für ein hoch spezialisiertes Biotech-Unternehmen.

9.3 Anforderungen an eine Geschäftsidee

Die Geschäftsidee ist das Startsignal für die Planung der künftigen Geschäftstätigkeit. Eine erfolgversprechende Geschäftsidee beruht auf folgenden vier grundsätzlichen Bedingungen. Sie muss

- etwas **Innovatives** leisten: Die Geschäftsidee muss sich von schon bestehenden Angeboten abheben, d.h. differenzieren. In irgendeiner Weise sollte sie einzigartig, neu, «anders» sein als diejenige vergleichbarer Konkurrenten. Innovativ heisst nicht zwingend «ganz neu»; oftmals wird auf Vorhandenes bzw. Bekanntes zurückgegriffen, um es in einer neuen Form oder Kombination anzubieten. Schätzungen gehen davon aus, dass nur ungefähr 5 % der Firmengründungen wirklich neue Ideen aufweisen.
- Einen **klaren Kundennutzen** bieten: Die Geschäftsidee muss ein bestimmtes Bedürfnis der potenziellen Kunden auf eine bestimmte Weise befriedigen können. Nur zufriedene Kunden garantieren den Erfolg im Markt, kreative Produktideen reichen nicht aus. Mit dem Kundennutzen eines Produkts oder einer Dienstleistung definieren Sie das Neue oder das Bessere im Vergleich zum Angebot der Konkurrenz oder zu alternativen Lösungen.
- Einen **ausreichend grossen Markt** finden: Die Geschäftsidee (das Produkt oder die Dienstleistung) muss sich in einem bestimmten Markt gegen Konkurrenzangebote behaupten können. Dieser Markt muss das entsprechende Potenzial an möglichen Kunden und somit an Absatz bieten.
- Einen **Gewinn** erzielen: Nur längerfristig rentable Geschäftsideen sind überlebensfähig. Deshalb müssen Sie glaubwürdig aufzeigen können, wie viel Geld damit auf welche Weise zu verdienen ist.

[9-2]   Vier Voraussetzungen einer erfolgreichen Geschäftsidee

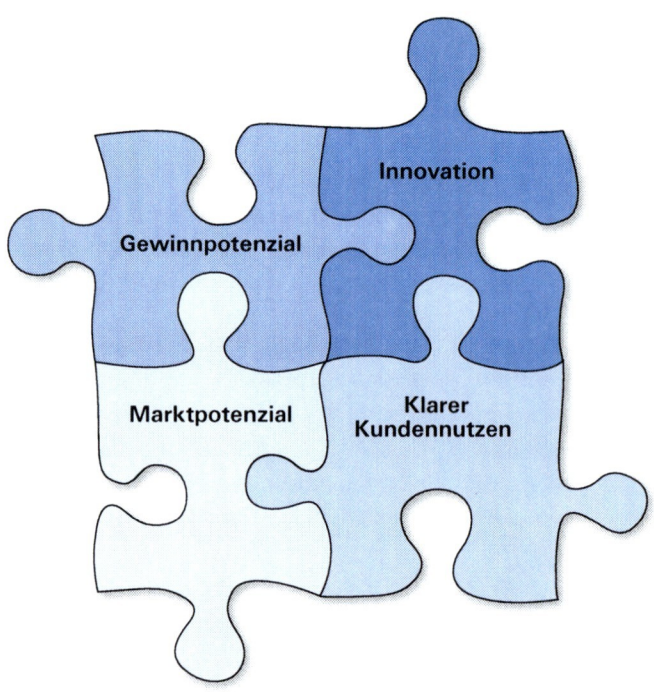

Um prüfen zu können, ob die vorliegende Geschäftsidee diese Voraussetzungen erfüllt, sind bereits einige wesentliche Abklärungen notwendig: Ist die Idee wirklich neu? Warum bestehen Marktchancen? Welches sind die wichtigsten Kundenzielgruppen? Löst die Idee ein Kundenproblem – worin unterscheidet sie sich von Konkurrenzprodukten? Auf welchem Weg lässt sich mit der Idee Gewinn erzielen? usw.

Um hier Klarheit zu schaffen, ist eine ehrliche, detaillierte Auseinandersetzung mit den Einflussfaktoren des Umfeldes und den eigenen Möglichkeiten, die Formulierung von Zielsetzungen und Massnahmen sowie deren Umsetzungsplanung nötig.

Die nachfolgende Checkliste zeigt noch einmal die wichtigsten Fragen auf, denen sich eine weiter zu verfolgende Geschäftsidee stellen muss:

[9-3] Checkliste Geschäftsidee

Frage	Antwort
Was ist das Neue an Ihrer Geschäftsidee?	
Welcher Wunsch, welches Bedürfnis kann befriedigt werden?	
Wer ist der Kunde für das Produkt oder die Dienstleistung?	
In welcher Weise erfüllt das Produkt oder die Dienstleistung den Kundennutzen?	
Warum ist das Produkt besser als vergleichbare andere Produkte?	
Wie kann man mit dieser Geschäftsidee Geld verdienen?	

9.4 Anforderungen an die Unternehmensleitung

Ein Unternehmen steht und fällt mit den daran beteiligten Menschen. Sie stellen das kritische Element einer Unternehmensgründung dar. Sie müssen an ihr Vorhaben glauben und sich unermüdlich für die Umsetzung ihrer Geschäftsidee einsetzen. Aus diesem Grund sehen Kapitalgeber ihre Beteiligung denn auch als Investition in die Menschen, die ein Unternehmen gründen.

Während bei schon bestehenden Firmen die Leistungen der Unternehmensleitung am bisherigen Erfolg auf dem Markt gemessen werden können, haben es Firmengründer wesentlich schwieriger: Ihr Erfolg wird massgeblich vom zukünftigen Entscheiden und Handeln abhängen, was ein Vertrauen in das Wissen und Können der Schlüsselpersonen bedingt.

Manche Firmen werden von einzelnen Personen gegründet, häufiger steht dahinter jedoch ein Team von zwei oder mehreren Partnern. Ein Team bringt in verschiedener Hinsicht Vorteile:

- Der Aufbau eines Unternehmens verlangt unterschiedlichste Fähigkeiten, die nur selten in einer Person vereint sind. Ein Team kann die anfallenden Aufgaben je nach persönlichen Stärken und Schwächen besser untereinander aufteilen.
- Viele neuartige Probleme müssen im Zusammenhang mit einer Firmengründung gelöst werden. Ein gut funktionierendes Team findet meist bessere Lösungen als ein Einzelner.
- Wenn Schwierigkeiten auftauchen oder Fehler passieren, kann ein Team solche Rückschläge oftmals besser meistern als eine einzelne Person. Verschiedene Sichtweisen helfen bei der objektiven Analyse der Ursachen und Zusammenhänge ebenso wie bei der Entscheidung von notwendigen Kurskorrekturen.

In der nachfolgenden Checkliste finden Sie einige zentrale Fragen an die Unternehmensleitung:

[9-4] Checkliste Unternehmensleitung

Frage	Antwort
Welche Ausbildungen und welchen beruflichen Werdegang bringen die einzelnen Mitglieder Ihres Gründungsteams mit?	
Über wie viel Branchenerfahrung, welche Kundenbeziehungen und welche Spezialkenntnisse auf einem bestimmten Gebiet verfügen Sie?	
Welche Management- und Führungserfahrungen zeichnen Sie aus?	
Wie haben Sie die Hauptaufgaben untereinander aufgeteilt?	
Wo gibt es Qualifikationslücken im bestehenden Team, und wie sollen diese geschlossen werden?	

9.5 Voraussetzungen für die Beschaffung von Startkapital

Die Suche nach Kapital kann zu einem Spiessrutenlauf werden, denn in der Gründungsphase eines Unternehmens bleibt der Zugang zu **Bankkrediten** in vielen Fällen verwehrt. Der Grund: Genügend Eigenkapital, das entweder aus eigenen Gewinnen erwirtschaftet oder von Kapitalgebern eingebracht wurde, ist für die Banken eine wichtige Voraussetzung für die Gewährung von Krediten. Genau dies fehlt jedoch den meisten neu gegründeten Unternehmen.

Das notwendige Eigenkapital stammt bei den meisten jungen Unternehmen nach wie vor von den **Gründern** selbst oder aus ihrem **Familien- oder Freundeskreis.** Natürlich verbirgt sich dahinter ein zusätzliches Krisenpotenzial: Entwickelt sich nämlich das Geschäft in der ersten Phase nicht wie geplant, kann es im privaten Bereich leicht zu einer Belastungsprobe werden.

Investitionen in «Start-up»-Unternehmen sind riskant. Investoren warten in der Regel mehrere Jahre auf einen eventuellen Ertrag ihres Kapitals. Daher spricht man in diesem Zusammenhang auch vom **Risiko- oder Wagniskapital** (oder auf Englisch «venture capital»). Es gibt heute spezialisierte **Venture-Capital-Gesellschaften,** die sich für eine bestimmte Zeit gezielt an Unternehmen beteiligen, um diese Beteiligungen später profitbringend wieder abzustossen. Venture-Capital-Gesellschaften investieren jedoch genauso vorsichtig wie die Banken; insgesamt fliessen nur etwa 5 % ihrer Gelder in «Start-up»-Unternehmen.

Es gibt noch andere mögliche Investoren für neue Unternehmen, die sogenannten **«Business Angels».** Dabei handelt es sich um Einzelpersonen oder Stiftungen von etablierten Unternehmen. Meist sind die «Business Angels» selber ehemalige Unternehmensgründer oder Manager, und ihre Absicht ist es, Jungunternehmern beim Aufbau ihres Vorhabens mit Geld und Ratschlägen unter die Arme zu greifen: Sie hinterfragen Strategie- und Businesspläne kritisch, unterstützen in konkreten Umsetzungsfragen oder bei der Lösung wichtiger finanzbezogener Probleme.

9.6 Anforderungen an den Businessplan

Der Businessplan stellt ein ausgereiftes Unternehmenskonzept dar: Die Unternehmensgründer zeigen darin detailliert auf, wie sie ihre Geschäftsidee erfolgreich realisieren wollen und was es alles dazu braucht.

Wörtlich übersetzt ist ein Businessplan ein Geschäftsplan. Er diente anfangs in den USA als Hilfsmittel zur Beschaffung von zusätzlichen finanziellen Mitteln (Kapital). Inzwischen hat er sich auch bei uns als **Diskussions-, Verhandlungs- und Entscheidungsgrundlage** für den Umgang mit verschiedenen Geschäftspartnern durchgesetzt. Er wird für ganz bestimmte Vorhaben erstellt und somit auch einer bestimmten Zielgruppe zugänglich gemacht.

Es handelt sich beim Businessplan somit um eine **umfangreiche Dokumentation** über das betreffende Unternehmen oder über einzelne Bereiche des Unternehmens. Insbesondere die Ziele und Massnahmen kommen darin zur Sprache, aber auch die Beurteilung des wirtschaftlichen Umfelds sowie der Nachweis über die notwendigen Mittel für das jeweilige Vorhaben.

Der Businessplan zwingt die Gründer, ihre Geschäftsidee systematisch zu durchdenken, deckt Wissenslücken auf, verlangt Entscheidungen und fördert daher ein strukturiertes und zielgerichtetes Vorgehen. Vielleicht ergeben sich im Verlauf der Erstellung eines Businessplans neue Alternativen, die bewertet werden müssen, oder es zeigen sich noch nicht bedachte neue «Fallstricke», die es zu lösen gilt.

9.6.1 Wann erstellt man einen Businessplan?

Businesspläne kommen nicht nur im Zusammenhang mit Unternehmensgründungen zum Einsatz. Auch Unternehmen, die längst im Markt verankert sind, erstellen Businesspläne als Entscheidungsgrundlage für spezielle Vorhaben, wie die folgende Tabelle aufzeigt:

[9-5] Einsatz des Businessplans

Vorhaben	Was heisst das konkret?
Firmengründung	• Die Jungunternehmer wollen eine systematische, präsentationsreife Entscheidungsgrundlage für das zu gründende Unternehmen haben.
Kapitalbeschaffung	• Man will Fremdkapital bei Banken oder anderen Darlehensgebern aufnehmen oder aufstocken (z. B. bei grösseren Investitionsvorhaben). • Die Inhaber suchen Investoren, um ihr Eigenkapital zu verstärken. • Es besteht die Möglichkeit, Fördermittel zu beantragen (z. B. bei der kantonalen Wirtschaftsförderungsstelle, bei einer Stiftung für die Jungunternehmerförderung usw.).
Partnersuche	• Neue Partner / Beteiligte werden für ein bestehendes Unternehmen gesucht, z. B. um zu expandieren. • Die Unternehmensleitung will entscheidende Kunden- oder Lieferantenbeziehungen aufbauen, z. B. zu Grossabnehmern oder Exklusivlieferanten.
Kauf und Verkauf	• Der jetzige Inhaber will das Unternehmen im Zuge einer Nachfolgeregelung übergeben. • Man beschliesst, das Unternehmen oder Teile des Unternehmens an Dritte zu verkaufen. • Das Unternehmen oder Teile des Unternehmens werden dem bestehenden Management abgetreten (sog. Management-Buy-out). • Ein anderes Unternehmen zeigt sein Kaufinteresse, das es zu prüfen gilt.
Management-Rekrutierung	• Die Unternehmensleitung will das Management verstärken, neue Führungskräfte gewinnen.

In jedem Fall will die Unternehmensleitung jemanden von einem Vorhaben überzeugen und für sich gewinnen. Daher ist es wichtig, dass man sich Gedanken über den Inhalt und die Darstellung des Businessplans macht.

9.6.2 Der Businessplan als betriebliches Planungsinstrument

Die Aufstellung im vorherigen Abschnitt zeigt: Businesspläne kommen nicht nur bei der Gründung, sondern im gesamten Verlauf einer «Unternehmensgeschichte» immer wieder zum Einsatz.

Ziele festzulegen gehört zu den wichtigsten Aufgaben der Unternehmensführung. Ziele werfen einen Blick in die Zukunft, sie zeigen einen bestimmten **Soll-Zustand,** den ein Unternehmen anstrebt. Die oberste und damit langfristige Zielsetzung eines Unternehmens stellt die **Vision** oder die Geschäftsidee dar. Sie gibt die grundlegende Stossrichtung für das Unternehmen vor.

Ziele bilden zugleich den Ausgangspunkt für den gesamten **betrieblichen Planungsprozess.** Sie definieren die wesentliche Grundlage für die Entscheidungsfindung sowohl auf der strategischen (mittel- bis langfristigen) wie auch auf der operativen (kurz- bis mittelfristigen) Ebene. Dabei werden sie immer stärker verfeinert: Aus der Vision leiten sich mehrere **strategische Ziele** ab. Diese werden weiter hinuntergebrochen und in Form von **operativen Zielen** konkretisiert.

Die nachfolgende Grafik soll den Zielsetzungsprozess auf den verschiedenen Planungsstufen verdeutlichen:

[9-6] Der Zielsetzungsprozess im Unternehmen

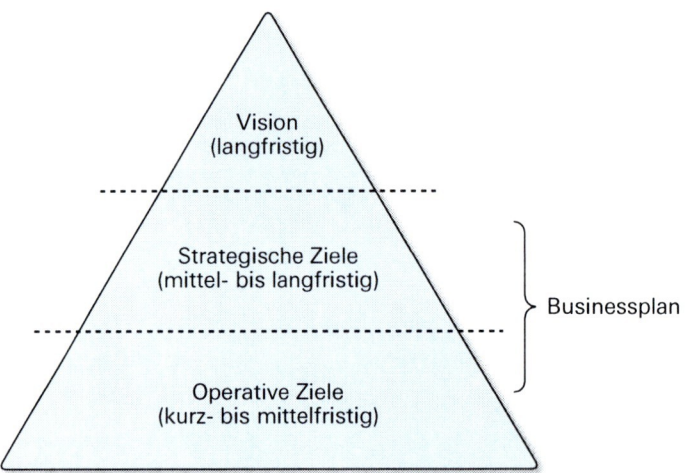

Der Businessplan wird vor allem als Instrument für die **mittelfristige Planung** des Unternehmens eingesetzt, d. h. für einen Zeithorizont von 1 bis maximal 5 Jahren. Ein Businessplan beleuchtet somit insbesondere die strategischen Ziele des Unternehmens oder eines bestimmten Vorhabens. Meist enthält er aber auch detaillierte Konzepte (operative Ziele und Massnahmenpläne), welche die konkrete Umsetzung der strategischen Ziele belegen sollen.

9.6.3 Wie gestaltet man einen Businessplan?

Auf den inhaltlichen Aufbau gehen wir im nächsten Kapitel ausführlicher ein. Mit dem Businessplan erarbeitet man nicht nur eine Planungs-Grundlage für die Unternehmenssteuerung, sondern er ist auch an bestimmte Leser gerichtet und dient somit als Kommunikationsinstrument. Daraus ergeben sich einige wesentliche Anforderungen an die verständliche, leserfreundliche Aufbereitung eines Businessplans:

- **Aussagekräftig:** Sie haben ein konkretes Anliegen an den Empfänger des Businessplans, Sie wollen etwas von ihm. Überlegen Sie sich daher genau, welche Informationen der Empfänger braucht (und welche nicht). Fassen Sie sich in den Texten kurz, beschränken Sie sich auf wesentliche Aussagen.
- **Gut strukturiert:** Der Leser des Businessplans soll sich auf Anhieb zurechtfinden. Das heisst bei der Aufbereitung: Im Hauptteil die wichtigen Aussagen machen. Alle Detailzahlen gehören in den Anhang. Wichtige Aussagen durch die entsprechenden Dokumente belegen.

- **Nachvollziehbar:** Der Leser des Businessplans kommt von aussen. Prüfen Sie kritisch: Sind die Aussagen oder die verwendeten Fachbegriffe für Dritte verständlich und nachvollziehbar? Sind die ausgewiesenen Zahlen plausibel belegt? Ist der Businessplan vollständig?
- **Interessant:** Sie müssen das Interesse des Lesers gewinnen. Der Empfänger des Businessplans muss klar erkennen, worum es geht. Gestalten Sie den Businessplan professionell (ohne ihn zu überfrachten) und fassen Sie die wichtigsten Aussagen in einem Management Summary zusammen. Verwenden Sie einfache, aussagekräftige Tabellen und Diagramme.

Ein Unternehmenskonzept basiert auf folgenden **Bausteinen**:

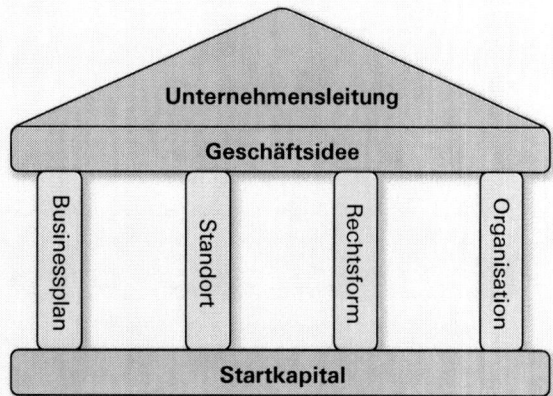

Die Geschäftsidee, das Startkapital und eine Unternehmensleitung bilden die Ausgangslage. Der Businessplan, die Standortwahl, die Rechtsform und die Organisation sind die vier konstituierenden Entscheidungen.

Eine erfolgversprechende **Geschäftsidee** erfüllt vier Bedingungen:

1. **Innovation:** etwas Einzigartiges, Neues, Anderes anbieten,
2. **Klarer Kundennutzen:** ein bestimmtes Bedürfnis befriedigen,
3. **Marktpotenzial:** genügend mögliche Kunden und damit Absatz,
4. **Gewinnpotenzial:** ausreichend Geld verdienen können.

Jede Investition in ein Unternehmen ist eine Investition in die darin tätigen Menschen. Sie sind der kritische Erfolgsfaktor, insbesondere auch bei einer Neugründung.

Weil man bei einer Neugründung noch keine bisherigen Erfolge ausweisen kann, müssen die Personen in der **Unternehmensleitung** durch ihr Wissen und Können überzeugen.

Beim **Businessplan** handelt es sich um ein ausgereiftes Unternehmenskonzept, wenn man detailliert aufzeigen kann, wie man ein bestimmtes Vorhaben erfolgreich realisieren will und was es alles dazu braucht.

Es empfiehlt sich, bei den folgenden Vorhaben einen Businessplan zu erstellen:

- Firmengründung
- Kapitalbeschaffung
- Partnersuche
- Kauf und Verkauf
- Management-Rekrutierung

Bei der Aufbereitung eines Businessplans muss man die folgenden vier Anforderungen besonders berücksichtigen:

- Sich auf die wesentlichen Aussagen zu beschränken, die der Leser braucht, macht einen Businessplan **aussagekräftig.**
- Ein Businessplan wirkt **gut strukturiert,** indem man sich im Hauptteil auf die wichtigen Aussagen beschränkt, die Detailzahlen im Anhang aufführt und so die Aussagen belegt.
- Ein Businessplan ist dann gut **nachvollziehbar,** wenn ein Aussenstehender alle Aussagen, Begriffe und Zahlen verstehen kann und der Businessplan vollständig ist.
- Damit ein Businessplan für den Leser **interessant** wird, muss man ihm klar und anschaulich aufzeigen können, worum es geht.

Repetitionsfragen

42 Nennen Sie drei mögliche Nachteile, die eine Einzelperson gegenüber einem Team im Zusammenhang mit der Unternehmensgründung hat.

43 Was halten Sie von den folgenden drei Aussagen zur Geschäftsidee? Formulieren Sie Ihre Stellungnahme in zwei bis drei Sätzen.

A] «Eine wirklich gute Geschäftsidee setzt sich im Markt immer durch!»

B] «Eine gute Geschäftsidee zeichnet sich dadurch aus, dass man kreative Lösungen in Form von Produkten oder Dienstleistungen anbietet.»

C] «Eine innovative Geschäftsidee bedeutet, dass man sich von bereits bestehenden Angeboten auf dem Markt differenzieren kann.»

44 Beschreiben Sie stichwortartig, was gemeint ist, wenn man von einem «gut nachvollziehbaren» Businessplan spricht.

45 Gabriella Meister möchte mit ihrem Freund Reto Glauser ein Restaurant gründen, das sich auf südamerikanische Speisen spezialisiert. Sie hat lange in einem Restaurant in Brasilien gekocht und verfügt über grosse Erfahrung. Ihr Freund verfügt über das notwendige betriebswirtschaftliche Know-how für das Führen eines Restaurants.

Um starten zu können, brauchen sie Geld. Wie können sich die beiden das notwendige Startkapital beschaffen? Nennen Sie zwei Möglichkeiten.

10 Wie ist ein Businessplan aufgebaut?

Lernziele: Nach der Bearbeitung dieses Kapitels können Sie ...
- erläutern, wie ein Businessplan aufgebaut ist.
- die wesentlichen Inhaltskomponenten eines Businessplans beschreiben.

Schlüsselbegriff: Businessplan

Unabhängig davon, ob sich die Firma erst in der Planungsphase befindet oder schon gut im Markt verankert ist, müssen die richtigen unternehmerischen Entscheide getroffen werden. Der Businessplan dient jeder Unternehmensleitung als wichtiges und nützliches Hilfsmittel für einen solchen Entscheidungsprozess: Zunächst analysiert man die Situation, um danach Ziele für die Zukunft festzulegen. Im Weiteren werden die Massnahmen geplant und budgetiert, die das Unternehmen zum Erfolg führen sollen. Aus den budgetierten Zielen und Massnahmen ergeben sich dann Kapitalbedarf und Finanzierungsbedürfnisse.

Was alles gehört in einen Businessplan und wie ist er aufgebaut? – Sie werden in der Literatur, auf dem Internet, bei Banken oder Unternehmensberatungen eine Fülle von Vorschlägen für die inhaltliche Gliederung eines Businessplans finden. Viele davon sind sehr umfassend und setzen dementsprechend ein vertieftes betriebswirtschaftliches Vorwissen voraus, vor allem über das strategische Management und die finanzielle Führung eines Unternehmens.

Wir beschränken uns in diesem Kapitel bewusst auf einen möglichst einfach aufgebauten Businessplan. Ein solcher reicht für Kleinunternehmen oder für einfachere Projekte als Planungsinstrument aus. Auch Sie können so einen ersten Überblick über das systematische Vorgehen bei der Erarbeitung eines Businessplans gewinnen. Weil riskantere, komplexere oder ausgesprochen innovative Projekte höhere Anforderungen an die Planung stellen, lohnt es sich in solchen Fällen, einen noch detaillierteren Businessplan zu erarbeiten.

Diese Businessplan-Vorlage wurde uns freundlicherweise zur Verfügung gestellt vom:

IFJ Institut für Jungunternehmen, Kirchlistrasse 1, 9010 St.Gallen,
Homepage: www.ifj.ch, www.eStarter.ch, www.venturelab.ch

Das Institut für Jungunternehmen St.Gallen (IFJ) hat seit 1989 weit über 20 000 Jungunternehmer mit Businessplan-Tools, Networking-Events, Workshops und individuellen Coaching-Angeboten beim Start-up begleitet. – Es stellt auf seiner Homepage im Internet verschiedene Musterbeispiele aus der Praxis, ebenso weitere Vorlagen für komplexere Anforderungen zur Verfügung.

Der Businessplan des IFJ durchläuft insgesamt sieben Entwicklungsschritte, auf die wir in den folgenden Abschnitten dieses Kapitels näher eingehen:

[10-1] Inhaltlicher Aufbau des Businessplans

10.1 Das Unternehmen im Überblick

Beschreiben Sie kurz und prägnant Ihr Unternehmen, in welcher Branche Sie tätig sind und wer hinter dem Unternehmen steht:

[10-2] Checkliste Unternehmen im Überblick

Stichwort	Fragen
Unternehmen	• Wann wurde oder wann wird unser Unternehmen gegründet? • Wie viele Mitarbeitende beschäftigen wir heute?
Branche	• In welcher Branche sind wir tätig? • Welches ist unser wichtigstes Angebot und welches ist unsere wichtigste Kundengruppe?
Vision	• Wohin wollen wir mit unserem Unternehmen? • Welches ist unser langfristiges Ziel?
Finanzielle Eckwerte	• Wo stehen wir gemäss unserem letzten Jahresabschluss bzw. welche finanziellen Resultate wollen wir im Startjahr erreichen? • Wie hoch ist der aktuelle Auftragsbestand bzw. mit welchem Auftragsbestand rechnen wir im Startjahr? • Wie sehen die Kapital- und Vermögenswerte derzeit aus bzw. über welches Startkapital verfügen wir?
Schlüsselpersonen	• Welche Schlüsselpersonen tragen in welcher Funktion zum Erfolg unseres Unternehmens bei?

10.2 Aktuelle und zukünftige Situation

Analysieren Sie die aktuelle und zukünftige Situation für das Unternehmen. Zeigen Sie möglichst genau auf, welche wichtigsten Stärken, aber auch welche wichtigsten Schwächen Sie derzeit in Ihrem **Unternehmen** feststellen.

Wichtige Anhaltspunkte liefert die Auseinandersetzung mit dem Know-how, den Kenntnissen, Erfahrungen, Begabungen, Beziehungen zu interessanten Kunden und Lieferanten, den schon bestehenden oder potenziellen Geschäftsverbindungen, die Sie einbringen.

Eine entscheidende Frage lautet: Wie können wir uns von unserer Konkurrenz abheben und mehr Nutzen für den Kunden schaffen als diese? Schälen Sie möglichst klar heraus, was Ihr Unternehmen gegenüber der Konkurrenz erfolgreich macht.

Sie können dies nur entscheiden, wenn Sie Ihre Konkurrenten kennen:

- Wer sind unsere Hauptkonkurrenten?
- Welche Ziele und Erfolgsrezepte verfolgen sie?
- Welche Stärken und Schwächen haben sie?
- Wie treten sie im Markt auf, wie gestalten sie ihre Marketinginstrumente (Produkte, Preis, Vertrieb, Kommunikation)?

Ausserdem definieren Sie die wichtigsten Chancen, Gefahren und Herausforderungen, die sich in der Zukunft für Ihr Unternehmen zeigen. Dazu müssen Sie die Umweltsphären Ihres Unternehmens genauer beleuchten:

Welche gesellschaftlichen, politischen, rechtlichen, technischen, ökologischen oder wirtschaftlichen Entwicklungen werden unser Vorhaben – positiv oder negativ – beeinflussen?

Von herausragendem unternehmerischem Interesse sind jedoch mögliche Veränderungen bei unseren heutigen oder zukünftigen Kunden. Überlegen Sie sich dazu die folgenden Aspekte:

- Welches sind die entscheidenden Kaufmotive unserer Kunden; wie könnten sich diese verändern?
- Wo wird heute und zukünftig gekauft (über welche Absatzkanäle)?
- Wie gut sind die Kunden über uns informiert?

[10-3] Checkliste aktuelle und zukünftige Situation

Stichwort	Fragen
Situation heute	Unternehmensanalyse: - Welches sind unsere grössten Stärken im Unternehmen? - Welches sind unsere grössten Schwächen im Unternehmen? Konkurrenzanalyse: - Wer ist unser direktester Mitbewerber? - Wie unterscheiden wir uns von unserem direktesten Mitbewerber? (Wo ist er besser, wo sind wir besser?)
Situation in drei Jahren	Umweltanalyse: - Welches sind die wichtigsten Chancen für unser Unternehmen im Markt? - Welches sind die wichtigsten Gefahren für unser Unternehmen im Markt? Kundenanalyse: - Wie entwickeln sich die Bedürfnisse unserer Kunden? - Welchen konkreten Nutzen wollen wir unseren Kunden in Zukunft bieten?

10.3 Markt heute und in Zukunft

Stellen Sie aufgrund der **Marktanalyse** den heutigen Markt Ihres Unternehmens dar und führen Sie dabei Ihre Kunden und die von Ihnen angebotenen Produkte und Dienstleistungen auf. Idealerweise geben Sie hierbei auch die Anzahl der Kunden pro Gruppe und deren Anteil am Gesamtumsatz an. – Dieselben Angaben machen Sie für Ihren Markt in drei Jahren.

[10-4] Checkliste Markt heute und in Zukunft

Stichwort	Fragen
Unser Markt heute	• Welches sind unsere heutigen Angebote (Produkte und Dienstleistungen)? • Welches sind unsere heutigen Kundengruppen? • Wie gross sind diese Kundengruppen (Anzahl)? • Welchen Umsatzanteil erzielen wir mit den einzelnen Kundengruppen?
Unser Markt in drei Jahren	• Welches sind die geplanten Angebote (Produkte und Dienstleistungen)? • Welches sind unsere potenziellen Kundengruppen? • Wie gross sind die potenziellen Kundengruppen (Anzahl)? • Welchen Umsatzanteil wollen wir mit den einzelnen Kundengruppen? • Wie entwickelt sich der Markt; welches Wachstumspotenzial sehen wir?

10.4 Marketing

Gute Kenntnis der Kunden und ihrer Bedürfnisse sind Basis eines jeden Geschäftserfolgs; erst die Kunden geben einer Firma ihre Daseinsberechtigung. Letztlich sind sie es, die mit dem Kauf (oder Nichtkauf) Ihres Produktes oder Ihrer Dienstleistung entscheiden, ob und wie erfolgreich Ihre Firma sein wird. Es werden nur diejenigen Kunden Ihr Produkt kaufen, die sich davon einen höheren Nutzen versprechen als vom Kauf eines Konkurrenzproduktes oder vom Verzicht auf einen Kauf. Gute Kenntnisse von Markt und Wettbewerb sind daher ein kritischer Faktor für den Erfolg jedes Unternehmens.

Zählen Sie im Businessplan die Kunden auf, die Sie als «gute Referenz» anführen können. Beschreiben Sie dabei kurz, warum Ihre Kunden so sehr von Ihrem Unternehmen begeistert sind.

Erklären Sie, mit welchen Massnahmen aus dem **Marketing-Mix** Sie in Zukunft neue Kunden gewinnen bzw. wie Sie Ihr Unternehmen bei Ihren Zielkunden bekannt machen wollen. Schildern Sie, über wen Sie künftig Ihre Leistungen anbieten wollen bzw. wer Ihnen dabei helfen soll, Kunden zu gewinnen.

[10-5] Checkliste Marketing

Stichwort	Fragen
Referenzkunden	• Wer sind unsere Referenzkunden? • Warum sind sie von uns begeistert?
Kundenbindung	• Was unternehmen wir, um bestehende Kunden zu binden?

Stichwort	Fragen
Verkauf	• Wie gehen wir vor bei der Gewinnung von neuen Kunden und Aufträgen?
Werbung	• Wie machen wir unser Unternehmen bekannt?
Partner	• Wer sind unsere wichtigsten Vertriebs- und Kooperationspartner?

10.5 Infrastruktur und Meilensteine

Beschreiben Sie, welche Massnahmen Sie in der Infrastruktur planen, um Ihre Ziele zu erreichen. Daraus resultieren die notwendigen Investitionen bzw. Neuanschaffungen für Ihr Unternehmen für die nächsten drei Jahre.

Ausserdem legen Sie Etappenziele mit klaren Terminen fest. Stellen Sie sicher, dass diese Ziele messbar bzw. auf den Stichtag hin überprüfbar sind.

[10-6] Checkliste Infrastruktur und Meilensteine

Stichwort	Fragen
Infrastruktur	• Welche Infrastruktur-Massnahmen sind vorgesehen? • Personal • Materialwirtschaft, Produktion, Logistik • Forschung und Entwicklung • Administration • IT-Infrastruktur • Organisation • Standort
Lieferanten	• Welches sind unsere wichtigsten Lieferanten?
Meilensteine	• Welches sind unsere nächsten Meilensteine bzw. Etappenziele?
Investitionen	• Welche Investitionen sind in nächster Zeit geplant? • Mit welchen Kosten rechnen wir zu welchem Zeitpunkt?

10.6 Die Finanzplanung

Bei der Finanzplanung geht es darum, die im Businessplan formulierten Unternehmensziele und die getroffenen Annahmen in Zahlen auszudrücken. Daraus ergibt sich der konkrete Finanzierungsbedarf, den wir als nächsten Punkt aufgreifen werden. Das Hauptziel der Finanzplanung ist somit, dass Sie konkret aufzeigen können, wie sich die finanzielle Situation des Unternehmens bei einer planmässigen Erreichung der gesetzten Ziele entwickelt.

Die Finanzplanung besteht aus einer Plan-Erfolgsrechnung und einer Plan-Bilanz für die nächsten drei Jahre.

[10-7] Checkliste Finanzplanung

Stichwort	Fragen
Budget	• Wie entwickelt sich unser Unternehmen in den kommenden Jahren finanziell? • Plan-Erfolgsrechnung (Aufwand und Ertrag) • Plan-Bilanz (Aktiven und Passiven)

Nachfolgend stellen wir Ihnen die beiden Instrumente kurz vor. Zwischen ihnen bestehen Querverbindungen und gegenseitige Abhängigkeiten: Eine Plan-Bilanz lässt sich nur aufgrund der Plan-Erfolgsrechnungen erstellen. Ebenso braucht es beispielsweise die Investitionsplanung, die wir im vorherigen Abschnitt gesehen haben, um eine seriöse Budgetierung vornehmen zu können.

10.6.1 Plan-Erfolgsrechnung

In der Plan-Erfolgsrechnung werden die zukünftigen **Aufwendungen** und **Erträge** einander gegenübergestellt. Die Differenz zeigt den erwarteten Unternehmenserfolg. Aus der Plan-Erfolgsrechnung geht hervor, wie sich die Ertragssituation des Unternehmens entwickelt und welchen Wert dadurch das Unternehmen in Zukunft haben wird.

Bei der Erstellung von Plan-Erfolgsrechnungen hat sich folgendes Vorgehen bewährt:

1. Zuerst nehmen Sie eine **pessimistische Schätzung** vor: Die Verkäufe und damit die Umsätze entwickeln sich schlecht, unerwartete Kosten oder Kostenerhöhungen schlagen negativ zu Buche.
2. Danach machen Sie das Gegenteil, eine **optimistische Schätzung:** Alle Ihre Verkaufsanstrengungen zahlen sich aus und Ihre Umsätze wachsen dementsprechend. Auch die Kosten haben Sie «im Griff».
3. Nun konzentrieren Sie sich auf eine **realistische Schätzung,** bei der alle Angaben zur Umsatz- und zur Kostenentwicklung zwischen dem pessimistischen und dem optimistischen Szenario zu liegen kommen. Aufgrund der Auseinandersetzung mit den beiden Extrementwicklungen werden Sie realistischer planen.

10.6.2 Plan-Bilanz

Die Plan-Bilanzen sind ein wichtiger Bestandteil der langfristigen Finanzplanung. Dadurch verschaffen sich die Kapitalgeber einen **Überblick über die aktuelle und zukünftige Vermögens- und Eigenkapitalsituation** des Unternehmens. Auf der Aktivseite werden die Werte erfasst, die das Unternehmen besitzt, auf der Passivseite die Schulden bei Banken oder Lieferanten in Form von Fremdkapital sowie bei den am Unternehmen beteiligten Kapitalgebern in Form von Eigenkapital.

Die Plan-Bilanz muss nach dem schweizerischen Kontenrahmen einheitlich gegliedert werden.

10.6.3 Liquiditätsrechnung

Das Fehlen von flüssigen Mitteln ist die häufigste Ursache für das Scheitern von Unternehmensgründungen.

Die Liquiditätsrechnung ergibt sich aus der Plan-Erfolgsrechnung; sie wird auf einen kurzfristigeren Zeitraum, meist auf ein Jahr, hinuntergebrochen und ist insbesondere für neu gegründete Unternehmen unentbehrlich. Deren Finanzierungsbasis ist oftmals nicht ausreichend, um kurzfristige Liquiditätsengpässe rasch überbrücken zu können.

Das nachfolgende Schema soll Ihnen vereinfacht aufzeigen, wie sich eine solche Liquiditätsrechnung zusammensetzt:

[10-8] Aufbau einer Liquiditätsrechnung

	Erwartete Einnahmen aus der Geschäftstätigkeit
./.	Erwartete Ausgaben aus der Geschäftstätigkeit
=	Bruttozufluss- oder -abfluss aus der Geschäftstätigkeit
+	weitere Einnahmen und Kapitalerhöhungen
./.	weitere Ausgaben und Entnahmen von Kapitalgebern
=	Netto-Geldzufluss oder -Geldabfluss
+	Bestand Kasse, Postkonto, Bankkonto
=	Geldüberschuss oder Geldbedarf

10.7 Finanzierung

Erarbeiten Sie, welche finanziellen Mittel Sie aufgrund Ihrer Finanzplanung benötigen, und tragen Sie diesen Kapitalbedarf dann als Antrag an den Empfänger des Businessplans vor.

Zeigen Sie auf, welcher Nutzen für Ihren Finanzierungspartner entsteht, wenn er Ihrem Antrag zustimmt, und welche Sicherheiten Sie für die Finanzierung bieten.

Wichtig ist vor allem der Nachweis darüber, wie Sie die Finanzen und die Liquidität in Ihrem Unternehmen in Zukunft unter Kontrolle halten werden.

[10-9] Checkliste Finanzierung

Stichwort	Fragen
Kapitalbedarf	• Welcher Kapitalbedarf resultiert aus unserer Finanzplanung?
Kapitalbeschaffung	• Wie und mit welchen Partnern soll das benötigte Kapital beschafft werden?
Finanzierungsantrag	• Welche konkreten Anträge stellen wir an die Bank oder an andere Finanzierungspartner?
Nutzen	• Was ist der Nutzen für den Kapitalgeber, wenn er unserem Antrag entspricht?
Sicherheiten	• Welche Sicherheiten können bzw. wollen wir unserem Finanzierungspartner anbieten?
Controlling	• Mit welchen Massnahmen behalten wir unsere Finanzen, unsere Liquidität laufend unter Kontrolle?

10.8 Management Summary (Zusammenfassung)

Das Management Summary gehört an den Anfang eines Businessplans. Sie können es jedoch erst am Schluss verfassen, denn hierbei handelt es sich nicht um eine Einleitung, sondern um eine verdichtete Darstellung der detaillierten Ausführungen im Businessplan.

Formulieren Sie kurz und übersichtlich – auf maximal zwei Seiten – die wichtigsten Aspekte Ihres geschäftlichen Vorhabens und die Argumente, die die Leserin Ihres Businessplans überzeugen sollen. Überlegen Sie sich daher genau, welche Fragen sie besonders interessieren könnten.

[10-10] **Checkliste Management Summary**

Abschnitt	Inhalt
Management Summary (Zusammenfassung)	• Welches ist unsere Geschäftsidee? • Wer sind wir? – Kurzporträt des Unternehmens und der Schlüsselpersonen? • Welche Wachstumsziele streben wir an? • Wie hoch ist der Finanzbedarf? • Welche Absicht verfolgen wir mit diesem Businessplan, welchen Antrag stellen wir an den Leser?

Der Inhalt eines Businessplans besteht aus total sieben Hauptelementen:

1. Das Unternehmen im Überblick
2. Aktuelle und zukünftige Situation
3. Markt heute und in Zukunft
4. Marketing
5. Infrastruktur und Meilensteine
6. Finanzplanung
7. Finanzierung

Repetitionsfragen

46 Der Businessplan besteht aus verschiedenen Teilschritten. Nennen Sie den zutreffenden Teilschritt, bei dem man die fünf folgenden Fragen beantworten sollte:

A] Was unternehmen wir, um bestehende Kunden zu binden?

B] Welchen Umsatzanteil wollen wir mit den einzelnen Kundengruppen?

C] Welches sind unsere wichtigsten Lieferanten?

D] Welche Sicherheiten wollen wir unserem Finanzierungspartner bieten?

E] Wie viele Mitarbeitende beschäftigen wir heute?

47 Thomas Krüsi und Mirco Slobic kennen sich schon lange. Sie wollen zusammen in ihrem Wohnort, einer aufstrebenden Kleinstadt, ein Fitnesscenter eröffnen. Natürlich kopieren sie nicht bestehende Angebote, sondern setzen auf neue Trends im Fitness- und Wellnessbereich. Beide sind leidenschaftliche Sportler, arbeiten derzeit in leitenden Funktionen in der Fitnessbranche, verfügen über ein gutes Kontakt- und Beziehungsnetz in der Stadt und über eine qualifizierte Ausbildung als Sportlehrer bzw. Fitnessinstruktor. Auch haben sie sich betriebswirtschaftlich weitergebildet.

Thomas und Mirco glauben an ihr Vorhaben und wissen, worauf sie sich einlassen. Gleichzeitig sind sie sich der Risiken bewusst, die der Sprung in die Selbstständigkeit mit sich bringt. Sie wissen, dass der Erfolg nicht alleine von der eigenen Überzeugung abhängt, sondern dass sie ihre Möglichkeiten mit einem Businessplan seriös prüfen müssen.

Beantworten Sie möglichst konkret die folgenden drei Fragen von Thomas und Mirco:

A] Was müssen wir in einer Konkurrenzanalyse konkret untersuchen?

B] Wir haben eine Plan-Erfolgsrechnung für das Startjahr erstellt, die auf einer realistischen Einschätzung beruht. – Reicht ein solches Vorgehen aus?

C] Wir kennen uns in der Fitnesscenter-Branche gut aus und pflegen hier in der Stadt viele gute Kontakte zu möglichen Kunden. – Können wir dies als eine Stärke bei der Einschätzung der aktuellen Situation nennen?

48 A] Steht das Management Summary als Zusammenfassung am Ende des Businessplans?

B] Was steht im Management Summary? Nennen Sie drei Punkte.

11 Die Wahl des Standorts

Lernziel: Nach der Bearbeitung dieses Kapitels können Sie ...

- die entscheidenden Standortfaktoren definieren und an Beispielen eine Standortwahl plausibel begründen.

Schlüsselbegriffe: Absatz, Arbeitskraft, Ökologie, Raumplanung, Standortfaktor, Standortwahl, Werkstoff, wirtschaftspolitisches Umfeld

Der Standort ist der Ort der **Ansiedlung eines Unternehmens**, d. h. des Hauptbetriebs, einer Betriebsstätte oder nur eines Betriebsteils. Ein Unternehmen kann folglich **mehrere Standorte** im In- und Ausland haben. Ein Unternehmen hat (unabhängig von der Zahl der Standorte) aber nur **einen Firmensitz.** Der Firmensitz ist der Ort, wo das Unternehmen im Handelsregister eingetragen ist und wo es seinen Gerichtsstand hat.

Beispiel

Der Technologiekonzern ABB, mit Konzernsitz in Zürich, betrieb im Jahr 2003 alleine in China 17 Fabrikationsstandorte mit über 6500 Beschäftigten – vor allem in Shanghai, Xiamen und Hongkong.

Bei der Standortentscheidung handelt es sich um die Weichenstellung für die Zukunft. Mit Ausnahme weniger Branchen ist eine spätere Verlagerung an einen neuen Standort durchaus möglich, jedoch mit beträchtlichem zeitlichem und finanziellem Aufwand und unternehmerischem Risiko verbunden.

Da Unternehmen nach wirtschaftlichen Gesichtspunkten handeln, möchten sie mit der Standortwahl einen optimalen Nutzen erzielen. Die Spielregeln der **Globalisierung** und somit auch die Entscheidungsmöglichkeiten bei der Standortwahl haben sich in den letzten Jahrzehnten grundlegend verändert.

Vier zentrale Punkte dieser Entwicklung seien hier erwähnt:

- Der wachsende **internationale Wettbewerb** zwingt Unternehmen dazu, ihre Produkte möglichst kostengünstig zu produzieren.
- Die veränderten **politischen Gegebenheiten** haben den Zugang zu neuen internationalen Absatzmärkten mit grossen Wachstumsraten ermöglicht.
- Die Auswahl an attraktiven Standorten im Ausland hat sich stark ausgeweitet. Die verbesserten Qualifikationen der Mitarbeitenden und die gestiegene Qualität und Produktivität in der Fertigung haben zu einer massiven **Verlagerung von Standorten** in Richtung Osteuropa und Ostasien geführt.
- Die Möglichkeiten, einzelne Unternehmensfunktionen oder Produktbereiche an verschiedenen Standorten anzusiedeln, sind dank der heute möglichen **weltweiten Vernetzung** des Transportwesens, des Datenaustauschs und der Kommunikation viel einfacher geworden.

11.1 Kriterien für die Standortwahl

Viele Unternehmen sind bei ihrer Standortwahl grundsätzlich frei. Meist haben sie die Auswahl zwischen mehreren Alternativen, sodass es deren jeweilige Vor- und Nachteile gegeneinander abzuwägen gilt. Es empfiehlt sich daher dringend, als Entscheidungsgrundlage eine systematische **Standortanalyse** durchzuführen. Darin beleuchtet man die verschiedenen **Standortfaktoren** genauer, auf die wir in den folgenden Abschnitten eingehen.

Aus wirtschaftlicher Sicht gibt es zwei entscheidende Kriterien für die Standortwahl:

- **Kostenvorteile:** Es besteht die Möglichkeit, mehr Rendite zu erzielen.
- **Marktnähe:** Grössere Umsatzchancen sollten auch zu mehr Gewinn führen.

Je nach Ausrichtung des Unternehmens kommen bei der Standortanalyse unterschiedliche Kriterien zum Tragen, wie z. B. Lohnniveau, Qualifikation der Arbeitskräfte, vorhandene Infrastruktur (Verkehrslage, Energieversorgung, Telekommunikation), staatliche Abgaben (Steuern, Zölle) und Auflagen (gesetzliche Bestimmungen, Bewilligungsverfahren), Angebot an Boden, Nähe zu wichtigen Zulieferern (von Rohstoffen oder Vorprodukten), politische Stabilität eines Landes.

11.2 Arbeitskraft

Für fast alle Unternehmen ist die Arbeitskraft ein zentraler Standortfaktor. Dabei geht es vor allem um folgende Kriterien:

- Lohnkosten (inkl. Lohnnebenkosten)
- Arbeitsproduktivität (Wertschöpfung pro Arbeitsstunde)
- Verfügbarkeit von Arbeitskräften
- Qualifikation der Arbeitskräfte

Nebst den ausbezahlten Löhnen sind die Lohnnebenkosten zu betrachten. Darunter fallen alle Sozialabgaben der Arbeitgeber an den Staat, an die berufliche Vorsorge und an Kranken- und Unfallversicherungen.

Bei der Kostenbetrachtung reichen die bezahlten Lohn- und Lohnnebenkosten jedoch nicht aus, sondern es geht vielmehr um die Wertschöpfung, die mit einer geleisteten Arbeitsstunde erzielt wird. Man nennt diese Grösse auch «**Arbeitsproduktivität**». Als wichtige zusätzliche Bemessungsgrösse fällt dabei die Jahresarbeitszeit ins Gewicht, aber auch das gewerkschaftliche Verhandlungsklima oder die Anzahl Streiktage spielen eine Rolle.

Beispiel

Die Schweiz weist gegenüber Deutschland in fast allen Bereichen ein markant höheres Lohnniveau aus. Jedoch fallen die Lohnnebenkosten zulasten des Arbeitgebers deutlich tiefer aus (in der Schweiz ca. 20 %, in Deutschland ca. 50 %). Die durchschnittliche Jahressollarbeitszeit liegt in der Schweiz bei rund 1850 Stunden, d. h. ca. 150 Stunden mehr als in Deutschland.

Trotz der stärkeren Internationalisierung schränkt die Frage nach der Verfügbarkeit von ausreichend qualifizierten Arbeitskräften auch heute noch die Standortwahl ein. Daher haben viele Schweizer Industrieunternehmen die serienmässige Fertigung und Montage ganz oder in grossem Mass in Niedriglohnländer verlegt, während sie qualifiziertere und spezialisierte Arbeitskräfte (z. B. in der Forschung, der Konstruktion oder im Design) nach wie vor im Heimatland beschäftigen.

11.3 Absatz

Zu den absatzbezogenen Standortfaktoren gehören insbesondere folgende:

- Kundennähe
- Konkurrenzsituation vor Ort
- Erreichbarkeit für Kunden

Eine optimale **Kundennähe** ist für Detailhandelsgeschäfte, Apotheken, Restaurants, Reisebüros und Serviceunternehmen durch den Geschäftszweck vorbestimmt. Es geht darum, für die potenziellen Kunden optimal erreichbar zu sein. Ein attraktiver Standort kann eine belebte Geschäftsstrasse in der Innenstadt genauso sein wie das Einkaufszentrum am Stadtrand, das mit dem Auto gut erreichbar ist.

Die Kundennähe zeigt sich aber auch im Zusammenhang mit der **Globalisierung** als wichtiger Standortfaktor. Insbesondere in China, aber auch in Osteuropa sind für verschiedene Branchen wie die Mikroelektronik oder den Anlagenbau attraktive Wachstumsmärkte entstanden. So sind viele Anbieter dazu übergegangen, in diesen Ländern nicht nur vor Ort zu produzieren, sondern aufgrund der kulturellen und sprachlichen Nähe dort auch Service- und Vertriebsorganisationen aufzubauen.

11.4 Werkstoffe

Als wichtigstes Argument für die Standortwahl gilt hier einerseits die **Nähe zum Gewinnungsort** des zu verarbeitenden Rohstoffs und andererseits die **Versorgungssicherheit** von gelieferten Werkstoffen. Es geht dabei um folgende drei Kriterien:

- Transportkosten
- Verkehrsgünstiger Standort
- Zuliefersicherheit
- Versorgungssicherheit von Energie

Um Transportkosten möglichst tief zu halten, wird der Standort von rohstoffverarbeitenden Betrieben so nahe wie möglich bei den Rohstoffquellen gewählt.

Beispiel

Marmor- oder Zementwerke wählen ihren Standort so nahe wie möglich bei Marmor- oder Kalksteinbrüchen.

Ein verkehrsgünstiger Standort mit raschem Zugang zu Autobahnen, Schienenverkehr, Schifffahrtswegen oder Flughäfen ist für alle transportorientierten Unternehmen wichtig, seien dies Verteilzentren von Detailhandelsketten, der Baustoff-Grosshandel oder Speditionsfirmen ganz allgemein.

Für Produktions- oder Montageunternehmen, welche die Vorprodukte nicht selber herstellen, ist die Zuliefersicherheit ein wesentliches Standortkriterium. Nur so können sie ihre Produktion reibungslos aufrechterhalten und somit kostengünstig produzieren.

Ein reibungsloser Datenaustausch ist heutzutage die Grundlage für moderne Produktionsmethoden und Dienstleistungen. Die Versorgungssicherheit von elektrischer Energie und die Telekommunikationsinfrastruktur sind daher zu wichtigen internationalen Standortkriterien geworden.

11.5 Ökologie und Raumplanung

Umweltbezogene Auflagen sind von wachsender Bedeutung für die Standortwahl: Vorschriften und Verordnungen zum Schutz der Umwelt verursachen Kosten oder verunmöglichen gar die Betriebsaufnahme.

Auch das Raumplanungsgesetz, das die Nutzung des verfügbaren Bodens regelt (Zonen für Landwirtschaft, Gewerbe und Wohnen), kann die Standortwahl erheblich einschränken.

Beispiel

Eine Produktionsstätte, die grossen Lärm verursacht, erhält wegen möglicher Anwohnerbeschwerden keine Betriebsbewilligung in einem Wohngebiet.

11.6 Wirtschaftspolitisches Umfeld

Die wirtschaftspolitischen Gegebenheiten sind ein nicht zu unterschätzendes Standortkriterium für viele Unternehmen. Als wichtigste Kriterien gelten hier:

- Steuern und Abgaben
- Zölle
- Gesetzliche Auflagen
- Effizienz der öffentlichen Verwaltung
- Wirtschaftspolitische Rahmenbedingungen
- Politische Stabilität

Niedrige Steuern und staatliche Abgaben sind ein Standortvorteil, der für jedes Unternehmen ins Gewicht fällt.

Für den internationalen Warenverkehr sind die geltenden Zollbestimmungen (sowohl die zu bezahlenden Zölle als auch der zeitliche Aufwand für die Zollabfertigung) ein wichtiges Standortkriterium.

Auch staatliche und gesetzliche Auflagen (Vorschriften) spielen eine Rolle bei der Standortwahl: Ein dichtes Netz von Vorschriften kann die wirtschaftliche Dynamik hemmen, weil sich neue Vorhaben nicht oder zu wenig zügig realisieren lassen. Länder mit geringer Regelungsdichte und grossen Freiräumen haben daher einen Wettbewerbsvorteil und ziehen dynamische Unternehmen an. Auch die Effizienz der öffentlichen Verwaltung ist von nicht unerheblicher Bedeutung. Komplizierte, teure oder gar korrupte Bewilligungsverfahren verzögern die Neuansiedlung, mit erheblichen Kostenfolgen für das Unternehmen.

Viele europäische Länder oder Regionen betreiben eine aktive Wirtschaftsförderung. Die Behörden kommen potenziellen Investoren massgeblich entgegen, indem sie sowohl materielle Unterstützung, wie befristete Steuerbefreiung oder Investitionskredite, als auch unbürokratische Verfahren z. B. bei der Baugenehmigung anbieten.

Gesetzliche Regelungen können jedoch auch die Anbieter vor Ort begünstigen und somit einen erheblichen Standortvorteil bedeuten. Man spricht in diesem Zusammenhang auch von protektionistischen Massnahmen durch den Staat.

Beispiel   Das schweizerische Bankgeheimnis ist gesetzlich verankert. Es soll verhindern, dass Banken unerlaubt Informationen über ihre Kunden weitergeben. Dadurch geniessen inländische wie ausländische Anleger einen weit gehenden Schutz. Die Schweiz bietet dadurch einen bedeutenden Standortvorteil für Banken.

Zu den wirtschaftspolitischen Rahmenbedingungen gehören unter anderem tiefe Zinsen, eine stabile Währung sowie eine tiefe Inflationsrate. Dies sind günstige Voraussetzungen, die vor allem für international tätige Unternehmen ins Gewicht fallen. Mit den wirtschaftspolitischen Rahmenbedingungen eng verknüpft sind stabile politische Verhältnisse, welche die langfristig orientierte Standortwahl begünstigen.

11.7 Die Nutzwertanalyse – ein Instrument zur Entscheidungsfindung

Nutzwertanalysen helfen bei der Lösung von komplexen Entscheidungsproblemen. Als komplex werden Entscheidungen bezeichnet, die von mehreren unterschiedlichen Entscheidungsfaktoren beeinflusst werden. Die Standortwahl mit den zu berücksichtigenden Standortfaktoren ist ein typisches Anwendungsbeispiel. Weitere Beispiele, bei denen die Nutzwertanalyse sinnvoll angewendet werden kann, sind vergleichende Produktbewertungen (welche Sonnenschutz-Creme ist die beste?), wie sie von Konsumentenschutzorganisationen regelmässig veröffentlicht werden, Restaurantbewertungen, wie sie der Guide Michelin vornimmt, oder die Auszeichnung als Auto des Jahres, die von den Motorfachjournalisten regelmässig vergeben wird.

Das Vorgehen beim Erstellen einer Nutzwertanalyse soll hier am Beispiel der Standortwahl für eine Modeboutique (Fachgeschäft für exklusive junge Mode) dargestellt werden.

Ausgangslage: Die Gründerin will ihr Geschäft in Basel eröffnen. Das Verkaufsangebot soll sich auf exklusive und damit relativ teure Mode konzentrieren. Damit ist für sie klar, dass nur ein Standort im Stadtzentrum infrage kommen kann (Muss-Kriterium). Die Suche nach einem geeigneten Verkaufslokal in der Innenstadt führt zu drei Mietobjekten, die als Verkaufslokal infrage kommen:

Standortfaktoren	Standort A	Standort B	Standort C
Lage des Verkaufslokals	Seitengasse zur Haupteinkaufsstrasse (Entfernung 100 m)	Direkt an der Haupteinkaufsstrasse	Lebhafter Platz (Verkehrsknotenpunkt) in der Innenstadt
Verkaufs- und Lagerfläche	240 m^2	150 m^2	250 m^2
Kundenparkplätze	5 öffentliche Kurzparkplätze	Keine (Fussgängerzone)	3 reservierte Kundenparkplätze
Jahresmiete	36 000.–	80 000.–	50 000.–

1. Schritt: Auflistung der relevanten Standortfaktoren und Gewichtung jedes Faktors nach seiner Bedeutung

(z. B.: 5 = sehr grosse Bedeutung, 1 = geringe Bedeutung)

Standortfaktoren	Gewichtung	Standort A	Standort B	Standort C
Lage des Verkaufslokals	5			
Verkaufs- und Lagerfläche	4			
Kundenparkplätze	2			
Jahresmiete	3			

2. Schritt: Bewertung der Standorte in Bezug auf die einzelnen Standortfaktoren

(z. B.: 3 = sehr geeignet, 2 = geeignet, 1 = bedingt geeignet)

Standortfaktoren	Gewichtung	Standort A	Standort B	Standort C
Lage des Verkaufslokals	5	1	3	2
Verkaufs- und Lagerfläche	4	3	1	3
Kundenparkplätze	2	2	1	3
Jahresmiete	3	3	1	2

3. Schritt: Ermitteln der Standorteignung durch die Multiplikation von Gewichtung und Bewertung bei jedem Standortfaktor

Die Addition der einzelnen Faktormengen ergibt den Gesamtnutzen des Standorts (= Standorteignung).

Standortfaktor	Gewichtung	Bewertung			Standorteignung		
		A	B	C	A	B	C
Lage des Verkaufslokals	5	1	3	2	5	15	10
Verkaufs- und Lagerfläche	4	3	1	3	12	4	12
Kundenparkplätze	2	2	1	3	4	2	6
Jahresmiete	3	3	1	2	9	3	6
Eignungsbewertung					30	24	34
Rangfolge der Standorte					2	3	1

Jeder Standort hat bestimmte Vor- und Nachteile. Eine systematische **Standortanalyse** hilft, den geeigneten Standort zu bestimmen.

Zwei wirtschaftliche Kriterien sind ausschlaggebend für die Standortüberlegungen:

1. Das Erzielen von Kostenvorteilen
2. Das Schaffen von Marktnähe

Es gibt im Wesentlichen **fünf** Standortfaktoren, die je nach Unternehmen bedeutend sind:

1. **Arbeitskraftbezogene Standortfaktoren:** Damit sind die Höhe der Lohnkosten, die Verfügbarkeit von Arbeitskräften und ihre Qualifikationen angesprochen.
2. **Absatzbezogene Standortfaktoren:** Dabei geht es um die Absatzchancen, nämlich die optimale Kundennähe, die Konkurrenzsituation vor Ort und die Erreichbarkeit des Standortes für Kunden.
3. **Werkstofforientierte Standortfaktoren:** Die Nähe zum Gewinnungsort der zu verarbeitenden Werkstoffe und die Versorgungssicherheit mit Werkstoffen spielen hier die Hauptrolle. Im Zentrum steht die Höhe der Transportkosten.
4. **Umweltbezogene Standortfaktoren:** Auflagen im Umweltschutzbereich und des Raumplanungsgesetzes können die Standortwahl gewisser Unternehmen erheblich beeinflussen.
5. **Wirtschaftspolitische Standortfaktoren:** Hierbei geht es um die staatlichen Rahmenbedingungen, die sich u. a. in der Höhe der Steuern, in gesetzlichen Auflagen, der Wirtschaftspolitik der Regierung und in der Stabilität eines Landes ausdrücken.

Repetitionsfragen

49 Worin besteht der Unterschied zwischen einem Standort und dem Firmensitz eines Unternehmens? Stichworte genügen.

50 Die zunehmende Globalisierung der Wirtschaft hat die Standortwahl erheblich beeinflusst.

Zeigen Sie beispielhaft zwei typische Entwicklungen bezüglich der Standortwahl für ein Unternehmen in der Textilproduktion auf.

51 Thomas Krüsi und Mirco Slobic wollen zusammen in ihrem Wohnort, einer aufstrebenden Kleinstadt, ein Fitnesscenter eröffnen. Vergleichen Sie dazu Aufgabe 30.

Machen Sie den beiden einen Vorschlag, welche Standortfaktoren sie bei der Standortanalyse berücksichtigen sollten. Begründen Sie Ihren Vorschlag in Stichworten.

52 Welche Kriterien sind für die vorgegebenen Unternehmen besonders wichtig? Führen Sie für jedes Unternehmen je zwei Standortkriterien auf.

Unternehmen	Standortkriterien
Grossbank	
Grosses Handelsunternehmen im Bereich Gastronomie	
Haushalt-Fachgeschäft	
Tankstellen-Shop	

53 Die richtige Wahl des Standorts ist für den Erfolg eines Unternehmens von grosser Bedeutung. Nehmen Sie an, Sie planen die Eröffnung eines Fitness-Studios. Verschiedene Standorte bieten sich an. Aufgrund der für ein Fitness-Studio wichtigsten Standortfaktoren wählen Sie den optimalen Standort aus.

In der Tabelle sind verschiedene Faktoren aufgeführt. Welche Faktoren sind für ein Fitness-Studio die wichtigsten? Ordnen Sie die sechs aufgeführten Standortfaktoren entsprechend zu.

Standortfaktoren	Sehr wichtig	Weniger wichtig
Anschluss an das Verkehrsnetz, kurze Gehzeiten zum öffentlichen Verkehrsnetz	☐	☐
Grundstückpreise; niedrige Bodenpreise, da hoher Platzbedarf, auch für Parkplätze	☐	☐
Angenehmes Klima, nicht zu heiss im Sommer (da die Besucher ja ohnehin schwitzen), gute Luft	☐	☐
Absatzmöglichkeiten; grosse potenzielle Kundenzahl in der Nähe	☐	☐
Arbeitskräfte; genug speziell ausgebildete Arbeitskräfte vorhanden	☐	☐
Herrschende Gesetze; keine strengen Beschränkungen, z. B. gegen Lärm, da das Studio vorwiegend in den Randstunden (Abend, Wochenende) betrieben wird	☐	☐

12 Die Wahl der Rechtsform

> **Lernziele:** Nach der Bearbeitung dieses Kapitels können Sie ...
> - die verschiedenen Rechtsformen nennen und anhand typischer Merkmale beschreiben.
> - die Kriterien für die Wahl der Rechtsform erläutern.
> - bei einfacheren Fallbeispielen beurteilen, welche Vor- und Nachteile sich aus einer gewählten Rechtsform ergeben.
>
> **Schlüsselbegriffe:** Aktiengesellschaft, Einzelunternehmen, Finanzierung, Geschäftsführung, Gesellschaft, Gesellschaft mit beschränkter Haftung, Gewinnverteilung, Gründungskosten, Haftung, Handelsregister, Kapitalgesellschaften, Kollektivgesellschaft, Kommanditgesellschaft, OR, Personengesellschaften, Rechtsform, Risiko, Steuern

Die Rechtsform legt die rechtlichen Beziehungen der Beteiligten untereinander und Dritten gegenüber fest. Das **schweizerische Obligationenrecht (OR)** ermöglicht im Gesellschaftsrecht die Wahl zwischen einer Reihe von Rechtsformen, die je nach Zweck unterschiedliche Vor- oder Nachteile mit sich bringen.

- Bei der Gründung ist die Rechtsform immer ein Thema. Sie kann zu einem späteren Zeitpunkt erneut aktuell werden, wenn die bisherige Rechtsform nicht mehr den Bedürfnissen entspricht. Das Verändern der Rechtsform nennt man Umwandlung.
- Das OR regelt auch den Namen eines Unternehmens («Firma» genannt). Das **Handelsregister (HR)** ist ein öffentliches Register, das jedem Interessierten Aufschluss über die rechtlichen Verhältnisse des jeweiligen Unternehmens gibt.

Wir beschränken uns im Folgenden auf Kriterien für die Wahl der Rechtsform sowie auf einen kurzen Überblick über die Rechtsformen und ihre wichtigsten Vor- und Nachteile.

12.1 Die wichtigsten Rechtsformen im Überblick

Das Gesellschaftsrecht trifft zwei Hauptunterscheidungen:

- Es unterscheidet zwischen dem **Einzelunternehmer** und dem **Zusammenschluss von mehreren Personen** zu einem Unternehmen.
- Schliessen sich mehrere Personen zusammen, so können sie eine **Personen-** oder eine **Kapitalgesellschaft** gründen.

[12-1] Überblick über die Rechtsformen des Unternehmens

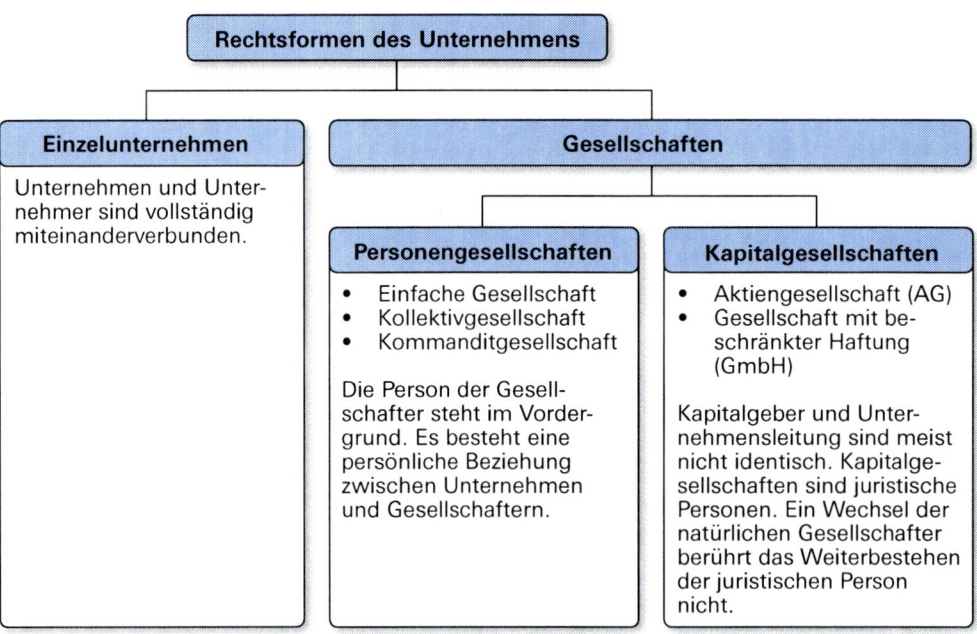

Die AG ist die meistverbreitete Gesellschaftsform in der Schweiz. Seit der Revision des Aktienrechts 1993 ist die Zahl der GmbHs in der Schweiz allerdings sprunghaft angestiegen, weil für viele Gründer ein Stammkapital von CHF 20 000.– bei der GmbH attraktiver ist als das auf CHF 100 000.– angehobene Mindestaktienkapital bei einer AG.

Beispiel

Bei den Neugründungen im Jahr 2003 wurde die Einzelfirma am häufigsten gewählt, nämlich 12 145 Mal. Dazu kamen 7 231 neue Aktiengesellschaften und 10 178 neue GmbH.

Typische **Ansiedlungsformen eines ausländischen Unternehmens** in der Schweiz sind die Tochtergesellschaft, die Zweigniederlassung und das Joint Venture.

- Die **Tochtergesellschaft** ist eine eigenständige Gesellschaft und unterliegt denselben Bestimmungen wie ein Schweizer Unternehmen. Weil Personengesellschaften nicht von juristischen Personen gegründet werden können, tritt die Tochtergesellschaft im Normalfall als AG oder GmbH in der Schweiz auf.
- Die **Zweigniederlassung** gilt als ein rechtlich abhängiger Geschäftsbetrieb der ausländischen Hauptunternehmung. Sie wird im Handelsregister eingetragen; das Hauptunternehmen haftet für die Schweizer Zweigniederlassung.
- Das **Joint Venture** ist rechtlich gesehen eine einfache Gesellschaft, die für ein bestimmtes Vorhaben gegründet wird. Wir haben das Joint Venture bereits im Teil B, Kap. 8 (Unternehmensverbindungen) auf S. 88 behandelt.

12.2 Kriterien für die Wahl der Rechtsform

Die geeignete künftige Rechtsform lässt sich bereits aufgrund der Art und des Zwecks des jeweiligen Unternehmens grob einschätzen:

- **Einzelunternehmen** eignen sich für Einzelpersonen, die ein Unternehmen mit geringem Kapitalbedarf gründen wollen und auf lange Sicht keine weiteren Teilhaber brauchen.
- **Personengesellschaften** eignen sich für kleinere Unternehmen, wenn z. B. die Aspekte der Partnerschaft und der eigenen Führung wichtig sind.
- **Kapitalgesellschaften** eignen sich für kapitalintensive Unternehmen, bei denen die Kapitalanlage der Gesellschafter eine bedeutende Rolle spielt und ihre Haftung beschränkt sein soll.

Bei genauerer Betrachtung sind insgesamt sechs Kriterien für diese Entscheidung heranzuziehen:

[12-2]   Kriterien für die Wahl der Rechtsform

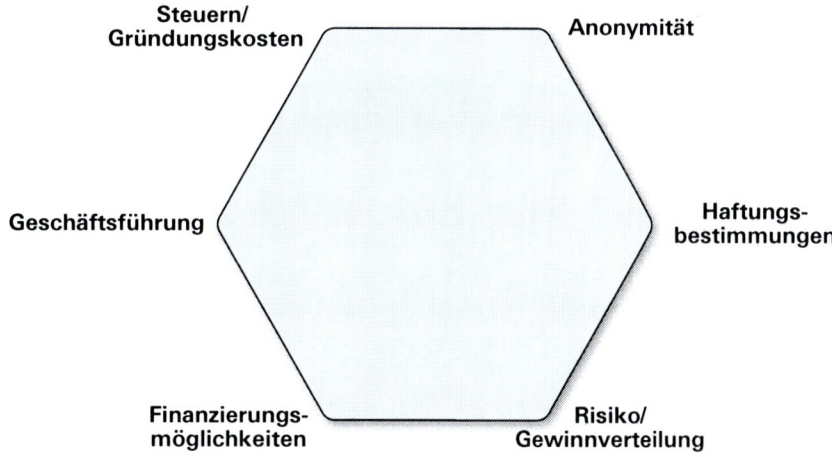

12.2.1 Anonymität

Ein erstes Entscheidungskriterium bei der Unternehmensgründung ist die Frage, ob bei einer Gesellschaft die Gesellschafter oder das Kapital im Vordergrund stehen sollen.

- Beim Einzelunternehmen, bei den Personengesellschaften und der GmbH ist die Anonymität der Gesellschafter nicht möglich.
- Bei der AG können die Aktionäre anonym bleiben.

12.2.2 Haftungsbestimmungen

Haften bedeutet das Einstehen für Verbindlichkeiten (Schulden) der Gesellschaft.

- Der **Einzelunternehmer** und der **Kollektivgesellschafter** haften unbeschränkt, d. h. auch mit ihrem Privatvermögen, für Verbindlichkeiten des Unternehmens.
- Viele Gründer entscheiden sich aus Haftungsüberlegungen für eine **Kapitalgesellschaft**: Bei der AG haften die Aktionäre nur bis zur Höhe der eigenen Kapitaleinlage, bei der GmbH bis zur Höhe des Stammkapitals persönlich.
- Die Kommanditgesellschaft ist eine Sowohl-als-auch-Variante mit voll und teilweise haftenden Gesellschaftern.

Die Haftungsregelung beeinflusst die Kreditwürdigkeit eines Unternehmens, denn die beschränkte persönliche Haftung macht die Kreditbeschaffung schwieriger, vor allem wenn keine Sicherheiten (z. B. Liegenschaften) vorhanden sind.

12.2.3 Risiko- und Gewinnverteilung

Jedes Unternehmen bringt Risiken und Gewinnchancen:

- Der **Einzelunternehmer** trägt das volle Geschäftsrisiko, d. h. Verluste und Gewinne; über die Gewinne kann er frei verfügen.
- Die **Kollektivgesellschafter** tragen das Risiko gemeinsam und vereinbaren miteinander, wie sie mit Gewinnen und Verlusten umgehen wollen, d. h., wie sie ihre Ansprüche am Gewinn regeln.
- Bei den **Kapitalgesellschaften** richten sich Risiko und Gewinn nach der Höhe der Kapitaleinlage. Die Aktionäre haften nicht persönlich, ihr Risiko ist auf den Betrag be-

schränkt, den sie für die Aktien ausgegeben haben. Weil Gläubigern nur das Gesellschaftsvermögen zur Verfügung steht, schreibt das Gesetz die Bildung von **Reserven** aus dem erzielten Gewinn vor, ehe die Aktionäre ihre Dividende (Gewinnbeteiligung) erhalten.

12.2.4 Finanzierungsmöglichkeiten

Die Rechtsform beeinflusst massgebend auch die **Finanzierungsmöglichkeiten** des Unternehmens, d. h. die Beschaffung von Eigen- und Fremdkapital.

- Beim **Einzelunternehmen** ist die Höhe des Eigenkapitals identisch mit dem Vermögen des Unternehmers und damit begrenzt.
- Die **Personen- und Kapitalgesellschaften** können ihr Eigenkapital durch Aufnahme von weiteren Gesellschaftern oder durch Erhöhung des Aktienkapitals vergrössern. Die besten Möglichkeiten dazu hat die AG. Sie ist daher die häufigste Rechtsform für kapitalintensive und grosse Unternehmen.

Unternehmen mit einem begrenzten Kapitalbedarf können als Einzelunternehmen, als Personengesellschaft oder als GmbH geführt werden. Bei **grossem und wachsendem Kapitalbedarf** ist aber die **AG** die geeignetere Rechtsform, da man sich an eine grössere Kapitalgeberschaft wenden kann.

Allerdings: Viele Aktiengesellschaften werden gegründet, ohne dass ein überdurchschnittlicher Kapitalbedarf vorliegt. Der Grund liegt in der Beschränkung von Haftung und Risiko. Fast die Hälfte aller AGs in der Schweiz sind Klein-AGs. Viele kleine Unternehmen ziehen heute die Form der GmbH derjenigen der AG vor, wobei es zu beachten gilt, dass hier das zulässige Stammkapital auf 2 Mio. Franken beschränkt bleibt.

12.2.5 Recht zur Geschäftsführung

Die Rechtsform bestimmt auch, wer für die **Geschäftsführung** zuständig ist:

- Wenn die Gründer das Unternehmen selbst leiten wollen, ist ein **Einzelunternehmen** oder eine **Personengesellschaft** die geeignete Rechtsform. Jeder Personengesellschafter hat grundsätzlich das Recht zur Geschäftsführung, die Gesellschafter können untereinander jedoch auch andere Abmachungen treffen, z. B. dass zwei das Geschäft führen und ein Dritter im Hintergrund bleibt.
- Anders ist die Geschäftsführung bei den **Kapitalgesellschaften** organisiert. Sie liegt bei den gesetzlich vorgeschriebenen **Organen.** In der AG ist dies der Verwaltungsrat. Er wird von den Aktionären (der Generalversammlung) gewählt und hat ihr Rechenschaft abzulegen. Die eigentliche Geschäftsführung kann Dritten übertragen werden.

Falls **im Ausland wohnhafte Personen** ein Unternehmen gründen oder sich an einer Unternehmensgründung in der Schweiz beteiligen wollen, gelten besondere rechtliche Bestimmungen betreffend der Geschäftsführung oder der Besetzung der Organe:

- Das Einzelunternehmen sieht keine Restriktionen gegenüber Ausländern vor.
- Bei Personengesellschaften und der GmbH muss mindestens ein Geschäftsführer den Wohnsitz in der Schweiz haben.
- Bei den Kapitalgesellschaften sind die Möglichkeiten insofern eingeschränkt, als bei der AG die Mehrheit der Verwaltungsratsmitglieder Schweizer Staatsbürger sein müssen und den Wohnsitz in der Schweiz haben müssen.

12.2.6 Steuerliche Belastung und Gründungskosten

- Die Personengesellschaften unterliegen keiner selbstständigen Besteuerung. Ihr Gewinn wird bei den einzelnen Gesellschaftern als Einkommen besteuert.
- Bei den Kapitalgesellschaften hingegen kommt es zu einer Doppelbesteuerung des Gewinns: einmal als Gewinn bei der Gesellschaft, ein zweites Mal als Einkommen bei den Eigentümern.

Die Gründungskosten variieren mit der Unternehmensform, ebenso die Verwaltungskosten (zur Erfüllung der vorgeschriebenen Buchführungspflicht, für die Revision, die Veröffentlichung des Jahresabschlusses usw.). Am höchsten fallen sie bei der AG aus.

In der Schweiz sind die allgemeinen Vorschriften über die Buchführung vergleichsweise kurz gehalten. Das Gesetz schreibt vor, dass jährlich eine Erfolgsrechnung und eine Bilanz nach den allgemein anerkannten kaufmännischen Grundsätzen zu erstellen sind. Deren Darstellung muss vollständig, klar und übersichtlich sein.

Für Aktiengesellschaften gelten detailliertere Vorschriften, um die Transparenz der Rechnungslegung zu erhöhen: Die Jahresrechnung muss mindestens eine Bilanz und eine Erfolgrechnung mit Vorjahresvergleichen und zusätzliche erklärende Notizen enthalten.

12.3 Handelsregister-Eintrag und Firma

Die Rechtsform schafft verbindliche Strukturen, die auch nach aussen (für Kunden, Lieferanten usw.) sichtbar sein sollen. Wer sich im Geschäftsleben etwas auskennt, liest schon am Namen eines Unternehmens ab, wie z. B. die Haftung geregelt ist. Weitere Informationen kann er durch einen Handelsregisterauszug bekommen. Das Handelsregister bezweckt, Einblick in sämtliche in der Schweiz tätigen kaufmännischen Unternehmen zu geben. Es wird kantonal (z. T. bezirksweise) geführt.

Die Firma ist der Name, unter dem ein kaufmännisches Unternehmen geführt wird. Grundsätzlich ist die Wahl der Firma frei, doch muss daraus klar hervorgehen, welche rechtliche Form sie besitzt. In der Schweiz gelten folgende Vorschriften über die Wahl der Firma:

- Die Firma des Einzelunternehmens besteht aus dem Namen des Inhabers, z. B. «Stefan Berger, Schreinerei».
- Die Kollektivgesellschaft muss den Namen mindestens eines Gesellschafters enthalten (es können aber auch die Namen aller sein) mit dem Zusatz & Co., & Cie., Erben, Gebrüder, u. Sohn. Der Zusatz macht das Verhältnis der Gesellschafter klar, z. B. «Meier, Müller & Co.».
- Im Namen der Kommanditgesellschaft muss mindestens der Name eines unbeschränkt haftenden Gesellschafters vorkommen. Im Übrigen gelten die Vorgaben der Kollektivgesellschaft.
- Die Aktiengesellschaft kann ihre Firma frei wählen. Möglich sind Personennamen, Sachbezeichnungen oder auch Fantasienamen. Werden Personennamen verwendet, ist der Zusatz AG zur Abgrenzung von den Personengesellschaften obligatorisch. Bei den Sach- und Fantasienamen ist er freiwillig, z. B. «Gebrüder Sulzer AG»; «Recycling AG» (Sachbezeichnung); «Fides AG» (Fantasiebezeichnung).
- Die Gesellschaft mit beschränkter Haftung muss den Zusatz GmbH enthalten, um die Haftungsbeschränkung sichtbar zu machen. Sonst gilt das Gleiche wie für die AG.

Alle Eintragungen und Löschungen werden im Schweizerischen Handelsamtsblatt (SHAB) publiziert.

| Beispiel | Veröffentlichung eines neu gegründeten Unternehmens im Schweizerischen Handelsamtsblatt:

27.7.2004 [3283] NUSSBAUMER Autoelektrik GmbH, in Therwil, CH-280.4.007.790-0, Hinterweg 2, 4106 Therwil, Gesellschaft mit beschränkter Haftung (Neueintragung). Statutendatum: 23.07.2004. Zweck: Reparatur von und Handel mit sämtlichem, insbesondere elektrischem Fahrzeugzubehör. Die Gesellschaft kann ihre Tätigkeit auf verwandte Branchen ausdehnen, gleiche oder ähnliche Unternehmen erwerben oder sich daran beteiligen sowie Grundstücke und Liegenschaften erwerben, belasten und veräussern. Stammkapital: CHF 20 000.–. Publikationsorgan: SHAB. Eingetragene Personen: Nussbaumer, Markus, von Aesch BL, in Aesch BL, Gesellschafter und Geschäftsführer, mit Einzelunterschrift, mit einer Stammeinlage von CHF 19 000.–; Nussbaumer-Daldin, Diana, von Aesch BL, in Aesch BL, Gesellschafterin, ohne Zeichnungsberechtigung, mit einer Stammeinlage von CHF 1 000.–.

Die meisten Unternehmen werden ferner mit ihrem Namen und unternehmerisch wichtigen Angaben ins Handelsregister eingetragen. Unternehmerisch wichtig ist für Aussenstehende z. B., wo das Unternehmen seinen Geschäftssitz hat, welches sein Zweck ist, wer unterschriftsberechtigt ist; bei der AG, wer in den Organen sitzt, wie hoch das Aktienkapital ist usw. Bei den Kapitalgesellschaften darf es **keine zweite Kapitalgesellschaft** mit dem gleichen Namen geben. Man bezeichnet dies als das Prinzip der Firmenausschliesslichkeit.

Das schweizerische Obligationenrecht (OR) regelt im Teil Gesellschaftsrecht die unterschiedlichen Bestimmungen, die für die verschiedenen Rechtsformen eines Unternehmens gelten.

Bei der **Wahl der Rechtsform** sind die folgenden sechs Kriterien genau zu prüfen und gegeneinander abzuwägen:

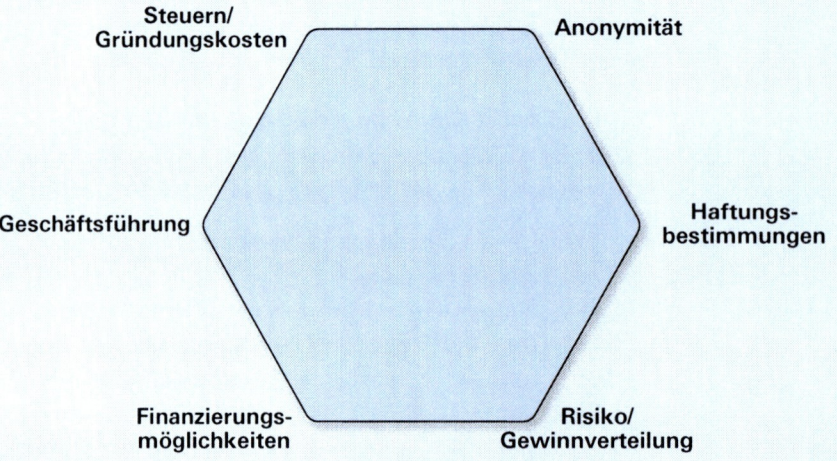

Eine erste grobe Einschätzung der möglichen Rechtsformen ergibt folgendes Bild:

- **Einzelunternehmen** eignen sich – wie der Name schon sagt – für Einzelunternehmer.
- **Personengesellschaften** eignen sich für kleinere Unternehmen, welche die Partner selber führen.
- **Kapitalgesellschaften** eignen sich für kapitalintensive Unternehmen, bei denen das finanzielle Risiko und die Haftung beschränkt bleiben sollen.

Das Gesellschaftsrecht regelt auch die **öffentliche Registrierung der Unternehmen,** und zwar im Handelsregister (HR), und die **Namensgebung** (Firma).

Repetitionsfragen

54 Um welche Rechtsform handelt es sich bei den folgenden Firmen?

A] Meier, Sutter und Landolt

B] Lollipop AG

C] Vera Eggenberger, Supervision & Coaching

55 Viele Jungunternehmer überlegen sich, ob sie eine GmbH oder eine AG gründen sollen.

Zeigen Sie stichwortartig mindestens zwei Vor- und zwei Nachteile einer GmbH gegenüber der AG auf.

56 Auch für Thomas Krüsi und Mirco Slobic, die miteinander ein Fitnesscenter gründen wollen, drängt sich nun die Wahl einer geeigneten Rechtsform auf.

Können Sie Thomas und Mirco die folgenden zwei Fragen beantworten?

A] Welche Unterschiede ergeben sich bezüglich Steuern, ob wir eine Kollektivgesellschaft oder eine GmbH gründen?

B] Wir haben gehört, dass wir mit unserem gesamten privaten Vermögen haften, wenn wir eine Kollektivgesellschaft gründen. Stimmt das?

57 Es gibt zwei Formen von Gesellschaften: Personen- und Kapitalgesellschaften.

Sind die in der Tabelle aufgeführten Rechtsformen Personen- oder Kapitalgesellschaften?

Rechtsform	Personenges.	Kapitalges.
Kollektivgesellschaft	☐	☐
Aktiengesellschaft	☐	☐
Einfache Gesellschaft	☐	☐
Kommanditgesellschaft	☐	☐
GmbH	☐	☐

13 Die Wahl der Organisationsform

Lernziel: Nach der Bearbeitung dieses Kapitels können Sie ...

- für Praxisbeispiele die Vor- und Nachteile der gewählten Organisationsformen aufzeigen.

Schlüsselbegriffe: Ablauforganisation, Aufbauorganisation, divisionale Organisation, funktionale Organisation, Matrixorganisation, Projektorganisation, Prozessorganisation, Spartenorganisation, Teamorganisation

Die Unternehmensleitung hat die Ziele und die Strategie in Form eines Businessplans für die kommenden Jahre bestimmt, eine Rechtsform und einen Standort gewählt. Um aktionsfähig zu werden, braucht das Unternehmen eine **innere Form** – man muss sich organisieren.

Welche Organisationsform am geeignetsten ist, hängt von vielen Faktoren ab und muss für jedes Unternehmen neu bestimmt werden. Allgemein lässt sich sagen: Eine Organisationsstruktur ist optimal, wenn sie die Beteiligten möglichst gut darin unterstützt, die gesteckten Ziele mit den vorhandenen Mitteln zu erreichen. Jede Unternehmensleitung muss sich früher oder später für eine Organisationsstruktur entscheiden, die das Zusammenwirken innerhalb des Unternehmens in geordnete Bahnen lenkt. Das geschieht nicht von heute auf morgen, und eine gewählte Struktur soll nicht immer wieder verändert werden. Organisationsentscheidungen müssen für eine **längere Zeit wirksam** bleiben.

Das Unternehmen ist ein dynamisches System. Im späteren Verlauf der Unternehmensentwicklung, mit dem Wachsen der neu gegründeten Firma oder aufgrund einer strategischen Neuausrichtung werden höchstwahrscheinlich **Reorganisationen** unumgänglich sein. Solche Veränderungen bedeuten jedoch immer einen Eingriff in ein bisher bewährtes System. Entsprechend grosse Anstrengungen und viel Zeit braucht es dann wieder, bis sich die neue Organisationsform eingespielt hat.

In den nachfolgenden Abschnitten lernen Sie die wesentlichen Grundlagen der Organisation eines Unternehmens kennen. Der Schwerpunkt liegt dabei bei der Aufbauorganisation, die sich vor allem mit der Stellenbildung und der hierarchischen Struktur befasst.

13.1 Was ist Organisation?

Organisation ist das Ordnen von Aufgaben und Abläufen zur effizienten Zielerreichung. Dabei stellen sich folgende zentrale Fragen:

- Wie lässt sich die **Gesamtaufgabe** eines Unternehmens in sinnvolle, logische **Teilaufgaben** gliedern?
- Wie werden die Teilaufgaben effektiv (d. h. wirkungsvoll) **koordiniert?** Wer hat wo, wann, was zu tun und welche Kompetenzen und Verantwortlichkeiten sind mit bestimmten Aufgaben verbunden?

Organisieren heisst: eine **Struktur** für das Unternehmen festlegen und die **Arbeitsprozesse** in die richtigen Bahnen lenken. Die Organisationslehre unterscheidet deshalb zwischen **Aufbau- und Ablauforganisation:**

[13-1] Unterscheidung Aufbauorganisation/Ablauforganisation

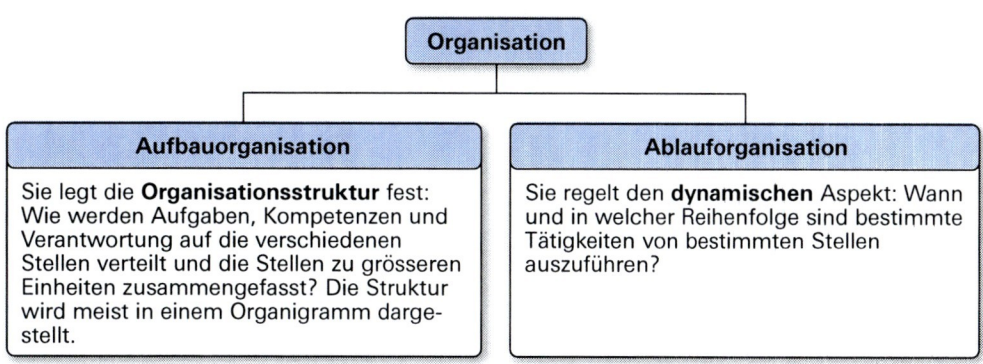

Organisieren heisst auch: Regeln festlegen. Solche **Regeln** helfen, Arbeiten effizient zu erledigen. Regeln bedeuten jedoch immer auch ein gewisses Konfliktpotenzial: Zu viele Regeln ersticken die Kreativität der Mitarbeitenden, zu wenige führen zu chaotischem Handeln und behindern die Effizienz.

Daraus lässt sich schliessen:

- Regelungen führen zu einer **Entlastung** – bei festgelegten Arbeitsabläufen muss man nicht jedes Mal neu überlegen, sondern hält sich an das definierte Schema.
- Regelungen fördern die **Stabilität** einer Organisation.
- Regelungen können aber auch zur **Unflexibilität** führen.

13.2 Die Ablauforganisation

Bei der Ablauforganisation geht es um die Gestaltung der wichtigen **Arbeitsprozesse.** Man nennt sie deshalb auch Prozessorganisation. Sie legt in den wesentlichen Linien fest, wie die in der Aufbauorganisation definierten Teilaufgaben zu verrichten und aufeinander abzustimmen sind, sodass am Ende das Gesamtziel erreicht wird.

Arbeitsabläufe werden aufgrund der folgenden Kriterien geordnet:

Inhalt	Welchen Beitrag leisten die verschiedenen Stellen und wie werden ihre Beiträge optimal koordiniert? • **Was** ist zu tun? • **Wie** ist dies zu tun?
Zeitliche Bedingungen	**Wann,** in welcher **Reihenfolge** und **wie oft** sind einzelne Tätigkeiten auszuführen?
Räumliche Bedingungen	**Wo** werden zusammenhängende Stellen angesiedelt, damit die zwischen ihnen ablaufenden Tätigkeiten optimal erledigt werden können?
Beteiligte Stellen	**Wer,** d. h. welche Stelle, ist für welchen Arbeitsablauf in welcher Phase zuständig?

Die Arbeitsabläufe sind der Aufbauorganisation anzupassen – oder umgekehrt. Entscheidend ist, dass beide gut aufeinander abgestimmt sind.

Abläufe kann man grafisch als **Flussdiagramme** darstellen. Das nachfolgende Beispiel zeigt die aufeinander folgenden Schritte des Stellenbesetzungsprozesses in einem Unternehmen auf:

[13-2] Darstellung eines Stellenbesetzungsprozesses

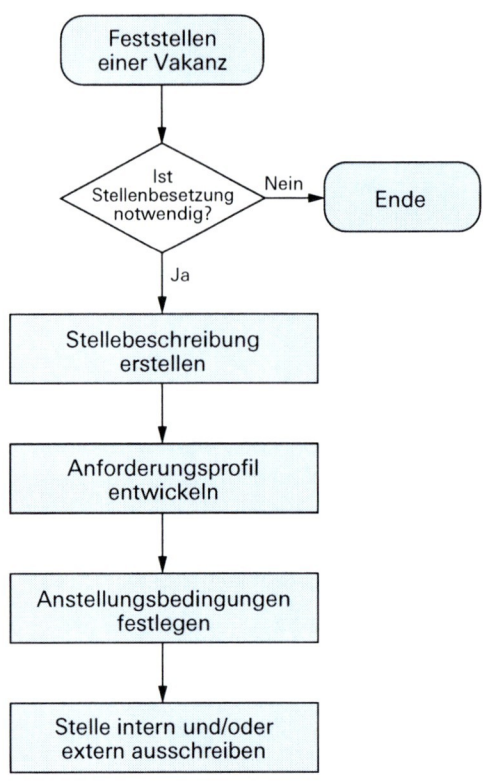

Beim Feststellen einer Vakanz ist zunächst die Entscheidung zu treffen, ob die Stelle wieder besetzt werden muss. Die nächsten Tätigkeitsschritte betreffen die Definition einer Stellenbeschreibung, eines Anforderungsprofils und das Festlegen der Anstellungsbedingungen. Anschliessend ist die Stelle firmenintern oder extern auszuschreiben.

13.3 Die Aufbauorganisation

Man betrachtet bei der Aufbauorganisation die einzelne **Stelle** im Unternehmen. Jede Stelle ist zuständig für die Erledigung bestimmter Teilaufgaben im Unternehmen. Sie richtet sich nach den betreffenden Aufgaben, nicht nach den jeweiligen Personen an dieser Stelle. Was das heisst, soll das nachfolgende Beispiel aufzeigen:

Beispiel

Der bisherige Verkaufsleiter Urs Roth verlässt das Unternehmen und Caroline Kessler wird seine Nachfolgerin. Der personelle Wechsel ändert an den Aufgaben, Kompetenzen und der Verantwortung bei der Verkaufsleiterstelle nichts, obwohl Urs Roth und Caroline Kessler wahrscheinlich andere persönliche Stärken und Schwächen bei der Ausübung ihrer Tätigkeit haben.

Für eine Stelle sind aber nicht nur die **Aufgaben** wichtig, sondern man muss auch die Kompetenzen und die Verantwortung festlegen. Die **Kompetenzen** sind die mit der Stelle verbundenen Rechte oder Befugnisse, beispielsweise Weisungen zu erteilen oder die Arbeit von Unterstellten zu kontrollieren. Zugleich übernimmt die betreffende Person die **Verantwortung** für die Erfüllung der Aufgaben; sie hat also Rechte und Pflichten.

Aus organisatorischer Sicht müssen die Aufgaben, Kompetenzen und die Verantwortung bei einer Stelle übereinstimmen, d. h. in einem ausgewogenen Verhältnis zueinander stehen. Ein Missverhältnis wird über kurz oder lang zu Problemen führen.

[13-3] Das Verhältnis von Aufgaben, Kompetenzen und Verantwortung

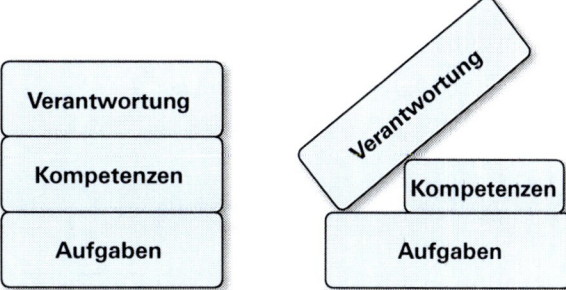

Die linke Figur zeigt eine optimale Abstimmung von Aufgaben, Kompetenzen und Verantwortung (Kongruenz). Bei der rechten Figur stimmen sie nicht überein: Es fehlen die notwendigen Kompetenzen zur Lösung der Aufgaben. Dadurch entsteht ein Ungleichgewicht, das lähmend wirkt.

In der Organisationslehre unterscheidet man aufgrund unterschiedlicher Aufgaben, Verantwortung und Kompetenzen zwischen den leitenden, beratenden und ausführenden Stellen:

Die **leitenden Stellen** heissen in der Organisationssprache **Instanzen.** Hier müssen Aufgabe, Kompetenz und Verantwortung besonders gut übereinstimmen. Wichtig ist auch die Leitungs- oder **Kontrollspanne:** Damit ist die Zahl der Mitarbeitenden gemeint, die einer einzelnen Führungskraft unterstellt sind.

Beispiel

Caroline Kessler ist als Verkaufsleiterin an einer leitenden Stelle tätig. Die Kontrollspanne an dieser Stelle beträgt elf Mitarbeitende, die Caroline Kessler direkt unterstellt sind.

Beratende Stellen bezeichnet man als **Stabsstellen.** Sie unterstützen oder beraten die leitenden Stellen und entlasten sie entsprechend.

Beispiel

Caroline Kessler teilt sich zusammen mit dem Einkaufsleiter eine Sekretärin. Diese Sekretariatsstelle wird als Stabsstelle bezeichnet.

Die **ausführenden Stellen** erfüllen die Aufträge der Instanzen im Rahmen der ihnen zugeordneten Aufgaben.

Beispiel

Im Team von Caroline Kessler sind drei Kundenberater tätig. Aus organisatorischer Sicht handelt es sich dabei um ausführende Stellen.

Einzelne Stellen sind wie Räder in einem Getriebe: Sie entfalten ihre volle Wirkung erst, wenn sie optimal aufeinander abgestimmt werden. Die **Organisationsstruktur** eines Unternehmens zeigt, wie die Stellen zu grösseren, hierarchisch gegliederten Einheiten zusammengefügt werden. Meist spricht man dabei von **Abteilungen.**

Die Gliederung in solche Abteilungen kann man unter verschiedenen Gesichtspunkten vornehmen, z. B. nach:

- **Funktionen:** Produktion, Rechnungswesen, Marketing usw.
- **Produkten oder Produktgruppen:** Süsswaren, Frischprodukte, Getränke usw.
- **Kundengruppen:** Grossverteiler, Einzelhandel, E-Commerce usw.
- **Regionen:** Schweiz, EU-Länder, Skandinavien, Nordamerika usw.

Die Aufbaustruktur einer Organisationseinheit wird als **Organigramm** grafisch dargestellt. Ein Organigramm zeigt die Gliederung der verschiedenen Stellen in der Gesamtstruktur und somit auch die Unterstellungsverhältnisse auf. Ausserdem werden Linien- und Stabsstellen unterschiedlich gekennzeichnet.

Beim Organigramm haben sich die folgenden **Darstellungsregeln** in der Praxis durchgesetzt:

- Rechtecke stehen für Linienstellen (Instanzen).
- Abgerundete Rechtecke für Stabsstellen (beratende Stellen).
- Die Verbindungslinien zeigen die Unterstellungsverhältnisse (die hierarchische Ordnung).

[13-4] Darstellung im Organigramm

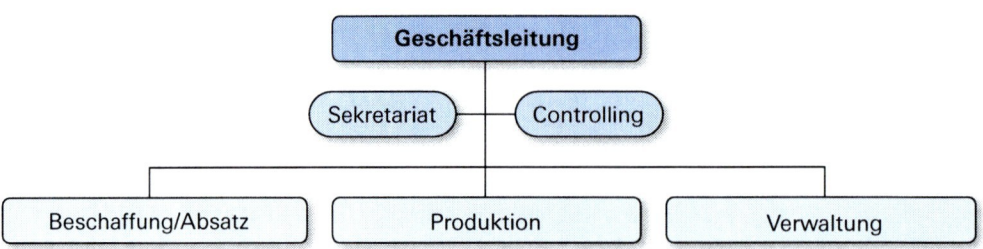

In diesem Beispiel eines Organigramms sind das Geschäftsleitungs-Sekretariat und das Controlling Stabsstellen, die drei Hauptbereiche Beschaffung/Absatz, Produktion und Verwaltung bilden die Linienstellen. Ihnen können weitere Instanzen unterstellt werden: z. B. Einkauf und Verkauf dem Bereich Beschaffung/Absatz usw.

In den nachfolgenden Abschnitten finden Sie nähere Erläuterungen zu den Organisationsformen, die in der Praxis am häufigsten vorkommen.

13.4 Die funktionale Organisation

Die Gliederung der Organisationseinheiten nach den Funktionen ist die in kleinen und mittleren Unternehmen am stärksten verbreitete Organisationsform.

Die Abteilungen werden nach den verschiedenen **Funktionsbereichen** gegliedert, wie die nachfolgende Grafik zeigt: Beschaffung/Absatz, Produktion und Verwaltung bilden die drei Hauptbereiche. Ihnen unterstellt sind die Teilfunktionen des jeweiligen Bereichs, also z. B. der Einkauf und Verkauf dem Hauptbereich Beschaffung/Absatz, das Lager und die Fertigung dem Hauptbereich Produktion sowie Finanzen und Personal der Verwaltung.

[13-5] Funktionale Organisation

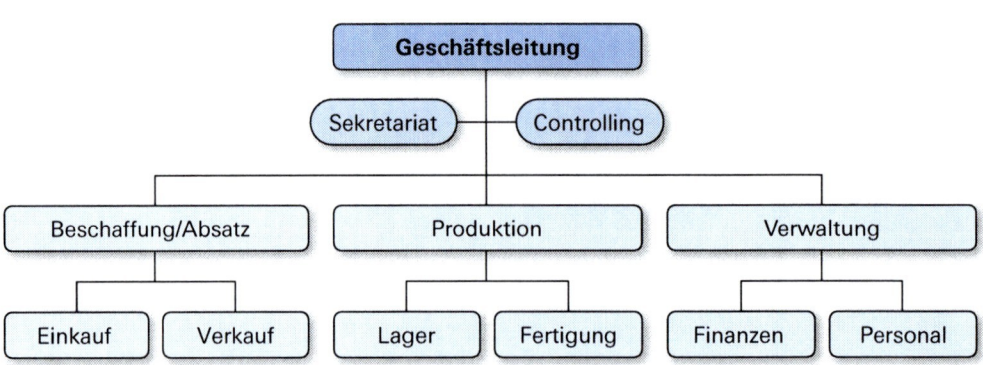

Allgemein betrachtet gelten für die funktionale Organisationsform die folgenden Vor- und Nachteile:

Vorteile: Aufgabenspezialisierung durch eine starke Betonung der Fachkompetenzen; Verhinderung von Doppelspurigkeiten bei Abläufen.

Nachteile: Wenn das Unternehmen komplexer wird (z. B. wenn mehrere Produktelinien entwickelt werden), wird die funktionale Organisation unübersichtlich und die Instanzen werden durch die vielfältigen Planungs-, Koordinations- und Kontrollaufgaben überfordert; Neigung zur Überschätzung der eigenen Funktion und mangelnde Gesamtschau; Grenzen werden auch spürbar, wenn bereichsübergreifend zusammengearbeitet werden soll, z. B. zwischen Marketing und Produktion, bei der Entwicklung oder Verbesserung von Produkten.

13.5 Die divisionale oder Spartenorganisation

Viele grössere Unternehmen sind heute stark diversifiziert, d. h., sie sind in verschiedenen Produktgruppen oder Geschäftszweigen in verschiedenen Regionen tätig. Folglich bietet es sich an, die Organisationsstruktur nicht nach Funktionen, sondern nach solchen Produktgruppen bzw. Produktlinien, nach wichtigen Abnehmergruppen oder Regionen zu gliedern. Diese Organisationsform wird als Sparten- oder divisionale Organisation bezeichnet.

[13-6] Spartenorganisation

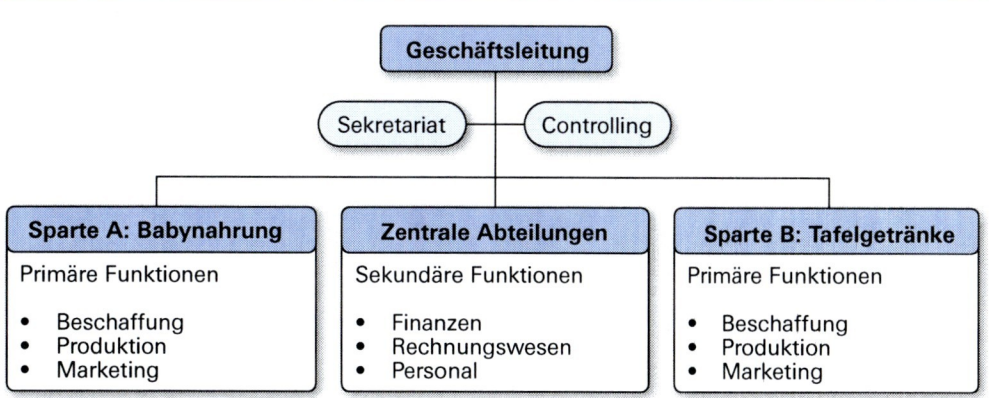

In diesem Beispiel bilden die beiden Produktgruppen Babynahrung und Tafelgetränke die Sparten (Divisionen) des Unternehmens. Jeder Sparte sind die primären Funktionsbereiche Beschaffung, Produktion und Marketing zugeordnet. Die zentralen Abteilungen Finanzen, Rechnungswesen und Personal übernehmen bestimmte Funktionen für alle Sparten, d. h. für das Gesamtunternehmen.

Die Spartenorganisation bringt Übersicht in diese Vielfalt durch die Schaffung von weitgehend autonomen Geschäftseinheiten, die von einer Gesamtleitungsstelle betreut werden. Alle primär für die Leistungserstellung notwendigen Funktionen (Beschaffung, Produktion usw.) sind den einzelnen Sparten zugeordnet. Die sekundären Funktionen übernehmen zentrale Abteilungen, welche die Spartenleitung und die Gesamtleitung unterstützen. Diese zentralen Abteilungen haben jedoch Weisungsbefugnisse gegenüber den Spartenleitungen.

Profit-Centers sind eine Form der Spartenorganisation. Die einzelnen Abteilungen (Divisionen) sind für ihren Gewinn verantwortlich. Dem Profit-Center werden Gewinnziele vorgegeben, die es unter Einhaltung bestimmter Bedingungen, wie der Qualität der Produkte und Serviceleistungen, zu erreichen hat.

Folgende Vor- und Nachteile sind bei Spartenorganisationen festzustellen:

Vorteile: Grosse, komplexe Unternehmen werden durch Aufspaltung in Teilsysteme (Divisionen/Sparten) steuerbar, grosses Verantwortungsgefühl des Spartenleiters für **seine** Sparte, dadurch hohe Effizienz; hohe Flexibilität durch kürzere Kommunikationswege und grössere Frontnähe.

Nachteile: Abgrenzungsprobleme, Doppelspurigkeiten, Rivalität (statt Kooperation) zwischen den Sparten, erschwerte Ausrichtung der Sparten auf eine übergeordnete Philosophie, hoher Bedarf an qualifizierten Mitarbeitenden.

13.6 Die Matrixorganisation

In der Matrixorganisation erhalten die Mitarbeitenden Weisungen von mehreren Vorgesetzten. Man bezeichnet sie daher als eine **Mehrlinienorganisation.**

Die Stellen werden nach zwei oder mehreren Kriterien in der hierarchischen Struktur angesiedelt. Eine solche Gliederung sehen Sie in der nachfolgenden Grafik: Auf der horizontalen Ebene erfolgt die Einteilung nach den Sparten bzw. Produktgruppen, auf der vertikalen Ebene nach den Funktionen. Beide Kriterien, die Sparten und die Funktionen, sind dabei gleichwertig.

[13-7] Matrixorganisation

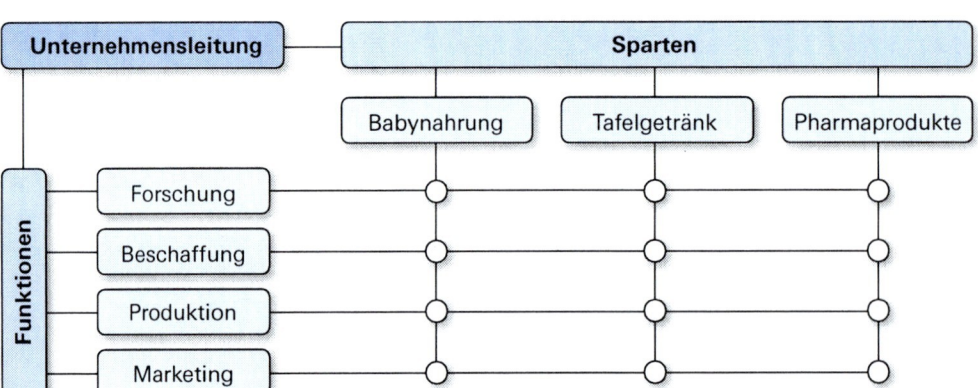

Das Problem der Matrixorganisation liegt in der **Abgrenzung** von Aufgaben, Kompetenzen und Verantwortung **zwischen den hierarchisch gleichgestellten Instanzen,** z. B. dem Produktionsleiter und dem Leiter der Sparte Babynahrung.

Eine häufige Abgrenzung lautet:

- Der für eine Produktgruppe verantwortliche Spartenleiter nimmt sämtliche Produkt-Interessen wahr. Er entscheidet darüber, welche Qualität, welches Design, welche Verpackung usw. die einzelnen Produkte innerhalb seiner Sparte haben müssen.
- Der Produktionsleiter ist zuständig für die Realisierung der gewünschten Qualität, der Marketingleiter für die Realisierung der Marketingkampagnen usw.

Wenn die Zusammenarbeit zwischen den jeweiligen Funktionsbereichen und Sparten klappt, ist diese Organisationsform sehr erfolgreich, weil die besten Leute ihre Fachkompetenzen am richtigen Ort anwenden können.

Zusammengefasst ergeben sich für die Matrixorganisation die folgenden Vor- und Nachteile:

Vorteile: hohe Nutzung von Spezialwissen und dadurch erhöhtes Innovationspotenzial bei gleichzeitig hoher Flexibilität; rasche Reaktionsmöglichkeit, bereichsübergreifende Entscheidungen; hohe Identifikation der Beteiligten mit den erarbeiteten Lösungen, was zu qualitativ guten Umsetzungsergebnissen führt.

Nachteile: Kompetenzkonflikte, die lähmen können; Machtkämpfe, hohe Anforderungen an die Kooperationsfähigkeit der Mitarbeiter.

13.7 Projekt- oder Teamorganisation

Die Projekt- oder Teamorganisation unterscheidet sich von den bisher besprochenen Formen, weil sie meist nicht ein Unternehmen als Ganzes strukturiert, sondern nur **vorübergehend** eingesetzt wird. Sie kommt insbesondere bei der Planung und Realisierung grösserer Vorhaben (d. h. von Projekten) zum Zug.

Die Mitarbeitenden eines Projektteams werden aus der angestammten Organisationsstruktur herausgelöst; für das betreffende Vorhaben sind sie der Projektleitung unterstellt. Beide können diese Aufgabe **voll- oder nebenamtlich** wahrnehmen.

Für die Projekt- oder Teamorganisation gelten die folgenden Vor- und Nachteile:

Vorteile: Unterschiedlichstes Wissen kann zusammengeführt werden, kurze Kommunikationswege, hohe Kreativität (wenn das Team gut funktioniert), Flexibilität (je nach Bedarf werden Fachleute aus ihren Tätigkeiten herausgeholt und zusammengebracht).

Nachteile: meist erheblicher Zeitaufwand, der grösser ist, als wenn ein Einzelner das Projekt bearbeitet; Gefahr von zu vielen Kompromissen, wenn das Projektteam nicht gelernt hat, wirklich konstruktiv zusammenzuarbeiten.

Unternehmen haben eine Organisation: Sie brauchen bestimmte Regeln, um optimal funktionieren zu können.

Unternehmen sind eine Organisation: Verschiedene Menschen bilden darin ein soziales System, das gemeinsame Ziele verfolgt.

Die Organisationslehre unterscheidet zwei Organisationsbestrebungen in einem Unternehmen:

- Die **Aufbauorganisation** regelt die hierarchische Struktur eines Unternehmens. Dazu gehören die Aufgaben, Kompetenzen und die Verantwortung der einzelnen Stellen.

- Die **Ablauforganisation** regelt den Tätigkeitsfluss, d. h. die Arbeitsprozesse und das Zusammenwirken der einzelnen Stellen.

Die Arbeitsprozesse der Ablauforganisation kann man am besten als **Flussdiagramme** darstellen. Je nach Ablauf der verschiedenen Teilaufgaben ergeben sich unterschiedliche Darstellungen.

Das **Organigramm** dient als Darstellungsinstrument für die Aufbauorganisation. Es zeigt die Hierarchie zwischen den Stellen einer bestimmten Organisationseinheit grafisch auf.

Die folgenden **Organisationsformen in der Aufbauorganisation** kommen in der Praxis häufig vor:

- **Die funktionale Organisation:** Das Unternehmen wird gemäss den verschiedenen Funktionsbereichen (z. B. Einkauf – Verkauf – Produktion – Administration) gegliedert.
- **Die divisionale oder Spartenorganisation:** Die Aufbaustruktur orientiert sich an den verschiedenen Produkte-, Kundengruppen oder Absatzmärkten (z. B. Schweiz – Deutschland – Grossbritannien – USA).
- **Die Matrixorganisation:** Man nennt sie auch Mehrlinienorganisation, weil sich die Aufbaustruktur aufgrund von zwei oder mehreren Kriterien bildet (z. B. einerseits nach Regionen und andererseits nach Funktionsbereichen).
- **Die Projekt- oder Teamorganisation:** Es werden vorübergehend eigene Aufbaustrukturen definiert, die unabhängig von der generellen Aufbaustruktur bestehen.

Repetitionsfragen

58

Um welche Organisationsform handelt es sich beim folgenden Organigramm?

Erklären Sie einem Laien dieses Organigramm.

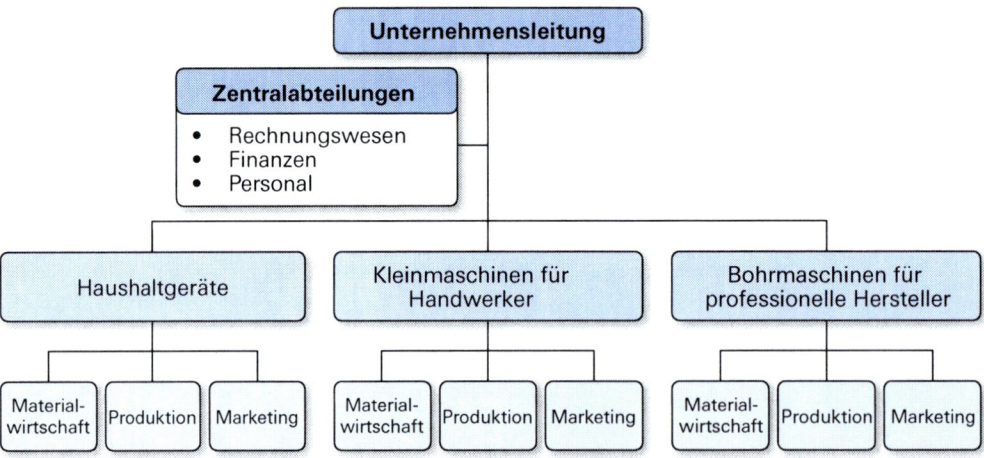

59

Die CasaGrande AG ist ein traditionsreiches, finanziell gesundes Familienunternehmen mit rund 150 Mitarbeitenden, das Möbel für den designbewussten Wohnbedarf produziert und in der Schweiz sowie im benachbarten Ausland vertreibt.

Mit der bisherigen Organisationsform, einer klassischen funktionalen Organisation, hat man im Grossen und Ganzen gute Erfahrungen gemacht. Vor kurzem hat sich die Unternehmensleitung zusammen mit dem Verwaltungsrat über die künftige strategische Ausrichtung der CasaGrande AG beraten. Dabei kam auch die Organisationsstruktur zur Sprache. Verschiedene Beteiligte haben sich für den Wechsel zu einer divisionalen Organisation nach Produktlinien oder nach Abnehmergruppen ausgesprochen.

David Weiss, der Unternehmensleiter, ist unsicher, ob sich mit einer divisionalen Aufbaustruktur Vorteile für die CasaGrande AG ergeben.

Können Sie David Weiss mindestens drei Argumente liefern, die für oder gegen eine divisionale Organisation der CasaGrande AG sprechen?

60 Kreuzen Sie an, ob die Aussagen in der Tabelle der Ablauf- oder der Aufbauorganisation zuzuordnen sind.

Aussage	Aufbau-org.	Ablauforg.
Nach der Qualitätskontrolle wird das Produkt verpackt.	☐	☐
Die Geschäftsleitungsassistenz ist als Stabsstelle direkt der Geschäftsleiterin unterstellt.	☐	☐
Die Bestellungen werden in der Reihenfolge des Eingangs bearbeitet.	☐	☐
Die Abteilung Kinderbekleidung hat 25 Mitarbeitende in der Produktion.	☐	☐
Mein Vorgesetzter leitet die Marketingabteilung.	☐	☐

61 Bei einer Matrixorganisation überlagern sich zwei Organisationsstrukturen: horizontal nach Sparten/Divisionen und vertikal nach Funktionen.

A] Ergänzen Sie mit folgenden Angaben die Matrixorganisation eines Bekleidungsherstellers:

Einkauf, Kinderbekleidung, Produktion, Damenbekleidung, Verkauf, Personalwesen, Rechnungswesen, Herrenbekleidung, Accessoires, Unternehmensleitung, Direktionssekretariat

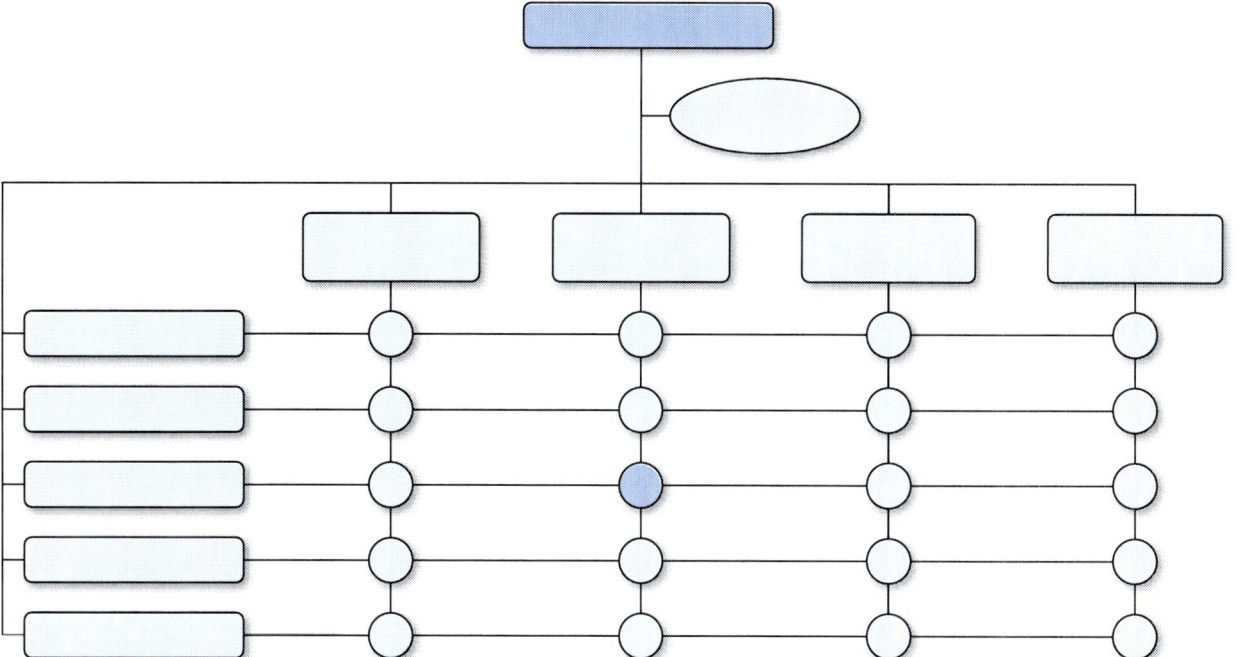

B] Wer ist der grau gekennzeichneten Stelle vorgesetzt?

C] Welche Schwierigkeiten könnte die Person, die diese (grau gekennzeichnete) Stelle besetzt, aufgrund ihrer Position in dem Unternehmen haben? Nennen Sie zwei und erklären Sie Ihre Wahl.

Teil D Ausgewählte Managementprobleme

14 Change Management

Lernziele: Nach der Bearbeitung dieses Kapitels können Sie ...

- die wichtigsten Ursachen für Veränderungsbedarf in Unternehmen aufzeigen.
- die typischen Reaktionsmuster des Menschen in veränderten Situationen beschreiben.
- die wichtigsten Voraussetzungen für das Gelingen von Veränderungsprozesses erläutern.
- aufzeigen, wie sich Veränderungsbereitschaft und -fähigkeit gegenseitig beeinflussen.

Schlüsselbegriffe: aktive Beteiligung, Change Management direkte und indirekte Führung, emotionale Akzeptanz, Erkenntnis, experimentieren, gesellschaftliche Veränderungen, Kommunikation und Information, Integration, lernende Organisation, lernfördernde Faktoren, Megatrends, ökonomische Veränderungen, rationale Einsicht, rechtliche Veränderungen, Schock, technologische Veränderungen, Veränderungsbedarf, Veränderungsbereitschaft, Veränderungsfähigkeit, Verneinung, Widerstand

Unternehmen aller Branchen und Grössen sind laufend Wandlungsprozessen unterworfen. Viele strukturelle Veränderungen geschehen unbeabsichtigt und zufällig. Sie bleiben deshalb auch über längere Zeit hinweg mehr oder weniger unbemerkt, und allmählich passen sich die Menschen diesen veränderten Gegebenheiten an. Andere Veränderungen werden durch Entscheidungen bewusst herbeigeführt; je nachdem lösen sie einen grossen Tatendrang oder aber Ängste und Verunsicherungen bei den Betroffenen aus.

Den Umgang mit solchen Veränderungen bezeichnet man als **Change Management.** Wir untersuchen in einem ersten Teil Veränderungen in Organisationen, in einem zweiten Teil das Begleiten von Veränderungsprozessen.

14.1 Veränderungen in Organisationen

Veränderungen in Organisationen geschehen «nicht einfach so», kommen also nicht von ungefähr. Immer gibt es dafür eine oder mehrere Ursachen, aus denen ein Veränderungsdruck entsteht. Sie entstehen entweder im Unternehmen selber (als interne Veränderungsimpulse) oder kommen von ausserhalb des Unternehmens (als externe Veränderungsimpulse).

14.1.1 Interne Veränderungsimpulse

Wenn wir die **Führung im Unternehmen** als ein Gesamtkonzept betrachten, lassen sich zwei Formen der Führung unterscheiden: die direkte und die indirekte Führung.

[14-1] Direkte und indirekte Führung

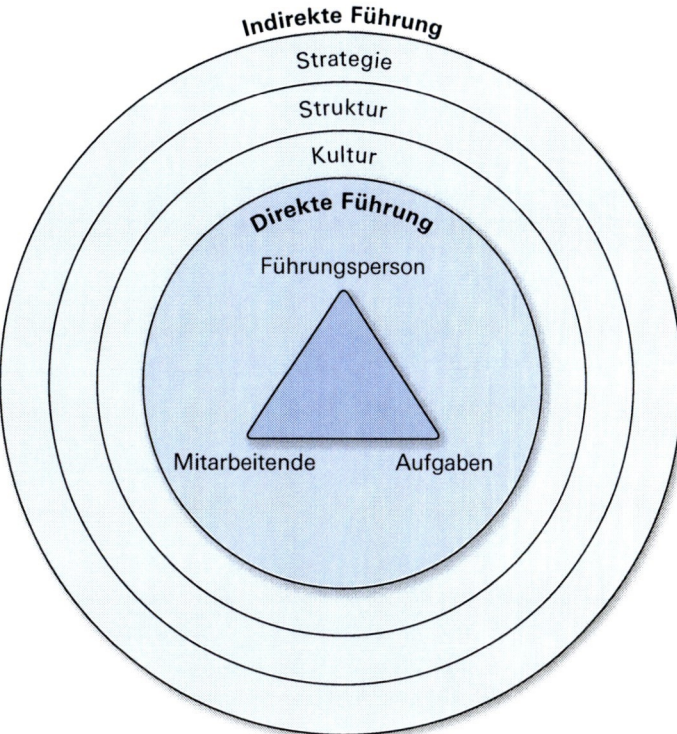

Die indirekte Führung, in der Grafik durch Ringe symbolisiert, besteht aus den Rahmenbedingungen im Unternehmen, die vor allem von der Strategie, der Struktur und der Kultur geprägt werden. Das Zusammenwirken der Führungsperson und ihrer Mitarbeitenden bei der Aufgabenerfüllung wird als interaktive oder direkte Führung bezeichnet; in der Grafik ist sie als ein Dreieck dargestellt. Die Ursachen für firmeninterne Veränderungen betrachten wir anhand dieser beiden Teilkonzepte der Führung.

Eine Organisation hat bekanntlich verschiedene Wirkungsebenen: Elemente (Aufgabe, Aufgabenträger, Sachmittel, Informationen), die zueinander in Beziehung stehen (Aufbau- und Ablauforganisation) und durch die Dimension (Zeit, Raum, Menge) bestimmt werden. Alle Ebenen stehen in einer **Wechselwirkung** zueinander. Das heisst, wenn nur eine Ebene direkt von einer Veränderung betroffen ist, hat das auch indirekt Auswirkungen auf andere. Demzufolge sind **prinzipiell immer alle Ebenen mehr oder weniger von Veränderungen betroffen.**

A Ursachen in der direkten Führung

Die direkte Führung ist durch eine **starke gegenseitige Beeinflussung** von Führungsperson, Mitarbeitenden und Aufgaben geprägt: Die Führungsperson beeinflusst das Arbeitsverhalten der Mitarbeitenden, umgekehrt beeinflussen die Mitarbeitenden (als Einzelne oder als Team) das Verhalten der Führungsperson. Ebenso wirkt sich die Aufgabenstellung (Art, Schwierigkeit, Dringlichkeit usw.) auf das Verhalten der Mitarbeitenden und der Führungsperson aus.

Typische Ursachen für Veränderungen in der direkten Führungsbeziehung sind:

- **Führungswechsel:** Wie eine Führungsperson ihre Führungsaufgaben wahrnimmt und welchen Führungsstil sie dabei zeigt, beeinflusst das Verhalten der Mitarbeitenden in konkreten Arbeitssituationen und folglich auch die Leistungsfähigkeit eines Teams. Jeder Wechsel verursacht daher mehr oder weniger grosse Veränderungen im betreffenden Führungsbereich.

- **Führungsprobleme:** Der Kommunikationsstil und Kooperationsgeist im Team wird massgebend vom vorherrschenden Führungsstil geprägt. Zu den typischen Ursachen für Führungsprobleme gehören auch hohe Fluktuationsraten, steigende Fehlzeiten, die Zunahme von Kundenreklamationen oder nicht gelöste Konflikte im Team.
- **Motivationsprobleme:** Ein schlechtes Betriebsklima, Kommunikations- und Führungsprobleme oder fehlende Anreizsysteme für Mitarbeitende führen zu Motivationsproblemen.

B Ursachen in der indirekten Führung

Die direkte Führung ist in die indirekte Führung eingebettet. Mit der Definition der Strategie, der Ausgestaltung der Struktur und der Entwicklung der Kultur wird ein möglichst optimales Umfeld für die direkte Führung geschaffen. Daraus ergibt sich auch ein allfälliger Veränderungsbedarf.

Typische Ursachen für Veränderungen in der indirekten Führung sind:

Strategie

Die Strategieebene bringt in Form von **Visionen, Unternehmens-, Funktions- und Geschäftsbereichsstrategien, Zielen, Programmen, Richtlinien und Aktivitäten** zum Ausdruck, wie die vorhandenen und die potenziellen Stärken eingesetzt werden sollen, um den neuen Herausforderungen zielgerecht zu begegnen. Sie wird also durch bereits eingetretene oder noch erwartete Umweltveränderungen beeinflusst. Eine Strategie kann **reaktiv** als Anpassungsstrategie formuliert oder im Hinblick auf die zukünftigen Rahmenbedingungen **pro-aktiv** gestaltet werden.

Strategische Fehlentscheidungen der Unternehmensführung können zu ernsthaften Krisensituationen führen, wie die folgenden Beispiele zeigen:

- Keine klare strategische Ausrichtung, fehlgeschlagene Absatzpolitik, unzureichende Markt- und Kundenorientierung
- Aktionismus: Scheinmassnahmen, die immer wieder im Sand verlaufen
- Fehlinvestitionen, Selbstüberschätzung oder Missachtung unternehmerischer Risiken
- Verschlafen von notwendigen Anpassungen, Festhalten an vergangenen Erfolgen, verpasste Entwicklung neuer Produkte
- Ausser Kontrolle geratene Dynamik aufgrund eines forcierten Wachstums, wie z. B. in den 1990er-Jahren bei den «Dot-com»-Unternehmen während des Internetbooms

Struktur

Die Prozessgestaltung ist ein Erfolgsfaktor jedes Unternehmens. Damit ist die **Technologieebene** angesprochen, zu der **Verfahren, Methoden, Betriebsmittel, Sachmittel-Ressourcen** (Immobilien, Maschinen, Mobilien, Transport- und Geldmittel) und das damit verbundene **Anwendungswissen** gehören, die in einem Unternehmen eingesetzt werden. Während es im Produktionsbereich von Industriebetrieben auf der Technologieebene vorrangig um **Herstellungsverfahren** und die eingesetzten Betriebsmittel geht, sind im Verwaltungsbereich und in Dienstleistungsunternehmen insbesondere die **Informations- und Kommunikationstechnologien** gemeint.

Ein wesentlicher Veränderungsbedarf ergibt sich aus dem Grundsatz «structure follows strategy», wonach sich strukturelle Anpassungen in erster Linie nach den strategischen Weichenstellungen richten. Sie werden aber auch von den im Unternehmen tätigen Persönlichkeiten und ihrem Führungsstil ausgelöst. Typische Beispiele sind:

- Zu starre und somit ineffiziente Organisationsstrukturen, Abbau von überflüssigen Hierarchieebenen, Übergang von funktionsorientierten zu prozessorientierten Strukturen
- Radikale Neuausrichtung der Prozesse durch Konzepte, wie z. B. «Business Process Reengineering»
- Restrukturierung aufgrund eines personellen Wechsels an der Unternehmensspitze
- Restrukturierung aufgrund von Unternehmenszusammenschlüssen oder Kooperationen
- Einrichtung von Cost-, Profit- und Investment-Centern
- Neue Formen der Arbeitsorganisation und der Bearbeitungsprozesse (globale Vernetzung von Daten)
- Neue Entscheidungswege aufgrund der Möglichkeiten der Informationsbeschaffung und -verarbeitung auf allen Führungsebenen (mithilfe von Management-Informationssystemen)

Kultur

Veränderungen auf der kulturellen Ebene sind am schwierigsten zu initiieren, durchzuführen und dauern am längsten.

Schwelende Konflikte erzeugen einen hohen Leidensdruck bei den Betroffenen und sind damit eine stark verbreitete Ursache für Veränderungsbedarf. Typische Beispiele sind:

- Schlechtes Betriebsklima, Arbeitsfähigkeit ist bedroht
- Nicht funktionierender Informationsaustausch zwischen einzelnen Abteilungen
- Hohe Fluktuationsraten, schlechtes Image als Arbeitgeber

14.1.2 Externe Veränderungsimpulse

Unternehmen stehen in enger Beziehung zu ihrem Umfeld, und fast alle Vorkommnisse im Umfeld üben einen mehr oder weniger direkten Einfluss auf die Entwicklung eines Unternehmens aus. Laufend sind Anpassungen an die veränderten Gegebenheiten oder gar eine Neuausrichtung der unternehmerischen Aktivitäten gefordert. Der Erfolg eines Unternehmens ist zu einem wesentlichen Teil darin begründet, wie geschickt es mit den Chancen und Risiken umgeht, die sich aufgrund dieser externen Veränderungsimpulse ergeben. Man bezeichnet das Umfeld eines Unternehmens auch als seine Umwelt, die aus verschiedenen Umweltsphären besteht (vgl. dazu Kap. 5, S. 42).

A Ökonomische Veränderungen

	Erklärung	Beispiele
Globalisierung	Immer leistungsfähigere Transport- und Kommunikationsmöglichkeiten machen eine weltweite wirtschaftliche Verflechtung möglich. Diese Globalisierung der Märkte eröffnet den Unternehmen Chancen auf neue Absatzmärkte und auf eine Ausdehnung der eigenen Aktivitäten, aber auch Risiken durch ausländische Konkurrenten, die wesentlich kostengünstiger produzieren können.	Auf organisatorischer Ebene stellen sich für viele Unternehmen existenzielle Fragen: • Lohnt es sich (noch), in der Schweiz zu produzieren oder administrative Dienste abzuwickeln, wenn dies andernorts viel kostengünstiger möglich ist? • Können wir in der derzeitigen Unternehmensgrösse bestehen, oder müssen wir uns mit einem anderen Unternehmen zusammenschliessen, um langfristig zu überleben?

	Erklärung	Beispiele
Regionalisierung	Regionale Wirtschaftsräume, wie Nordamerika, Asien oder Europa, bilden mehr oder weniger in sich geschlossene Binnenmärkte. Veränderungen in den Binnenmärkten wirken sich entsprechend stark auf die Unternehmen aus.	Eine wirtschaftliche Krise in Deutschland bereitet den Schweizer Unternehmen grosse Sorgen, da der überwiegende Teil der Schweizer Exporte nach Deutschland geht. Eine solche Veränderung wirft automatisch auch organisatorische Fragen auf, wie z. B. die Notwendigkeit eines Stellenabbaus oder der zeitweiligen Kurzarbeit.
Vom Verkäufer- zum Käufermarkt	Noch vor einigen Jahren konnten viele Unternehmen eigenmächtig entscheiden, an wen sie wie viel liefern wollten. Dies hat sich radikal geändert, und die meisten Märkte sind heute gesättigt, d. h., es herrscht ein Überangebot an Produkten und Dienstleistungen. Heute entscheiden die Kunden, von wem sie kaufen.	Zwischen den Anbietern hat ein gnadenloser Verteilungskampf eingesetzt, der vorwiegend über das günstigere Preis-/Leistungsangebot ausgetragen wird. Wer mithalten will, muss den besseren Preis und eine hohe Qualität anbieten können.
Spezialisierung	Als Gegenbewegung zu den «Global Players», den weltweit tätigen Unternehmen, versuchen immer mehr Unternehmen, sich in bestimmten Nischen zu spezialisieren.	Viele spezialisierte Unternehmen gehen als Zulieferer enge Partnerschaften mit anderen Unternehmen ein; daraus entstehen weitreichende Abhängigkeiten.

B Technologische Veränderungen

Strukturwandel

Auslöser für den Strukturwandel, der die letzten Jahrhunderte geprägt hat, sind technische Errungenschaften in Form von sog. **Basisinnovationen.** Dementsprechend geschieht der Strukturwandel nicht plötzlich, sondern verläuft **über längere Zeiträume** und berührt alle Lebensbereiche des Menschen. Es handelt sich dabei um einen eigentlichen Reorganisationsprozess der gesamten Gesellschaft.

Kürzere Produktlebenszyklen

Durch Schaffung immer neuer Produkte suchen Unternehmen den Wettbewerbsvorteil; gleichzeitig entsteht dadurch ein hoher **Innovationsdruck** für das einzelne Unternehmen, will es am Markt bestehen. Die Produktinnovation wird unterstützt durch die Entwicklung und Anwendung neuer Technologien und Methoden. Die folgende Grafik veranschaulicht, wie dramatisch sich die Lebensdauer bestimmter Produkte verkürzt hat.

[14-2] Produktlebenszyklen vor 25 Jahren und heute

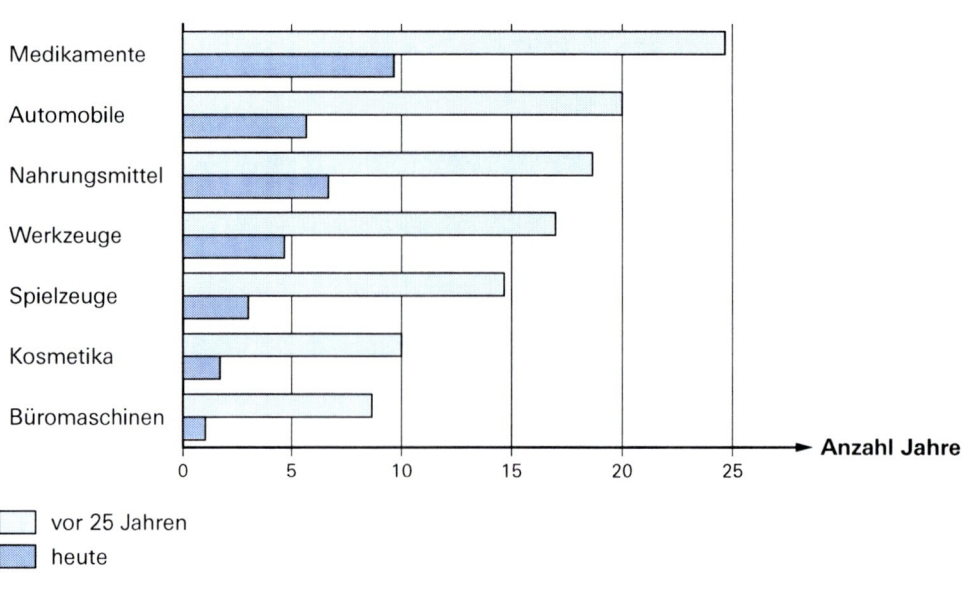

Immer mehr technische Produkte basieren auf verschiedenen hochkomplexen Technologien, die nicht mehr durch ein Unternehmen alleine auf Dauer weiterentwickelt und kontrolliert werden können. In den 1990er-Jahren konnte besonders in Unternehmen der IT-Branche beobachtet werden, dass die extrem hohen Kosten für Forschung und Entwicklung oft nicht mehr nur durch ein Unternehmen tragbar waren.

Kürzere «Halbwertszeit» von Wissen

Mit der technologischen Entwicklung gehen die Anforderungen an spezialisiertes Wissen einher. Doch nicht nur die Wissensintensität nimmt stetig zu, auch die Halbwertszeit des Wissens wird immer kürzer: Was heute noch als Fachkompetenz gilt, wird schon morgen überholt sein. Dies führt bei den Mitarbeitenden zu einem stetig hohen Anpassungs- und Leistungsdruck und ist einer der Hauptgründe für wachsendes Stressempfinden.

C Gesellschaftliche Veränderungen

Die Gesellschaft – das sind Menschen, Einzelne, Gruppen, die Öffentlichkeit und ihre Wünsche, Meinungen, Erwartungen sowie die dahinter stehenden Einstellungen und Werte. Das gesellschaftliche Umfeld ist komplex. Es lässt sich in drei Hauptaspekte gliedern: politische, kulturelle und soziale Aspekte.

Politische Veränderungen

Politik und Wirtschaft sind eng miteinander verflochten; die wirtschaftlichen Rahmenbedingungen werden von politischen Prozessen beeinflusst. Die Eingriffe des Staats in die Wirtschaft geschehen v. a. über wirtschaftspolitische Rahmenbedingungen (wie z. B. die bilateralen Abkommen mit der EU oder die Unternehmensbesteuerungspolitik), über die Ordnungspolitik (gesetzliche Auflagen), über die Konjunkturpolitik (wie z. B. Konjunkturbelebungsprogramme, zinspolitische Entscheidungen) oder über die Strukturpolitik (wie z. B. Schutz ausgewählter Wirtschaftszweige, Deregulierung bisher geschützter Märkte, Privatisierung staatlicher Unternehmen).

Kulturelle Veränderungen

Kulturelle Veränderungen betreffen die Gesamtgesellschaft. Die Globalisierung zwingt viele Unternehmen, sich mit der Kultur – den Sitten, Traditionen, Grundüberzeugungen und Wertvorstellungen – anderer Nationen zu beschäftigen. Aber auch die Veränderungen der Werte in der eigenen Gesellschaft müssen beobachtet werden.

Soziale Veränderungen

In den westlichen Industrienationen hat sich in den letzten Jahrzehnten ein gesellschaftlicher Wertewandel abgezeichnet, bedingt durch ein vergleichsweise hohes Bildungs- und Wohlstandsniveau. Typisch für diesen Wertewandel sind die folgenden Entwicklungen aus der Arbeitswelt:

- Unterordnung, Verpflichtung und Tätigkeiten ohne ausreichende Entscheidungs- und Handlungsspielräume stossen immer mehr auf Ablehnung. Mehr Eigenverantwortung, die Zusammenarbeit in einem «guten» Team und eine als sinnvoll empfundene Aufgabe werden gewünscht.
- Die Berufs- und Leistungsorientierung wird durch eine dem Lustprinzip folgende Haltung abgelöst. Von einer «Spass- und Freizeitgesellschaft» ist die Rede; bisher akzeptierte Pflichtwerte werden durch Selbstentfaltungswerte abgelöst.

D Ökologische Veränderungen

Die Unternehmen stehen im **Spannungsfeld Ökonomie und Ökologie,** wie die folgenden Entwicklungen zeigen:

- **Immissionen,** wie z. B. Umweltverseuchungen durch Ölpest, Luftverschmutzung durch Schadstoffemissionen, Bodenverseuchung durch Radioaktivität, Überdüngung usw., führen zu gravierenden Veränderungen in der physischen Umwelt.
- Die **Ausbeutung von nicht erneuerbaren Rohstoffen** verknappt mittel- bis langfristig die Ressourcen, sodass Alternativen zu den bisherigen Rohstoffquellen gefunden werden müssen.
- Die gesellschaftliche Forderung nach ökologiebewussterem Wirtschaften zeigt sich u. a. in strengeren **gesetzlichen Umweltschutzauflagen** für Unternehmen, in der Anprangerung ökologischer «Sünder» bzw. in den Kaufempfehlungen durch die **Konsumentenschutzorganisationen.** Kurzfristig gesehen, verteuern diese veränderten Bedingungen in der Regel die Produktion, aber langfristig machen sie sich bezahlt.

Ökologische Aspekte des Wirtschaftens werden in Kap. 19, S. 199 detailliert besprochen.

E Rechtliche Veränderungen

Die rechtliche Sphäre wird auch als normativer Bereich bezeichnet und umfasst die **Gesetze** oder die **Verordnungen** des Staats. Die rechtliche Sphäre nimmt an Bedeutung zu, weil immer mehr Gesetze und Vorschriften erlassen werden und die unternehmerischen Freiheiten beschränken.

14.1.3 Megatrends

Ein gemeinsames Hauptmerkmal der oben erwähnten Ursachen für Veränderungen ist, dass man sie kennt. Ihr Einfluss ist in diesem Sinne bewiesen. Megatrends stellen eine andere Art von Ursachen dar: Man kann heute nur annehmen, dass sie künftig in irgendeiner Form tiefgreifende Veränderungen verursachen werden. Mit wissenschaftlich mehr oder weniger fundierten Methoden werden **Prognosen** über zukünftige Entwicklungstendenzen aufgestellt, die die Unternehmenswelt verändern werden. Die Aussage, dass «die heutigen Megatrends die zukünftigen Herausforderungen für Unternehmen» seien, trägt diesem Umstand Rechnung.

Die von **John Naisbitt** 1984 identifizierten Megatrends für die Achtziger- und die Neunzigerjahre des 20. Jahrhunderts haben in Wirtschaftskreisen besondere Beachtung gefunden:

[14-3] Megatrends

1980er-Jahre	1990er-Jahre
- Von der Industrie- zur Informationsgesellschaft - Von forcierter Technologie zu Hightech oder High-touch - Von der Nationalökonomie zur Weltwirtschaft - Von kurzfristig zu langfristig - Von der Zentralisation zur Dezentralisation - Von institutionalisierter Amtshilfe zur Selbsthilfe - Von der repräsentativen Demokratie zur partizipativen Demokratie - Von Hierarchien zu Verbundenheit, Verflechtung und gegenseitiger Abhängigkeit - Von Norden nach Süden - Vom Entweder-oder zur multiplen Option	- Die Blüte der Weltwirtschaft in den Neunzigerjahren - Die Renaissance der schönen Künste - Der Vormarsch des marktwirtschaftlichen Sozialismus - Internationaler Lebensstil und die Rückbesinnung auf nationale Traditionen - Das Ende des Wohlfahrtsstaats - Die Zukunft gehört dem pazifischen Raum - Frauen erobern die Führungsetagen - Das Zeitalter der Biologie - Das Wiederaufleben der Religionen - Der Triumph des Individuums

Einige dieser Megatrends sind zumindest teilweise eingetreten, andere bieten auch heute noch Diskussionsstoff: So ist der Trend von der Industrie- zur Informationsgesellschaft inzwischen ebenso wenig abgeschlossen wie der Siegeszug der Biotechnologie. Andere Trends, wie z. B. das Wiederaufleben der Religionen, haben sich zumindest in bestimmten Regionen bewahrheitet. Für terroristische Zwecke ausgenützt, stellt dieser Trend darüber hinaus eine ungeahnte sicherheitspolitische Bedrohung auch für die restliche Welt dar.

14.2 Veränderungsprozesse begleiten

In veränderten Situationen reagieren Menschen grundsätzlich **mit einem veränderten Verhalten.** Das trifft auch auf das berufliche Umfeld zu. Ein Veränderungsprozess löst eine bestimmte Abfolge von Reaktionen aus, die in etwa nach demselben Muster verlaufen. Innerhalb dieses Musters sind verschiedene Phasen beobachtbar.

Beispiel

Stellen Sie sich vor, Sie sind zu einem wichtigen Vorstellungsgespräch in einer anderen Stadt eingeladen. Es geht um eine einmalige Karrieremöglichkeit, die sich Ihnen bei einem Ihrer Wunsch-Arbeitgeber bietet. Heute werden Sie sich der Geschäftsleitung dieser Firma präsentieren, und Sie haben sich dementsprechend sorgfältig auf diesen Auftritt vorbereitet.

Sie haben beschlossen, mit dem Zug dorthin zu fahren, begeben sich rechtzeitig zum Bahnhof und warten. Der Zug müsste nach Fahrplan in fünf Minuten abfahren. Aber der Zug kommt nicht! Langsam werden Sie unruhig. Nach zehn Minuten hören Sie im Hintergrund die Durchsage, dass ein Unfall passiert ist und dieser Zug ausfällt. Oh nein! – Sie bekommen zunächst einen gehörigen Schreck. Sie stehen abrupt auf. Kalter Schweiss tritt Ihnen auf die Stirn. Tausend Gedanken schiessen Ihnen durch den Kopf. Für einen kurzen Moment stehen Sie da und wissen nicht, was Sie tun sollen. Vielleicht denken Sie: «Das war bestimmt nicht mein Zug!» oder «Ich habe mich sicher verhört!». Als Nächstes werden Sie sich wahrscheinlich bei einem anderen Fahrgast erkundigen, oder Sie suchen den Bahnschalter auf. Sie hoffen, dass man Ihnen sagt, Sie hätten die Ansage missverstanden. Möglicherweise denken Sie auch: «Das kann ja gar nicht sein, mein Zug darf nicht ausfallen – das können die mit mir nicht machen!» Sie wollen die Situation nicht wirklich wahrhaben.

Allmählich werden Sie zur Einsicht gelangen, dass Ihr Zug tatsächlich nicht fährt. Was tun Sie dann? An diesem Punkt setzt normalerweise ein «Ja, aber ...»-Denken ein: «Dann nehme ich halt einen anderen Zug.» Sie erfahren jedoch, dass aufgrund des Unfalls derzeit keine Züge auf dem betreffenden Streckenabschnitt fahren können. Niemand weiss, wie lange der Unterbruch dauern wird. Auf Ihr wiederholtes Fragen hören Sie immer dieselbe Antwort: «Es tut uns Leid, wir wissen noch nicht mehr.» Auf dem Bahnhof herrscht Chaos.

Sie werden immer nervöser, denn Ihnen rennt die Zeit davon. Sie sehen keine Chance mehr, rechtzeitig zum Vorstellungsgespräch zu erscheinen. Ein fahles Gefühl macht sich breit, und Sie werden vielleicht verärgert, wütend, traurig oder sogar verzweifelt sein. Dass Ihnen dies ausgerechnet bei diesem entscheidenden Gespräch passieren musste! Warum sind Sie nicht eine Stunde früher gefahren? Irgendwann aber werden Sie ruhiger und sagen sich: «O. K., was nun?»

Sie suchen nach möglichen Lösungen. Zunächst erkundigen Sie sich nach Taxis, finden aber kein verfügbares mehr. Das eigene Auto von zu Hause aus zu nehmen, dauert ebenfalls zu lange, ausserdem sind um diese Zeit stadtauswärts kilometerlange Staus zu befürchten. Sie kommen zum Schluss, dass Ihnen nichts anderes übrig bleibt, als sich bei der Geschäftsleitung telefonisch zu melden und um eine zeitliche Verschiebung des Gesprächs zu bitten, obwohl Ihnen dies sehr unangenehm ist. Sie überlegen sich fieberhaft, wie Sie sich am besten ausdrücken könnten.

Sie sagen sich selber «Nimm dich zusammen, es kommt schon gut» und wählen die Telefonnummer der Personalchefin, mit der Sie bereits Kontakt hatten. Sie schildern offen Ihr Problem, worauf die Personalchefin antwortet: «Soeben haben wir vom Unfall gehört. Zwei Mitglieder der Geschäftsleitung, die Sie treffen wollten, sind nämlich ebenfalls mit dem Zug unterwegs und stecken fest. Am besten ist es wohl, wenn wir einen neuen Termin vereinbaren ...»

14.2.1 Wie reagieren Menschen auf Veränderungen?

Der Mensch durchläuft **sieben Phasen des individuellen Veränderungsprozesses,** die durch unterschiedliche **Reaktionen** bzw. Verhaltensweisen gekennzeichnet sind:

1. Schock/Überraschung
2. Verneinung
3. Rationale Einsicht
4. Emotionale Akzeptanz / Krise
5. Experimentieren/Lernen
6. Erkenntnis / neu erlernte Kompetenz
7. Integration / stete Weiterentwicklung

Die folgende Abbildung zeigt den Verlauf der wahrgenommenen Eigenkompetenz[1] während der sieben Phasen auf:

[14-4] Individueller Veränderungsprozess

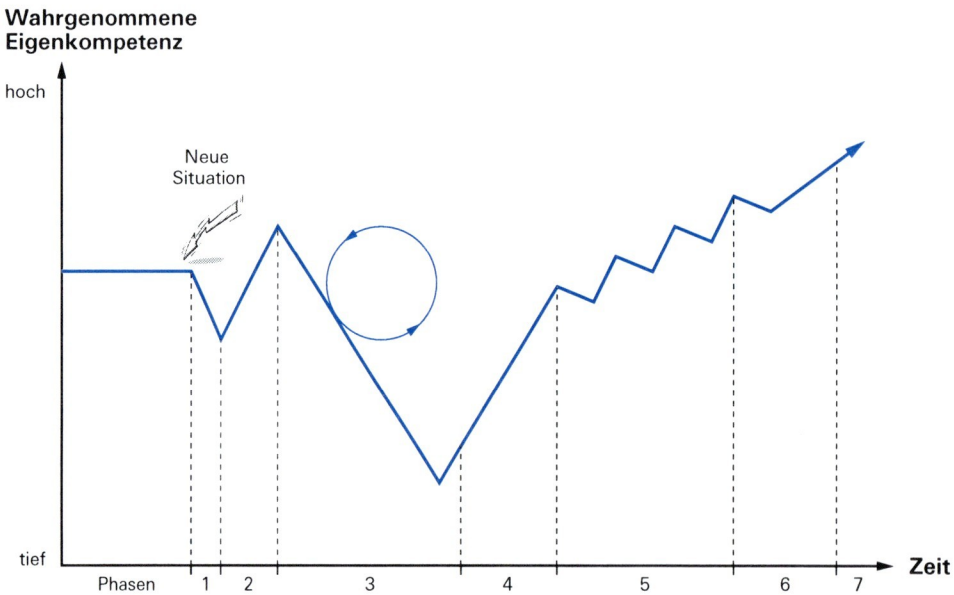

A Schock/Überraschung

Die erste Reaktion auf eine neue Situation, in der eine **Differenz zwischen den Erwartungen und der Realität** entsteht, ist ein Schock, der sich in einer abgeschwächten Form auch als Überraschung äussert. Wann immer eine neue Situation auftaucht, müssen Sie damit rechnen, dass Ihnen die bisherigen Annahmen, Fähigkeiten oder Verhaltensweisen in dieser Situation nichts mehr nützen. Unter gewissen Umständen (wie beispielsweise bei akuter Gefahr) wird es notwendig, sehr schnell zu reagieren.

Die Ursache für dieses reflexartige Verhalten ist entwicklungspsychologisch und neurologisch erklärbar: Das menschliche Gehirn hat verschiedene Bereiche, die unterschiedlich schnell arbeiten. Das **Stammhirn** ist am schnellsten. Es kann im Bruchteil einer Sekunde entscheiden, ob wir fliehen, erstarren oder kämpfen sollen, und in äussersten Notfällen kann es daher sogar über Leben und Tod entscheiden. Dadurch erfüllt es eine **lebensnotwendige Schutzfunktion.** Um das Stammhirn zu aktivieren, läuft die körperliche Reaktion eines Schocks ab. Für einen Moment entgleitet uns dabei die Kontrolle über uns. Wir han-

[1] Die Fähigkeit eines Menschen, mit seinem Denken, Fühlen und Verhalten umgehen zu können. Die Eigenkompetenz drückt sich auch in der Anpassungsfähigkeit an Veränderungen aus.

deln reflexartig. Erst nach einer bestimmten Zeit schalten sich andere, langsamere Gehirnbereiche hinzu und wir gewinnen die Kontrolle wieder zurück. – Vergegenwärtigen Sie sich noch einmal das Zug-Beispiel aus der Einleitung zu diesem Kapitel.

Beispiel

Sie hören die Ansage und bekommen einen Schreck. Dieser erste Schock entzieht Ihnen die Kontrolle über die körperliche Reaktion. Vielleicht laufen Sie nervös hin und her (fliehen), bleiben wie gelähmt auf der Bank sitzen (erstarren), oder Sie werden aggressiv, fluchen laut und boxen in die nächste Plakatwand (kämpfen). Allen drei Verhaltensweisen ist gemein, dass die subjektiv empfundene Eigenkompetenz als Folge des Kontrollverlusts steil abnimmt.

B Verneinung

Mit der Zuschaltung der anderen Gehirnbereiche kommt die vermeintliche Rückgewinnung der Kontrolle. Sie beginnen wieder zu denken. Die subjektiv empfundene Eigenkompetenz steigt somit wieder an. Die Wahrnehmungsfähigkeit bleibt aber noch verzerrt. Die neue Situation wird mit bekannten, alten Situationen verglichen und als nicht wesentlich unterschiedlich bewertet. In der Annahme, dass sich nichts verändert hat, werden die altbewährten Verhaltensweisen beibehalten. Sie machen weiter wie immer und wollen so die Situation wieder in den Griff bekommen. Aber auch die wiederholte Anwendung bewährter Verhaltensweisen bringt Sie nicht weiter, weil sich die Situation definitiv verändert hat.

Beispiel

- Im Zug-Beispiel beschreibt der zweite Abschnitt dieses Verhalten.
- Jeden Tag drücken Sie die Lifttaste, um in Ihr Büro im fünften Stock zu gelangen. Heute aber kommt der Lift nicht. Was machen Sie? Nach einer ersten Phase der Überraschung drücken Sie mehrmals auf die Taste.
- Sie steigen in Ihr Auto und drehen den Zündschlüssel, um den Motor zu starten. Es tut sich nichts. Sie sind verwundert, dass der Wagen nicht wie üblich anspringt. Nach einer kurzen Orientierung versuchen Sie mit hoher Wahrscheinlichkeit einige Male, den Motor wie gewohnt doch noch zu starten.

C Rationale Einsicht

Nach dem wiederholten, erfolglosen Einsatz verschiedener bewährter Verhaltensweisen beginnen Sie langsam einzusehen, dass sich tatsächlich etwas verändert hat. Es leuchtet Ihnen ein, dass eine Veränderung der Verhaltensweisen unabdingbar ist, um weiterzukommen. Sie finden aber noch keine Lösung, die Sie wirklich weiterbringt. Auch wollen Sie mögliche Konsequenzen nicht in Kauf nehmen, die sich aus der Veränderung ergeben. So verhaften Sie emotional noch im Alten und wenden das Bestehende an, in der Hoffnung, die Lösung zu finden.

Der negative Kreislauf geht weiter. Die mit der Zeit wachsende Einsicht, dass das bestehende Verhalten definitiv keine Lösung bringt, lässt die Eigenkompetenz sinken. Das endet letztlich in einer Frustration, bei der die persönlichen Fähigkeiten grundsätzlich infrage gestellt werden.

Merke: Die wesentliche Leistung dieser Phase liegt in der Einsicht, dass die gewohnten Verhaltensweisen definitiv zu keinem Erfolg führen werden.

Beispiel

- Im Zug-Beispiel beschreibt der dritte Abschnitt, wie allmählich die Einsicht kommt, dass der Zug tatsächlich nicht fährt.
- Nach vielen Versuchen und Verdrängen haben Sie sich damit abgefunden, dass Sie mit den bewährten Methoden ein bestimmtes Führungsproblem nicht lösen können. Sie haben keine Ahnung, wie Sie vorgehen sollen. Wenn Ihre Gedanken um die typische Frage kreisen «wie nur ...», ohne dass Sie etwas unternehmen, führt dies zur berühmten negativen Spirale, die in der Frustration endet.

D Emotionale Akzeptanz / Krise

Sie haben alles versucht. Nichts hat Sie weitergebracht. Es bleibt Ihnen nichts anderes übrig, als die **veränderte Situation als neue Realität zu akzeptieren.** Diese vierte Phase ist die wichtigste, gleichzeitig aber auch die schwierigste, weil sie ans «Eingemachte» geht. Das heisst, sie kann **schmerzhaft** verlaufen. Das trifft vor allem auf komplexe, tief greifende und von der Sache her schwierige Veränderungsprozesse zu.

Natürlich sind nicht alle Veränderungen mit schmerzlichen Erfahrungen verbunden. Oft gelangen Sie auch einfach zur **Erkenntnis,** dass Sie sich von alten Verhaltensweisen trennen müssen. Erst damit wird der **Weg für Veränderungen frei.** Anders ausgedrückt: Es werden die Grundlagen für neue Verhaltensweisen geschaffen, damit sich veränderte Einstellungen und neue Fähigkeiten entwickeln können. Die Eigenkompetenz nimmt zu.

Beispiel
- Im Zug-Beispiel begreifen Sie irgendwann, dass Sie innert nützlicher Frist nicht an Ihr Ziel gelangen werden, und verschaffen sich so die Möglichkeit, nach möglichen Auswegen zu suchen … (vgl. vierter Abschnitt).
- Wer mit seiner beruflichen Situation nicht mehr zurechtkommt, gerät immer mehr in einen Strudel negativer Gefühle, wie Selbstvorwürfe, Unaufmerksamkeit, Lustlosigkeit, Müdigkeit usw. In vielen Fällen braucht es den körperlichen Zusammenbruch (sog. «Burn-out»), um wahrhaftig einzusehen, dass es so nicht weitergehen kann.

Im Wesentlichen geht es darum, sich nicht weiter der notwendigen Veränderung zu widersetzen, sondern **aktiv** in die Veränderung zu gehen.

Ohne diese Phase der emotionalen Akzeptanz bzw. der Krise können wir uns nicht wirklich verändern. Am liebsten würden wir diese Phase jedoch umgehen, um einen möglichen Schmerz zu vermeiden. Dies führt dazu, dass wir nicht selten in der dritten Phase stecken bleiben und sich die Negativspirale weiter dreht und verstärkt. Die Folgen reichen von Lustlosigkeit über Frustration bis hin zu ernsthaften physischen und psychischen Erkrankungen. Oftmals ist es äusserst schwierig, die Anzeichen solcher negativen Entwicklungen rechtzeitig zu erkennen, weil die Betroffenen alles unternehmen, um sie zu verbergen. Viele Veränderungsvorhaben scheitern auch aus diesem Grund oder drohen, im Sand zu verlaufen.

E Experimentieren / Lernen

Unser Zug-Beispiel beschreibt im zweitletzten Abschnitt, dass **neue, alternative Lösungsideen generiert, geprüft, ggf. ausprobiert und auch wieder verworfen werden.** Über Versuch und Irrtum werden «fehlerhafte» Lösungen aussortiert. Dieses Vorgehen unterstützt Sie daher, geeignete Strategien zu entwickeln.

In dieser Phase beginnen Sie, **die neue Situation zu nutzen und sie aktiv umzugestalten.** Sie lernen, sich in der veränderten Situation frei zu bewegen. Damit ergeben sich immer mehr mögliche Lösungsansätze, mit denen experimentiert werden kann. Das wiederum erhöht Stufe um Stufe Ihre Eigenkompetenz.

Beispiel
Wer sich aufgrund einer Reorganisation im Unternehmen mit dem Arbeitsplatzverlust konfrontiert sieht, empfindet dies ungeachtet der Gründe zunächst als eine persönliche Niederlage. Aus dieser Krise heraus entwickeln manche Betroffene verschiedene Lösungsideen, wie sie ihre persönlichen Beziehungen und beruflichen Kontakte dafür einsetzen könnten, um einen neuen Job zu finden.

F Erkenntnis / neu erlernte Kompetenz

Irgendwann finden Sie Lösungen oder haben hilfreiche Strategien entwickelt, die Sie weiterbringen. Sie kennen auch die Erfolgs- bzw. Misserfolgschancen. Vielleicht führen sie noch nicht direkt ans Ziel, aber auf jeden Fall in die gewünschte Richtung. Sie wissen jetzt, dass Sie mit der zuvor unbekannten Situation umgehen können. Diese stellt keine Bedrohung mehr dar.

Sie haben also die Sicherheit und Erkenntnis gewonnen, auf dem richtigen Pfad zu sein. Die neuen, erfolgreichen Verhaltensweisen werden jetzt bewusst eingesetzt. Gleichzeitig hat sich damit Ihr Handlungsrepertoire erweitert. Die Eigenkompetenz hat gegenüber dem Ausgangspunkt zugenommen; je komplexer und schwieriger der Veränderungsprozess ist, desto mehr wächst sie.

Beispiel Auch im Zug-Beispiel hat eine neue Strategie den Erfolg gebracht: Sie haben sich nicht weiter überlegt, wie Sie doch noch zum Vorstellungsgespräch gelangen könnten, sondern Ihre Bedenken in den Wind geschlagen und die Personalchefin angerufen. Somit haben Sie die Voraussetzung dafür geschaffen, an einem anderen Tag zum Vorstellungsgespräch fahren zu können.

G Integration / stete Weiterentwicklung

Nachdem Sie die Situation erfolgreich gemeistert haben, stellt sich Zufriedenheit ein und der Alltag kehrt wieder ein. Die veränderten Verhaltensweisen werden gefestigt. Sie sind jetzt fähig, diese in ähnlichen Situationen anzuwenden oder auf andere Bereiche auszudehnen.

Im Lauf der Zeit nimmt so die persönliche Veränderungsfähigkeit laufend zu. Diese drückt sich unter anderem in der Eigenkompetenz aus. Auch wenn sie immer wieder durch neue Situationen zeitweise eingeschränkt wird, wächst sie gesamthaft. Das ist nichts anderes als die kontinuierliche Anpassung an eine sich konstant veränderte Umwelt, auch als Evolution bekannt.

14.2.2 Voraussetzungen für Veränderungen klären

Damit der innerhalb oder ausserhalb der Organisation spürbare Veränderungsdruck überhaupt in einen konkreten Veränderungsprozess mündet, müssen drei Voraussetzungen gegeben sein: der Veränderungsbedarf, die Veränderungsbereitschaft und die Veränderungsfähigkeit.

Diese drei Voraussetzungen stehen in vielfältigen Wechselwirkungen. Wer Veränderungen gestalten will, muss sich der gegenseitigen Abhängigkeiten bewusst sein. Ohne deutlich erkennbare Notwendigkeit zur Veränderung, also ohne einen Veränderungsbedarf, ist die Veränderungsbereitschaft nicht zu wecken. Umgekehrt ist selbstverständlich nur mit der Veränderungsbereitschaft und -fähigkeit ein Veränderungsbedarf zu befriedigen. In den nachfolgenden Abschnitten betrachten wir die drei Voraussetzungen noch etwas genauer.

[14-5] Voraussetzungen für Veränderungen

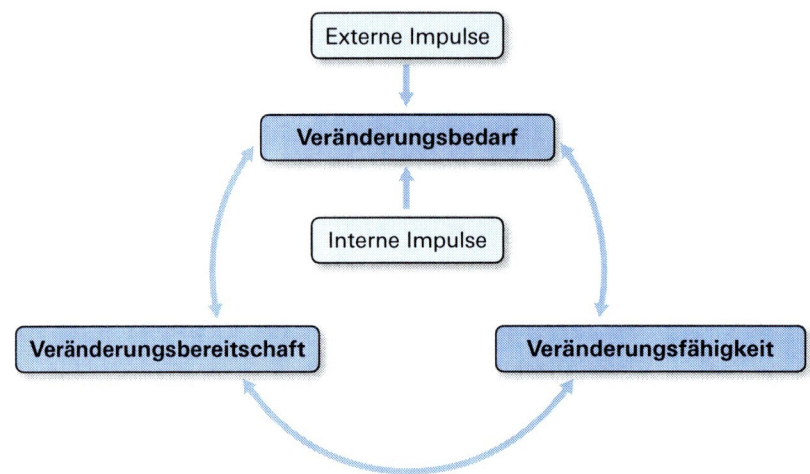

A Veränderungsbedarf

Damit ist das **Ausmass** notwendiger Veränderungen gemeint. Externe oder interne Ursachen geben den Anstoss für Veränderungsprozesse in Organisationen, jedoch führt nicht jede Ursache zu einer (sofortigen) Veränderung.

B Veränderungsbereitschaft

Das Zug-Beispiel eingangs dieses Kapitels veranschaulicht eindrücklich, wie Veränderungsprozesse bei Menschen ablaufen. Bevor wir bereit sind, uns auf Veränderungen einzulassen oder gar von ihnen zu profitieren, durchlaufen wir verschiedene Phasen der Unsicherheit bis hin zur lähmenden Ohnmacht. Das Beispiel zeigt ebenfalls auf, dass die **Einstellung** und das **Verhalten** für das Gelingen entscheidend sind. Genauso wie alltägliche Situationen, in denen wir uns veränderten Situationen stellen müssen, betrifft dies Veränderungsprozesse im Unternehmen.

Die Veränderungsbereitschaft ist folglich eine **subjektive Einschätzungsfrage** der am Veränderungsprozess beteiligten bzw. von ihm betroffenen Personen: Wenn Organisationen einen notwendigen Wandel «verschlafen», liegt dies auch daran, dass sich die Betroffenen trotz der Einsicht eines Veränderungsbedarfs nicht dem Veränderungsprozess stellen wollen. In der Praxis kommen zwei typische «Verneinungsstrategien» ziemlich häufig vor, die Ausdruck mangelnder Veränderungsbereitschaft sind:

- **Vogel-Strauss-Politik:** Bildlich gesprochen steckt man den Kopf in den Sand. Signale, die auf einen Veränderungsbedarf hindeuten, werden verdrängt oder bewusst ignoriert. Man unternimmt alles, um so weiter zu machen wie bisher. Allerdings ist dies auf Dauer gar nicht mehr möglich, weil – wiederum bildlich gesprochen – der Kopf im Sand steckt und damit die Bewegungsfreiheit massiv eingeschränkt ist.
- **Abwarten und Tee trinken:** Nach dem Motto «wird schon irgendwie hinhauen» oder «besser nichts tun, als etwas Falsches tun» unternimmt man erst einmal gar nichts. Stattdessen glaubt man, die Situation auch später noch im Griff zu haben, und wartet deshalb zu, wie sie sich wohl entwickeln wird.

C Veränderungsfähigkeit

Für einen erfolgreichen Wandel ist neben der Bereitschaft auch die Fähigkeit zur Veränderung erforderlich. Als Veränderungsfähigkeit gelten das persönliche **Wissen und Können** der Beteiligten sowie die Fähigkeit einer Organisation als Ganzes, Veränderungsprozesse zu initialisieren, zu gestalten und zu implementieren.

Tief greifende und komplexe Veränderungsprozesse erfordern Fähigkeiten, die eine Organisation **nicht ohne weiteres besitzt.** Vielfach fehlt die notwendige Erfahrung, solche Vorhaben einzuleiten und zu steuern. Daher setzen viele Unternehmen externe Berater für Veränderungsprozesse oder im Management sog. «Troubleshooter» bzw. Krisenmanager ein.

14.2.3 Veränderungsbereitschaft fördern

Die Reaktionsphasen von Menschen auf Veränderungen zeigen anschaulich auf: Veränderungsprozesse verlaufen nach einem typischen Muster und betreffen zwei Ebenen: die **Gefühlsebene,** wenn es um die Veränderungsbereitschaft geht, und die **sachliche Ebene,** wenn es um den Veränderungsbedarf geht. Für einen erfolgreichen Veränderungsprozess ist demnach die Verknüpfung der beiden Ebenen von entscheidender Bedeutung: Es geht nicht nur um die sachliche und systematische Durchführung von Veränderungsprojekten, sondern auch um die «Veränderung in den Köpfen».

Die Veränderungsbereitschaft bei einzelnen Menschen oder in Gruppen gezielt zu entwickeln, heisst, **auf die behindernden Kräfte einzuwirken** und gleichzeitig die **Veränderung voranzutreiben.** Die Durchführbarkeit und der Erfolg von vielen organisatorischen Veränderungsmassnahmen hängen entscheidend davon ab, ob und inwieweit es gelingt, die betroffenen Personen von der **Notwendigkeit des Wandels zu überzeugen** und ihnen die negativen Konsequenzen der Nicht-Veränderung aufzuzeigen. Die betroffenen Personen müssen ihre bisherigen Einstellungen, Werte und Verhaltensweisen infrage stellen, um ihre Motivation zur Veränderung wecken und damit eine Veränderungsbereitschaft erzeugen zu können.

Die folgenden **Massnahmen** wirken positiv auf die Veränderungsbereitschaft:

A Offene Information und Kommunikation

Veränderungen lösen **Unsicherheiten** aus. Das Gefühl, nicht oder nur ungenau informiert zu sein, verstärkt die ablehnende Haltung dem Neuen gegenüber. Man ist zusätzlich verunsichert, weil man nur vermuten kann, was auf einen zukommt. Gerüchte und Spekulationen machen die Runde und vergrössern den **Widerstand.**

Widerstand ist sowohl auf der **Kommunikationsebene** als auch auf der **Handlungsebene** (d. h. der Aktionsebene) erkennbar:

- Auf der **Kommunikationsebene** sind die Anzeichen für verbalen Widerstand lang anhaltende, heftige Diskussionen. Oftmals werden sie über Nebensächlichkeiten geführt, nicht über das eigentliche Thema, nämlich über die Angst vor bevorstehenden Veränderungen. Der nonverbale Widerstand drückt sich in unerwarteten Verhaltensweisen oder in demonstrativem Schweigen aus.
- Auf der **Handlungsebene** zeigt sich aktiver Widerstand in einem angriffsorientierten Verhalten (Drohgesten usw.). Rückzug und Flucht sind die Merkmale des passiven Widerstands.

[14-6] Anzeichen für Widerstand

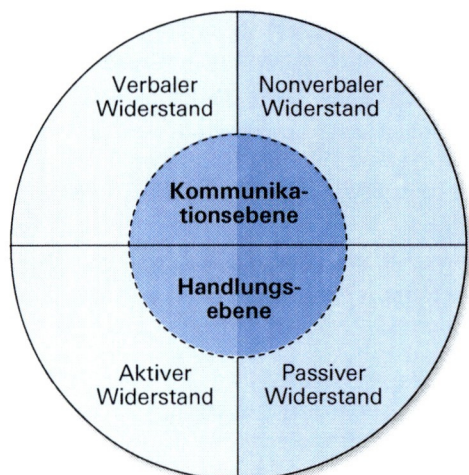

Im Geschäftsleben wird leider nur selten offen darüber gesprochen, warum man sich gegen eine Veränderung sträubt. Vor allem dann nicht, wenn es sich um persönliche Gründe handelt, wie die eigenen Ängste, etwas zu verlieren oder der neuen Situation nicht gewachsen zu sein. Umso wichtiger ist eine offene Information und Kommunikation über das Veränderungsvorhaben. Sie vermindert das Gefühl der Ohnmacht und tritt möglichem Widerstand aktiv entgegen.

Insbesondere die folgenden Punkte müssen Sie deshalb bei der Ankündigung von Veränderungsvorhaben ansprechen:

[14-7] Offene Information und Kommunikation

Aspekt	Erklärung und Auswirkungen
Gründe	Eine nachvollziehbare Begründung, weshalb eine Veränderung stattfinden muss, erhöht das Problemverständnis und die Änderungsbereitschaft.
Vorgehen	Informationen über die Teilziele, die geplanten Zwischenschritte und den anzustrebenden Endzustand der Veränderung reduzieren die Ungewissheit, die mit einem Veränderungsprozess zwangsläufig verbunden ist.
Mögliche Probleme	Mögliche Probleme, die die geplante Veränderung mit sich bringen kann, müssen ebenfalls offen angesprochen werden. So können sich die Betroffenen ein Bild über die Art und das Ausmass der Veränderung machen.

B Aktive Beteiligung

Veränderungsbereitschaft bedeutet nicht, dass einige wenige Exponenten im Unternehmen Feuer und Flamme für ein Vorhaben sind und es durchzusetzen versuchen; für das Gelingen ist ein Mindestmass an Akzeptanz **auf breiter Ebene** erforderlich. Veränderungen müssen von den Betroffenen mitgetragen werden. Wer sich ausgeschlossen fühlt, ist oft schon aus Prinzip dagegen. Die aktive Beteiligung der von den Veränderungen betroffenen Personen ist deshalb ein wesentlicher Erfolgsfaktor für die Durchführung von Veränderungsprozessen.

Dies fördert ein **Klima des Vertrauens** und vermindert unnötige Ängste. Den Ankündigungen müssen jedoch Taten folgen. Idealerweise können die Beteiligten sowohl auf den Verlauf als auch auf das Ergebnis des Veränderungsprozesses Einfluss nehmen. Ein wesentlicher Aspekt dabei ist, dass auf Veränderungsideen möglichst bald auch konkrete

Planungs- und Umsetzungsschritte folgen, sonst verflüchtigt sich die Motivation der Beteiligten schnell wieder.

Eine Ausnahme ist allerdings zu erwähnen: Wird das mit einer geplanten Veränderung verbundene Konfliktpotenzial als zu hoch eingeschätzt und besteht zudem ein wirklich dringender Handlungsbedarf, kann es notwendig sein, auf die Beteiligung der betroffenen Personen von vornherein zu verzichten. Die Frage der aktiven Beteiligung macht deutlich, dass es nicht eine einzige richtige Vorgehensweise bei Veränderungsvorhaben geben kann. Vielmehr haben die Art der Veränderung und die jeweilige Situation bzw. das Umfeld der Veränderung einen massgeblichen Einfluss darauf.

Die folgende Tabelle fasst bekannte Vorgehensweisen und ihre Auswirkungen bei den Betroffenen zusammen. Der Grad der Beteiligung nimmt dabei immer mehr zu: von keiner Beteiligung (Befehl) bis zur hundertprozentigen Beteiligung (totale Partizipation).

[14-8]   Vorgehensweisen bei Veränderungsvorhaben

Vorgehensweise	Erklärung	Auswirkungen
Befehl	Die Unternehmensleitung oder die Führungsperson ordnet unwiderruflich eine Veränderung an. Alle haben diesen Anweisungen Folge zu leisten, ansonsten drohen Sanktionen.	• Hohe Akzeptanz durch die Betroffenen in Krisen- bzw. Ausnahmesituationen, wie z. B. bei Unfällen, Bränden oder vor drohenden Umweltkatastrophen. • Frustration und Verweigerung oder sogar Sabotage, wenn Veränderungen regelmässig befohlen werden.
Bombenwurf	Die Unternehmensleitung bzw. die Führungsperson und einige wenige Eingeweihte oder Experten erarbeiten unter strenger Geheimhaltung Massnahmen für eine Veränderung. Nach der definitiven Beschlussfassung wird meist ohne Vorankündigung die Umsetzung angeordnet – die Bombe wird geworfen. Typische Anlässe für einen berechtigten Bombenwurf sind Fusionen, Börsengang, Kooperationsverträge usw.	• Löst immer grosse Verwirrung und Unruhe bei den Betroffenen aus. Wenn der Prozess nach dem «Einschlag» vom Management nachvollziehbar gestaltet wird, kehrt schnell wieder Ruhe ein. • Negative Folgen, wenn das Vorgehen unverständlich bleibt: Identifikationsverlust, abnehmende Leistungsbereitschaft mit innerer Kündigung, höherer Fluktuation, Passivität und Leistungsabfall.
Selektive Partizipation	Ein Projektteam, das aus Mitgliedern unterschiedlicher Organisationseinheiten besteht, erarbeitet gemeinsam Lösungen.	• Grundsätzlich Akzeptanz für diesen Ansatz vorhanden. • Eine ungenügende Informationspolitik und eine starke Abgrenzung der Projektgruppe zeigen ähnliche Auswirkungen wie der Bombenwurf.
Pilot	In einem klar abgegrenzten, typischen Bereich wird ein Veränderungsprozess komplett durchgeführt, bevor er auf weitere Bereiche ausgedehnt wird.	• Hohe Akzeptanz, besonders in grösseren Unternehmen geeignet.
Totale Partizipation	Es gibt nur Beteiligte, die von Anfang an bis zum Schluss voll in den Veränderungsprozess integriert werden und auch die volle Verantwortung für das Ergebnis tragen.	• Hohe Akzeptanz, da alle an der Gestaltung beteiligt sind. • Setzt wenig hierarchische Strukturen voraus. • Informelle Machtstrukturen beeinflussen das Vorankommen und die inhaltliche Lösungsfindung.

14.2.4 Veränderungsfähigkeit fördern

Die Dynamik des Wandels führt zu einem stetig hohen Anpassungs- und Leistungsdruck sowohl bei den einzelnen Mitarbeitenden, die sich als Leistungsträger im Arbeitsmarkt behaupten wollen, wie auch beim Unternehmen, das als Anbieter von Gütern und Dienstleistungen in den Absatzmärkten erfolgreich tätig sein will. Diesem Druck kann nur begegnen, wer fähig ist, sich zu verändern.

Wenn Unternehmen langfristig überleben wollen, müssen sie sich den veränderten Gegebenheiten rasch anpassen können. Noch besser ist es, wenn es ihnen gelingt, vorausschauend und pro-aktiv zu handeln, indem sie Probleme zu vermeiden und Chancen wahrzunehmen versuchen. Mit anderen Worten: Unternehmen müssen permanent lernen. Man spricht in diesem Zusammenhang auch von der Notwendigkeit, eine «**lernende Organisation**» zu sein.[1]

Definition: Als lernende Organisation wird die Fähigkeit einer Institution – eines Unternehmens oder eines Teilbereichs davon – verstanden, Wissen, Fertigkeiten und Werte zu erlangen, nutzbar zu machen, zu verändern oder fortzuentwickeln, sodass die Unternehmung vorausschauend Probleme vermeiden oder aufgetretene Probleme und Anforderungen beherrschen kann. (Quelle: Schmidt, Götz: Grundlagen der Aufbauorganisation, Verlag Dr. Götz Schmidt, Giessen, 1995, S. 364.)

Als **lernfördernde Faktoren** werden jene Gründe genannt, die ein Klima der Veränderungsbereitschaft im Unternehmen begünstigen, wie z. B.:

- Sorgfältig begleitete Veränderungsprozesse, die auch den Ängsten der Mitarbeitenden Rechnung tragen
- Einschneidende Krisen mit einem entsprechenden Leidensdruck, die allgemein die Lernbereitschaft fördern
- Einflussreiche Mitarbeitende, die Veränderungen vorantreiben (sog. Promotoren)
- Bewusstes, regelmässiges Hinterfragen vorhandener Strategien, Strukturen und der gelebten Unternehmenskultur
- Gemeinsame Visionen, das Verständnis und die Verinnerlichung gemeinsamer Ziele
- Freie Kapazitäten für Lernprozesse
- Übungsfelder für gemeinsames Lernen in Teams wie auch in «Communities of Practice» (d. h. in sich selbstständig bildenden Gruppen, die an einer gemeinsamen Aufgabe, einem gemeinsamen Produkt oder in einem gemeinsamen Beruf arbeiten)
- Einsatz und Pflege von Instrumenten, die den individuellen und gemeinsamen Lernprozess begünstigen, wie z. B. regelmässige Feedbacks, Personalentwicklungskonzepte, laufende Prozessoptimierungen, Qualitätszirkel, Wissensmanagement usw.

Veränderungen in Organisationen haben vielfältige Ursachen:

Ursache	Beschreibung und Beispiele
Intern	- **Direkte Führung:** Veränderungen in der direkten Führungsbeziehung zwischen Führungsperson, Mitarbeitenden bzw. Team und Aufgaben - **Indirekte Führung:** Anpassungs- oder Veränderungsbedarf in der Strategie, Struktur oder Kultur eines Unternehmens
Extern	- **Ökonomische** Veränderungen in den Absatz- oder Beschaffungsmärkten oder aufgrund einer veränderten Konkurrenzsituation - **Technologische** Veränderungen durch den Strukturwandel, verkürzte Produktlebenszyklen, verändertes Wissen - **Gesellschaftliche** Veränderungen aufgrund politischer Umwälzungen, kultureller Veränderungen oder sozialer Veränderungen in Form eines gesellschaftlichen Wertewandels - **Ökologische** Veränderungen durch die Folgen von Immissionen, Rohstoffabbau oder gesetzlichen Umweltauflagen - **Rechtliche** Veränderungen durch staatliche oder unternehmensinterne Neu-Regelungen
Megatrends	- **Prognosen** über künftige tiefgreifende Veränderungen

---

[1] Den Begriff «Lernende Organisation» prägte der Amerikaner Peter M. Senge mit seinem 1990 erschienenen Buch «The Fifth Discipline» (Die fünfte Disziplin).

Ein Mensch durchläuft in einem Veränderungsprozess sieben individuelle Phasen:

Phase	Name	Kurzbeschreibung
1	Schock/ Überraschung	Neue Situation entspricht nicht mehr der gewohnten.
2	Verneinung	Es wird versucht, die aktuelle Situation mit dem gewohnten Verhalten in den Griff zu bekommen.
3	Rationale Einsicht	Gewohntes Verhalten bringt nicht den erwünschten Erfolg.
4	Emotionale Akzeptanz / Krise	Endgültige Abschiednahme vom gewohnten Verhalten. Der absolute Tiefpunkt ist erreicht.
5	Experimentieren/ Lernen	Neue Verhaltensmuster werden entwickelt, erprobt und bewertet.
6	Erkenntnis / neu erlernte Kompetenz	Aktuelle Situation wird mit neuem Verhalten bewältigt.
7	Integration / stete Weiterentwicklung	Verhaltensmuster werden stabilisiert und in ähnlichen Situationen angewendet.

Damit aus Veränderungsimpulsen konkrete Veränderungsvorhaben resultieren, müssen drei Voraussetzungen gegeben sein:

- **Veränderungsbedarf:** Notwendigkeit einer Veränderung
- **Veränderungsbereitschaft:** Einstellung und Verhalten der am Veränderungsprozess Beteiligten bzw. davon Betroffenen
- **Veränderungsfähigkeit:** Wissen und Können, einen Veränderungsprozess durchzuführen

Zur Förderung der Veränderungsbereitschaft tragen vor allem zwei Massnahmen bei:

- **Offene Information und Kommunikation:** Gründe, Vorgehen und mögliche Probleme im Zusammenhang mit dem Veränderungsvorhaben bewusst ansprechen, um Unsicherheiten und Widerstand zu verringern.
- **Aktive Beteiligung der Betroffenen:** Akzeptanz auf breiter Ebene und ein Klima des Vertrauens schaffen; das Ausmass der Beteiligung ist von der Art der Veränderung und der jeweiligen Situation abhängig.

Die Veränderungsfähigkeit einer Organisation setzt eine permanente Lernbereitschaft voraus. Als wichtige Faktoren für die **lernende Organisation** gelten:

- Sorgfältig begleitete Veränderungsprozesse
- Krisen bzw. Leidensdruck
- Promotoren von Veränderungen
- Hinterfragen bestehender Strategien, Strukturen und der Kultur
- Freie Kapazitäten für Lernprozesse
- Den Lernprozess begünstigende Instrumente

Repetitionsfragen

62 Um welche Art von Veränderungsimpulsen handelt es sich hier?

A] Generationenwechsel an der Führungsspitze eines Familienunternehmens

B] Expansionschancen dank des Wirtschaftsbooms in China

C] Deregulierung des Elektrizitätsmarkts

D] Prognosen eines Meinungsforschungsinstituts

63 Wahrscheinlich haben Entwicklungen auch vor Ihrem Unternehmen nicht Halt gemacht und Veränderungen gefordert.

A] Beschreiben Sie in einigen Sätzen die wichtigsten drei Veränderungsimpulse, von denen Ihr Unternehmen in den letzten beiden Jahren betroffen war.

B] Bezeichnen Sie die genannten Veränderungsimpulse: intern – extern, direkte Führung – indirekte Führung, Umweltsphäre?

64 Beurteilen Sie, in welchem Mass die drei Voraussetzungen bei einem Veränderungsprozess vorhanden waren, den Sie kürzlich in Ihrem Unternehmen erlebt haben.

65 Beurteilen Sie die Vorgehensweisen nach dem Beteiligungsgrad der Betroffenen:

Methodischer Ansatz	Beteiligungsgrad	Tief	Mittel	Hoch
Pilot		☐	☐	☐
Befehl		☐	☐	☐
Totale Partizipation		☐	☐	☐
Bombenwurf		☐	☐	☐

66 Welche Voraussetzungen für Veränderungen werden in den folgenden Ausschnitten aus Zeitungsartikeln angesprochen?

A] «... Die gravierenden Probleme der Firma A kommen nicht von ungefähr. Zu lange haben die Verantwortlichen den längst fälligen Kurswechsel nicht wahrhaben wollen und dringend notwendige Anpassungen hinausgezögert ...»

B] «... Die Unternehmensleitung muss sich den Vorwurf gefallen lassen, dass sie es versäumt hat, rechtzeitig professionelle Unterstützung von aussen zu holen, um die ambitiösen Veränderungskonzepte in Taten umzusetzen ...»

C] «... Allen Bereichsleitern ist klar, dass Anpassungen notwendig sind. Keiner sieht diese Notwendigkeit in seinem eigenen Funktionsbereich ...»

| 67 | Ordnen Sie folgende Beschreibungen einer Phase menschlicher Reaktion auf veränderte Situationen zu: |

Beschreibung	Phase
Lernen, sich in der veränderten Situation frei zu bewegen.	
Weitermachen wie bisher. Die Situation ohne Veränderung in den Griff zu bekommen versuchen.	
Reflexartige Reaktion	
Endstation mit gewohntem Verhalten ist erreicht.	
«Eigentlich wären neue Verhaltensweisen notwendig, um die aktuelle Situation zu meistern.»	
Neue Verhaltensweisen werden auf andere Bereiche ausgeweitet.	
Die neuen Verhaltensweisen werden bewusst eingesetzt.	

| 69 | Es gibt vier Arten von Widerstand: |

- Verbal
- Nonverbal
- Aktiv
- Passiv

Um welche Art von Widerstand handelt es sich bei den vier Beispielen in der Tabelle? Die Beispiele können mehrere Arten von Widerstand darstellen.

Beispiel	Art des Widerstands
Polemische Äusserungen	
Fernbleiben von Sitzungen	
Blödeln	
Unruhe	

15 Projektcontrolling

Lernziel: Nach der Bearbeitung dieses Kapitels können Sie ...

- für ein Projektbeispiel die geeigneten Steuerungsinstrumente vorschlagen.

Schlüsselbegriffe: Abweichungsursachen, Arbeitsfortschritt, Arbeitsfortschritts-Vergleichsdiagramm, Arbeitspaketbericht, Balkendiagramm, Controllingprozess, Cost Performance Index, Earned Value, Fertigstellungsgrad, Kostenstand, Kostenvergleichsdiagramm, Kostenvergleichstabelle, Meilenstein-Trendanalyse, Projektstand, Projekt-Status-Meeting, Qualitätsstand, Ressourcen Soll-/Ist-Diagramm, Scheduled Performance Index, SPI/CPI-Diagramm, Steuerungsmassnahmen, Terminstand

Im Unternehmen fallen immer wieder Projekte an. Ein wesentliches Element im Umgang mit Projekten ist die laufende Kontrolle und Steuerung des Projekts. Das Projektcontrolling ist massgeblich mitverantwortlich für die Erfolgsaussichten eines Projekts.

Ein aktueller Projektplan ist die unabdingbare Voraussetzung für die Projektsteuerung, d. h. für ein zielgerichtetes **Projektcontrolling.** Allerdings wird es kaum ein Projekt geben, in dem der dafür entwickelte Plan vollständig aufgeht. Im Gegenteil, in den meisten Fällen wird man im Projektverlauf mit der Tatsache konfrontiert, dass die festgestellten Ist-Werte von den Planwerten abweichen. Hier setzt das Projektcontrolling ein.

Entsprechend der Bedeutung des Begriffs «Controlling» umfasst das Projektcontrolling **zwei sich ergänzende Aufgaben:**

- Projektfortschritt überwachen
- Bei Abweichungen oder Problemen steuernd in den weiteren Projektverlauf eingreifen

Die nachfolgende Grafik zeigt den **Controllingprozess** im Überblick. Mit dem Kreislauf wird verdeutlicht, dass das Projektcontrolling zyklisch erfolgt. Es ist als Daueraufgabe im Projektmanagement zu verstehen und ist eng mit der Projektplanung verknüpft.

[15-1]   Controllingprozess bei Projekten

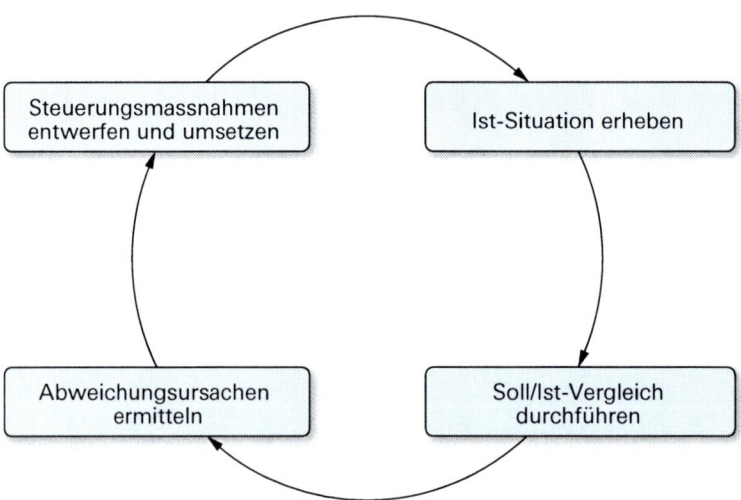

In diesem Kapitel behandeln wir zunächst die bekanntesten Instrumente der Ist-Aufnahme und des Soll/Ist-Vergleichs; anschliessend stellen wir einige typische Steuerungsmassnahmen vor.

15.1 Ist-Situation des Projekts erheben

Den wirklichen Status eines Projekts zu ermitteln, stellt eine besondere Schwierigkeit dar, da man in den meisten Fällen die geleistete Arbeit nicht «objektiv» messen kann. Üblicherweise wird der aktuelle Projektstand auf der Grundlage der einzelnen Arbeitspakete erhoben, wobei bereits die Frage nach dem Fertigstellungsgrad eines Arbeitspakets einen grossen Interpretationsspielraum und somit die Gefahr von Fehleinschätzungen in sich birgt.

Trotzdem beruht die wirksame Projektsteuerung darauf, dass man nicht nur über eine aktuelle Planung, sondern auch über eine möglichst realitätsnahe Einschätzung des tatsächlichen Projektfortschritts verfügt.

Als Grundlage für die Einschätzung der Ist-Situation ist es wichtig, die Ist-Daten in demselben Detaillierungsgrad zu erheben, wie er für die Planung eingesetzt wurde. Aus den folgenden Gründen:

- Ein höherer Detaillierungsgrad bei den Ist-Daten als bei den Planungsdaten macht wenig Sinn, da ein Soll/Ist-Vergleich nur auf denselben Grundlagen aussagekräftig ist.
- Ein geringerer Detaillierungsgrad bei den Ist-Daten als bei den Planungsdaten lässt zu Recht die Frage auftauchen, warum man detaillierter geplant hat.

15.1.1 Rückmeldung des Arbeitsfortschritts

Zur Rückmeldung des Arbeitsfortschritts gehören eine konkrete Aussage über den Fertigstellungsgrad des abzuwickelnden Arbeitspakets, das Ansprechen aufgetretener Probleme oder Schwierigkeiten im Vorgehen, im Team, in der Zusammenarbeit mit externen Partnern usw.

In der Praxis werden die folgenden Instrumente für eine Rückmeldung des Arbeitsfortschritts verwendet:

A Der Arbeitspaketbericht oder Arbeitsrapport

Auf Basis der Arbeitspaketaufträge erfolgt eine schriftliche Rückmeldung über den Arbeitsfortschritt mit mindestens folgenden Informationen:

- Geleistete Stunden
- Erwarteter Restaufwand für dieses Arbeitspaket
- Erwarteter Endtermin
- Aufgetretene Probleme bei der Ausführung

B Rückmeldung im Projektmanagement-Tool

Die Rückmeldung dieser Daten erfolgt direkt im Projektmanagement-Tool, das auch für die Planung verwendet wird. Dies hat den Vorteil, dass die Daten bereits an der richtigen Stelle erfasst sind und direkt für die verschiedenen Auswertungen des Tools zur Verfügung stehen, ohne dass sie nochmals manuell dort eingetragen zu werden brauchen.

C Projekt-Status-Meeting (Projektteam-Sitzung)

In diesen regelmässig stattfindenden Sitzungen berichten alle Projektmitarbeitenden über den Stand ihrer Arbeit, über aufgetretene Probleme und über wichtige zu treffende Entscheide. Diese Informationen dienen dem Projektleiter sowohl als Basis für die Nachführung der Pläne als auch für den Soll/Ist-Vergleich zwischen den Plänen und dem effektiven Projektfortschritt.

Wenn die Projektmitarbeitenden an der Sitzung nur mündlich berichten, ist diese Form der Statusermittlung meistens zu wenig konkret. Trotzdem sind solche Meetings für die Projektsteuerung von grosser Wichtigkeit, weil neben den Sachinformationen auch die «weichen» Informationen (d. h. auf der Beziehungsebene, wie z. B. über die Zusammenarbeit mit den Fachbereichen, mit Lieferanten, im Projektteam usw.) übermittelt werden, die in dieser Form wohl in keinem Bericht stehen würden. Zudem findet an solchen Meetings auch ein Austausch auf informeller Ebene statt, was die Koordination wesentlich erleichtert. Nicht zuletzt kann an diesen Meetings auch die Teambildung positive Impulse erfahren.

D Einzelgespräche

Auch diese Form der Statusermittlung ist wichtig, da oft gerade erst im Einzelgespräch die vorhandenen Schwierigkeiten auf den Tisch kommen und damit auch die Chance besteht, eine wirklich realistische Einschätzung des Projektstands zu erhalten. Zudem kann sich die Projektleiterin direkt ein Bild von der Qualität der Arbeit durch Einsicht in verschiedene Arbeits- oder Zwischenergebnisse machen. Ein Grundsatz besagt, dass kein Projekt ohne solche persönlichen Gespräche zwischen der Projektleitung und den Projektmitarbeitenden abgewickelt werden sollte.

15.1.2 Feststellung des Fertigstellungsgrads

Der Fertigstellungsgrad ist die Massgrösse für den inhaltlichen Arbeitsfortschritt; er wird typischerweise in Prozenten angegeben. Für die Feststellung des Fertigstellungsgrads gibt es mehrere Möglichkeiten:

A Subjektive Einschätzung

Die subjektive Einschätzung der für das betreffende Arbeitspaket verantwortlichen Person führt in der Praxis häufig zum «99 %-Syndrom»: Man schätzt den Fertigstellungsgrad zwar zu jedem Rapportierungszeitpunkt etwas höher als das letzte Mal. Gegen Ende des Projekts wird der Fertigstellungsgrad jedoch subjektiv stark überschätzt. Nicht selten braucht man dann 40 % der Zeit für die letzten 10 % des Arbeitsvolumens. Das Arbeitspaket wird somit viel später als ursprünglich vorgesehen abgeschlossen.

Dies liegt daran, dass der Fertigstellungsgrad anfänglich oft zu optimistisch geschätzt wird. Unterstützt wird diese Problematik noch dadurch, dass keine Massstäbe für die Fertigstellung definiert wurden.

B Bisher geleistete Stunden und noch zu leistende Stunden

Aufgrund der Berechnung der bisher geleisteten Stunden schätzt man die noch zu leistenden Stunden ein, und zwar nach der folgenden Formel:

$$\% \text{ fertig} = \frac{\text{Bisher geleistet}}{(\text{Bisher geleistet} + \text{geschätzter Restaufwand})} \cdot 100$$

Diese Methode führt in der Praxis zu etwas besseren Resultaten als die rein subjektive Einschätzung.

C Methode «0% – 100%»

Die Arbeitspakete, die noch nicht fertig sind, werden grundsätzlich mit 0% bewertet; erst nach der restlosen Fertigstellung werden sie als 100% fertig bezeichnet.

Falls es viele kleinere Arbeitspakete in einem Projekt gibt und nur an wenigen Arbeitspaketen gleichzeitig gearbeitet wird, ist diese Methode recht erfolgreich, vor allem auf der Gesamtprojektebene.

D Methode «0% – 50% – 100%»

Die Arbeitspakete werden wie folgt bewertet:

0%	Noch nicht begonnen
50%	In Arbeit, aber noch nicht abgeschlossen
100%	Abgeschlossen

Dabei handelt es sich um eine Verfeinerung der vorherigen Methode. Allerdings ist das Resultat zu optimistisch, falls es viele Arbeitspakete gibt und mit ihrer Bearbeitung erst angefangen wurde.

E Definition von Zwischenresultaten

Hier wird ein Arbeitspaket zu Beginn in mehrere Abschnitte zerlegt. Das Erreichen eines jeden Abschnitts wird durch ein klar definiertes «Deliverable» (bzw. Lieferprodukt) markiert. Jeder Abschnitt entspricht einem im Vorhinein abgemachten Fertigstellungsgrad.

[15-2] Definition von Zwischenresultaten

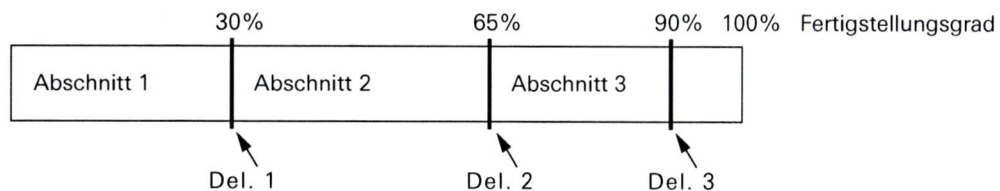

In diesem Projekt entspricht das Lieferprodukt 1 (als «Del. 1» bezeichnet) einem Fertigstellungsgrad von 30% usw.

Dieses Verfahren verspricht die realistischsten Einschätzungen, ist aber auch mit Abstand am aufwendigsten. Aus diesem Grund wird es nicht so häufig verwendet.

15.1.3 Ist-Situation des Projekts konsolidieren

Die aus den verschiedenen Quellen erhobenen Daten werden anschliessend zu einem aktuellen **Projektstand** konsolidiert (d.h. verdichtet). Der Projektstand gibt Auskunft über den Fortschritt in den folgenden Punkten: Termine, Fertigstellung, Kosten und Ergebnisse bzw. Qualität.

A Terminstand konsolidieren

Den Terminstand zu ermitteln, bereitet i.d.R. keine Mühe, weil er auf den einzelnen Arbeitspaketberichten der Projektmitarbeitenden basiert.

Aus dem Terminplan ist ersichtlich,

- welche Arbeitspakete zu welchem Zeitpunkt (bzw. in welcher Berichtsperiode) abgeschlossen sein sollten,
- welche Arbeitspakete zu welchem Zeitpunkt (bzw. in welcher Berichtsperiode) abgeschlossen wurden,
- bei welchen Arbeitspaketen Terminabweichungen bestehen und in welcher Berichtsperiode der Abschluss erwartet wird.

Die Ist-Situation bei den Arbeitspaketen wird auf die Projektphasen, auf die Teilprojekte, auf das Gesamtprojekt und auf die zu rapportierenden Meilensteine verdichtet.

B Fertigstellungsgrad konsolidieren

Wenn die Einschätzung des materiellen Fortschritts auf Arbeitspaketebene seriös vorgenommen worden ist, werden in diesem Konsolidierungsschritt die Fertigstellungsgrade der einzelnen Arbeitspakete auf die Projektphasen, auf die Teilprojekte und auf das Gesamtprojekt anteilsmässig kumuliert.

Das folgende Beispiel soll diesen Sachverhalt verdeutlichen:

[15-3] Fertigstellungsgrad Vorstudie – Beispiel

Phase	Arbeitspaket	Anteil an Phase	Fertigstellungsgrad	Anteil x Fertigstellungsgrad
Vorstudie	Interviews durchführen	10 %	100 %	10.0 %
	Interviews auswerten	10 %	100 %	10.0 %
	Stärken/Schwächen analysieren	15 %	50 %	7.5 %
	Chancen/Risiken ermitteln	10 %	80 %	8.0 %
	Lösungsvarianten skizzieren	25 %	20 %	5.0 %
	Varianten bewerten	15 %	0 %	0.0 %
	Entscheidungspräsentation vorbereiten	10 %	0 %	0.0 %
	Entscheidungspräsentation durchführen	5 %	0 %	0.0 %
Total Phase Vorstudie		(100 %)	–	40.5 %

C Kostenstand konsolidieren

Die Ermittlung des Kostenstands basiert ebenfalls auf den Arbeitspaketberichten. Hinzu kommen ggf. Abrechnungsbelege (Spesen usw.) und die Rechnungen der externen Mitarbeitenden oder Partner.

Aus dem Kostenplan ist ersichtlich,

- wie viel Geld schon ausgegeben wurde («Budget Burned[1]»),
- bis wann wie viel Geld ausgegeben sein sollte und
- welche Budgetabweichungen zu erwarten sind.

Für die Kostenplanung steht dem Projektleiter gewöhnlich eine geeignete Software zur Verfügung. Die geplanten Kosten werden hierbei auf eine jeweilige Projektnummer ver-

---

[1] Engl. für: verbranntes Budget (wörtl.).

bucht. Was verbucht werden muss und wie dabei vorzugehen ist, wird üblicherweise in den Kontierungsrichtlinien[1] des Unternehmens festgelegt. Diese sollten zumindest folgende Fragen eindeutig beantworten:

- Wie müssen externe Rechnungen verbucht werden?
- Wie sind interne Rechnungen (Spesen) zu kontieren?
- Mit welchen Kostensätzen werden die internen Aufwände berechnet?

Dabei ist zu beachten, dass die Kostensituation zeitlich immer etwas «hinterherhinkt», da es einige Tage dauert, bis Rechnungen eingetroffen, geprüft und verbucht sind.

D Qualitätsstand konsolidieren

Schwieriger ist es, fundierte Aussagen über die erreichte Qualität der (Zwischen-)Ergebnisse zu erhalten, d. h. den «qualitativen Projektstatus» zu ermitteln. Hier stellt sich folgende Frage: «Wurden bis zum jetzigen Zeitpunkt und mit den bisher verbrauchten finanziellen Mitteln die erwarteten Resultate in der notwendigen Qualität erreicht?»

Eine an und für sich einfache Frage, die in manchen Branchen relativ präzise beantwortet werden kann, wie z. B. in der Bau- und in der Produktionsbranche, wo es eindeutige Qualitäts-Messkriterien auch für Zwischenergebnisse gibt. Besonders bei IT-Projekten bereitet die Beantwortung dieser Frage aber oft einiges Kopfzerbrechen, denn in der Softwareentwicklung bestehen die Resultate lange Zeit aus abstrakten Modellen und Programmcodes. Auf dieser Basis zu beurteilen, ob die bisherigen Ergebnisse den Anforderungen an die fertige Applikation genügen, ist schwierig. Es bleibt deshalb lange unklar, ob und inwieweit die erreichten (Zwischen-)Ergebnisse wirklich «fertig» sind.

15.2 Soll/Ist-Vergleich durchführen

Nachdem die Ist-Situation in konsolidierter Form vorliegt, wird sie dem Plan gegenübergestellt und schliesslich einem Soll/Ist-Vergleich unterzogen. Grundsätzlich macht man Soll/Ist-Vergleiche für alle planerischen Werte im Projekt (insbesondere für Kosten, Termine und Ressourcen) und kann hierfür unterschiedliche Darstellungstechniken einsetzen.

Auf den folgenden Seiten finden Sie eine Auswahl der häufig verwendeten Darstellungstechniken, die sich für den Termin-, den Kosten- oder den Qualitätsstand eignen.

15.2.1 Terminvergleich

A Balkendiagramm mit Soll- und Ist-Werten

Eine einfache Form der Gegenüberstellung ist das Nachführen des tatsächlichen Ist-Verlaufs auf dem Balkendiagramm der Planung. Sämtliche Projektmanagement-Softwareprogramme bieten diese Form des Soll/Ist-Vergleichs an.

---

[1] Richtlinien, die die Verarbeitung eingehender Rechnungen betreffen. Sie umfassen i. d. R. Vorgaben bezüglich Arbeitsabläufen, Kompetenzen und Verantwortlichkeiten sowie detaillierte Kontopläne.

[15-4] Soll/Ist-Vergleich als Balkendiagramm

Nr.	Task Name	Anfang	Ende
1	**Vorstudie**	**Do 12.08.04**	**Fr 29.10.04**
2	Erhebung	Do 12.08.04	Fr 27.08.04
3	Analyse	Mo 30.08.04	Fr 17.09.04
4	Lösungsentwurf	Mo 20.09.04	Fr 22.10.04
5	Bewertung	Mo 25.10.04	Mi 27.10.04
6	Auswahl	Do 28.10.04	Do 28.10.04
7	Ende Vorstudie	Fr 29.10.04	Fr 29.10.04
8	**Konzept**	**Mo 01.11.04**	**Di 31.05.05**
9	Prozesse	Mo 01.11.04	Mo 21.02.05
10	Software	Di 22.02.05	Mo 18.04.05
11	Dokumentation	Di 19.04.05	Mo 30.05.05
12	Konzeptname	Di 31.05.05	Di 31.05.05
13	**Realisierung**	**Di 31.05.05**	**Mo 27.06.05**
14	Umsetzung der Pläne	Di 31.05.05	Mi 22.06.05
15	Abnahme der Realisierung	Mi 22.06.05	Mo 27.06.05
16	**Einführung**	**Mo 27.06.05**	**Mo 11.07.05**
17	Installation	Mo 27.06.05	Mi 29.06.05
18	Schulung	Mi 29.06.05	Mo 11.07.05
19	Nutzungsfreigabe	Mo 11.07.05	Mo 11.07.05

- Kritisch
- Sammelvorgang
- Sammelvorgang in Arbeit
- Geplant
- Vorgang in Arbeit

Die zeitliche Lage und Dauer des **ursprünglichen Plans** ist auf jeder Zeile, die jeweils ein Arbeitspaket markiert, als **unterer Balken** eingetragen; die **tatsächliche** zeitliche Lage und Dauer ist durch den **oberen Balken** dargestellt.

In diesem Beispiel sind die oberen Balken (d. h. die tatsächliche zeitliche Lage und Dauer) tendenziell weiter rechts als die unteren Balken positioniert. Daraus erkennt man sofort, dass in diesem Projekt wohl ein **zeitlicher Verzug** herrscht.

Die Grafik enthält noch eine weitere Information: Der **prozentuale Fertigstellungsgrad** jedes Arbeitspakets ist **neben dem Balken** als Prozentzahl aufgeführt. Man kann daraus ablesen, welche Arbeitspakete bereits angefangen und zu welchem Prozentsatz sie bearbeitet wurden.

Beispiel

Im obigen Beispiel sind fast alle Arbeitspakete der Konzeptphase zu 100 % abgeschlossen. Lediglich das Arbeitspaket «Konzeptabnahme» wurde mit 0 % Fertigstellungsgrad noch nicht begonnen. Daraus resultiert ein Gesamtfertigstellungsgrad (gerundet) für die Konzeptphase von 99 %.

Zudem sind die in der Zukunft liegenden Arbeitspakete bereits auf den aus jetziger Sicht möglichen Zeitpunkt verschoben, also hat man auch eine Art **Terminprognose** für die Zukunft.

B Arbeitsfortschritts-Vergleichsdiagramm

Mit dem Arbeitsfortschritts-Vergleichsdiagramm wird der laut Projektplanung geplante Projektfortschritt dem zu einem Stichtag tatsächlich erzielten Fortschritt grafisch gegenübergestellt. Die Soll-Kurve lässt sich aus der Planung ableiten, die Ist-Kurve ist aus dem konsolidierten Statusbericht entstanden; sie steht und fällt mit einer realistischen Einschätzung des Fortschritts bei den einzelnen Arbeitspaketen.

[15-5] Arbeitsfortschritts-Vergleichsdiagramm – Beispiel

Dieses Diagramm zeigt: Während zu Beginn des Projekts ein Terminvorsprung bestand (die gestrichelte Ist-Kurve ist von März bis Mai höher als die Soll-Kurve), weist der Projektverlauf in den letzten beiden Monaten einen Terminverzug auf. – Da die Soll-Kurve im kommenden Monat steil ansteigt, besteht u. U. die Gefahr, dass das Projekt noch stärker in Verzug geraten könnte.

Eine klare Aussage entsteht nicht durch eine einzige Betrachtung an einem Stichtag, sondern vielmehr in der Fortschreibung über mehrere Stichtage während der gesamten Projektdauer hinweg. Dabei stellt sich die Frage: «Wie hat sich die Ist-Kurve im Vergleich zu den letzten Stichtagen verändert?»

C Meilenstein-Trendanalyse

Terminabweichungen bedeuten, dass die Vorgaben aus der Planung zu einem bestimmten Zeitpunkt nicht erfüllt wurden. Diese Feststellung ist zwar notwendig, um geeignete Korrekturmassnahmen zu definieren und zu ergreifen, bleibt aber eine Momentaufnahme und sagt nichts über die Erreichbarkeit der künftigen Termine bzw. Meilensteine aus. Wenn der Projektleiter die Zukunft seines Projekts im Auge behalten möchte, muss er ein Instrument anwenden, das **Prognosen** künftiger Termine bzw. Meilensteine erlaubt.

Die Meilenstein-Trendanalyse ermöglicht es, die voraussichtliche Entwicklung **der wichtigsten Projekttermine** aufzuzeigen. Nachfolgend sehen Sie beispielhaft, wie eine Meilenstein-Trendanalyse grafisch dargestellt und interpretiert wird:

[15-6]   Meilenstein-Trendanalyse – Beispiel

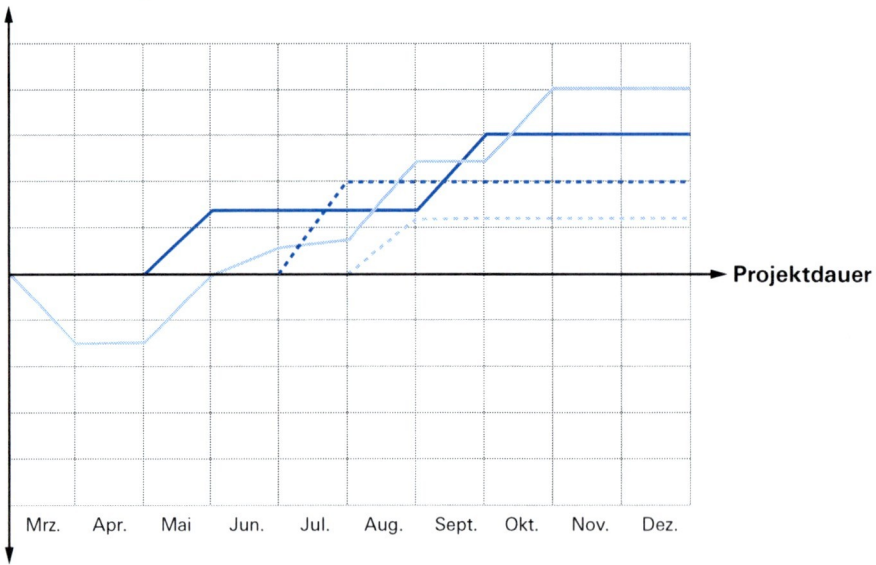

Beispiel

In der obigen Abbildung können Sie erkennen, dass sich im Verlauf des Monats Mai ein Problem ergeben hat, das eine Verschiebung der Meilensteine 1 und 2 zur Folge hatte. Probleme im Monat Juli hatten Auswirkungen auf die Meilensteine 3 und 4. Diese konnten aber im weiteren Projektverlauf gehalten werden. Jedoch ist eine weitere Terminverschiebung für den Meilenstein 1 im Monat September eingetreten.

15.2.2 Kostenvergleich

Um den Kostenvergleich zwischen dem Soll und dem Ist aufzuzeigen, eignet sich sowohl eine entsprechend detaillierte Zahlentabelle als auch die grafische Darstellung mittels eines Diagramms.

A Kostenvergleichsdiagramm

Ebenso wie die Termine als Arbeitsfortschritts-Vergleichsdiagramm lassen sich die Abweichungen bei den Kosten als Kostenvergleichsdiagramm darstellen (Diagrammform siehe 15-5, S. 167; anstelle des Arbeitsfortschritts werden in der vertikalen Achse die Kosten eingetragen).

Beachten Sie dabei: Das Kostenvergleichsdiagramm ist ohne eine gleichzeitige Betrachtung des Arbeitsfortschritts wenig sinnvoll, da die Ist-Kosten sehr häufig vom Arbeitsfortschritt abhängen.

Beispiel

Das Kostenvergleichsdiagramm zeigt am Stichtag eine gegenüber der Soll-Kosten-Kurve deutlich tiefere Ist-Kosten-Kurve. Dies bedeutet nicht unbedingt, dass das Gesamtprojekt günstiger abschliessen wird als geplant. Möglicherweise sind die geringeren Ist-Kosten darauf zurückzuführen, dass bestimmte Arbeiten sich verzögert haben und daher noch nicht belastet wurden.

B Kostenvergleichstabelle

Pro Arbeitspaket werden die Plan- und die Ist-Kosten einander tabellarisch gegenübergestellt und die Abweichung in absoluten und in Prozentzahlen ausgewiesen. Nachfolgend ein Beispiel einer solchen Kostenvergleichstabelle für das Projekt «Prozessoptimierung»:

[15-7] Kostenvergleichstabelle – Beispiel

Arbeitspaket	Plan-kosten (CHF)	Fert.st.-grad (%)	Anteil. Plank. (CHF)	Ist-kosten (CHF)	Abw. absolut (CHF)	Abw. (%)
Erhebung	3 000	100	3 000	5 000	2 000	67
Analyse	3 000	100	3 000	4 000	1 000	33
Lösungsentwurf	1 500	100	1 500	1 000	–500	–33
Bewertung	1 000	100	1 000	1 000	0	0
Auswahl	500	100	500	500	0	0
Abschluss Vorstudie	500	100	500	1 000	500	100
Total Vorstudie	**9 500**		**9 500**	**12 500**	**3 000**	**32**
Prozesse	30 000	70	21 000	18 000	–3 000	–14
Software	40 000	60	24 000	27 500	3 500	15
Dokumentation	15 000	45	6 750	5 500	–1 250	–19
Konzeptabnahme	2 000	0	0	0	0	0
...	...	...	...	...	...	...
Total	**150 000**		**100 000**	**94 000**	**–6 000**	**–6**

Legende: Fert.st.grad = Fertigstellungsgrad; Anteil. Plank. = Anteilige Plankosten; Abw. = Abweichung.

Die Kostenvergleichstabelle zeigt genau auf, bei welchen fertig erstellten oder angefangenen Arbeitspaketen Kosten eingespart und bei welchen diese überschritten wurden.

Beispiel

Im Projekt «Prozessoptimierung» wurden die geplanten Kosten in der inzwischen abgeschlossenen Phase der Vorstudie um fast ein Drittel überschritten (32 %). In absoluten Zahlen sind es 3 000 Franken. – Die Kostensituation für das Gesamtprojekt verläuft derzeit jedoch plangemäss; am Stichtag weist die Kostenvergleichstabelle gar eine Kosteneinsparung von 6 000 Franken oder 6 % aus.

15.2.3 Ressourcen-Soll/Ist-Diagramm

Die Verfügbarkeit von Einsatzmitteln bzw. Ressourcen – darunter sind nicht nur Mitarbeitende zu verstehen, sondern auch andere Sachmittel wie Räume, Maschinen usw. – hat in den meisten Fällen einen erheblichen Einfluss auf den zeitlichen und auf den qualitativen Fortschritt des Projekts. Aus diesem Grund sollte man die Verfügbarkeit der benötigten Ressourcen periodisch überwachen und im Vergleich mit den zugesagten Kapazitäten betrachten. Dazu dient das Ressourcen-Soll/Ist-Diagramm.

Ebenso wie die Termine als Arbeitsfortschritts-Vergleichsdiagramm lassen sich die Abweichungen beim Ressourceneinsatz als Vergleichsdiagramm darstellen (Diagrammform siehe 15-5, S. 167).

[15-8] Ressourcen-Soll/Ist-Diagramm (Stichtag: 1. Juni 2005)

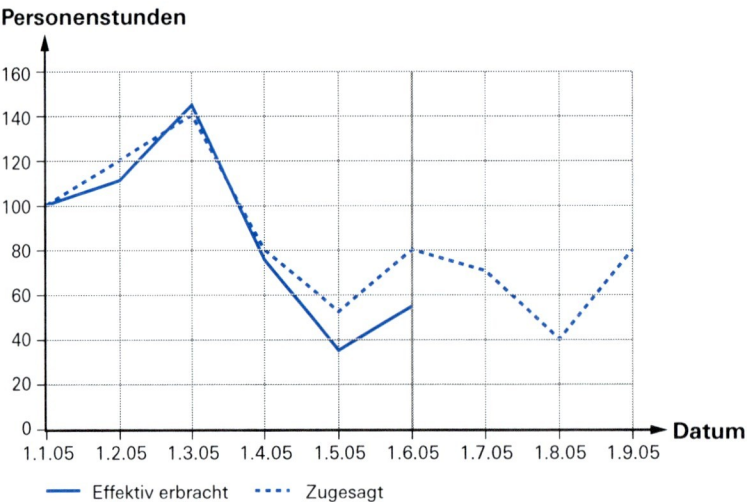

Beispiel

Das Ressourcen-Soll/Ist-Diagramm zeigt am Stichtag eine deutlich niedrigere Personen-Ist-Stunden-Kurve als die Soll-Stunden-Kurve. Eine Kapazitätsunterschreitung war bereits im Vormonat zu verzeichnen. Je nach Ursachen für diese Unterschreitung muss der Projektleiter beim Projektteam und/oder bei den Linienvorgesetzten der Projektmitarbeitenden intervenieren.

15.3 Abweichungsursachen ermitteln

Die Abweichungen zu ermitteln und in Form von Tabellen, Diagrammen oder Berichten festzuhalten, reicht für die Projektsteuerung natürlich nicht aus. Vielmehr braucht es eine sorgfältige Ursachenanalyse für die Abweichungen, denn ohne die genaue Kenntnis der Ursachen kann man kaum die geeigneten Steuerungsmassnahmen entwerfen.

Beispiel

- Ein Projekt gerät in Terminverzug, weil mehrere Mitarbeitende wegen einer Grippe für einige Tage ausgefallen sind. Die Projektleiterin zieht als Steuerungsmassnahme die Anordnung von Überzeit in Betracht. Eine Aufstockung der Personalressourcen ist in diesem Fall nicht nötig, da das Terminproblem auf eine kurzfristige Beeinträchtigung zurückzuführen ist.
- Einzelne Arbeitspakete fallen nicht in der vereinbarten Qualität aus. Die Ursachenanalyse zeigt, dass dies in erster Linie an der Unerfahrenheit des zuständigen Projektmitarbeiters liegt. Die Projektleiterin kann sich als Massnahmen vorstellen: dem betreffenden Mitarbeiter einen erfahrenen «Coach» zur Seite stellen oder sein Know-how mit einer speziellen Schulung verbessern. Keinesfalls braucht es eine generelle Verschärfung der Qualitätssicherung; sie wäre sogar kontraproduktiv, da sie den Projektprozess insgesamt verlangsamen würde.

Die Analyse der Ursachen verringert die Gefahr, mit «Schnellschüssen» die Abweichungen bei Kosten, Terminen oder Ergebnissen möglichst rasch beheben zu wollen. Solch überstürzte oder einseitige Massnahmen bringen vielfach nicht, was man sich von ihnen erhofft. Sie können sich sogar kontraproduktiv auf den weiteren Projektverlauf auswirken.

15.4 Steuerungsmassnahmen entwerfen

Nach der Analyse der Abweichungen und dem Aufdecken der dazugehörigen Ursachen geht es nun darum, Massnahmen zu entwerfen, um die Planabweichungen zu korrigieren. Achten Sie darauf, dass solche Massnahmen

- die Problemursache beseitigen,
- rasch realisierbar sind,
- schnell Wirkung zeigen,
- möglichst wenig Aufwand verursachen,
- wenig zusätzliche Ressourcen benötigen,
- das Projekt als Gesamtes nicht negativ beeinflussen und
- wenig Unruhe in die normale Projektabwicklung bringen.

Steuerungsmassnahmen sind **neue, zusätzliche Aktivitäten** im Projektverlauf. Sie erfordern Zeit, Ressourcen und finanzielle Mittel; sie müssen deshalb als «normale Aktivitäten» in die Planung übernommen und ihre Ausführung genau überwacht werden. In der folgenden Tabelle geben wir Ihnen eine Übersicht über die möglichen Steuerungsmassnahmen, mit denen man korrigierend eingreifen kann.

[15-9] Steuerungsmassnahmen in Projekten

Strategiebezogene Massnahmen	Strukturbezogene Massnahmen
• Leistungsreduzierung • Versionenkonzept • Prioritätenverschiebung • Wechsel der verfolgten Lösung • Ablehnung von Änderungswünschen • Rückgriff auf Alternativen • Einbau von Sicherheiten • Verschiebung des Endtermins	• Parallelarbeit • Änderung der zeitlich-logischen Abfolge • Technikeinsatz • Streichung unwichtiger Arbeitspakete • Umverteilung innerhalb der Puffer • Einstellung zusätzlicher Mitarbeitender • Zukauf externer Kapazitäten • Überstunden, Mehrschichtarbeit
Kulturbezogene Massnahmen	**Planungs-, diagnose- und steuerungsbezogene Massnahmen**
• Fortbildung der Mitarbeitenden • Projektmarketing • Motivationsförderung • Transparenz • Offene Informationspolitik • Persönliche Anerkennung • Delegation • Verbesserung des Arbeitsumfelds	• Informationssystem ausbauen • Kommunikationssystem verbessern • Abschirmung der Mitarbeitenden • Intensivierung der Planung • Erhöhung der Kontrollen • Sorgfältige Ursachenforschung • Räumliche Zentralisierung • Optimierung der Sachmittelausstattung

Grundsätzlich lassen sich dabei zwei verschiedene **Massnahmentypen** unterscheiden:

- Massnahmen, die auf den **Ist-Verlauf** des Projekts einwirken, bedeuten eine **Ist-Korrektur:** Mit diesen Massnahmen versucht man z. B. das Projekt zu beschleunigen, wenn ein Terminverzug diagnostiziert wurde.
- Massnahmen, die auf eine **Planänderung** hinauslaufen, bewirken eine **Soll-Korrektur.** Eine solche Steuerungsmassnahme bedingt in den meisten Fällen eine Zustimmung des Entscheidungsgremiums (Auftraggeber und Projektausschuss).

Beispiel
- Die Parallelarbeit beschleunigt die Projektabwicklung; sie ist eine Ist-Korrekturmassnahme.
- Die Verschiebung des Projektendtermins bedeutet eine Planänderung; sie ist eine Soll-Korrekturmassnahme.

Der Projektsteuerungsprozess durchläuft vier Schritte:

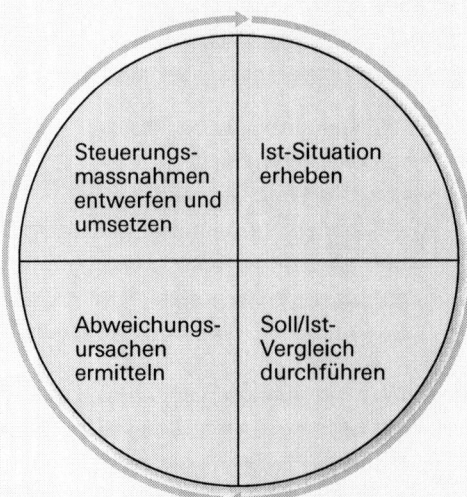

1. **Ist-Situation** erheben: Für eine wirksame Projektsteuerung ist der aktuelle Projektstand regelmässig zu erheben. Anhand der Arbeitspakete werden die Arbeitsfortschritte bzw. der Fertigstellungsgrad beurteilt. Die Konsolidierung der Ist-Situation bezüglich der Termine, Kosten und Ergebnisqualität zeigt den Projektstand auf.
2. **Soll/Ist-Vergleich** durchführen: Die Gegenüberstellung von Plan- und Ist-Daten gibt Aufschluss über die bisherige Projektentwicklung; man kann auf dieser Basis ebenfalls Entwicklungsprognosen anstellen.
3. **Abweichungsursachen** ermitteln: Es reicht nicht aus, Abweichungen festzustellen, sondern man muss auch ihre Ursachen kennen, um angemessen darauf reagieren zu können.
4. **Steuerungsmassnahmen** entwerfen und umsetzen: Aufgrund der Ursachenanalyse zu den Abweichungen gilt es, korrigierend einzugreifen. Dazu müssen die geeigneten Steuerungsmassnahmen entworfen und umgesetzt werden. Es handelt sich dabei um Steuerungsmassnahmen, die entweder auf den Ist-Verlauf einwirken (Ist-Korrektur) oder eine Planänderung anstreben (Soll-Korrektur).

Erhebungs- und Darstellungstechniken zur Erhebung des Projektstands:

Schritt	Erhebungs- und Darstellungstechniken
Ist-Situation erheben	Rückmeldung Arbeitsfortschritt: • Arbeitspaketbericht bzw. Arbeitsrapport • Projektmanagement-Tool • Projekt-Status-Meeting • Einzelgespräche Fertigstellungsgrad: • Subjektive Einschätzung (persönlich, nicht an eindeutige Kriterien gebunden) • Bisher geleistete und noch zu leistende Stunden (Berechnung des Restaufwands anhand des bisherigen Aufwands) • Methode «0 % – 100 %» (nicht fertige zu 0 %, fertige zu 100 %) • Methode «0 % – 50 % – 100 %» (nicht fertige zu 0 %, solche in Arbeit zu 50 %, fertige zu 100 %) • Definition von Zwischenresultaten (Bemessung anhand im Voraus definierter Lieferprodukte)
Soll/Ist-Vergleich durchführen	• Terminvergleich: Balkendiagramm, Arbeitsfortschritts-Vergleichsdiagramm, Meilenstein-Trendanalyse • Kostenvergleich: Kostenvergleichstabelle, Kostenvergleichsdiagramm • Einsatzmittelvergleich: Ressourcen-Soll/Ist-Diagramm

Repetitionsfragen

69 Die Projektleiterin für die Entwicklung eines neuen «Corporate Designs» legt Ihnen den Projektzwischenbericht vor. Nicht ohne Stolz erläutert sie, wie es in den letzten sechs Wochen gelungen ist, die zeitliche Verspätung im Projekt aufzuholen und genau im Projektplan zu sein. Sie präsentiert anschliessend das folgende Kostenvergleichsdiagramm:

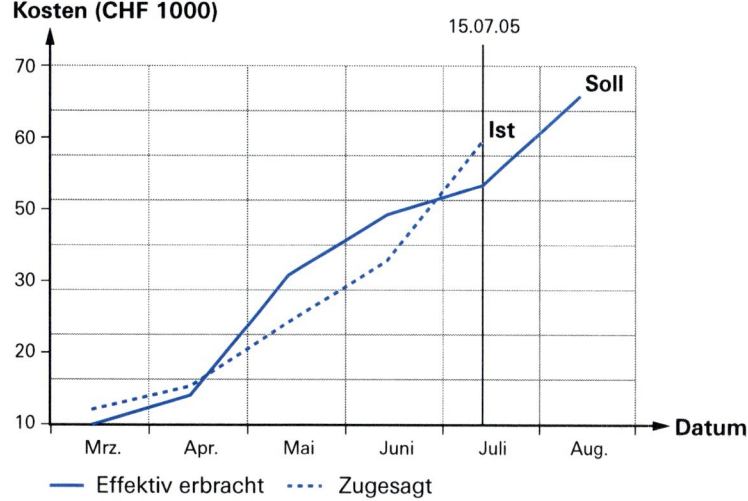

A] Kommentieren Sie das Kostenvergleichsdiagramm in einigen Sätzen.

B] Nennen Sie mindestens eine kritische Frage, die Sie der Projektleiterin zur Kostenentwicklung stellen würden.

70 Timo Reichlin, der Projektleiter des Kongresses «Lernen mit neuen Medien», stellt Abweichungen (Terminverzug) im Arbeitspaket «Rahmenprogramm organisieren» fest. Seine Ursachenanalyse ergibt, dass die dafür zuständige Projektmitarbeiterin, Olivia Hess, viel zu wenig Zeit für das Projekt einsetzen kann, weil sie bereits in zwei anderen Projekten überbeansprucht wird.

A] Kommen als Steuerungsmassnahmen am ehesten solche infrage, die auf eine Ist-, eine Soll- oder sowohl auf eine Ist- als auch auf eine Soll-Korrektur abzielen?

B] **Machen** Sie zwei Beispiele von konkreten Steuerungsmassnahmen, die Timo Reichlin für das Arbeitspaket «Rahmenprogramm organisieren» bzw. für den Einsatz von Olivia Hess ergreifen kann.

71 Betrachten Sie die Abbildung und beantworten Sie folgende Fragen.

A] Wie beurteilen Sie den Ist-Zustand des Projekts in Bezug auf den zeitlichen Aspekt? Entspricht er dem Plan?

B] Was bedeuten die Prozentzahlen in der Abbildung?

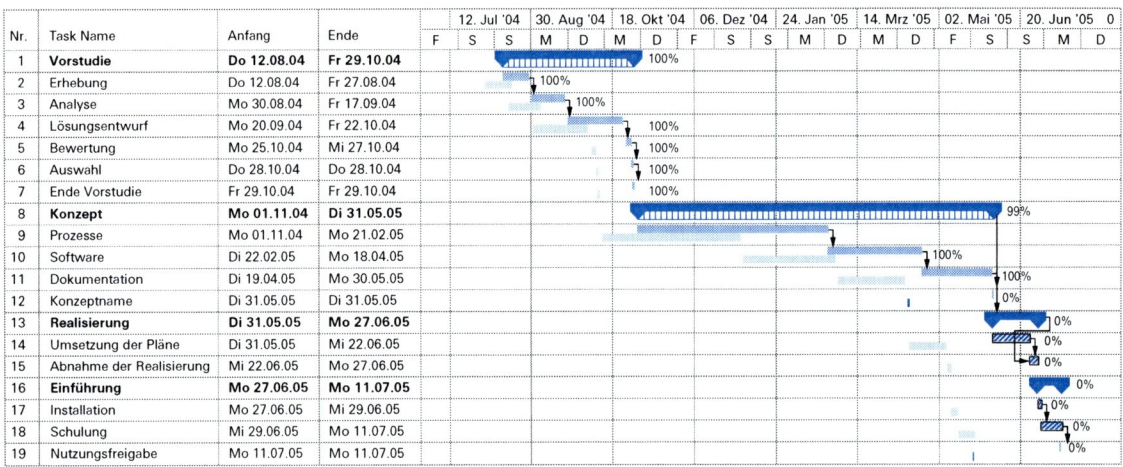

72 Nach der Erhebung der Ist-Situation wird diese dem Plan gegenübergestellt und ein Soll-Ist-Vergleich durchgeführt.

Ordnen Sie die aufgeführten Techniken den drei Arten von Vergleichen zu.

Technik	Termin-vgl.	Kosten-vgl.	Einsatz-mittelvgl.
Ressourcen-Soll-Ist-Diagramm	☐	☐	☐
Balkendiagramm	☐	☐	☐
Kostenvergleichsdiagramm	☐	☐	☐
Arbeitsfortschritts-Vergleichsdiagramm	☐	☐	☐
Kostenvergleichstabelle	☐	☐	☐
Meilenstein-Trendanalyse	☐	☐	☐

73   Bei Planabweichungen in Projekten können verschiedene Steuerungsmassnahmen getroffen werden:

- Strategiebezogene
- Strukturbezogene
- Kulturbezogene
- Planungs-, diagnose- und steuerungsbezogene

Ordnen Sie die aufgeführten Massnahmen den zutreffenden Gruppen zu.

Steuerungsmassnahmen	Strategie	Struktur	Kultur	Planung, Diagn. und Steuerung
Leistungsreduzierung	☐	☐	☐	☐
Technikeinsatz	☐	☐	☐	☐
Offene Informationspolitik	☐	☐	☐	☐
Erhöhung der Kontrollen	☐	☐	☐	☐
Einbau von Sicherheiten	☐	☐	☐	☐
Zukauf externer Kapazitäten	☐	☐	☐	☐
Delegation	☐	☐	☐	☐
Räumliche Zentralisierung	☐	☐	☐	☐
Verschiebung des Endtermins	☐	☐	☐	☐
Fortbildung der Mitarbeitenden	☐	☐	☐	☐

16 Risikomanagement

Lernziele: Nach der Bearbeitung dieses Kapitels können Sie ...

- den Risikomanagement-Prozess beschreiben.
- die Risiken einer Organisation oder eines Projekts analysieren und beurteilen.
- erklären, wie man mit den Risiken einer Organisation oder eines Projekts umgehen kann.

Schlüsselbegriffe: derivative Finanzinstrumente, Franchising, monetäre Bewertung von Risiken, Outsourcing, Risikokategorien, Risikomanagement-Prozess, Risikoportfolio, Versicherung

Unternehmen und Private sind vielfältigen Risiken ausgesetzt. Bei jeder Tätigkeit kann etwas schief gehen. Sogar ohne eigene Aktivitäten können äussere Einflüsse den Verlauf der eigenen Entwicklung negativ beeinflussen.

- Beim Spaziergang im Wald kann jeder ins Stolpern kommen und hinfallen.
- Eine massive Geldentwertung (Inflation) kann die Ersparnisse für spätere Zeiten nahezu komplett «auffressen».

Unternehmen müssen sich mit noch weitaus vielfältigeren und komplexeren Risiken auseinandersetzen. Es lohnt sich daher für das Unternehmen, ein Risikomanagement für einen bewussten Umgang mit Risiken und deren Auswirkungen zu betreiben.

16.1 Der Umgang mit Risiken

Risikomanagement im Unternehmen lässt sich als Prozess in vier Schritten verstehen:

[16-1] Der Risikomanagement-Prozess

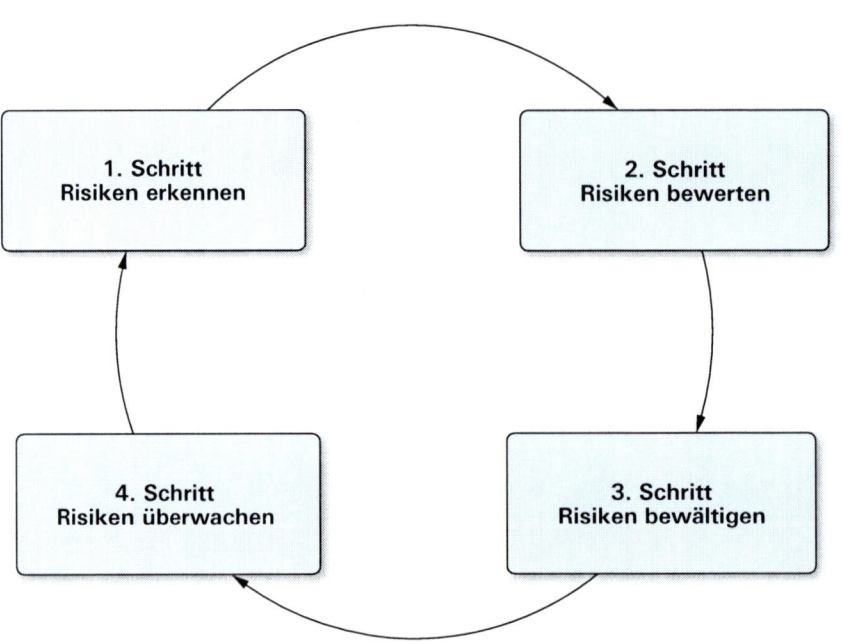

16.1.1 Risiken erkennen

Als Erstes müssen die potenziellen Gefahren, die einem Unternehmen drohen, ausfindig gemacht werden. Wichtig ist dabei, dass möglichst alle relevanten Risiken erkannt und erfasst werden. Es ist Aufgabe der Unternehmensführung, die externen (Unternehmensumfeld und Anspruchsgruppen; vgl. Kap. 5, S. 42) und internen Risiken des Unternehmens (organisatorische Risiken, finanzielle Risiken usw.) zu ermitteln. Wegen der hohen Komplexität dieser Aufgabe werden verschiedene Hilfsmittel eingesetzt, zum Beispiel:

- Risikolisten
- Brainstorming
- Szenario-Technik
- Expertenbefragung
- Offene Kommunikation mit möglichst vielen Mitarbeitenden

Risikolisten

Risikolisten sind systematische Darstellungen von möglichen Risiken. Das Unternehmen untersucht die verschiedenen Bereiche seiner Aktivitäten auf mögliche Risiken hin und stellt diese in Listenform zusammen.

[16-2] Mögliche Darstellung einer Risikoliste

Untersuchter Bereich	Erkannte Risiken	Detailbeschreibung der erkannten Risiken
Produktbereich	• Abhängigkeit von einzelnen Produkten • Abhängigkeit von Lieferanten • Rückgang der Nachfrage • Produktionsfehler • usw.	
Absatzbereich	...	...
Finanzbereich	...	...
Management	...	...
Prozesse	...	...
usw.	...	...

Brainstorming

Sammeln der möglichen Gefahren durch gegenseitigen Meinungsaustausch.

Szenario-Technik

Aufgrund vergangener Erfahrungen werden zukünftige Entwicklungen abgeschätzt. Dabei geht man von unterschiedlichen Zukunftsentwicklungen aus (z. B. Worst Case, Probable Case, Best Case) und untersucht deren Auswirkung auf das Unternehmen.

Expertenbefragung

Für viele Risiken empfiehlt es sich, externe Berater beizuziehen, da das notwendige Know-how betriebsintern fehlt, z. B. bei Risiken im Zusammenhang mit dem IT-System (Hacker, Viren usw.).

Offene Kommunikation mit möglichst vielen Mitarbeitenden

Viele Risiken können am besten von den an den betroffenen Stellen tätigen Mitarbeitenden erkannt und weitergeleitet werden.

Erkannte Risiken müssen gesammelt und geordnet werden. Um den Überblick zu erleichtern, werden oft Risikokategorien gebildet. Die folgende Tabelle zeigt eine von vielen Möglichkeiten der Kategorisierung.

[16-3] Kategorisierung von Risiken

Risikokategorie	Erläuterungen	Beispiele
Strategische Risiken	Mit der mittel- bis langfristigen Stossrichtung der Unternehmen verbundene Risiken	• Nachfrage-Überschätzung • Konkurrenzeintritt auf bearbeitetem Markt • Änderung der rechtlichen Rahmenbedingungen
Operative Risiken	Mit der Wertschöpfungskette der Unternehmen verbundene Risiken-Produktionsausfälle	• Höhere Gewalt (Feuer, Wasse usw.) • Schadenersatzzahlungen
Finanzrisiken	Mit der Finanzierungs- und Investitionssituation der Unternehmen verbundene Risiken	• Zinssatzschwankungen • Wechselkursentwicklung • Konkurs von Schuldnern
Soziale Risiken	Mit den Mitarbeitenden, den Kunden und der Gesellschaft im Allgemeinen verbundene Risiken	• Imageverlust • Ökologische Risiken • Know-how-Verluste durch Personalfluktuation

16.1.2 Risiken bewerten

In einem zweiten Schritt geht es darum, die Risiken zu bewerten und zwar nach folgenden drei Kriterien:

- **Ursachen für das Eintreten des Risikos:** Dabei wird die Frage beantwortet: «Was könnte das Eintreten dieses Risikos auslösen?» Die Ursachenanalyse liefert wichtige Informationen für die Bewertung der Eintrittswahrscheinlichkeit.
- **Eintrittswahrscheinlichkeit:** Eine exakte Bewertung der Eintrittswahrscheinlichkeit ist in Unternehmen in den seltensten Fällen möglich. Man wird mit subjektiven Einschätzungen oder auch Erfahrungswerten leben müssen. Bewährt hat sich deswegen auch die Verwendung einer symbolischen Skala, die z. B. Werte von 1 (unwahrscheinlich) bis 5 (sehr wahrscheinlich) umfasst.
Versicherungsgesellschaften beschäftigen sich mit Risiken. Sie verfügen entsprechend über umfangreiches statistisches Datenmaterial und können die Risiken, für die sie Versicherungen anbieten, relativ exakt in ihrer Eintrittswahrscheinlichkeit abschätzen.
- **Tragweite für das Unternehmen:** Am besten ist es, die Tragweite monetär zu bewerten, d. h. das Schadensausmass in Franken auszuweisen, sofern dazu gesicherte Daten vorliegen. Andernfalls behilft man sich mit einer symbolischen Skala.
Versicherungsgesellschaften verfügen über Statistiken über die geleisteten Schadenszahlungen und können deshalb eine relativ exakte, monetäre Bewertung der Risiken vornehmen.

Es gibt mehrere Möglichkeiten, die Bewertung von Risiken in einen systematischen, für einen gezielten Umgang mit Risiken geeigneten Rahmen zu bringen. Im Folgenden betrachten wir zwei dieser Möglichkeiten:

- **Risiko-Portfolio**
- **Monetäre Bewertung**

Risiko-Portfolio

Das Risiko-Portfolio dient dazu, einen Überblick über die erkannten Risiken und ihre Gewichtung zu erhalten. Das nachfolgende Darstellungsschema eines solchen Risiko-Portfolios besagt, dass

- **gegen hohe Risiken** (die eine hohe Eintrittswahrscheinlichkeit und eine grosse Tragweite bzw. ein hohes Schadensausmass zeigen) Massnahmen zu treffen sind;
- **man mit kleinen Risiken** (die eine grosse Tragweite, aber eine geringe Eintrittswahrscheinlichkeit haben – oder umgekehrt) leben muss;
- **mittlere Risiken** situativ zu beurteilen und gegebenenfalls Massnahmen zu treffen sind.

[16-4] Risiko-Portfolio

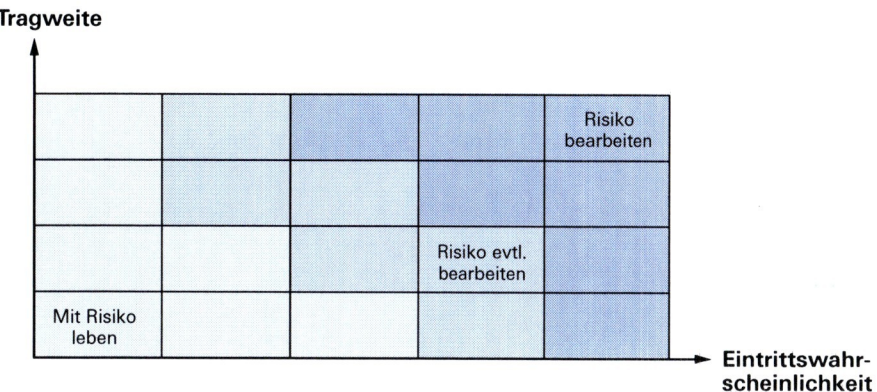

Monetäre Bewertung

Können für ein Risiko sowohl die Eintrittswahrscheinlichkeit wie die Tragweite für die Unternehmen relativ exakt quantifiziert werden (wie z. B. durch eine Versicherungsgesellschaft), so wird das Risiko nach der Formel

Eintrittswahrscheinlichkeit · Erwarteter Schaden = Risikobewertung

in einen Frankenbetrag umgerechnet.

Beispiel

Wir betrachten eine kleinere Schreinerei. Aus den umfassenden statistischen Unterlagen einer Versicherungsgesellschaft geht hervor, dass die Wahrscheinlichkeit eines kompletten Abbrennens einer Schreinerei bei z. B. 0.2 % liegt. Der maximale materielle Schaden, der entstehen kann, liegt bei 300 000.– Franken. Dies entspricht nur dem Wiederbeschaffungswert der Anlagen. Der emotionale und der betriebswirtschaftliche Nutzwert werden hier nicht weiter berücksichtigt. Die monetäre Bewertung dieses Risikos ergibt somit:

Eintrittswahrscheinlichkeit · Erwarteter Schaden = Risikobewertung

0.2 · 300 000 / 100 = 600.–

Eine «faire» Versicherungsprämie für unsere kleine Schreinerei würde sich somit auf 600.– Franken zuzüglich Verwaltungskostenanteil und Gewinnzuschlag der Versicherungsgesellschaft belaufen. (Die Leistung der Versicherungsgesellschaft kann auch einen Selbstbehalt beinhalten, der die Eigenverantwortung des Versicherungsnehmers – hier in unserem Beispiel der kleinen Schreinerei – positiv beeinflussen soll. Dadurch wird die Prämienhöhe mitbestimmt: Je höher der Selbstbehalt im Verhältnis zum potenziellen Schaden ist, desto geringer ist die Versicherungsprämie.

16.1.3 Risiken bewältigen

Die nächste Herausforderung an das Risikomanagement eines Unternehmens besteht darin, mit erkannten und bewerteten Risiken umzugehen. Risiken können bewältigt werden, indem das Unternehmen

- Risiken vermeidet,
- Risiken vermindert oder begrenzt,
- Risiken überwälzt oder
- mit Risiken lebt.

Das Vermeiden von Risiken kann dadurch erreicht werden, dass die das Risiko auslösenden Faktoren eliminiert werden.

Beispiel Das Risiko, dass das Unternehmen einem Feuer zum Opfer fällt, kann grösstenteils vermieden werden, indem das Internet als Unternehmensstandort gewählt wird (falls dies der Geschäftszweck zulässt).

Nicht alle Risiken können vermieden werden. Deshalb wird versucht, die verbleibenden Risiken zu vermindern bzw. zu begrenzen.

Beispiel Das Risiko, dass das Unternehmen oder ein Teil davon einem Feuer zum Opfer fällt, kann vermindert werden, indem in den gesamten Räumlichkeiten des Unternehmens ein generelles Rauchverbot gilt.

Risiken können auch über geeignete Instrumente überwälzt werden. Darauf gehen wir im Kapitel 16.2, S. 181 näher ein.

Beispiel Das Risiko, dass das Unternehmen oder ein Teil davon einem Feuer zum Opfer fällt, kann in seinen finanziellen Konsequenzen über eine entsprechende Versicherung überwälzt werden.

Risiken, mit denen das Unternehmen leben will oder muss, werden in Kauf genommen. Man hofft, dass der Schadensfall nicht eintritt.

Beispiel Das Risiko, dass das Unternehmen oder ein Teil davon einem Feuer zum Opfer fällt, kann nicht vollständig ausgeschlossen oder überwälzt werden. Sämtliche Gegenstände, die durch ein Feuer vernichtet werden, können nur in ihrem finanziellen Gegenwert von der Versicherung rückgefordert werden Zum Beispiel wäre ein Originalgemälde von Rembrandt durch ein Feuer unwiderbringlich zerstört, es lässt sich nicht ersetzen. Das Gleiche gilt für Gegenstände, die mit Erinnerungen verbunden sind wie Geschenke von verstorbenen Verwandten.

16.1.4 Risiken überwachen

Die Risiken müssen regelmässig überwacht und dokumentiert werden. Dabei stehen folgende Fragen im Vordergrund:

Hat sich an der Eintrittswahrscheinlichkeit und/oder an der Tragweite der Risiken durch die Ausführung der geplanten Massnahmen etwas geändert?

- Wurden die Massnahmen überhaupt ausgeführt?
- Sind neue Risiken hinzugekommen?
- Wie effektiv waren die ergriffenen Massnahmen?

Falls sich relevante Änderungen ergeben, beginnt der Risikomanagement-Prozess (siehe Abbildung [16-1], S. 176) noch einmal von vorne.

16.2 Instrumente der Risikoüberwälzung

Die möglichen Instrumente zur Überwälzung von Risiken sind vielfältig. Wir begnügen uns hier mit einer kurzen Betrachtung von vier möglichen Instrumenten:

- Outsourcing
- Franchising
- Versicherungen
- Derivative Finanzinstrumente

16.2.1 Outsourcing

Outsourcing heisst auf Deutsch «Auslagerung». Gemeint ist das Vergeben eines Produktionsschritts an andere. Statt eine bestimmte Tätigkeit im Rahmen des Leistungserstellungsprozesses selber auszuführen, wird die Tätigkeit von einem anderen Unternehmen (gegen Entgelt) fremdbezogen.

Damit sind die mit dieser Tätigkeit verbundenen Risiken auf das andere Unternehmen überwälzt und entfallen bei unserem Unternehmen. Der Fremdbezug erfolgt allerdings in den meisten Fällen zu einem höheren Preis als den Kosten der Eigenherstellung. Damit wird das zuliefernde Unternehmen – zumindest teilweise – für die Risiken entschädigt, die es trägt.

Oft wird bei der Entscheidung über das Outsourcing vergessen, dass das Auslagern von Produktionsschritten als solches Risiken für das Unternehmen verursachen kann. Die Fremdvergabe von Prozessen kann zu hohen Abhängigkeiten von Dritten führen, dem Unternehmen Know-how-Verluste zufügen, Qualitätseinbussen mit sich bringen und eine Differenzierung im Wettbewerb erschweren (die Zulieferfirmen stehen auch den Konkurrenten zur Verfügung).

16.2.2 Franchising

Von Franchising spricht man, wenn ein Unternehmen als Franchise-Geber einem anderen Unternehmen (Franchise-Nehmer) die (regionale) Nutzung eines Geschäftskonzepts gegen Entgelt zur Verfügung stellt.

Der Franchise-Nehmer tritt als selbstständiger Unternehmer am Markt auf. Er liefert einen fixen Anteil der Erträge an den Franchise-Geber ab. Aus Sicht des Franchise-Gebers ist durch die fixen Zahlungen das Risiko abgewälzt (sowohl das negative Risiko von Verlusten als auch das positive Risiko hoher Gewinne).

16.2.3 Versicherungen

Versicherungsgesellschaften bieten Unternehmen und Privatpersonen an, gewisse Risiken gegen Entgelt ganz oder teilweise zu übernehmen. Aufgrund der grossen Zahl von Versicherungsnehmern ist die Versicherungsgesellschaft in der Lage, Risiken zu tragen, die für den Einzelnen (Unternehmen oder Privatperson) finanziell nicht tragbar wären.

Die folgende Tabelle soll einen Überblick über die wichtigsten Arten von Versicherungen geben:

[16-5] Wichtige Arten von Versicherungen

Art des versicherten Gegenstandes	Beschreibung	Beispiele
Personenversicherung	Natürliche Personen oder Gruppen von natürlichen Personen werden für die finanziellen Folgen des Eintritts bestimmter Gefahren versichert. Versicherte Gefahren sind je nach Versicherung Alter, Tod, Invalidität, Arbeitsunfähigkeit, Erwerbsunfähigkeit, Arbeitslosigkeit, Heilungskosten bei Unfall oder Krankheit usw.	• Sozialversicherungen wie AHV, IV, ALV • Unfallversicherung • Einzellebensversicherung • Kollektivlebensversicherung (Instrument der Pensionskassen
Sachversicherung	Sachen werden für die finanziellen Folgen des Eintritts bestimmter Gefahren versichert. Versicherbar sind in der Regel die Gefahren Feuer (inkl. Elementarereignisse), Wasserschaden, Diebstahl und Glasbruch. In bestimmten Bereichen sind auch andere Ereignisse versicherbar.	• Hausratversicherung • Gebäudesachversicherung • Geschäftssachversicherung • Transportversicherung • Wertsachenversicherung • Technische Versicherungen • Motorfahrzeugkaskoversicherung
Vermögensversicherungen	Versichert sind unerwünschte Vermögenseinbussen wegen des Eintritts eines versicherten Ereignisses.	• Haftpflichtversicherung • Rechtsschutzversicherung • Hagelversicherung • Betriebsunterbrechungsversicherung
Rückversicherung	Versicherung des Versicherers. Rückversichert werden in der Regel ganze Versicherungsbestände eines Versicherers.	

Wir erklären die einzelnen Versicherungsarten im Folgenden kurz:

Personenversicherung

- **AHV und IV** bilden die Grundlage des schweizerischen Sozialversicherungssystems (1. Säule). Versichert ist die gesamte Bevölkerung der Schweiz.
    - Die **AHV** bietet eine Existenzsicherung für die Gefahren Alter und Tod. Ausgerichtet werden Rentenleistungen.
    - Die **IV** bezweckt das Ein- bzw. Wiedereingliedern von durch Geburtsgebrechen, Krankheits- oder Unfallfolgen behinderten Personen in das Erwerbsleben. Wenn eine Ein- bzw. Wiedereingliederung ins Erwerbsleben nicht mehr oder nur teilweise möglich ist, werden Renten ausgerichtet.
- Die **Arbeitslosenversicherung (ALV)** sichert Arbeitnehmende für den Ausfall des Erwerbseinkommens wegen Arbeitslosigkeit ab.
- Die **Unfallversicherung** deckt die finanziellen Folgen von Unfällen (Wiederherstellungskosten, Ausfall des Erwerbseinkommens).
    - Sie ist für Arbeitnehmende zwingend durch das UVG vorgeschrieben.
    - Selbstständigerwerbende und Nichterwerbstätige müssen sich obligatorisch für die Widerherstellungskosten versichern (Einschluss in der obligatorischen Krankenpflegeversicherung oder private Unfallversicherung). Der Ausfall des Erwerbseinkommens kann freiwillig über eine private Unfallversicherungslösung versichert werden.
- Mit der **Lebensversicherung** lassen sich je nach konkreter Ausgestaltung die Gefahren Alter, Erwerbsunfähigkeit und/oder Tod versichern. Sie ist heute ein wichtiges Instrument zur Ergänzung der beiden Sozialversicherungen AHV und IV.

- Als **kollektive Lebensversicherung** kommt sie im Rahmen der beruflichen Vorsorge (2. Säule) zum Zug, die für Arbeitnehmende obligatorisch ist. Die Einrichtungen der beruflichen Vorsorge (Pensionskassen) können z. B. ihre Mitglieder kollektiv für die Gefahren Tod und Erwerbsunfähigkeit versichern.
- Als **Einzellebensversicherung** kommt sie vor allem im Rahmen der 3. Säule zum Zug. Arbeitnehmende versichern sich freiwillig über die 1. und 2. Säule hinaus für die Gefahren Alter, Tod. Da Selbstständigerwerbende obligatorisch nur in der 1. Säule versichert sind, ist die Lebensversicherung auch für sie ein bedeutendes Instrument, um Ausfälle des Erwerbseinkommens bei Eintritt der Gefahren Alter und Tod abzusichern.

Sachversicherung

- **Die versicherbaren Grundgefahren Feuer/Elementarereignisse, Diebstahl, Wasser, Glasbruch.** Versicherungstechnisch gesehen ist jede dieser Gefahren eine separate Versicherung. Deshalb gibt es eine Feuerversicherung, eine Diebstahlversicherung, eine Wasserversicherung und eine Glasbruchversicherung, die für ein zu versicherndes Objekt je separat abgeschlossen werden können. In verschiedenen Bereichen bieten die Versicherer ihren Kunden aber Versicherungslösungen an, in denen diese Grundgefahren bereits kombiniert sind. Das gilt z. B. für:
    - Die **Hausratversicherung.** Sie schützt Privatpersonen vor den finanziellen Folgen der Beschädigung oder Zerstörung des Hausrats durch Feuer, Wasser, Diebstahl und/oder Glasbruch. Hausrat ist alles, was sich im Eigentum des Versicherten befindet und bei einem Umzug mitgenommen werden kann.
    - Die **Gebäudesachversicherung.** Sie schützt Gebäudeeigentümer.
    - Die **Geschäftssachversicherung.** Auch hier kennen die Versicherer kombinierte Versicherungslösungen, die auf die Sicherungsbedürfnisse bestimmter Kundensegmente zugeschnitten sind.
- **Versicherungslösungen mit zum Teil erweitertem/verändertem Versicherungsschutz.** In bestimmten Situationen besteht für Sachen ein Versicherungsbedarf, der durch die Grundgefahren der Sachversicherung nicht oder nur ungenügend abgedeckt ist. Beispiele dafür sind:
    - Die **Wertsachenversicherung.** Sie ist eine sogenannte All-Risk-Versicherung. Versichert ist im Prinzip jede Beschädigung oder Zerstörung des versicherten Objekts.
    - Die **Transportversicherung** deckt Verlust, Beschädigung, Diebstahl usw. von Sachen beim Transport.
    - **Technische Versicherungen** sind eine eigene Kategorie von Versicherungslösungen für technische Installationen und Maschinen. Beispiele sind die Maschinenversicherung, die Montageversicherung, die EDVA-Versicherung (datentechnische Anlagen), die Bauwesenversicherung usw.
    - **Motorfahrzeugkaskoversicherung.** Der Versicherungsschutz ist auf die Besonderheiten von Motorfahrzeugen zugeschnitten.

Vermögensversicherung

- Die **Haftpflichtversicherung** ersetzt Vermögenseinbussen der versicherten Person wegen berechtigter Ansprüche von Dritten aus Verschuldens- oder Kausalhaftung und wegen der Abwehr von unberechtigten Ansprüchen. Wir unterscheiden
    - die Privathaftpflichtversicherung,
    - die Betriebshaftpflichtversicherung,
    - die Produktehaftpflichtversicherung,
    - die Gebäudehaftpflichtversicherung und
    - die Motorfahrzeughaftpflichtversicherung.

- Die Rechtsschutzversicherung schützt vor den finanziellen Folgen von versicherten rechtlichen Streitigkeiten. Sie soll sicherstellen, dass jedem die Inanspruchnahme von Rechtsschutz zugänglich ist. Üblicherweise unterscheidet man zwischen der Privatrechtsschutzversicherung, der Betriebsrechtsschutzversicherung sowie der Verkehrsrechtsschutzversicherung.
- Die Hagelversicherung schützt den Landwirtschaftsbetrieb vor den finanziellen Folgen von Hagelschäden (Ernteausfall usw.).
- Die Betriebsunterbrechungsversicherung schützt vor Vermögenseinbussen wegen des Eintritts einer versicherten Gefahr (z. B. Betriebsstillstand wegen eines Brands).

Der Abschluss einer Versicherung

Im Bereich der Privatversicherung besteht der Versicherungsschutz nur dann, wenn ein Versicherungsvertrag zwischen dem Versicherungsnehmer und der Versicherungsgesellschaft abgeschlossen wird. Das Versicherungsvertragsgesetz (VVG) enthält detaillierte Regeln zum Abschluss und zur Beendigung des Vertrags, zu den Rechten und Pflichten der Vertragspartner sowie insbesondere auch zu den Folgen von Pflichtverletzungen im Hinblick auf den Versicherungsschutz.

Jeder Versicherungsvertrag ist in einer Versicherungspolice dokumentiert. Darin sind die Eckdaten der abgeschlossenen Versicherung enthalten (Versicherungsnehmer, versicherte Person, Art der Versicherung, Versicherungssumme usw.). Die Details, insbesondere die exakte Definition der versicherten Gefahren und der Ausschlüsse vom Versicherungsschutz, finden sich dagegen in den Allgemeinen Versicherungsbedingungen (AVB) und allenfalls in zusätzlich gültigen Besonderen Versicherungsbedingungen (BVB).

16.2.4 Derivative Finanzinstrumente

Unter derivativen Finanzinstrumenten versteht man Finanz-Produkte, deren Preis vom Preis anderer Produkte abhängt oder davon abgeleitet wird. Das Grundprinzip eines Derivats ist, dass Leistung und Gegenleistung nicht Zug um Zug bei Vertragsabschluss ausgetauscht, sondern im Voraus für einen späteren Zeitpunkt vereinbart werden. Vertragsabschluss und Erfüllung fallen zeitlich auseinander.

Derivative Finanzinstrumente ermöglichen also, zum jetzigen Zeitpunkt den Preis für ein Gut zu fixieren, das erst zu einem späteren Zeitpunkt gehandelt wird. Damit können Risiken wie Wechselkursschwankungen, Zinssatzänderungen und Veränderungen von Rohstoffpreisen abgesichert werden.

Zu den derivativen Finanzinstrumenten zählen standardisierte, an den Börsen gehandelte Finanzprodukte, wie Warrants, Futures und Optionen, sowie nicht standardisierte Finanzprodukte, wie Forwards oder Swaps.

Man unterscheidet bedingte und unbedingte Termingeschäfte.

- **Unbedingte Termingeschäfte werden in jedem Fall erfüllt.** Beide Vertragspartner müssen erfüllen. Die Erfüllung erfolgt je nach Vereinbarung durch realen Vollzug (der Verkäufer liefert und der Käufer bezahlt den zum Voraus vereinbarten Preis) oder durch blossen finanziellen Ausgleich der Wertdifferenz (= cash settlement). Zu den unbedingten Termingeschäften zählen Futures, Forwards und Swaps.
- **Bei bedingten Termingeschäften wird nicht in jedem Fall erfüllt.** Der Käufer des Termingeschäfts hat das Recht, nicht aber die Pflicht (!) Erfüllung des vereinbarten Kontrakts zu verlangen. Der Verkäufer des Termingschäfts hat die Pflicht zu erfüllen, wenn der Käufer von seinem Recht Gebrauch macht. Wegen dieser Konstellation heissen bedingte Termingeschäfte Optionen (bzw. Warrants, wenn sie in einem Wertpapier verbrieft sind). In der Börsensprache haben sich folgende Begriffe herausgebildet:

- Der Käufer einer Option heisst auch Optionär. Er übernimmt die Long Position. Long bedeutet also: das Wahlrecht haben.
- Der Verkäufer einer Option heisst auch Stillhalter. Er übernimmt die Short Position. Short bedeutet also: erfüllen müssen, wenn der Optionär sein Recht ausübt.
- Wenn der Käufer das Recht erwirbt, den Vertragsgegenstand zum vereinbarten Preis zu erwerben, spricht man von einer Call-Option (von engl. to call = abrufen; der Käufer kann den Vertragsgegenstand beim Verkäufer abrufen, wenn er dies will).
- Wenn der Käufer das Recht erwirbt, den Vertragsgegenstand zum vereinbarten Preis zu verkaufen, spricht man von einer Put-Option (von engl. to put = hinlegen; der Käufer kann den Vertragsgegenstand dem Verkäufer zur Übernahme hinlegen, wenn er dies will).

[16-6] Überblick über die wichtigsten derivativen Finanzinstrumente

Instrument	Beschreibung
Future Forward	Unbedingtes Termingeschäft. Die Lieferung eines Vertragsgegenstands in bestimmter Menge und Qualität zu einem bestimmten Zeitpunkt in der Zukunft wird zu einem bei Vertragsabschluss festgelegten Preis vereinbart. Der Future ist standardisiert (standardisierte Menge und Qualität sowie Erfüllungszeitpunkte); der Forward ist nicht standardisiert; die Vertragspartner handeln die Merkmale individuell aus.
Swap	Unbedingtes Termingeschäft. Es handelt sich um ein Tauschgeschäft, wobei die Tauschmengen bei Vertragsabschluss und der Erfüllungszeitpunkt bei Vertragsabschluss festgelegt werden (z. B. Austausch von XX US-$ gegen YY CHF in 6 Monaten).
Option Warrant	Bedingtes Termingeschäft. Der Käufer einer Option erwirbt vom Verkäufer das Recht, den Vertragsgegenstand zu einem bei Vertragsabschluss bestimmten Preis innerhalb eines bestimmten Zeitraums oder zu einem bestimmten Zeitpunkt zu kaufen (Call) oder zu verkaufen (Put). Standardisierte Optionen werden an den Terminbörsen gehandelt (z. B. Eurex). Sie können aber auch in einem Wertpapier verbrieft werden und so an der Effektenbörse gehandelt werden.

Ein Beispiel soll die Funktionsweise von derivativen Finanzinstrumenten als Instrumente der Risikoüberwälzung erläutern:

Beispiel

Ein Schweizer Unternehmen hat in den USA eine Maschine für seine Produktionsanlage bestellt. Die Lieferung erfolgt erst in 6 Monaten. Der Kaufpreis beläuft sich auf 900 000 US-Dollar. Der aktuelle Wechselkurs für US-Dollar beträgt CHF 1.22 pro US-Dollar. Das Schweizer Unternehmen will sich gegen das Risiko steigender Wechselkurse absichern. Da das Schweizer Unternehmen nicht schon zum jetzigen Zeitpunkt US-Dollar kaufen und damit viele Mittel binden will, kauft es sich Call-Optionen auf den Kauf von 900 000 US-Dollars in 6 Monaten zu einem Kurs von CHF 1.22 pro US-Dollar. Für die Call-Optionen bezahlt das Schweizer Unternehmen CHF 7 000.–.

Wie erfolgt nun die Absicherung? Wir untersuchen zwei mögliche Szenarien:

Szenario 1: Der Wechselkurs in 6 Monaten liegt bei CHF 1.33 pro US-Dollar
- Ohne Absicherung würde der Kauf der Maschine CHF 1 197 000.– (= 1.33 · 900 000) kosten.
- Mit Absicherung kann das Schweizer Unternehmen die Call-Option ausüben und bezahlt nur CHF 1 105 000.– (= 1.22 · 900 000 + 7 000 [Optionspreis]). Die Ersparnis beträgt CHF 92 000.–

Szenario 2: Der Wechselkurs in 6 Monaten liegt bei CHF 1.12 pro US-Dollar

Das Schweizer Unternehmen verzichtet auf die Ausübung der Option (ihres Kaufrechts) und kauft die benötigten US-Dollar am Markt. Die Kosten belaufen sich auf CHF 1 015 000.– (= 1.12 · 900 000 + 7 000 [Optionspreis]).

Fazit: Der Kaufpreis für die Option entspricht einer Versicherungsprämie: Wenn sich der Wechselkurs günstig entwickelt (hier: sinkt), so wird die Option nicht ausgeübt und der Kaufpreis der Option ist verloren. Wenn sich der Wechselkurs ungünstig entwickelt (hier: steigt), so wird die Option ausgeübt und wirkt wie eine Versicherung, indem der Kaufpreis abgesichert ist (auf maximal CHF 1 105 000.–). (Überprüfen Sie diese Behauptung unter Annahme von z. B. einem Wechselkurs von 1.41, 1.27 und 1.09.)

Die derivativen Finanzinstrumente werden an dieser Stelle nicht eingehender beleuchtet.

Der **Risikomanagement-Prozess** besteht aus **vier** Schritten: Risiken **erkennen, bewerten, bewältigen** und **überwachen.**

- Instrumente zur **Risiko-Erkennung** sind zum Beispiel Risikolisten, Brainstorming, Szenario-Technik, Expertenbefragung und offene Kommunikation mit Mitarbeitenden. Erkannte Risiken werden in die Kategorien strategische, operative, finanzielle und soziale Risiken unterteilt.
- Für die **Bewertung von Risiken** sind die Ursachen für das Eintreten des Risikos, die **Eintrittswahrscheinlichkeit** und die **Tragweite** für das Unternehmen zu beachten. Die Bewertung erfolgt oft über ein Risiko-Portfolio und/oder über monetäre Bewertung.
- Bei der **Bewältigung von Risiken** gibt es folgende Möglichkeiten: Risiken **vermeiden,** Risiken **vermindern** oder **begrenzen,** Risiken **überwälzen,** mit Risiken **leben.**
  - Instrumente der Risiko-Überwälzung sind: Outsourcing, Franchising, Versicherung oder derivative Finanzinstrumente.
    - Unter **Outsourcing** versteht man die Auslagerung von betrieblichen Prozessen, also das Überwälzen von Risiken auf Dritte.
    - **Franchising** bedeutet das entgeltliche Zurverfügungstellen eines Geschäftskonzepts an Dritte.
    - **Versicherungen** können für verschiedene Risiken abgeschlossen werden. Wir unterscheiden Personen-, Sach- und Vermögensversicherungen.
    - **Derivative Finanzinstrumente** sind Finanz-Produkte, deren Preis vom Preis anderer Produkte abhängt oder davon abgeleitet wird. Zu den derivativen Finanzinstrumenten zählen unter anderem Futures, Optionen, Termingeschäfte und Swaps.
- Bei der **Risiko-Überwachung** versucht man, Änderungen in der Ausgangslage zu erkennen und daraus Massnahmen abzuleiten.

Repetitionsfragen

74 Ordnen Sie folgende Risiken aus dem Unternehmensalltag eines grossen, im Exportgeschäft tätigen Papierfabrikanten den folgenden Kategorien zu.

Kategorien: A) Strategische Risiken, B) Operative Risiken, C) Finanz-Risiken, D) Soziale Risiken

Risiko	Risiko-Kat.	Begründung
Der Schweizer Franken erfährt eine massive Aufwertung, d. h., er wird im Vergleich zu ausländischen Währungen massiv teurer.		
Eine neue Technologie wird entdeckt und bewirkt, dass unsere Produkte nicht mehr zu von den Kunden erwarteten Qualitätsstandards angeboten werden können.		
Die Medien berichten, dass eines unserer Verwaltungsratsmitglieder in einen Bestechungsskandal verwickelt sei. Dadurch leidet unser Image in der Bevölkerung.		
Verursacht durch einen landesweiten Stromausfall, stehen unsere Maschinen mehrere Stunden lang still.		
Wir halten eine Beteiligung von 40% des Aktienkapitals eines börsenkotierten Konkurrenz-Unternehmens. Die Aktien verlieren an der Börse massiv an Wert.		
Änderungen der gesetzlichen Regelungen betreffend Altersvorsorge erhöhen unsere Personalkosten um 12%.		

75 A] Nehmen Sie für folgende Risiken eine monetäre Bewertung vor.

1. Garantieleistungen werden von unserem Unternehmen gefordert. Eintrittswahrscheinlichkeit 10 %, maximale Kosten CHF 1 000 000.–.	
2. Ein Blitz schlägt in unser Fabrikationsgebäude ein. Eintrittswahrscheinlichkeit 0.0001 %, maximaler Schaden CHF 12 000 000.–.	
3. Eine massive Veränderung der Zinssätze führt zu gestiegenen Fremdkapitalkosten. Eintrittswahrscheinlichkeit 5 %, maximale Zusatzkosten 80 000.–.	
4. Ein Rückgang der Nachfrage nach unseren Produkten aufgrund des Markteintritts eines ausländischen Grosskonkurrenten. Eintrittswahrscheinlichkeit 40 %, maximaler Ertragsausfall CHF 2 500 000.–.	
5. Der Konkurs unseres Büromateriallieferanten zwingt uns, das Büromaterial teurer einzukaufen. Eintrittswahrscheinlichkeit 2 %, maximale Mehrkosten pro Jahr CHF 2 000.–.	

B] Ordnen Sie die in der Teilaufgabe A] beschriebenen Risiken in nachstehendes Risikoportfolio ein.

Risikoportfolio

Hohe Tragweite (ab CHF 100 000.–)			
Mittlere Tragweite (CHF 25 000.– – 99 999.–)			
Geringe Tragweite (bis CHF 24 999.–)			
	Geringe Eintrittswahrscheinlichkeit (bis 2.99 %)	Mittlere Eintrittswahrscheinlichkeit (3–19.99 %)	Hohe Eintrittswahrscheinlichkeit (ab 20 %)

C] Notieren Sie in der Tabelle, ob die Risiken aus Teilaufgabe A] zu bearbeiten, eventuell zu bearbeiten sind oder ob mit dem Risiko gelebt werden soll.

Massnahme	Risiko Nr.
Risiko bearbeiten	
Risiko eventuell bearbeiten	
Mit Risiko leben	

D] Wir betrachten die in Teilaufgabe A] beschriebenen Risiken. Geben Sie für jedes Risiko aufgrund Ihrer Erkenntnisse aus den Teilaufgaben B] und C] an, wie Sie mit dem Risiko umgehen wollen. Verwenden Sie dazu die Teilschritte Risiko vermeiden, Risiko vermindern, Risiko überwälzen und mit dem Risiko leben.

- Risiko 1: Garantieleistungen
- Risiko 2: Blitzschlag
- Risiko 3: Anstieg der Zinssätze
- Risiko 4: Nachfragerückgang
- Risiko 5: Konkurs der Büromateriallieferanten

76 Ein junger Italiener führt italienische Spezialitäten nach Deutschland ein und verkauft sie in einem kleinen Ladengeschäft sehr erfolgreich. Er ist ehrgeizig und will expandieren. Welche strategischen Möglichkeiten hat er?

17 Total Quality Management

Lernziele: Nach der Bearbeitung dieses Kapitels können Sie ...

- Total Quality Management als ganzheitlichen Managementprozess verstehen.
- konkrete Massnahmen für Ihren eigenen Zuständigkeitsbereich ableiten.
- den Total-Quality-Management-Prozess beschreiben.
- Chancen und Gefahren des Total Quality Managements erkennen.

Schlüsselbegriffe: Benchmarking, Commitment, EFQM-Modell, Kaizen, Nullfehlerprinzip, Total Quality Management

Damit ein Unternehmen am Markt erfolgreich sein kann, müssen seine Produkte, Dienstleistungen und sein Marktauftritt von den Kunden als qualitativ erstklassig wahrgenommen werden. Total Quality Management (TQM, auch umfassendes Qualitätsmanagement genannt) ist ein ganzheitlicher Ansatz, der Qualität als Ziel von höchster Priorität einführt und dauerhaft sichert. TQM ist dann erfolgreich, wenn der Ansatz von den Mitarbeitenden vollumfänglich unterstützt und getragen wird.

17.1 Grundgedanken von Total Quality Management

Total Quality Management ist ein umfassendes Bekenntnis zur Qualität. Qualität wird nicht nur im Sinn von qualitativ hochwertigen Produkten (technische Sichtweise) verstanden. Qualität ist vielmehr die Ausrichtung auf die Anforderungen der Kunden. Im ganzen Unternehmen soll Qualität das oberste Gebot sein und so zu einer strategischen Erfolgsposition des Unternehmens werden.

Der Qualitätsbegriff wird mehrdimensional verstanden: Auch das Erfüllen von Zielen im Kosten- oder Zeiteinhaltungsbereich wird mit TQM mittel- bis langfristig angestrebt.

TQM stellt hohe Anforderungen an die Unternehmen. Es gibt keine allgemeinen Regeln, die wie ein Kochrezept ein erfolgreiches TQM sicherstellen. Das Bekenntnis zur Qualität muss im Sinn einer Philosophie im ganzen Unternehmen gelebt werden, damit es den ökonomischen Erfolg verbessert.

TQM verlangt ein Denken in Prozessen. Das Erreichen von Zielen hängt nicht von aufbauorganisatorischen Gegebenheiten ab, sondern ist das Resultat mitdenkender und mitwirkender Mitarbeitender.

Zu den Grundgedanken des TQM gehören beispielsweise:

- Qualität orientiert sich am Kunden.
- Qualität wird mit Mitarbeitenden aller Bereiche und Ebenen erzielt.
- Qualität umfasst mehrere Dimensionen, die durch Kriterien operationalisiert werden müssen.
- Qualität ist kein Ziel, sondern ein Prozess, der nie zu Ende ist.
- Qualität bezieht sich nicht nur auf Produkte, sondern auch auf Dienstleistungen und Prozesse.
- Qualität setzt aktives Handeln voraus und muss erarbeitet werden.

Total Quality Management basiert auf vier grundlegenden Bausteinen:

1. **Kundenorientierung:** Das unternehmerische Handeln muss sich konsequent an den Bedürfnissen der Kunden orientieren.
2. **Nullfehlerprinzip:** Jeder Prozess soll so gut beherrscht werden, dass kein fehlerhaftes Produkt das Unternehmen verlässt, respektive, dass bei Dienstleistungen und Prozessen keine Mängel auftreten.
3. **Ständige Verbesserung (Kaizen):** Unter Kaizen (japanisch für Verbesserung) wird der Prozess der ständigen Verbesserung verstanden. Im Zentrum von Kaizen steht der einzelne Mitarbeitende, dessen Wissen über das betriebliche Vorschlagswesen, in Qualitätszirkeln oder in speziellen Projekten gezielt genutzt werden soll. Es geht bei Kaizen um laufende, kleinere Verbesserungen von Prozessen und Produkten respektive Dienstleistungen und nicht in erster Linie um grosse Änderungen.
4. **Interne Kunden/Lieferanten:** Auch interne Stellen werden als Kunden respektive Lieferanten der Leistungen in der Wertschöpfungskette verstanden. Entsprechend sollen die Leistungen qualitativ hochstehend erbracht, Anregungen von jeder Stelle genutzt und die Eigenverantwortlichkeit der Mitarbeitenden gefördert werden.

17.2 Der Total-Quality-Management-Prozess

Eine erfolgreiche Anwendung von TQM kann durch Normenwerke unterstützt werden. ISO 9001 ist eine weit verbreitete Norm für Qualitätsmanagementsysteme. Allerdings steht bei ISO 9001 kein ganzheitlicher Ansatz, sondern die Produktqualität im Vordergrund.

Für Total Quality Management ist vor allem das EFQM-Modell für «Business Excellence der European Foundation for Quality Management» verbreitet. Einerseits bietet es den Unternehmen die Möglichkeit, sich anhand von standardisierten Checklisten selber zu überprüfen, andererseits sich auf die Überprüfung und Bewertung durch externe Begutachter vorzubereiten. Die besten Unternehmen werden im Rahmen eines Wettbewerbs als Preisträger ausgezeichnet, was positive Auswirkungen auf das Image und damit auf den Aktienkurs des Unternehmens haben kann.

Total Quality Management im Unternehmen lässt sich als Prozess in vier Schritten verstehen:

1. Bestimmen der gewünschten Ergebnisse
2. Planen der Umsetzung
3. Umsetzen
4. Bewerten und Überprüfen der Umsetzung

17.2.1 Bestimmen der gewünschten Ergebnisse

Um die gewünschten Qualitäts-Ergebnisse festlegen zu können, ist eine Überprüfung der Ist-Situation notwendig. Folgende Punkte müssen überprüft werden:

- Wie ist das allgemeine Qualitätsniveau im Unternehmen?
- In welcher Marktstellung befindet sich das Unternehmen?
- Was sind die Bedürfnisse und Erwartungen der Kunden?
- Wie hoch sind die Kosten, die dem Unternehmen durch schlechte oder mangelhafte Qualität entstehen?
- Wie ist die Einstellung der Mitarbeitenden zu den vorhandenen Bemühungen um Qualität?

Aufgrund der Erkenntnisse aus diesen Abklärungen werden konkret messbare Zielsetzungen für die Zukunft festgelegt. Dabei wird in kurzfristige, mittelfristige und langfristige Ziele unterschieden.

17.2.2 Planen der Umsetzung

In einem Qualitäts-Aktionsplan werden nun die festgelegten Ziele weiter formuliert. Die Verantwortlichkeiten der einzelnen Mitarbeitenden und die zur Verfügung stehenden Ressourcen werden klar definiert.

Innerhalb des Unternehmens müssen die Voraussetzungen für die Unterstützung der TQM-Massnahmen geschaffen werden. Dazu gehört, dass auf allen Ebenen klar kommuniziert wird, dass die Leistungskomponente im Lohn der Mitarbeitenden überprüft wird und dass der Bedarf an Schulung und Ausbildung bestimmt wird.

Um die Ziele optimal zu erreichen, müssen im Unternehmen Prioritäten gesetzt werden. Diese fallen je nach Entwicklungsstand und vorhandenen Strukturen von Unternehmen zu Unternehmen unterschiedlich aus.

17.2.3 Umsetzen

Wichtig bei der Umsetzung von TQM ist, dass nicht einfach ein sympathisches Programm zur Anwendung gelangt, sondern ein langfristig wirksames Konzept umgesetzt wird. Tragende Säulen einer erfolgreichen Umsetzung sind:

- **Commitment:** Die Führungskräfte eines Unternehmens müssen vorleben, dass TQM eine langfristige (Selbst-) Verpflichtung ist und die Ergebnisse nicht unbedingt kurzfristig erkennbar sind. Zum Commitment gehört auch, dass den Mitarbeitenden die notwendigen Ressourcen für die Umsetzung zur Verfügung gestellt werden.
- **Culture:** Das Mitdenken und die Suche nach kontinuierlicher Verbesserung müssen alltäglich und selbstverständlich werden. Wichtig sind auch die Bereitschaft zu Veränderungen und die Kundenorientierung, die von allen Stellen vorgelebt werden müssen.
- **Costs:** Verschwendung und Ineffizienz müssen mit Nachdruck verhindert werden.

17.2.4 Bewerten und Überprüfen der Umsetzung

Die ergriffenen Massnahmen müssen bewertet und überprüft werden. Es gibt viele unterschiedliche Instrumente, die dazu eingesetzt werden können. Ein speziell geeignetes Instrument für die Überprüfung ist das Benchmarking. Beim Benchmarking werden eigene Produkte, Dienstleistungen und Prozesse mit denjenigen der in der Branche erfolgreichsten Unternehmen verglichen. Oft wird Benchmarking auch innerhalb des Unternehmens betrieben, indem man verschiedene Geschäftseinheiten miteinander vergleicht. Aus erkannten Fortschritten und Mängeln werden neue Qualitätsziele erarbeitet und der Total-Quality-Management-Prozess beginnt erneut.

17.3 Chancen und Gefahren von Total Quality Management

Der TQM-Ansatz ist sowohl für Grossunternehmen als auch für KMU geeignet. Oft können KMU die Anforderungen des Total Quality Managements sogar schneller umsetzen als grössere Unternehmen.

Total Quality Management ist dann der geeignete Ansatz für ein Unternehmen, wenn die Chancen von TQM die Gefahren von TQM überwiegen.

17.3.1 Chancen von Total Quality Management

Total Quality Management bringt dem Unternehmen – aufgrund grösserer Kundenzufriedenheit – höhere Umsätze, Gewinne und Aktienkurse. Auch eine stärkere Mitarbeiterbindung und -zufriedenheit gehören zu den Vorzügen von TQM.

Es ist allerdings schwierig, die direkten Nutzen von TQM zu überprüfen und nachzuweisen. Zudem kann von den Vorteilen nur profitiert werden, wenn das TQM einwandfrei funktioniert.

17.3.2 Gefahren von Total Quality Management

Die Einführung von TQM ist ein schwieriger Schritt. Beim Trend zu kurzfristiger Gewinnoptimierung und entsprechenden Bonus-Systemen fällt es der Unternehmensleitung oft schwer, Qualität als Philosophie des Unternehmens zu definieren. Zudem ist eine Umgestaltung der Unternehmenskultur ein langwieriger Prozess, der nicht von heute auf morgen umgesetzt werden kann.

TQM kann auch an Grenzen stossen: Qualitätsverbesserungen sind mit Kosten verbunden, die auf den Produktpreis überwälzt werden. Es stellt sich die Frage, wie viel Qualität mit der Zahlungsbereitschaft der Kunden zu vereinbaren ist. Der kontinuierliche Verbesserungsprozess darf nicht zu viele Aktivitäten der Mitarbeitenden (z. B. über aufwendige Schreibarbeiten) binden, sonst leidet der reguläre Produktionsprozess.

Total Quality Management (TQM) ist ein umfassendes Bekenntnis zur Qualität. Qualität ist die Ausrichtung auf die Anforderungen der Kunden. TQM verlangt ein Denken in Prozessen. TQM basiert auf der Kundenorientierung, dem Nullfehlerprinzip, der ständigen Verbesserung (Kaizen) und der Beziehung zu internen Kunden und Lieferanten.

Der Total-Quality-Management-Prozess besteht aus den **vier** Schritten:

1. **Bestimmen der gewünschten Ergebnisse**
2. **Planen der Umsetzung**
3. **Umsetzen und Bewerten**
4. **Überprüfen der Umsetzung**

Nach der Analyse der Ist-Situation werden kurz-, mittel- und langfristige Ziele festgelegt. In einem Qualitäts-Aktionsplan werden die Ziele formuliert. Beim Umsetzen der Ziele sind Commitment, Culture und Costs tragende Säulen. Die Überprüfung der Zielerreichung erfolgt oft über das Benchmarking.

Total Quality Management bringt höhere Umsätze, Gewinne und Aktienkurse durch grössere Kundenzufriedenheit. Allerdings ist Total Quality Management schwierig umzusetzen und kann in einem Übermass betrieben werden.

Repetitionsfragen

77 Ordnen Sie den Begriffen 1 bis 7 die passenden Aussagen aus der Liste A] bis G] zu.

Begriff	Passende Aussage
1. EFQM-Modell	
2. Benchmarking	
3. Qualitäts-Aktionsplan	
4. Nullfehlerprinzip	
5. Kaizen	
6. Chance von TQM	
7. Commitment	

A] Prozess der ständigen Verbesserung

B] Instrument zur Selbstüberprüfung der Qualität im Unternehmen

C] Verpflichtung zum Total Quality Management

D] Vergleich der eigenen Produkte, Dienstleistungen und Prozesse mit denjenigen der in der Branche erfolgreichsten Unternehmen

E] Kein fehlerhaftes Produkt soll das Unternehmen verlassen

F] Formulierung der festgelegten Ziele und Definition der Verantwortlichkeiten der einzelnen Mitarbeitenden

G] Stärkere Mitarbeiterbindung und -zufriedenheit

78 Ausgangslage: Sie arbeiten in der GOSIA AG, einer KMU, die in der Metallverarbeitung tätig ist. Die GOSIA AG produziert nach individuellen Kundenwünschen nach dem Just-in-Time-Prinzip: Erst bei Bestellungseingang wird der Produktionsprozess in Gang gesetzt. Entsprechend ist kein Lager für Fertigprodukte vorhanden.

Ihre Stelle gehört zur Marketing- und Vertriebsabteilung. Sie sind zuständig für die Erfassung der Bestellung, die Bestätigung an die Kunden und die Weiterleitung der relevanten Informationen an die Produktion, den Vertrieb und das Rechnungswesen. Der Bestellungseingang erfolgt per E-Mail, Telefon oder Briefverkehr und wird vom Sekretariat entgegengenommen und an Sie weitergeleitet.

Vor einigen Monaten hat die Geschäftsleitung der GOSIA AG beschlossen, Total Quality Management einzuführen.

Lösen Sie folgende Aufgaben:

A] Benennen Sie drei interne Kunden respektive Lieferanten Ihrer Stelle im Bestellungsprozess.

B] Total Quality Management verlangt nach ständiger Verbesserung der Qualität. Wie könnte sich diese Forderung nach ständiger Verbesserung (Kaizen) konkret auf Ihre Arbeitstätigkeit auswirken? Nennen Sie drei mögliche Folgen und begründen Sie diese.

79 Beurteilen Sie bei nachstehenden Aussagen, ob diese auf Total Quality Management zutreffen oder nicht.

	Trifft zu	Trifft nicht zu
Beim Total Quality Management steht die Produktqualität im Vordergrund.	☐	☐
Das Erreichen von Kostenzielen gehört nicht zu den Zielsetzungen von Total Quality Management.	☐	☐
Qualität ist ein Prozess, der nie zu Ende ist.	☐	☐
Benchmarking kann auch intern betrieben werden, indem die Leistungen verschiedener Geschäftseinheiten miteinander verglichen werden.	☐	☐
Für hervorragende Qualität sind die Kunden bereit, jeden Preis zu bezahlen.	☐	☐
Wenn ein Unternehmen ISO-9001 zertifiziert ist und sich an die Vorgaben des EFQM-Modells hält, ist ein erfolgreiches TQM garantiert.	☐	☐
Total Quality Management ist ein ganzheitlicher Ansatz, der nur dann optimale Resultate liefern kann, wenn er von den Mitarbeitenden unterstützt wird.	☐	☐

80 A] Nennen Sie eine Chance, die das TQM dem Unternehmen bringt.

B] Nennen Sie eine Gefahr bei der Anwendung von TQM.

18 Wissensmanagement

Lernziele: Nach der Bearbeitung dieses Kapitels können Sie ...

- den Begriff «Wissen» verstehen.
- die Kernprozesse und die Bausteine des Wissensmanagements erklären.
- die Bedeutung des Wissensmanagements für Ihren eigenen Zuständigkeitsbereich ableiten.
- die Kosten und Nutzen des Wissensmanagements abschätzen.

Schlüsselbegriffe: Anreize des Wissensmanagements, Instrumente des Wissensmanagements, Kosten und Nutzen des Wissensmanagements, Wissens(ver)teilung, Wissensbewahrung, Wissensentwicklung, Wissenserwerb, Wissensidentifikation, Wissensmanagement, Wissensnutzung, Wissenstreppe

In einem Unternehmen erleben die Mitarbeitenden Tag für Tag neue Situationen, mit denen sie umgehen müssen. Jeden Tag werden neue Erkenntnisse über betriebliche Strukturen, Prozesse oder den Umgang mit Kunden gewonnen. Heute wird eine Stelle nur noch von einer Minderheit aller Erwerbstätigen während des ganzen Erwerbslebens besetzt. Normalerweise wechseln Mitarbeitende zirka alle fünf Jahre den Arbeitgeber. Das Unternehmen muss verhindern, dass mit dem Abgang von Mitarbeitenden auch ihr ganzes Wissen aus dem Unternehmen ausscheidet. Das Wissensmanagement (auch Knowledge Management) versucht, einen gezielten Umgang mit dem Wissen im Unternehmen umzusetzen, Wissen zu sichern und den Mitarbeitenden zugänglich zu machen.

18.1 Was ist Wissen?

Wissen kann unterschiedlich definiert werden. In der Praxis ist Wissen ein Oberbegriff für Fähigkeiten, Fertigkeiten, Know-how, Qualifikationen und Werthaltungen. Wissen alleine hat keinen Wert. Der Wert von Wissen entsteht erst dann, wenn das Wissen auch genutzt wird.

Die Wissenstreppe gibt uns einen Eindruck, wie Wissen qualitativ aufgebaut ist:

[18-1] Wissenstreppe

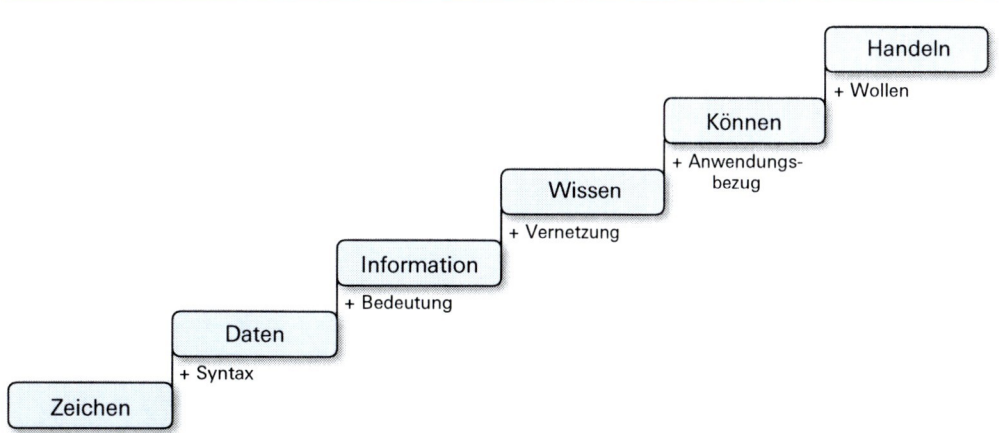

Die einzelnen Stufen der Wissenstreppe werden kurz erläutert:

- **Zeichen:** reine Zeichenangabe ohne weitere Zuordnung, z. B.: 1.30, ABC.
- **Daten:** Zeichen in Verbindung mit einem Zusammenhang, z. B.: 1.30 = Euro-Kurs, ABC = ABC-Analyse.

- **Information:** Daten in Verbindung mit ihrer Bedeutung, z. B.: 1.30 CHF = 1.– Euro, ABC-Analyse = Instrument, um Objekte in drei Klassen einzuteilen und Prioritäten zu setzen.
- **Wissen:** Information in Verbindung mit Vernetzung, z. B.: Wissen darüber, wie ein Wechselkurs zustande kommt, Wissen über die Bedeutung von A-, B- oder C-Gütern
- **Können:** Wissen kann angewendet werden, z. B.: Ein Betrag in CHF kann unter Kenntnis des Wechselkurses in Euro umgerechnet werden, aus den relevanten Informationen kann eine ABC-Analyse erstellt werden.
- **Handeln:** Können in Verbindung mit der Bereitschaft, das Können auch umzusetzen, z. B.: Umrechnen eines Betrags in CHF in einen Euro-Betrag, Erstellen einer ABC-Analyse.

18.2 Aufgaben des Wissensmanagements

Das Wissensmanagement hat zum Ziel, im Unternehmen vorhandenes Wissen bewusst zu nutzen, um das Unternehmensergebnis zu verbessern.

Ziele des Wissensmanagements:

- Gemachte Fehler sollen in Zukunft vermieden werden.
- Genauere Prognosen sollen ermöglicht werden.
- Bessere Entscheidungen sollen herbeigeführt werden.
- Die Effizienz der Mitarbeitenden soll erhöht werden.
- Die Effizienz des Unternehmens soll erhöht werden.

Um diese Ziele erreichen zu können, übernimmt das Wissensmanagement verschiedene Aufgaben:

- **Wissensnutzung:** Das im Unternehmen vorhandene Wissen soll genutzt und gezielt eingesetzt werden.
- **Wissensidentifikation:** Übersicht über im Unternehmen oder extern vorhandenes Wissen.
- **Wissens(ver)teilung:** Das vorhandene Wissen im Unternehmen soll den betroffenen Stellen zugänglich gemacht werden. Dies kann über gezielte Zustellung des Wissens an die Nutzer geschehen (Push-Verfahren) oder dadurch, dass das Wissen dem Nutzer zur Verfügung steht, die Initiative aber vom Nutzer ausgeht (Pull-Verfahren).
- **Wissensbewahrung:** Der Verlust von Wissen durch z. B. Mitarbeiter-Fluktuation wird durch Speicherung und Aktualisierung des Wissens verhindert.
- **Wissensentwicklung:** Das vorhandene Wissen soll ausgebaut und erweitert werden.
- **Wissenserwerb:** Wissen, das im Unternehmen nicht selber aufgebaut werden kann, wird von anderen, externen Stellen erworben. Dies kann über den Kauf von Patenten oder Lizenzen geschehen oder über die Einstellung von Wissensträgern.

Wenn die angestrebten Ziele erreicht werden, können aufwendige Doppelarbeiten vermieden werden. Als Folge davon reduzieren sich Projektkosten, verkürzt sich die Projektdauer und Produkte und Dienstleistungen können schneller im Markt platziert werden.

18.3 Anforderungen an das Wissensmanagement

Damit Wissensmanagement effizient betrieben werden kann, müssen entsprechende Anreize geschaffen und die notwendigen Instrumente bereitgestellt werden.

Um die geeigneten Anreize zu schaffen, muss der Wissensaustausch belohnt und gefördert werden. Häufig ist der individuelle Besitz von Wissen für eine Mitarbeiterin wichtig, weil sie ihm Ansehen und das Gefühl vermittelt, unentbehrlich zu sein. Mit flachen Hierarchien, häufigen Aufgabenwechseln (Job-Rotation) und der Förderung von teamorientiertem Handeln können Wissensbarrieren abgebaut werden.

Wissensmanagement muss in sämtlichen Projekten eines Unternehmens zur Anwendung gelangen. Projekterfahrungen werden für die Zukunft festgehalten und in künftigen Projekten genutzt.

Als Instrument zur Sicherung und Verbreitung von Wissen im Unternehmen werden meistens Lösungen aus der Informationstechnologie verwendet. Technische Hilfsmittel wie E-Mail, Foren, Intranet, Archive und Suchmaschinen sind aus dem betrieblichen Alltag nicht mehr wegzudenken. Sie stellen allerdings nur Hilfsmittel für ein funktionierendes Wissensmanagement dar. Im Mittelpunkt muss der Mensch stehen: Im Analysieren, Bewerten und Kategorisieren von Informationen ist der Mensch der Technik weit überlegen.

Ob Wissensmanagement erfolgreich betrieben werden kann, hängt stark vom Bekenntnis aller Mitarbeitenden zu den vorhandenen Einrichtungen ab. Psychologische Hürden können behindernd wirken. Das Teilen von Wissen wird vom Einzelnen als Machtverlust empfunden. Wer andere am eigenen Wissen teilhaben lässt, macht sich ersetzbar. Die Ziele des Wissensmanagements werden dann erreicht, wenn im Unternehmen eine Kultur und ein Führungsstil gelebt werden, die auf Vertrauen basieren.

18.4 Kosten und Nutzen des Wissensmanagements

Wissensmanagement umzusetzen braucht Zeit und kostet Geld. Es ist nur sehr beschränkt möglich, die direkten Einsparungen von Zeit und Geld sowie die Mehreinnahmen durch ein effizientes Wissensmanagement abzuschätzen und den getroffenen Massnahmen zuzuordnen. Die Unternehmen versprechen sich vom Wissensmanagement, dass es …

- zu Innovationen, höherer Produktivität, kürzeren Projektzeiten und besserer Konkurrenzfähigkeit führt.
- die Kompetenzen aller Mitarbeitenden erhöht und die Kunden- und Mitarbeiterzufriedenheit steigert.
- zur Entstehung und Sicherung von Wettbewerbsvorteilen beiträgt.
- das Risiko beim Ausfall von wichtigen Know-how-Trägern reduziert.

In den meisten Unternehmen besteht im Bereich des Wissensmanagements ein Nachholbedarf. Nur ein kleiner Teil des vorhandenen Wissens ist in schriftlicher oder elektronischer Form verfügbar, das restliche (wertvolle) Wissen liegt brach.

Das Wissensmanagement (Knowledge Management) versucht, mit im Unternehmen vorhandenem Wissen gezielt umzugehen, Wissen zu sichern und den Mitarbeitenden zugänglich zu machen.

- Mit der Wissenstreppe lässt sich der **Begriff «Wissen»** analytisch untersuchen.
- Zu den **Aufgaben** des Wissensmanagements gehören die Wissensnutzung, die Wissensidentifikation, die Wissens(ver)teilung, die Wissensbewahrung, die Wissensentwicklung und der Wissenserwerb.
- Das Wissensmanagement muss durch **Anreize und Instrumente** abgestützt werden. Flache Hierarchien, Job-Rotation und eine vertrauensbasierte Unternehmenskultur schaffen die Anreize, mit Instrumenten, wie E-Mails, Foren, Intranet, Archiven und Suchmaschinen, Wissen gezielt zu sichern und zugänglich zu machen.
- Die **Kosten und Nutzen** des Wissensmanagements sind nur schwierig abschätzbar. Als Nutzen verspricht man sich unter anderem Wettbewerbsvorteile und eine grössere Kunden- und Mitarbeiterzufriedenheit. Im Bereich des Wissensmanagements besteht in den meisten Unternehmen ein grosses Entwicklungspotenzial.

Repetitionsfragen

81 Ordnen Sie den Punkten 1 bis 5 die passenden Aussagen aus der Liste A bis E zu.

Begriff	Passende Aussage
1. Intranet	
2. Informationen	
3. Ziel des Wissensmanagements	
4. Wissenstreppe	
5. Wissenserwerb	

A] Daten in Verbindung mit ihrer Bedeutung

B] IT-gestütztes Instrument zur Wissens(ver)teilung

C] Darstellung des qualitativen Aufbaus von Wissen

D] Kauf von Patenten oder Lizenzen

E] Gemachte Fehler sollen in Zukunft vermieden werden

82 Erklären Sie den Vorgang der Wissens(ver)teilung durch Push- und Pull-Verfahren stichwortartig anhand eines konkreten Beispiels.

83 Zählen Sie drei Ziele des Wissensmanagements auf.

84 Tragen Sie in der folgenden Abbildung die fehlenden Begriffe ein.

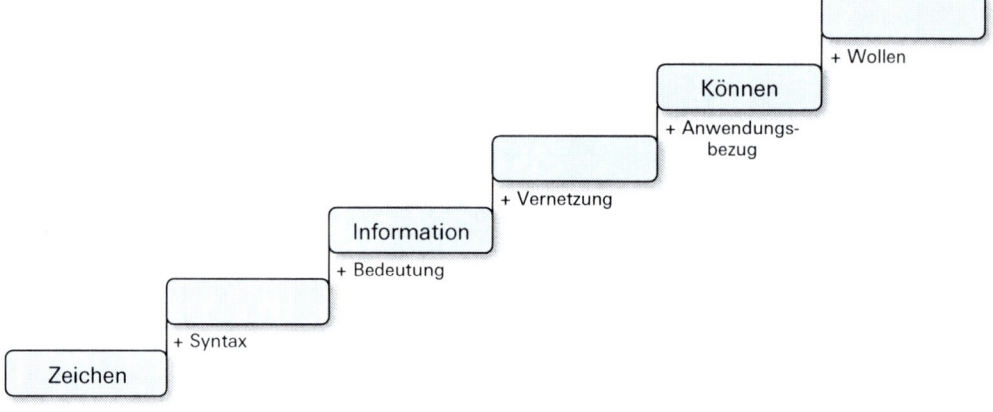

19 Ökologiemanagement

Lernziele: Nach der Bearbeitung dieses Kapitels können Sie …

- begründen, weshalb ein Unternehmen ökologische Aspekte berücksichtigt.
- die Bedeutung der ökologischen Aspekte für das Unternehmen beurteilen.
- die Möglichkeiten der Berücksichtigung ökologischer Aspekte in der Unternehmensführung bewerten.
- den Ökologiemanagement-Prozess beschreiben.
- das Vorsorgeprinzip anwenden.

Schlüsselbegriffe: Öko-Controlling, Ökologiemanagement-Prozess, Ökologiepolitik, Vorsorgeprinzip

Das Produzieren von Gütern und/oder Dienstleistungen nimmt die natürliche Umwelt in Anspruch: Einerseits werden natürliche Ressourcen wie Boden, Wasser und Luft verbraucht, andererseits durch Emissionen belastet. Die Umwelt ist nicht in der Lage, unbegrenzt Schadstoffe aufzunehmen und abzubauen. Sie kann nicht sämtliche Ressourcen in unbegrenztem Mass anbieten. Die teilweise Übernutzung der Umwelt sowie ein Umdenken in der Gesellschaft haben das Thema Umwelt und Umweltschutz zum Diskussionsthema gemacht. Ein gezielter Umgang des Unternehmens mit der Umwelt kann Chancen eröffnen. Marktbedingte und rechtliche Zwänge haben dazu geführt, dass Ökologiemanagement (auch Umweltmanagement) als Querschnittfunktion einen wichtigen Platz in der Unternehmensführung einnimmt.

19.1 Ökologiepolitik

Ausgangspunkt für den Umgang mit Umweltthemen bildet die Ökologiepolitik des Unternehmens. In der Ökologiepolitik werden die obersten Zielsetzungen festgehalten, die für das gesamte Unternehmen den verbindlichen Rahmen für die Umsetzung von umweltbezogenen Zielen setzen. Um eine zielgerichtete Ökologiepolitik formulieren zu können, werden die Unternehmensumwelt (ökologische, ökonomische, soziale, technologische und rechtliche Umweltsphären) sowie das Unternehmen selbst analysiert und daraus Zielsetzungen für einen nachhaltigen Umgang mit den Umweltressourcen abgeleitet.

Typischerweise werden der Wille zur kontinuierlichen Verbesserung der Umweltleistung, die bestmögliche Vermeidung von Umweltbelastungen und die Einhaltung sämtlicher umweltrelevanter Gesetze und Vorschriften in der Ökologiepolitik zum Ausdruck gebracht.

Beispiel

Ökologiepolitik der UBS

Grundsatz 1: Management von Umweltrisiken

In allen Geschäftsfeldern wollen wir Umweltrisiken in unseren Tätigkeiten berücksichtigen, insbesondere bei der Kreditvergabe, im Investment Banking, bei der Beratung und im Research sowie bei unseren eigenen Anlagen. Umweltrisiken, die nicht richtig identifiziert, bewirtschaftet und kontrolliert werden, können zu finanziellen Einbussen führen und unseren Ruf beeinträchtigen, wie dies auch in unseren «Grundsätzen des Risikomanagements und der Risikokontrolle» dargelegt ist. Wir wollen Transaktionen vermeiden, die bedeutende Umweltrisiken beinhalten, deren Ausmass wir nicht richtig einschätzen können, sowie Geschäfte mit Gegenparteien, die nach unserer Einschätzung Umweltbelange nicht angemessen und verantwortungsbewusst angehen.

Grundsatz 2: Marktchancen umweltfreundlicher Produkte

Wir wollen Chancen wahrnehmen, die sich auf den Finanzmärkten in Form umweltfreundlicher Produkte und Dienstleistungen wie z. B. sozial verantwortlichen Geldanlagen (SRI, Socially Responsible Investment) eröffnen. Umwelt- und sozialbewussten Kunden bieten wir entsprechende SRI-Produkte an.

Grundsatz 3: Betriebsökologie

Wir stellen unseren Mitarbeitern ein ökologisch unbedenkliches Arbeitsumfeld zur Verfügung und suchen aktiv nach Wegen, die durch unsere internen Arbeitsabläufe entstehenden Belastungen von Luft, Boden und Wasser zu verringern. Im Vordergrund steht dabei die Reduktion der Emissionen von Treibhausgasen. Die grössten betrieblichen Umweltbelastungen bei UBS ergeben sich aus dem Energieverbrauch, Geschäftsreisen, dem Papierverbrauch und der Entsorgung. Wir wollen die ökologischen Auswirkungen der Produkte und Dienstleistungen unserer Lieferanten überprüfen und gegebenenfalls auf sie einwirken, um die Umweltrisiken zu minimieren.

Grundsatz 4: Zertifiziertes Umweltmanagementsystem

Wir stellen die effiziente Umsetzung unserer Umweltpolitik durch unser weltweit zertifiziertes Umweltmanagementsystem nach ISO 14001 – der internationalen Norm für Umweltmanagement – sicher. Das Zertifikat bestätigt die Zweckmässigkeit des Umweltmanagementsystems von UBS zur Einhaltung der relevanten Gesetze und Vorschriften, zur Erreichung der eigenen Umweltziele sowie zur kontinuierlichen Verbesserung der Umweltleistung. Der ISO 14001 Managementzyklus beinhaltet Planung, Umsetzung, Kontrolle, Management Review sowie Korrekturmassnahmen.

Grundsatz 5: Ausbildung und Kommunikation

Umweltbewusstsein und -kompetenz spielen für das Erreichen unserer Umweltziele eine entscheidende Rolle. Aus diesem Grund investieren wir in Know-how und integrieren Umweltaspekte auch in unsere interne Kommunikation und Ausbildung. Im Rahmen der UBS Jahresberichterstattung legen wir Rechenschaft über unsere Fortschritte bei der Umsetzung der Umweltpolitik ab. Wir pflegen einen offenen Dialog mit allen relevanten Anspruchsgruppen.

19.2 Der Ökologiemanagement-Prozess

Der Ökologiemanagement-Prozess basiert auf der formulierten Ökologiepolitik und erfolgt in drei Teilschritten:

1. Entscheiden
2. Umsetzen
3. Kontrollieren

19.2.1 Entscheiden

Die in der Ökologiepolitik formulierten Zielsetzungen müssen nun in einen handlungsorientierten Rahmen gebracht werden. Das heisst, die Ziele müssen zu konkreten, umsetzbaren und verbindlichen Handlungsanweisungen umformuliert werden. Meistens wird ein Zeithorizont von einem Jahr zugrunde gelegt und die Vorgaben werden in messbarer Form angegeben.

Um das Umweltmanagement zu strukturieren und gezielt einzusetzen, wird meist eine ISO-Zertifizierung angestrebt (z. B. Norm 14001). Mit dieser versucht man, ein Umweltmanagementsystem in ein organisatorisch klar abgrenzbares Konzept mit klaren Verantwortlichkeiten und Kompetenzen zu bringen.

19.2.2 Umsetzen

Die Zielvorgaben in der Umweltpolitik werden nun zur Anwendung gebracht. Dabei wird in vielen Fällen das Vorsorgeprinzip angewandt, das eine umweltgerechte Produktion ermöglicht:

1. Schritt: Vermeiden

In erster Linie soll versucht werden, das Entstehen von umweltbelastenden Ausstössen (Abfälle, Lärm, Abgase usw.) zu vermeiden. Mögliche Massnahmen: Verzicht auf die Verwendung schädlicher Substanzen, Reduktion von Verpackungsmaterial durch geeignetes Produktdesign usw.

Wenn Ausstösse nicht vermieden werden können, dann erfolgt Schritt 2:

2. Schritt: Vermindern

Nicht vermeidbare Ausstösse müssen nach Möglichkeit vermindert werden. Mögliche Massnahmen: Transport per Bahn statt per LKW, Energiesparmassnahmen usw.

Wenn Ausstösse nicht weiter vermindert werden können, dann ergreift man Schritt 3:

3. Schritt: Verwerten

Nicht weiter verminderbare Ausstösse sollen bestmöglich verwertet werden. Man spricht von Recycling: Wie können Ausstösse innerhalb der Unternehmen wiederverwertet werden? Gibt es externe Recycling-Möglichkeiten?

Wenn Ausstösse nicht verwertet werden können, dann kommt es zu Schritt 4:

4. Schritt: Entsorgen

Nicht weiter verwertbare Ausstösse müssen entsorgt werden. Dabei steht im Vordergrund, dass die Entsorgung auf möglichst gefahrlose und umweltfreundliche Weise erfolgt.

19.2.3 Kontrollieren

Damit das Ökologiemanagement funktioniert, müssen die ergriffenen Massnahmen und die Zielerreichung kontrolliert werden. Man bezeichnet dies als Öko-Controlling. Die Kontrolle dient einerseits der Überwachung der laufenden Prozesse, andererseits liefert sie relevante Daten für die Formulierung der Zielsetzungen für die Folgeperiode. Die Instrumente des Öko-Controllings sind vielfältig. Durch den Einsatz der Instrumente bezweckt man, umweltbezogene Soll-Werte mit den im Unternehmen anfallenden Ist-Werten zu vergleichen und allfälligen Handlungsbedarf aufzuzeigen.

Wir bringen in der Folge einige Beispiele für Instrumente des Öko-Controllings:

- **Ökobilanzen:** Ökobilanzen sind eine Zusammenstellung und Bewertung von Stoff- und Energieflüssen (physikalische und mengenmässige Daten). Es kann Schwierigkeiten im Vergleichsbereich geben: Vergleichen Sie nie Äpfel mit Birnen! Der Begriff Bilanz bezeichnet hier eine Zeitraumrechnung (Stoff- und Energieflüsse, die z. B. innerhalb eines Jahres angefallen sind).
- **Ökologie-Kennzahlen:** Ähnlich wie im finanziellen Bereich lassen sich für die Auswertung der Zielerreichung im ökologischen Bereich Kennzahlen errechnen und beurteilen; Beispiele:
    - Energie-Effizienz = Energie-Einsatz / Produkt
    - Recycling-Quote = wiederverwertetes Material / Gesamtmaterial
    - Wasserverlustquote = Wasserinput / Wasseroutput
- **Produktlinienanalyse:** Untersucht werden die Auswirkungen eines Produkts auf seinem Lebensweg von der Rohstoffbeschaffung über Produktion, Verarbeitung, Transport, Verwendung bis zur Nachnutzung (Recycling) bzw. Entsorgung. Diese Untersu-

chung beinhaltet die Auswirkungen auf Umwelt, Wirtschaft und Gesellschaft und ist somit ein sehr umfassendes Analyse-Instrument.
- **Szenario-Technik:** Es werden zukünftige Entwicklungen abgeschätzt. Dabei geht man von unterschiedlichen Ausprägungen der Zukunft aus (z. B. Worst Case, Probable Case, Best Case) und untersucht deren Auswirkung auf das Unternehmen.

19.3 Kosten und Nutzen des Ökologiemanagements

Unternehmen setzen dann Ressourcen für ein Umweltmanagement-System ein, wenn die Nutzen dieses Einsatzes grösser sind als die Kosten.

19.3.1 Kosten des Ökologiemanagements

Die Kosten, die durch ein Umweltmanagementsystem verursacht werden, können nur schwer abgeschätzt werden. Sie fallen von Unternehmen zu Unternehmen sehr unterschiedlich an und hängen stark von der Grösse, Organisationsstruktur und Branchenzugehörigkeit eines Unternehmens ab. Die weitaus grössten Kosten verursachen die Einführung und Implementierung eines Umweltmanagementsystems in einem Unternehmen.

19.3.2 Nutzen des Ökologiemanagements

Es gibt sowohl interne als auch externe Nutzen des Umweltmanagementsystems.

- **Interne Nutzen:**
  - Kostenminimierung durch Einsparung von Rohstoffen, Reduktion von Umweltabgaben, Energieverbrauch, Abfallmengen
  - Risikominderung durch Risikovorsorge, Haftungsvermeidung, Erkennen von Schwachstellen
- **Externe Nutzen:**
  - Verbesserte Wettbewerbsfähigkeit durch Imagegewinn und Erschliessung neuer Märkte
  - Verbesserte Verhandlungsposition im Umgang mit Behörden, Banken und Versicherungen
  - Risikominderung durch Verbesserung der Kreditwürdigkeit und Vereinfachung von Genehmigungsverfahren

Oft sind die hier genannten, direkten Nutzenpotenziale und ihr Zusammenhang mit dem Ökologiemanagement des Unternehmens nur schwierig nachweisbar. Auch allfällige indirekte Nutzen eines Umweltmanagements können oft nur angenommen werden. Entsprechend besteht im Bereich des Umweltmanagements nach wie vor bei vielen Unternehmen (v. a. KMU) ein Handlungsbedarf.

Aufgrund marktbedingter und rechtlicher Zwänge hat das **Ökologiemanagement** einen wichtigen Stellenwert in der Unternehmensführung. Ausgangspunkt ist die Formulierung der Ökologiepolitik, in der die Ziele des Unternehmens in Bezug auf die natürliche Umwelt festgelegt werden.

Der Ökologiemanagement-Prozess umfasst die Teilschritte

- **Entscheiden,**
- **Umsetzen und**
- **Kontrollieren.**

Entscheiden bedeutet, dass die Ökologiepolitik in **konkrete Handlungsanweisungen** umformuliert wird.

Das Umsetzen des Ökologiemanagements folgt dem **Vorsorgeprinzip:** Umweltbelastungen sind

- zu **vermeiden,** falls nicht möglich,
- zu **vermindern,** falls nicht möglich,
- zu **verwerten** und erst in letzter Konsequenz
- zu **entsorgen.**

Das Kontrollieren erfolgt über Instrumente wie Ökobilanzen, Ökologie-Kennzahlen, Produktlinienanalysen und Szenario-Techniken.

Ein Umweltmanagementsystem soll dem Unternehmen mehr Nutzen als Kosten einbringen. Die Kosten des Umweltmanagements sind von Unternehmen zu Unternehmen sehr unterschiedlich. Die Nutzen des Umweltmanagements können in interne und externe Nutzen unterschieden werden.

Repetitionsfragen

85 Zuordnungsaufgabe zum Thema Ökologiemanagement: Ordnen Sie den Punkten 1 bis 8 die passenden Aussagen aus der Liste A bis H zu.

Begriff	Passende Aussage
1. Ökobilanz	
2. Interner Nutzen eines Umweltmanagementsystems	
3. Ökologiepolitik	
4. ISO 14001	
5. Vorsorgeprinzip	
6. Energie-Effizienz	
7. Ökologiemanagement-Prozess	
8. Produktlinienanalyse	

A] Reduktion des Energieverbrauchs

B] Besteht aus den Schritten Entscheiden, Umsetzen und Kontrollieren

C] Norm für eine Zertifizierung des Umweltmanagementsystems

D] Kennzahl des Öko-Controllings

E] Zeigt Stoff- und Energieflüsse innerhalb einer Zeitperiode auf

F] Besagt, dass Vermeiden besser ist als Vermindern, Vermindern besser ist als Verwerten und dass Verwerten besser ist als Entsorgen

G] Umfassende Untersuchung der Auswirkungen eines Produkts auf die Umwelt, Wirtschaft und Gesellschaft

H] Beinhaltet den Verbesserungswillen, das Vermeiden von Umweltbelastungen und die Einhaltung sämtlicher Vorschriften

86 Sie sind in einer kleineren Möbelschreinerei tätig. Ihr Vorgesetzter beauftragt Sie, eine konkrete Handlungsanweisung für den Umgang mit Umweltthemen zu erarbeiten.

Ihr Arbeitspapier soll sich nach dem Vorsorgeprinzip richten. Zeigen Sie mehrere Aspekte auf, aus denen ein Nutzen für die Schreinerei gewonnen werden kann.

Vermeiden von …	
Vermindern von …	
Verwerten von …	
Entsorgen von …	

87 Nennen Sie je zwei interne und externe Nutzen des Ökologiemanagements.

Teil E   Übungen

Übung macht den Meister

Theoriewissen allein garantiert noch nicht den Prüfungserfolg. Erst wer sein Wissen an konkreten Problemen angewendet hat, ist für die Prüfung gerüstet. Darum geht es in diesem Teil des Lehrmittels. Sie finden hier Übungen, denen Sie in ähnlicher Form auch an Ihrer Abschlussprüfung begegnen könnten. Die Übungen sind nach folgendem Raster aufgebaut:

- **Steckbrief der Übung.** Gleich unter dem Titel der Übung informieren wir Sie über die Übungsziele und verweisen Sie auf die Kapitel, in denen die Theorie besprochen wird.
- **Ausgangslage.** Sie schildert die Voraussetzungen, die für die Übung gelten.
- **Aufgaben.** Eine Übung umfasst in der Regel 2–5 Aufgaben.

Dozent/-innen, die dieses Buch im Unterricht einsetzen, können die Musterlösungen auf CD-ROM kostenlos bei uns beziehen (E-Mail an postfach@compendio.ch mit der Angabe des Buchs und der Schule, an der Sie unterrichten). Einzelpersonen, die im Selbststudium mit dem Buch arbeiten, verrechnen wir für die CD-ROM einen Unkostenbeitrag.

Nummer, Titel und Inhalt der Übung	Theorie
1 Schreinerei Mödinger Anspruchsgruppen und Umweltsphären	Kap. 5, S. 42
2 Brauerei Dentenbräu Unternehmens- und Konkurrenzanalyse, Ziele der Funktionsbereiche	Kap. 3, S. 31 Kap. 6, S. 55
3 Womeco AG Umweltanalyse, Qualitätsmanagement und Verkaufsargumente	Kap. 5, S. 42 Kap. 6, S. 55
4 Metafor AG Ziele, Informationsmanagement und Marketing-Mix	Kap. 6, S. 55
5 Zulliger & Co. Operatives Management, Leitbild, strategisches Controlling und Make-or-Buy-Entscheidung	Kap. 6, S. 55
6 Bepito AG Kenngrössen, Unternehmenstypologie und Unternehmensverbindungen	Kap. 2, S. 19 Kap. 3, S. 31 Kap. 7, S. 80 Kap. 8, S. 84
7 Lobisto AG Strategietypen nach Porter, Anforderungen an eine Geschäftsidee	Kap. 6, S. 55 Kap. 9, S. 96
8 Miratas AG Standortwechsel, Fremdwährungen, Ideenfindung und Kooperation	Kap. 8, S. 84 Kap. 11, S. 114
9 Sensini Food GmbH Businessplan, Absatzwege und Standortwahl	Kap. 6, S. 55 Kap. 10, S. 105 Kap. 11, S. 114
10 Micop AG Standortwechsel	Kap. 11, S. 114 Kap. 14, S. 140
11 Jubilo AG Factoring und Unternehmenstypologie	Kap. 7, S. 80 Kap. 16, S. 176
12 FC Behnried Risikomanagement und Rechtsform	Kap. 12, S. 121 Kap. 16, S. 176
13 Kompako Holding AG Aufbauorganisatorische Mängel, Projektsteuerungsmassnahmen, Total Quality Management	Kap. 13, S. 128 Kap. 15, S. 160 Kap. 17, S. 189
14 Thermalbad Unternabingen AG Umweltsphären, Businessplan und Wissensmanagement	Kap. 5, S. 42 Kap. 9, S. 96 Kap. 10, S. 105 Kap. 18, S. 195

Nummer, Titel und Inhalt der Übung	Theorie
15 Bafin AG Risikomanagement und Unternehmensverbindungen	Kap. 8, S. 84 Kap. 16, S. 176 Kap. 19, S. 199
16 Transportunternehmen Rudolf Bähler Busreisen RBB Ökonomisches Prinzip erläutern, Umweltsphären analysieren, Anspruchsgruppen bestimmen, Funktionsbereiche analysieren, Standortfaktoren erläutern, Rechtsform bestimmen	Kap. 2, S. 19 Kap. 5, S. 36 Kap. 6, S. 48 Kap. 11, S. 103 Kap. 12, S. 110
17 RIMO AG «Profit Getränkeabholmarkt» Kenngrössen für wirtschaftliches Handeln bestimmen, die wichtigsten Kenngrössen eines Markts ausrechnen, Umweltsphären analysieren, Gestaltung des strategischen Managements, Strategien für Geschäftseinheiten und Funktionsbereiche bestimmen, primäre Funktionsbereiche beschreiben, Aspekte des Ökologiemanagements erläutern	Kap. 2, S. 21 Kap. 3, S.29 Kap. 5, S. 37 Kap. 6, S. 53–62 Kap. 19, S. 184

Hinweis

Verfasser der Übungen

Die Übungen 1- 15 wurden von Marcel Reber, die Übungen 16–17 von Martin Kellerhals erstellt.

1 Schreinerei Mödinger

Übungsziele: Ansprüche verschiedener Interessengruppen erkennen, Interessenkonflikte beschreiben, Entwicklungen den Umweltsphären zuordnen.

Theorie: Kap. 5, S. 42

Ausgangslage

Die Schreinerei Mödinger ist ein Kleinunternehmen in einem Quartier der Stadt Zürich. Das Einzelunternehmen wird von Karl Mödinger, dem Firmengründer, geführt. Die Schreinerei Mödinger beschäftigt sieben Mitarbeitende.

Aufgaben

1 Die Umwelt der Schreinerei Mödinger besteht aus verschiedenen Anspruchsgruppen. Suchen Sie für folgende Anspruchsgruppen je zwei möglichst konkrete Ansprüche an die Schreinerei Mödinger.

Anspruchsgruppe	Ansprüche
Mitarbeitende	
Kunden	
Anwohner	
Lieferanten	
Staat	

2 Karl Mödinger überlegt sich die Anschaffung einer neuen Kreissäge. Die neue Säge würde bei gleicher Leistung und vergleichbarer Qualität nur halb so viel Strom verbrauchen wie die bisherige Säge. Allerdings ist die Schalldämpfung bei der neuen Maschine geringer. Zeigen Sie auf, zwischen welchen Anspruchsgruppen ein Interessenkonflikt auftritt, wenn Karl Mödinger sich für die Anschaffung der neuen Säge entscheidet, und erläutern Sie den Interessenkonflikt.

3 Welchen Umweltsphären der Schreinerei Mödinger ordnen Sie die folgenden Entwicklungen zu?

A] Immer weniger Jugendliche entscheiden sich für eine Berufslehre als Schreiner. Den Schreinereien drohen die Arbeitskräfte auszugehen.

B] Immer mehr Konsumentinnen und Konsumenten kaufen ihre Möbel bei Billiganbietern ein.

C] Die Holzpreise werden sich in den nächsten zehn Jahren verdoppeln.

D] Der Einsatz von Computerchips in Maschinen aller Art führt zu exakteren Produkten.

2 Brauerei Dentenbräu

Übungsziele: Unternehmens- und Konkurrenzanalyse erstellen, Marketingziele formulieren, Marketinginstrumente anwenden, Just-in-Time-Produktion würdigen, relativen Marktanteil berechnen.

Theorie: Kap. 3, S. 31, Kap. 6, S. 55

Ausgangslage

Im Zuge des immer stärker zu Grossbrauereien tendierenden Biermarktes gründeten Peter Joller und Marc Gyger 1999 die kleine Bierbrauerei «Dentenbräu». Unterdessen floriert das Geschäft ganz gut. Die Brauerei Dentenbräu produziert drei Biersorten: helles Lagerbier, Kaktusbier «Sticks» (eine Spezialität der Dentenbräu: Bier mit Kaktusextrakten gemischt) und dunkles Malzbier. Das Lagerbier und das Malzbier werden in Flaschen (an Handel und Gastronomie) oder Fässern (Gastronomie) hauptsätzlich in der Region Basel durch die Dentenbräu ausgeliefert. Das Kaktusbier «Sticks» wird in Flaschen an den Grosshandel in der ganzen Schweiz ausgeliefert. Bei grösseren Bestellmengen gewährt die Dentenbräu Mengenrabatte und bei Bezahlung innert 10 Tagen werden 2 % Skonto gewährt.

Marktinformationen

Der Biermarkt Schweiz ist gesättigt und wird von einem starken Verdrängungswettbewerb dominiert. Wenige Grossbrauereien beherrschen den Markt und versuchen stetig, Marktanteile dazuzugewinnen. Sie kämpfen mit intensiver Werbung um Kunden. Die verschiedenen Biere der Grossbrauereien sind von gleicher Uniformität in Geschmack und Erscheinungsbild.

Für die kommenden Jahre rechnen die Grossbrauereien mit einem schrumpfenden Bierkonsum in den Gaststätten. Sie führen dies auf die Verschärfung der Promille-Kontrollen durch die Polizei, die Einführung eines generellen Rauchverbots in Gaststätten und ein verändertes Konsumverhalten bei den 20- bis 25-Jährigen zurück. Der Trend bei den 20- bis 25-Jährigen geht klar in Richtung von Bier-Misch-Getränken. Bier-Misch-Getränke sind Biere mit Süssgetränken gemischt. Die Geschmacksrichtung geht dadurch eher in Richtung «süsser – und nicht so bitter».

Für den **klassischen Biermarkt Schweiz (helle Lagerbiere und dunkle Malzbiere)** wird folgende Umsatzentwicklung für die nächsten Jahre prognostiziert:

In 1 Jahr: −2 %
In 2 Jahren: −4 %
In 3 Jahren: −3 %
In 4 Jahren: −3.5 %

Erschwerend für den Biermarkt Schweiz dürfte in den nächsten Jahren hinzukommen, dass die Gesundheitsbehörden in der Schweiz eine intensive Kampagne zur Prävention von Alkoholmissbrauch planen. Die Kampagne soll Jugendliche vom Konsum alkoholischer Getränke abhalten und bestehende Konsumenten zu einem massvolleren Umgang mit Alkohol anhalten.

Folgende statistischen Daten für den **klassischen Biermarkt** sind für das aktuelle Jahr verfügbar:

- Jährlicher Pro-Kopf-Konsum in der Region Basel: 55.9 Liter
- Einwohnerzahl der Region Basel: 440 000
- Absatz der Dentenbräu in Hektolitern (1 Hektoliter = 100 Liter): 8 900
- Durchschnittlich erzielter Marktpreis pro Liter (in der Region Basel, Durchschnitt aller Anbieter): CHF 0.885

Informationen zur Dentenbräu

Marc Gyger und Peter Joller haben sich für die kommenden Jahre Gedanken über ihr Unternehmen und seine Position im Biermarkt der Region Basel gemacht. Aufgrund ihrer Überlegungen haben sie sich folgende Ziele gesetzt:

1. Nächstes Jahr: Steigerung des Umsatzes in CHF mit den klassischen Bieren um 4 %
2. Gewinnung von Neukunden für das Spezialbier «Sticks» in den nächsten 3 Jahren
3. Information und Beeinflussung der Zielgruppe der externen Beeinflusser (Medien, Gastronomie, Getränkehandel, Konsumentenschutzverbände, Gesundheitsbehörden, Umweltschutzverbände usw.)
4. Festigung der Marke Dentenbräu in der Region Basel
5. Erzielen eines höheren Marktpreises pro Liter für klassische Biere (CHF 0.810) und Spezialbiere (CHF 1.300). (Aktuelles Jahr: Die Dentenbräu erzielt durchschnittlich CHF 0.777 pro Liter bei den klassischen Bieren, CHF 1.196 pro Liter bei den Spezialbieren.)
6. Erweiterung des Biersortiments um ein bis zwei Bier-Misch-Getränke in den nächsten 4 Jahren

Aufgaben

1 Um die aktuelle Marktsituation zu untersuchen, sollen Sie mit einer Unternehmensanalyse nach zwei Stärken und zwei Schwächen der Dentenbräu als KMU gegenüber den Grosskonkurrenten suchen. In einem zweiten Schritt sollen Sie die Konkurrenzsituation auf zwei Chancen und zwei Gefahren für die Dentenbräu untersuchen.

2 Marc Gyger und Peter Joller haben das Ziel formuliert, die Marke Dentenbräu in der Region Basel zu festigen. Machen Sie drei konkrete Vorschläge, wie dieses Ziel erreicht werden kann.

3 Wie kann die Dentenbräu das Ziel, einen höheren Marktpreis zu erzielen, erreichen, ohne ihren Verkaufspreis zu erhöhen? Machen Sie einen Vorschlag.

4 Um die Kosten zu reduzieren, schlägt eine externe Beraterin der Dentenbräu vor, auf Just-in-Time-Produktion umzustellen. Nennen Sie einen Vorteil und eine Gefahr von Just-in-Time-Produktion aus Sicht der Dentenbräu.

5 Wie hoch ist der Marktanteil der Dentenbräu bei den klassischen Bieren in der Region Basel? Berechnen Sie den Marktanteil aufgrund des Pro-Kopf-Konsums in Litern in der Region Basel und des Pro-Kopf-Absatzes in Litern der Dentenbräu. Geben Sie Ihr Resultat auf zwei Stellen nach dem Komma genau an.

3 Womeco AG

Übungsziele: Umweltanalyse durchführen, Qualitätsverbesserungsmassnahmen formulieren, Verkaufsargumente bestimmen.

Theorie: Kap. 5, S. 42, Kap. 6, S. 55, Kap. 17, S. 189

Ausgangslage

Die Womeco AG ist Betreiberin von Bergbahnen. Ihr gehören fünf Luftseilbahnen in den Walliser Alpen. Während der Wintersaison entstehen die grössten Umsätze der Womeco AG (70 % des Jahresumsatzes).

Es liegen Ihnen folgende Angaben über die Womeco AG vor:

Kundenstruktur nach Alter und Saison

	Wintersaison (01. Dez. bis 30. April)	Sommersaison (01. Mai bis 30. Nov.)
0–10 Jahre	6.11 %	3.88 %
10–20 Jahre	8.99 %	7.33 %
20–30 Jahre	22.47 %	13.13 %
30–40 Jahre	20.66 %	19.20 %
40–50 Jahre	19.33 %	28.23 %
50–60 Jahre	16.02 %	21.99 %
60–70 Jahre	4.09 %	4.80 %
Über 70 Jahre	2.33 %	1.44 %
Total	100.00 %	100.00 %

Kundenstruktur nach Herkunft und Saison

	Wintersaison (01. Dez. bis 30. April)	Sommersaison (01. Mai bis 30. Nov.)
Schweiz	40.02 %	58.54 %
Deutschland	15.10 %	11.22 %
Italien	6.27 %	8.04 %
Frankreich	3.91 %	4.12 %
Österreich	0.77 %	0.12 %
USA	3.21 %	7.93 %
Grossbritannien	8.13 %	2.21 %
Übriges Europa	18.05 %	7.11 %
Übrige Welt	4.54 %	0.71 %
Total	100.00 %	100.00 %

Aufgaben

1 Sie sollen für die Womeco AG eine Umweltanalyse durchführen. Suchen Sie dabei für die ökonomische, die gesellschaftliche und die ökologische Umweltsphäre nach einer möglichen Chance und einer möglichen Gefahr für die Womeco AG. Berücksichtigen Sie dabei die Angaben über die Kundenstruktur.

2 Die Womeco AG hat eine repräsentative Umfrage bei ihren Kundinnen und Kunden durchgeführt. Ihnen steht folgende Auswertung zur Verfügung:

Gestellte Frage: «Welche der folgenden Merkmale treffen Ihrer Meinung nach auf die Luftseilbahnen der Womeco AG zu?»

Die Resultate sehen wie folgt aus:

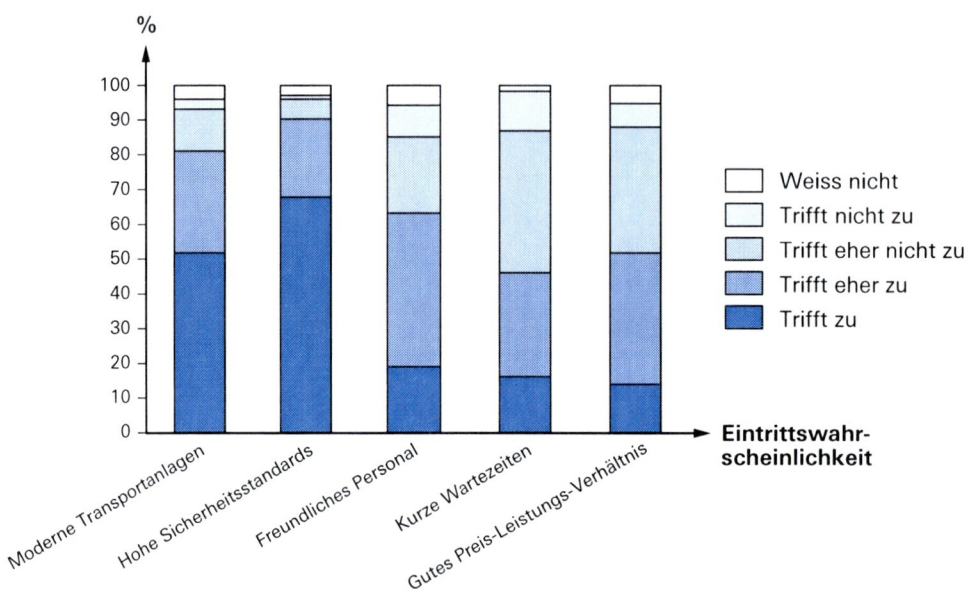

A] In den Bereichen «Freundliches Personal», «Kurze Wartezeiten» und «Gutes Preis-Leistungs-Verhältnis» erfüllt die Kundenwahrnehmung die intern gesetzten Ziele nicht. Machen Sie für jeden dieser drei Bereiche zwei Vorschläge, wie die Kundenwahrnehmung in Zukunft verbessert werden kann.

B] Die Sicherheitsstandards werden von 90% der Kundinnen und Kunden als hoch eingeschätzt. Sicherheit ist für den Betreiber von Luftseilbahnen ein wesentliches Verkaufsargument: Wenn die Kunden sich in der Seilbahnkabine nicht sicher fühlen, verzichten sie auf die Fahrt und die Einnahmen brechen ein.

Machen Sie zwei Vorschläge, wie das Sicherheitsempfinden der Fahrgäste erhöht werden kann.

3 Die Unternehmensleitung der Womeco AG will die Qualität verbessern. Machen Sie vier Vorschläge, wie eine verbesserte Dienstleistungsqualität erreicht und nachhaltig gesichert werden kann.

4 Die Unternehmensleitung der Womeco AG will die Auslastung der Luftseilbahnen in den Sommermonaten erhöhen. Sie erhalten den Auftrag, drei Vorschläge zu machen, wie mehr Leute der Altersgruppe zwischen 20 und 30 Jahren in der Sommersaison angelockt werden können.

4 Metafor AG

Übungsziele: Ziele zuordnen, Anforderungen an ein Informationssystem aufzeigen, Zusammensetzung des Marketing-Mixes wiedergeben.

Theorie: Kap. 6, S. 55

Ausgangslage

Die Metafor AG ist Herstellerin von Duschvorhängen, Duschvorhangstangen und Duschvorhangringen. Die Metafor AG ist international tätig und hat Produktionsstätten in mehreren Ländern.

Aufgaben

1 A] Die Metafor AG hat mehrere Ziele für die nächsten Geschäftsjahre formuliert. Beurteilen Sie, ob folgende Ziele zu den strategischen Zielen oder zu den operativen Zielen gehören.

Ziele	Strat.	Op.
Der Reingewinn in den nächsten fünf Jahren beträgt mindestens 6 % des Umsatzes und mindestens 13 % des Eigenkapitals.	☐	☐
Wir suchen nach Verbesserungsmöglichkeiten für unsere Produkte, bleiben aber unserem Sortiment treu.	☐	☐
Die Durchlaufzeit für Vorhangstangen muss innerhalb eines Jahres um 10 % gesenkt werden.	☐	☐
Unsere Mitarbeitenden werden von uns respektvoll behandelt. Ihre Weiterbildungswünsche unterstützen wir.	☐	☐
Die Summe der ausbezahlten Nettolöhne darf im folgenden Jahr um maximal 2 % steigen.	☐	☐
In den nächsten fünf Jahren streben wir einen Eintritt in den südamerikanischen Markt mit einem Marktanteil von 10 % an.	☐	☐

B] Beurteilen Sie, ob die Ziele aus Teilaufgabe A] dem leistungswirtschaftlichen, dem finanzwirtschaftlichen oder dem sozialen Bereich zuzuordnen sind.

Ziele	Leist.	Fin.	Soz.
Der Reingewinn in den nächsten fünf Jahren beträgt mindestens 6 % des Umsatzes und mindestens 13 % des Eigenkapitals.	☐	☐	☐
Wir suchen nach Verbesserungsmöglichkeiten für unsere Produkte, bleiben aber unserem Sortiment treu.	☐	☐	☐
Die Durchlaufzeit für Vorhangstangen muss innerhalb eines Jahres um 10 % gesenkt werden.	☐	☐	☐
Unsere Mitarbeitenden werden von uns respektvoll behandelt. Ihre Weiterbildungswünsche unterstützen wir.	☐	☐	☐
Die Summe der ausbezahlten Nettolöhne darf im folgenden Jahr um maximal 2 % steigen.	☐	☐	☐
In den nächsten fünf Jahren streben wir einen Eintritt in den südamerikanischen Markt mit einem Marktanteil von 10 % an.	☐	☐	☐

2 Die Metafor AG hat Produktionsstätten in mehreren Ländern. Sie ist dadurch auf ein funktionierendes Informationsmanagement angewiesen. Welche Aufgaben muss ein Informationssystem erfüllen?

3 Die Metafor AG hat eine Marketingabteilung. Um die Marketingziele zu erreichen, muss über den Einsatz der Marketinginstrumente entschieden werden. Man spricht vom Marketing-Mix. Welche vier Marketinginstrumente bilden kombiniert den Marketing-Mix?

5 Zulliger & Co.

Übungsziele: Aufgaben des operativen Managements aufzählen, Leitsätze formulieren, Instrumente des strategischen Controllings vorschlagen, Argumente für Make-or-Buy-Entscheide gewichten.

Theorie: Kap. 6, S. 55

Ausgangslage

Das Unternehmen Zulliger & Co. wurde vor 23 Jahren von Thomas Zulliger und Andreas Bauer als Kollektivgesellschaft gegründet. Das Unternehmen hat seinen Sitz in Biel. Ursprünglich war Zulliger & Co. in der Herstellung von Treppenliften tätig. Mit den Jahren hat eine Erweiterung des Produktportfolios stattgefunden: Heute produziert Zulliger & Co. auch Speiseaufzüge für Gastronomiebetriebe und verkauft die selber hergestellten Kleinmotoren (Bestandteile der Treppenlifte und Speiseaufzüge) an Hersteller von Rollstühlen. Heute beschäftigt Zulliger & Co. 79 Mitarbeitende und erzielt einen Jahresumsatz von 36 Mio. CHF.

Organigramm Zulliger & Co.

Thomas Zulliger und Andreas Bauer haben eine Strategie für die nächsten zehn Jahre entwickelt. Um die Mitarbeitenden den Unternehmenszielen zu verpflichten, haben sie die Ziele in einem Leitbild mit Titel «Wegweiser 2020» allgemein formuliert. Trotz der allgemeinen Formulierung gelten die Ziele als verbindlich und bilden die Basis für den Entscheid, ob ein Mitarbeitender am Ende des Geschäftsjahrs einen Bonus ausbezahlt erhält oder nicht.

Leitbild der Zulliger & Co.

> **Wegweiser 2020**
>
> **1) Wir …**
>
> … sind der führende Hersteller von Treppenliften und Speiseaufzügen in der Schweiz. Unsere Kleinmotoren werden von Weiterverarbeitern geschätzt.
>
> **2) Unsere Mitarbeitenden …**
>
> … erbringen hervorragende Leistungen, die anerkannt und belohnt werden.
>
> **3) Innovation …**
>
> … ist für uns selbstverständlich: Jedes Jahr stellen wir drei Produktneuheiten vor.
>
> **4) Die Gesellschaft …**
>
> … ist uns wichtig: Gegenüber der Öffentlichkeit haben wir eine Verantwortung. Wir nehmen sie aktiv wahr. Wir informieren offen.
>
> **5) Kunden …**
>
> … werden durch unsere erstklassigen Produkte zufriedengestellt.
>
> **6) Lieferanten …**
>
> … sind unsere Partner: Wir behandeln sie fair und respektvoll. Die Rechnungen begleichen wir termingerecht.
>
> **7) 7-5 …**
>
> Die 7-5-Regel ist unser gemeinsames, verbindliches Ziel: Jedes Jahr 7 % Wachstum bei einer EBIT-Marge[1] von 5 %.

[1] EBIT: Earnings before Interest and Taxes. EBIT-Marge: Betriebsgewinn vor Zinsen und Steuern in Prozenten des Umsatzes.

Zulliger & Co. ist in der Schweiz Marktführer bei Treppenliften und Speiseaufzügen. Als Zulieferer von Motoren für Rollstuhlhersteller erreicht Zulliger & Co. einen Marktanteil von 6 % im europäischen Markt. Die Leiter der einzelnen Abteilungen (Timo Weiss, Fritz Weber, Iris Rellstab und Samira Hofer) sind für die Leistungen ihrer Abteilungen verantwortlich: 20 % ihres Jahreslohns sind erfolgsabhängig. Die Firma Zulliger & Co. pflegt intern einen offenen Kommunikationsstil. Thomas Zulliger gilt als entscheidfreudig und ist für seine – teilweise – überstürzten Schlussfolgerungen bekannt. Andreas Bauer gilt als ruhender Pol mit dem Flair für die «richtige» Entscheidung.

Aufgaben

1 Die im «Wegweiser 2020» festgelegten Grundsätze müssen für die Anwendung im Unternehmensalltag vom operativen Management in greifbare Handlungsanweisungen umgewandelt werden. Welches sind im Allgemeinen die Aufgaben des operativen Managements?

2 Der «Wegweiser 2020» soll um Leitsätze zu den Themen «Ethik», «Unabhängigkeit» und «natürliche Umwelt» ergänzt werden. Machen Sie zu den drei Themen einen Vorschlag für eine mögliche Formulierung.

3 Oft spricht man von strategischem Controlling: Gemeint sind damit die Instrumente zur Überprüfung der Erreichung von strategischen Zielen. Zeigen Sie, mit welchen Instrumenten die im «Wegweiser 2020» formulierten Ziele überprüft werden können.

4   Die Kleinmotoren, die Zulliger & Co. herstellen, bestehen aus Kunststoff- und Metallbestandteilen. Seit längerer Zeit wird darüber diskutiert, die Metallbestandteile nicht mehr selber herzustellen sondern von Lieferanten zu beziehen. Die Abklärungen haben ergeben, dass der Fremdbezug finanziell in etwa gleich teuer zu stehen kommt wie die Eigenfertigung. Zeigen Sie zwei Chancen und zwei Gefahren eines Fremdbezugs auf.

6 Bepito AG

Übungsziele: Produktivität, Wirtschaftlichkeit und Marktvolumen ermitteln, Unternehmenstypologie zuordnen, Vor- und Nachteile von Kooperationen (insbesondere Fusionen) erkennen.

Theorie: Kap. 2, S. 19, Kap. 3, S. 31, Kap. 7, S. 80, Kap. 8, S. 84

Ausgangslage

Sie arbeiten für die Bepito AG – einen Hersteller von Futtermitteln für Rinder. Die Bepito AG ist ein über mehrere Jahrzehnte gewachsenes Familienunternehmen mit Standort in Konolfingen. Die Aktionäre der Bepito AG sind das Ehepaar Peter und Rita Fankhauser. Peter und Rita sind im letzten Jahr 62 Jahre alt geworden und haben keine Kinder. Die Bepito AG beliefert Kunden in der ganzen Schweiz.

Angaben zum abgelaufenen Geschäftsjahr

Ertrag aus Futtermitteln	CHF 760 000.–
Gesamter Aufwand	CHF 715 000.–
Futtermittelproduktion	2 250 000 kg
Eingesetzte Maschinenstunden	2 500
Marktanteil der Bepito AG	9.5 %
Anzahl Beschäftigte	19
Bilanzsumme	CHF 714 000.–
Materialaufwand (grösster Aufwandposten)	CHF 354 320.–

Aufgaben

1 Ihr Vorgesetzter beauftragt Sie, einige wesentliche Informationen über die Bepito AG zusammenzustellen.

A] Ermitteln Sie die Maschinenproduktivität und die Wirtschaftlichkeit der Bepito AG für das vergangene Geschäftsjahr.

B] Berechnen Sie das Marktvolumen auf dem Markt für Futtermittel für Rinder.

C] Ordnen Sie die Bepito AG unter folgenden Kriterien einem Unternehmenstypus zu.

Grösse:

Wirtschaftssektor:

Vorherrschender Produktionsfaktor:

Rechtsform:

Trägerschaft:

2 Die Bepito AG erhält eine Anfrage der Thumira AG – einer Konkurrentin im Futtermittelmarkt Schweiz – bezüglich einer Zusammenarbeit. Die Thumira AG hat ihren Sitz in Frauenfeld und beliefert die ganze Schweiz mit Futtermitteln für Rinder und Hühner. Ihr Marktanteil bei Rinderfutter beträgt 10.3 %, bei Hühnerfutter 6.2 %. Den grössten Teil ihres Umsatzes erzielt die Thumira AG mit Rinderfutter. Die Produkte der Thumira AG und der Bepito AG sind sich bezüglich Qualität und Preis sehr ähnlich.

A] Die Bepito AG will die Anfrage der Thumira AG prüfen. Welche Chancen bieten sich der Bepito AG bei einer Zusammenarbeit mit der Thumira AG? Nennen Sie drei Chancen aus Sicht der einzelnen Funktionsbereiche.

B] Die Thumira AG schlägt der Bepito AG vor, zu fusionieren. Die Eigentümer der Thumira AG würden 55 % des Aktienkapitals des neuen Unternehmens halten, die Eigentümer der Bepito AG 45 %. Die Futtermittel-Marken der beiden Unternehmen würden weiter bestehen, die Produktion und der Vertrieb auf die Standorte Frauenfeld und Konolfingen verteilt werden. Von Frauenfeld aus würde der Markt in der Ost- und Südschweiz beliefert, der Standort Konolfingen wäre für die Belieferung der West- und Nordschweiz zuständig.

Beraten Sie Peter und Rita Fankhauser, indem Sie ihnen einen Vorteil und einen Nachteil der Fusion aus der persönlichen Sicht des Ehepaars Fankhauser nennen und Ihnen drei Gefahren einer Fusion aus Sicht der Bepito AG als Unternehmen darlegen.

7 Lobisto AG

> **Übungsziele:** Vorschläge für Strategien nach Porter machen, Anforderungen an eine Geschäftsidee nennen und beurteilen.
>
> **Theorie:** Kap. 6, S. 55, Kap. 9, S. 96

Ausgangslage

Die Lobisto AG ist Betreiberin einer Restaurantkette. Die Restaurants befinden sich in sieben verschiedenen Städten in der Schweiz. Das Angebot ist in jedem Restaurant identisch. Die Lobisto AG legt grossen Wert auf ein einheitliches Auftreten (Corporate Design, Corporate Identity): Der Marktauftritt (Werbung, Internetseite, Speisekarten und Interieur der Restaurants) und die Arbeitskleidung der Mitarbeitenden sind in allen Filialen einheitlich.

Aufgaben

1 Die Geschäftsleitung der Lobisto AG macht sich Gedanken über die strategische Ausrichtung ihrer Restaurantkette für die nächsten Jahre. Machen Sie für jeden Strategietyp nach Porter einen konkreten Vorschlag für eine mögliche Vorgehensweise der Lobisto AG.

2 Ein Vorschlag eines Geschäftsleitungsmitglieds lautet: «Belassen wir die bestehenden Filialen und ihr Angebot so, wie sie sind. Sie arbeiten ja erfolgreich. Wir sollten besser in ein neues Geschäftsfeld einsteigen: Warum eröffnen wir nicht eine Kette von Take-away-Lokalen und bieten Salate und frisch gepresste Fruchtsäfte zum Verkauf über die Gasse an?»

A] Welche vier Voraussetzungen müssen erfüllt sein, damit eine Geschäftsidee erfolgversprechend ist?

B] Nehmen Sie unter Berücksichtigung Ihrer Antwort in Teilaufgabe A] kritisch Stellung zum Vorschlag, Take-away-Lokale für Salate und Fruchtsäfte zu eröffnen.

8 Miratas AG

Übungsziele: Standortargumente aufzeigen, Auslandverflechtung erkennen, Massnahmen zur Innovationsförderung skizzieren, Beweggründe für Unternehmensverbindungen darstellen.

Theorie: Kap. 8, S. 84, Kap. 11, S. 114

Ausgangslage

Die Miratas AG ist in der Textilbranche als Herstellerin von Herrenhosen tätig. Ihre Produkte sind im höheren Preissegment anzusiedeln und werden weltweit vertrieben. Den grössten Teil des Umsatzes erzielt die Miratas AG auf dem europäischen Markt. Der Hauptsitz mit Verwaltungs- und Vertriebsabteilung befindet sich in Aarau, produziert werden die Hosen in Portugal.

Aufgaben

1 Die Miratas AG überlegt sich, die Produktionsstätte von Portugal nach China zu verlegen. Suchen Sie nach drei Argumenten für eine Verlegung nach China und nach drei Argumenten, die dagegensprechen.

2 In der Geschäftsleitung wird darüber diskutiert, die Löhne der Mitarbeitenden in Aarau neu in Euro statt in Schweizer Franken zu bezahlen. Welche Überlegung steckt hinter diesem Vorhaben?

3 Die Miratas AG ist unzufrieden mit ihrer Forschungs- und Entwicklungsabteilung. Nach Meinung mehrerer Geschäftsleitungsmitglieder werden zu wenig neue Ideen aus der Abteilung umgesetzt. Sie werden beauftragt, zwei Vorschläge zu machen, wie mehr Produkt-Ideen gewonnen werden könnten.

4 Aufgrund der sinkenden Umsätze in den letzten zwei Jahren überlegt sich die Miratas AG, ob sie eine Kooperation mit einem konkurrierenden Unternehmen suchen soll. Nennen Sie vier mögliche Gründe, aus denen der Wunsch nach einer Unternehmensverbindung entstehen kann.

9 Sensini Food GmbH

AA2-177

Übungsziele: Formulieren eines Businessplans, Unterscheiden zwischen direktem und indirektem Absatz, Bestimmen von relevanten Standortfaktoren.

Theorie: Kap. 6, S. 55, Kap. 10, S. 105, Kap. 11, S. 114

Ausgangslage

Die Sensini Food GmbH mit Sitz in Zug importiert Lebensmittelspezialitäten aus Italien. Sie verkauft an kleinere Spezialitätengeschäfte in der ganzen Schweiz und betreibt ein eigenes Ladenlokal in Zug.

Aufgaben

1 Die Sensini GmbH plant die Neuanschaffung von acht Lieferwagen für die Distribution in der Schweiz. Die Finanzierung soll über einen Bankkredit erfolgen. Zu diesem Zweck erstellt die Sensini GmbH einen Businessplan. Ihre Aufgabe ist es, den Teil «Marketing» zu formulieren. Orientieren Sie sich dabei an der Checkliste in Kapitel 10.4.

2 Erläutern Sie am Beispiel der Sensini GmbH den Unterschied zwischen direktem und indirektem Absatz.

3 Aufgrund des grossen Erfolgs des Ladenlokals in Zug überlegt sich die Sensini GmbH die Eröffnung eines weiteren Ladenlokals in Zürich. Auf welche Standortfaktoren muss sich die Sensini GmbH besonders konzentrieren?

Direktabsatz
↓
Consumer

Indirektabsatz
↓
Grosshändler
Einzelhändler
↓
Consumer

(3) Absatz — Hoch Frequenz ort (Kundenfrequenz)
— Wenig Konkurrenz
— Räumlichkeit

10 Micop AG

Übungsziele: Nutzwertanalyse für Standortwahl erstellen, Veränderungsprozesse begleiten.

Theorie: Kap. 11, S. 114, Kap. 14, S. 140

Ausgangslage

Die Micop AG ist im Bereich der Unternehmensberatung tätig. Neben reinen Consulting-Dienstleistungen bietet die Micop AG auch Schulungen für Firmenkunden an. Die beiden Geschäftsfelder sind umsatzmässig etwa gleich stark (Jahresumsatz der Micop AG: CHF 3 800 000.–). Die Micop AG hat eine Liegenschaft in der Berner Altstadt gemietet (Nutzfläche: 418 m^2, Miete: CHF 250 000.– pro Jahr), in der sich die Büroräumlichkeiten und zwei Schulungsräume (ein PC-Raum und ein Seminarraum) befinden. Die Unternehmensberatungen finden meistens beim Kunden statt, die Schulungen je nach Kundenwunsch in den Räumlichkeiten der Micop AG oder beim Kunden (Verhältnis etwa 60:40). Die restliche Mietfläche wird für die administrativen Tätigkeiten genutzt. Im vergangenen Jahr hat die Micop AG einen Kellerraum in der Nachbarliegenschaft zugemietet, der als Archivierungsraum dient (Nutzfläche: 40 m^2, Miete: CHF 12 000.–).

Die Vermieterin informiert die Geschäftsleitung der Micop AG darüber, dass der Mietvertrag in 12 Monaten zwecks Umnutzung der Liegenschaft aufgelöst wird.

Aufgaben

1 Die Geschäftsleitung der Micop AG beauftragt Sie, drei infrage kommende Standorte in einer Nutzwertanalyse miteinander zu vergleichen. Verwenden Sie für Ihre Analyse 5 verschiedene, plausible Kriterien. Gehen Sie von Gewichtungsfaktoren von 1 bis 5 (1 = geringe Bedeutung, 5 = grosse Bedeutung) aus und bewerten Sie die einzelnen Standortfaktoren mit Werten von 1 bis 3 (1 = bedingt geeignet, 2 = geeignet, 3 = sehr geeignet).

Folgende Angaben stehen Ihnen zur Verfügung:

Standort 1: In der Berner Altstadt	Standort 2: In Muri bei Bern	Standort 3: In Bern-Bümpliz
Mit dem öffentlichen Verkehr 9 Minuten vom Hauptbahnhof entfernt, Bus alle 8 Minuten.	Mit dem öffentlichen Verkehr 19 Minuten vom Hauptbahnhof Bern entfernt, Tram alle 10 Minuten.	Mit der S-Bahn 5 Minuten vom Hauptbahnhof Bern entfernt, Zug alle 30 Minuten.
396 m^2 Nutzfläche	500 m^2 Nutzfläche	442 m^2 Nutzfläche
Keine Erweiterungsmöglichkeiten (Anbau, Zumiete)	Eingeschränkt vorhandene Erweiterungsmöglichkeiten	Erweiterungsmöglichkeiten vorhanden
Miete: CHF 246 000.– pro Jahr	Miete: CHF 340 000.– pro Jahr	Miete: CHF 213 000.– pro Jahr
Renovierte Räumlichkeiten	Neubau	Zwanzig Jahre alte Räumlichkeiten
Steuerbelastung hoch	Steuerbelastung gering	Steuerbelastung hoch
Kein Umbau notwendig	Kein Umbau notwendig	Kosten für Umbau: ca. CHF 121 000.–

2 Unabhängig vom Entscheid, an welchen Standort die Micop AG umziehen wird, bedeutet ein Wechsel des Standorts eine Veränderung für alle Mitarbeitenden. Die Geschäftsleitung der Micop AG beauftragt Sie, einen Massnahmenplan aufzustellen, um möglichen Gerüchten unter den Mitarbeitenden vorzubeugen und eine hohe Akzeptanz unter den Mitarbeitenden für den anstehenden Standortwechsel zu fördern.

Schlagen Sie drei konkrete Massnahmen vor und bringen Sie diese in den richtigen zeitlichen Ablauf.

11 Jubilo AG

Übungsziele: Beweggründe für Factoring erkennen, Finanz-Risiken des Factors erkennen, Unternehmenstypologie zuordnen.

Theorie: Kap. 7, S. 80, Kap. 16, S. 176

Ausgangslage

Die Jubilo AG ist im Bereich des Factoring tätig. Factoring funktioniert wie folgt:

Der Factor (hier die Jubilo AG) kauft die Debitoren-Forderungen seines Factoring-Kunden nach Einreichung oder elektronischer Übermittlung der Rechnungskopie und zahlt umgehend den vereinbarten Vorschuss auf den Kaufpreis. Die Höhe des Vorschusses entspricht dem Nennwert der Forderung abzüglich eines sogenannten Sicherungsrückbehalts. Die Jubilo AG legt den Rückbehalt auf einen Wert von 10 Prozent des Rechnungsbetrags fest. Der Factor (die Jubilo AG) wartet auf den Zahlungseingang. Beim Eingang der Debitorenzahlung wird der Rückbehalt abzüglich allfälliger Rechnungskürzungen (z. B. Skonto) dem Factoring-Kunden überwiesen.

Die Einnahmen der Jubilo AG setzen sich aus einer Gebühr auf den Umsatz, Zinsen für die Bevorschussung und weiteren Gebühren zusammen.

Die Jubilo AG besitzt zwei Regionalbanken. Sie kennen folgende Zusatzangaben zur Jubilo AG:

Bilanzsumme: 31 Mio. CHF
Umsatz: 128 Mio. CHF

Aufgaben

1. Was könnten die Anreize der Kunden der Jubilo AG sein, ihre Debitorenguthaben an sie zu verkaufen? Nennen Sie zwei mögliche Gründe.

2. Die Jubilo AG ist grossen finanziellen Risiken ausgesetzt. Nennen Sie drei Finanzrisiken der Jubilo AG.

3. Notieren Sie in der Tabelle die Merkmale, die auf die Jubilo AG zutreffen.

Kriterien	Merkmale der Jubilo AG
Grösse	
Wirtschaftssektor	
Rechtsform	
Trägerschaft	

12   FC Behnried

Übungsziele: Risiken analysieren und bearbeiten, Vor- und Nachteile der Rechtsform Aktiengesellschaft.

Theorie: Kap. 12, S. 121, Kap. 16, S. 176

Ausgangslage

Sie sind ein aktives Mitglied des Fussballvereins FC Behnried. Der FC Behnried hat die Rechtsform eines Vereins und hat zwei Herren-, ein Damen- und drei Juniorinnen- und Juniorenteams. Sportlich hat der FC Behnried wenige Erfolge vorzuweisen. Sämtliche Vereinsaktivitäten werden ehrenamtlich ausgeübt.

Aufgaben

1   Der Präsident des FC Behnried erfährt von Ihrer betriebswirtschaftlichen Ausbildung und bittet Sie, die Risiko-Situation des FC Behnried zu analysieren.

A] Welche Unterlagen verlangen Sie vom Präsidenten, damit Sie die Risiko-Analyse vornehmen können?

B] Im Rahmen Ihrer Risiko-Analyse haben Sie herausgefunden, dass der Verein seine laufenden Kosten (Platzmieten, Schiedsrichter-Entschädigungen etc.) nur aufgrund der Einnahmen des alljährlichen Lottos decken kann. Sollte das Lotto aus irgendwelchen Gründen ausfallen oder weniger Einnahmen bringen, hätte der Verein ein ernsthaftes finanzielles Problem. Machen Sie dem Präsidenten zwei Vorschläge, wie mit diesem Risiko umgegangen werden könnte.

2   In den letzten Jahren haben viele Fussballvereine, die im Profi-Sport engagiert sind und eine gewisse Grösse erreicht haben, die Rechtsform gewechselt. Die Umwandlungen fanden meistens vom Verein zur Aktiengesellschaft statt.

A] Nennen Sie drei Gründe, die diesen Wechsel der Rechtsform sinnvoll erscheinen lassen.

B] Bei der Wahl der Rechtsform besteht die Wahlmöglichkeit zwischen der Gesellschaft mit beschränkter Haftung und der Aktiengesellschaft. Nennen Sie drei Gründe, weshalb Fussballvereine, die ihre Rechtsform ändern, meistens die Aktiengesellschaft und nicht die Gesellschaft mit beschränkter Haftung als Rechtsform wählen.

13 Kompako Holding AG

Übungsziele: aufbauorganisatorische Mängel erkennen, Projektsteuerungsmassnahmen ergreifen können, Voraussetzungen für ein erfolgreiches Total Quality Management erkennen.

Theorie: Kap. 13, S. 128, Kap. 15, S. 160, Kap. 17, S. 189

Ausgangslage

Die Kompako Holding AG ist eine reine Holdinggesellschaft. Sie ist im Besitz von 100 % des Aktienkapitals sämtlicher Tochtergesellschaften. Die Tochterunternehmen setzen die Idee des Firmengründers Albert Wüthrich um: Sie stellen hochwertige Büromöbel her, verkaufen diese und installieren sie beim Kunden. Sämtliche Büromöbel sind Einzelanfertigungen nach Kundenwunsch. Die Kompako-Unternehmen sind im Hochpreissegment tätig und beliefern ausschliesslich Firmenkunden. Die Kompako Holding AG hat 14 Tochterunternehmen in 14 verschiedenen Ländern. Die Tochterunternehmen sind rechtlich selbstständige Aktiengesellschaften.

Sie arbeiten am Konzern-Hauptsitz in Luzern und sind zuständig für das Rechnungswesen. Ihre Aufgaben sind die Buchführung der Kompako Holding AG, die Mitarbeit beim Jahresabschluss und das In-Rechnung-Stellen der Management-Gebühren (die Holdinggesellschaft bezieht ihre Einnahmen aus den Dividenden der Tochtergesellschaften und aus den Gebühren, die diese an die Holding zu entrichten haben. Oft werden diese Gebühren benutzt, um Gewinne in den Tochterunternehmen zu verkleinern und am Hauptsitz der Holding zu versteuern). Sie verfügen über keinerlei Weisungsbefugnisse gegenüber den Tochterunternehmen.

Die Kompako Holding AG hat in den letzten vier Jahren ein beträchtliches Wachstum erlebt: Sechs der vierzehn Tochterunternehmen wurden in diesen vier Jahren gegründet.

Vor Kurzem hat die Konzernleitung beschlossen, den ganzen Konzern auf Total Quality Management (TQM) auszurichten.

Aufgaben

1 Ihr Vorgesetzter beschwert sich bei Ihnen über die unterschiedliche Art und Weise, mit der die einzelnen Tochtergesellschaften das Rechnungswesen durchführen: Jedes Tochterunternehmen verwendet einen anderen Kontenplan. Er macht Sie dafür verantwortlich. Welches organisatorische Ungleichgewicht besteht in Bezug auf Ihre Stelle?

2 Im Zug der Einführung des Total Quality Managements soll die Rechnungslegung in den einzelnen Tochterunternehmen vereinheitlicht werden. Deshalb setzt die Konzernleitung ein Projektteam ein, das ein verbindliches Handbuch für sämtliche Tochterunternehmen verfassen soll. Sie selbst sind Teil dieses Projektteams und tragen die Verantwortung für das Projektcontrolling.

Nach zwei Monaten stellen Sie mit einem Soll/Ist-Vergleich fest, dass ein Rückstand von zwei Wochen auf den Projektplan besteht. Bei der Ursachenanalyse finden Sie heraus, dass drei der fünf Projektgruppenmitglieder durch die an ihren Stellen regulär anfallenden Arbeiten so stark belastet sind, dass sie nur die Hälfte der vorgesehenen Zeit für das Projekt einsetzen können.

Machen Sie zwei konkrete Vorschläge für Steuerungsmassnahmen, die ergriffen werden sollen.

3   Das Handbuch für die Rechnungslegung ist fertiggestellt und soll nun im gesamten Konzern zum Einsatz kommen. Gleichzeitig wird eine Vielzahl weiterer Massnahmen eingeführt, die alle den TQM-Ansatz umsetzen sollen.

Nennen Sie drei entscheidende Faktoren, die zu einer erfolgreichen Umsetzung von TQM-Massnahmen beitragen.

14 Thermalbad Unternabingen AG

Übungsziele: soziale Umweltsphäre analysieren, Inhalte und Anlässe der Erstellung eines Businessplans benennen, Wissensmanagement zur Wissenssicherung anwenden.

Theorie: Kap. 5, S. 42, Kap. 9, S. 96, Kap. 10, S. 105, Kap. 18, S. 195

Ausgangslage

Die Thermalbad Unternabingen AG betreibt ein Wellnesscenter mit Thermalbad, Saunalandschaft und Massage-Angeboten. Die Anlagen sind vor 25 Jahren letztmals renoviert worden und entsprechen nicht mehr den üblichen Standards. Um erfolgreich und konkurrenzfähig zu sein, ist eine Renovation des Thermalbads und der Saunalandschaft geplant.

Die Kunden des Thermalbads stammen aus allen Alters- und Einkommensschichten mit einem hohen Anteil an Personen von über 50 Jahren. Im Umkreis von 50 Kilometern ist das Thermalbad Unternabingen mit seinem Angebot einzigartig und wird nur durch wenige kleinere Fitnesscenter mit Angeboten im Sauna- und Massagebereich konkurrenziert.

Aufgaben

1 Im Rahmen einer Umweltanalyse sollen Sie unabhängig von den Renovationsplänen die soziale Umweltsphäre untersuchen. Im Vordergrund Ihrer Untersuchung sollen zukünftig zu erwartende Veränderungen der Gesellschaft und deren Auswirkungen auf die Thermalbad Unternabingen AG stehen. Suchen Sie nach drei Chancen für das Thermalbad.

2 Um die geplante Renovation zu finanzieren, will die Thermalbad Unternabingen AG einen Bankkredit aufnehmen. Zu diesem Zweck soll ein Businessplan erstellt werden.

A] Welche Punkte muss dieser Businessplan enthalten?

B] Ein Businessplan wird aufgrund unterschiedlicher Vorhaben erstellt. Nennen Sie drei weitere Vorhaben (ausser die Kapitalbeschaffung), bei denen das Erstellen eines Businessplans sinnvoll ist.

3 Die Mitarbeitenden der Thermalbad Unternabingen AG zeichnen sich durch langjährige Unternehmenstreue aus. In den nächsten drei Jahren werden 20 % der Mitarbeitenden das Pensionsalter erreichen und aus dem Unternehmen ausscheiden. Dadurch droht dem Thermalbad ein grosser Know-how-Verlust.

Schlagen Sie drei konkrete Massnahmen vor, mit denen dieser Know-how-Verlust gemindert werden kann.

15 Bafin AG

Übungsziele: Beispiele für Risiken benennen, Risiko-Überwälzungsinstrumente erklären, Unternehmensverbindungen beurteilen, Ökologiemanagement anwenden.

Theorie: Kap. 8, S. 84, Kap. 16, S. 176, Kap. 19, S. 199

Ausgangslage

Die Bafin AG ist in der Lebensmittelbranche tätig. Sie stellt Tiefkühlprodukte her, die im Backofen ausgebacken werden können (Pizzas, Frischbackbrötchen, Käseküchlein etc.). Die Bafin AG ist ein mittelgrosses Unternehmen mit 221 Mitarbeitenden und beliefert Supermarktketten in der Schweiz, in Deutschland und in Österreich mit ihren Produkten.

Die Unternehmensleitung strebt in den nächsten Jahren ein Umsatzwachstum durch Übernahme anderer Unternehmen an. Die Finanzierung der angestrebten Übernahmen ist durch die hohen Reserven und die Investitionsbereitschaft der beiden Hauptaktionäre sichergestellt.

Aufgaben

1 Benennen Sie aufgrund nachstehender Risikokategorisierung je zwei möglichst konkrete Risiken, mit denen sich die Bafin AG grundsätzlich auseinandersetzen muss.

Risikokategorie	Risiken
Strategische Risiken	
Operative Risiken	
Finanz-Risiken	
Soziale Risiken	

2 Geben Sie für folgende Risiken ein mögliches Instrument zur Überwälzung des Risikos an und erklären Sie in Stichworten, wie das von Ihnen gewählte Instrument funktioniert.

A] Ein Mitarbeiter verletzt sich an einer Maschine. Er fällt für drei Monate aus. Die Bafin AG muss ihm den Lohn weiterzahlen.

B] Ein Bedienungsfehler durch eine Mitarbeiterin führt zu einem Stromausfall im Lagerraum. Die gelagerten Tiefkühlwaren sind aufgetaut und können nicht mehr verkauft werden.

C] Eine Konsumentin beisst sich beim Verzehr einer Tiefkühlpizza der Bafin AG einen Zahn aus, weil im Teig ein Kieselstein eingebacken war.

3   Die Übernahmepläne der Bafin AG werden konkret: Die Bafin AG kauft die Pilot AG auf. Die Pilot AG betreibt eine kleinere Supermarktkette mit 27 Filialen in Österreich.

A] Welche Form von Vereinigung bezogen auf die Produktions- oder Handelsstufe liegt vor?

B] Die Bafin AG erhofft sich Vorteile aus dieser Übernahme. Erläutern Sie drei Vorteile aus Sicht der Bafin AG.

C] Eine Übernahme bringt immer auch Risiken mit sich. Erläutern Sie zwei Risiken aus Sicht der Bafin AG.

4   Die übernommene Pilot AG hat sich in der Vergangenheit sehr intensiv mit dem Thema natürliche Umwelt auseinandergesetzt. Zeigen Sie, wie die Umsetzung eines Ökologiemanagements in den Supermärkten der Pilot AG bezogen auf die Frischgemüse-Abteilung ausgestaltet sein könnte. Argumentieren Sie dabei mit den Schritten «Vermeiden, Vermindern, Verwerten, Entsorgen».

Vermeiden von …	
Vermindern von …	
Verwerten von …	
Entsorgen von …	

16 Transportunternehmen Rudolf Bähler Busreisen RBB

Übungsziele: Ökonomisches Prinzip erläutern, Umweltsphären analysieren, Anspruchsgruppen bestimmen, Funktionsbereiche analysieren, Standortfaktoren erläutern, Rechtsform bestimmen

Theorie: Kap. 2, S. 19; Kap. 5, S. 42; Kap. 6, S. 55; Kap. 11, S. 114; Kap. 12, S. 121

Ausgangslage

Das Einzelunternehmen Rudolf Bähler Busreisen RBB mit Sitz in Baden AG wurde 1980 von Rudolf Bähler (Jahrgang 1948) gegründet. Seine Frau Angela kümmert sich um die administrativen Aufgaben. Die Firma RBB wuchs sehr rasch, zum Teil intern dank ausgezeichneter Dienstleistungen, zum Teil extern durch Übernahme kleinerer Betriebe. Es werden insgesamt 95 Mitarbeitende beschäftigt. Als ein Schulkollege von Rudolf Bähler, Peter Keller, sich bereit erklärte, in der Firma als Partner einzusteigen, wurden Überlegungen betreffend Rechtsform des Unternehmens angestellt.

Aufgaben

1 Nennen Sie drei mögliche und sinnvolle Rechtsformen, die in Anbetracht des Einstiegs von Paul Keller in Frage kommen.

2 Erklären Sie zunächst in je einem Satz die Ausdrücke Minimumprinzip und Maximumprinzip und geben Sie dann für das Transportunternehmen RBB je ein konkretes Beispiel für beide Prinzipien.

Prinzip	Erklärung	Beispiel
Minimumprinzip		
Maximumprinzip		

3 Die Firma RBB bietet Reisen nach Spanien an die Costa Brava mit einem Doppelstock-Bus an. Die Rentner, die diese Reisen antreten, verbringen gerne die Wintermonate in südlichen Ländern.

Nennen Sie in diesem Zusammenhang zwei Umweltsphären, die von der Firma RBB berücksichtigt werden müssen, und nennen Sie pro Umweltsphäre stichwortartig je eine Chance und eine Gefahr.

Umweltsphäre	Chance	Gefahr

4 A] Nennen Sie drei konkrete Anspruchsgruppen, die für das Angebot gemäss Aufgabe 3 berücksichtigt werden müssen.

B] Welche Ansprüche können von den von Ihnen gewählten Anspruchsgruppen gegenüber dem Unternehmen geltend gemacht werden?

5 Das Unternehmen kann auch als ein System von Funktionen dargestellt werden. Die Unternehmensfunktionen lassen sich dabei zwei Bereichen zuordnen. Nennen Sie pro Funktionsbereich je drei konkrete Funktionen, die auf die Firma RBB zugeschnitten sind.

Funktionsbereich	Funktionen
Primäre Funktionsbereiche	• • •
Sekundäre Funktionsbereiche	• • •

6 Die Firma Rudolf Bähler Busreisen hat ihren Sitz in Baden AG. Rudolf Bähler und Peter Keller machen sich Gedanken über eine eventuelle Verlegung des Sitzes ihres Unternehmens. Nennen Sie stichwortartig zwei Standortfaktoren und geben Sie jeweils mit einem Beispiel an, was dabei konkret berücksichtigt werden muss.

17 RIMO AG «Profit Getränkeabholmarkt»

Übungsziele: Kenngrössen für wirtschaftliches Handeln bestimmen, die wichtigsten Kenngrössen eines Markts ausrechnen, Umweltsphären analysieren, Gestaltung des strategischen Managements, Strategien für Geschäftseinheiten und Funktionsbereiche bestimmen, primäre Funktionsbereiche beschreiben, Aspekte des Ökologiemanagements erläutern

Theorie: Kap 2, S. 19; Kap. 3, S. 31; Kap. 5, S. 42; Kap. 6, S. 55 bis S. 61; Kap. 19, S. 199

Ausgangslage

Die RIMO AG eröffnete 1987 in Winterthur einen Getränkeabholmarkt mit einem Sortiment an Bieren, alkoholfreien Getränken, Wein und Spirituosen. Das Angebot wurde seither laufend den Kundenbedürfnissen angepasst. Die Ausgangslage in Winterthur gab Anlass, 1989 einen weiteren Getränkeabholmarkt in Effretikon in einem Gewerbezentrum ausserhalb des Stadtzentrums zu eröffnen. 1992 folgte die Eröffnung eines weiteren Getränkeabholmarkts in Bassersdorf und 1995 jene im Tösstal. Alle eigenen Liegenschaften gehören einer Immobilien-AG, die der Inhaber zu diesem Zweck gründete. Bis vor zwei Jahren war die Umsatzentwicklung in allen vier Abholmärkten erfreulich. Eröffnungen von Tankstellenshops, Kundenbindungssysteme der Grossverteiler, neue Marktteilnehmer, wie z. B. Aldi, aber vor allem die Änderung der Verpackung bereiten zunehmend Schwierigkeiten bei der Kundenfrequenz und bei den Umsätzen.

Neben dem Eigentümerpaar arbeiten insgesamt 7 Vollzeitangestellte und 7 Teilzeitbeschäftigte im Unternehmen. Saisonale Spitzen in den Sommermonaten, Ferienablösungen und Wochentagsspitzen in den Abholmärkten werden mit Teilzeitangestellten, die häufig aus der Landwirtschaft stammen, ausgeglichen. Die meisten Mitarbeitenden sind seit mehr als 10 Jahren im Unternehmen tätig, die Fluktuationsrate ist sehr tief.

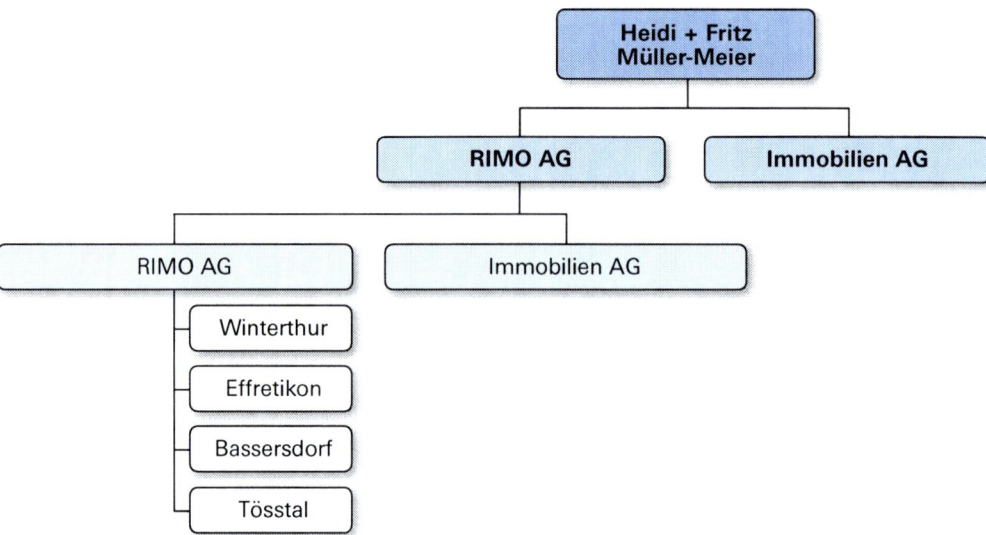

Sie arbeiten «als rechte Hand» der Eigentümer im Hauptbetrieb in Winterthur.

Sie sind im Büro und im Detailverkauf tätig und betreuen einzelne Gastronomie-Kunden (Restaurants, Hotels, Kantinen). Die Gastronomie-Kunden werden alle vom Hauptbetrieb aus bearbeitet. Paul Huber, der Leiter des Abholmarkts Tösstal, verunfallte vor drei Wochen und fällt auf unbestimmte Zeit aus. Fritz und Heidi Müller-Meier betrauen Sie mit der interimistischen Leitung des Abholmarkts Tösstal. Seit gut zwei Wochen sind Sie nun für diesen Getränkeabholmarkt verantwortlich.

Beziehen Sie Ihre Antworten/Lösungen auf die Ausgangslage.

Aufgaben

1 Die RIMO AG versteht sich als ökologiebewusstes Unternehmen.

A] Nennen und beschreiben Sie stichwortartig vier Massnahmen, mit denen Sie den Abholmarkt Tösstal führen können, um dem Anspruch eines ökologiebewussten Unternehmens entsprechen zu können.

Massnahme	Beschreibung

B] Nennen und erklären Sie in einigen Stichworten, welches Spannungsfeld mit welcher Umweltsphäre entstehen kann, falls Sie ökologische Massnahmen im Abholmarkt Tösstal einführen.

2 Im Marktgebiet, das mit dem Abholmarkt Tösstal beliefert werden soll, wohnen rund 80 000 Personen. Das Marktpotenzial im Teilmarkt «alkoholfreie Getränke» wird auf 300 Liter pro Kopf und Jahr geschätzt, das Marktvolumen auf 150 Liter pro Kopf und Jahr. Der Marktanteil von RIMO AG beträgt gegenwärtig 4 %. Der Verkaufspreis pro Liter beträgt CHF 0.90.

A] Erläutern Sie in maximal zwei vollständigen Sätzen, was man bei der RIMO AG unter «Marktanteil» versteht.

B] Nennen und beschreiben Sie zwei andere Marktgrössen, die die RIMO AG zur Festlegung ihrer Marktgrösse ermitteln muss.

C] Berechnen Sie den Jahresumsatz für alkoholfreie Getränke der RIMO AG im Marktgebiet Tösstal.

D] Sie überlegen sich, mit welchen Markttätigkeiten der Abholmarkt Tösstal seine Position verbessern könnte. Dabei geht es unter anderem um Marktdurchdringung, Marktentwicklung, Produktentwicklung und Diversifikation. Nennen Sie anhand des Abholmarkts Tösstal je mindestens zwei Beispiele für solche Markttätigkeiten:

Markttätigkeiten	Beispiel 1	Beispiel 2
Marktdurchdringung		
Marktentwicklung		
Produktentwicklung		
Diversifikation		

E] Sie entscheiden sich, ein Marketingkonzept für den Abholmarkt Tösstal zu erstellen. Dazu wollen Sie den Teilmarkt «alkoholfreie Getränke» detaillierter definieren. Strukturieren Sie diesen Teilmarkt in mindestens vier weitere Teilmärkte und stellen Sie das Ergebnis grafisch dar.

3

A] Die RIMO AG hat keine strategischen Unternehmensziele in den Bereichen der Leistung und der Finanzen formuliert. Formulieren Sie für den Teilmarkt Tösstal je ein konkretes Ziel, ein entsprechendes Mittel sowie ein Verfahren zur konkreten operativen Umsetzung in den Bereichen der Leistung und der Finanzen.

	Leistungswirtschaftlicher Bereich
Ziel	
Mittel	
Verfahren	

	Finanzwirtschaftlicher Bereich
Ziel	
Mittel	
Verfahren	

B] Die Eröffnung eines nahe gelegenen Tankstellenshops war einer der Gründe für den Umsatzrückgang im letzten Jahr im Abholmarkt Tösstal. Bestimmen Sie zwei Schwächen, die der Abholmarkt im Vergleich zum Tankstellenshop haben könnte, und schlagen Sie je eine Massnahme vor, wie Sie diesen Schwächen begegnen könnten.

Schwäche	**Massnahme**

4

A] Das Eigentümerpaar hat Ihnen den Auftrag gegeben, die Beschaffungsmenge der Getränke für den Abholmarkt Tösstal zu optimieren. Nennen und erklären Sie stichwortartig je einen Vor- und Nachteil eines hohen Lagerbestands.

Vorteil/Nachteil	**Erklärung**
Vorteil	
Nachteil	

B] Sie haben sich zum Ziel gesetzt, die Wirtschaftlichkeit im Abholmarkt Tösstal bis Mitte nächstes Jahr um 10 % zu erhöhen. Was versteht man in der Betriebswirtschaft unter dem Begriff «Wirtschaftlichkeit»?

C] Nennen Sie zwei mögliche Massnahmen zur Erhöhung der Wirtschaftlichkeit im Abholmarkt Tösstal.

Teil F Anhang

Antworten zu den Repetitionsfragen

1 Bedürfnisebenen nach Maslow:

A] Alexander: Achtung, Anerkennung: Der Ferrari ist ein typisches Prestigeobjekt.

B] Barbara: Das körperliche Grundbedürfnis nach gesunder Sehkraft.

C] Carlo: Selbstverwirklichung in Form von Reisen.

D] Denise: Selbstverwirklichung in Form eines eigenen Unternehmens.

E] Eric: Sicherheit.

2 Ein befriedigtes Bedürfnis führt zu einem weiteren. Es genügt Vanessa nicht, ihr Bedürfnis durch den Kauf irgendeiner Sporthose zu befriedigen. Sie will ein ganz bestimmtes Modell von einer ganz bestimmten Marke (Puma) haben. Damit befriedigt sie ihr Bedürfnis nach Anerkennung, denn sie will sich dadurch ein bestimmtes Image geben.

3 «Nachfrage = Bedarf + Kaufkraft»

Die wirtschaftliche Nachfrage entsteht erst dann, wenn folgende Bedingungen erfüllt sind: Das Bedürfnis muss mit einem herstellbaren Gut befriedigt werden können (= Bedarf). Jemand muss bereit sein, dafür Geld auszugeben, und dafür das nötige Geld haben (= Kaufkraft).

4

Aussage	Bedürfnis
Herr De Weck kauft Milch und Brot im Supermarkt.	Grundbedürfnis
Als Ausgleich zum Berufsleben malen Sie in der Freizeit Bilder.	Bedürfnis nach Selbstverwirklichung
Marcel Rossi geht jeden Samstag in sein Stammlokal, um Freunde zu treffen.	Kontakt- oder soziales Bedürfnis
Corinne bildet sich mit Abendkursen weiter.	Bedürfnis nach Selbstverwirklichung
Zwei Freundinnen verkaufen auf dem Markt billig Secondhandkleider.	Kontakt- oder soziales Bedürfnis
Das Ehepaar Christo verpackt Gebäude auf der ganzen Welt.	Bedürfnis nach Anerkennung und Achtung
Daniel Gerber verbringt den Abend vor dem Computer und chattet mit Partnern.	Kontakt- oder soziales Bedürfnis
Ein Ehepaar installiert eine Alarmanlage im Haus.	Sicherheitsbedürfnis

5

Aussage	R/F
Jedes Bedürfnis ist wirtschaftlich interessant.	F
Bedarf entsteht, wenn Kaufkraft dazukommt.	F
Nachfrage = Bedarf + Kaufkraft.	R
Freie Güter sind für die Wirtschaft nicht interessant.	R
Die Nachfrage nach einem wirtschaftlichen Bedürfnis kann erst durch Kaufkraft realisiert werden.	R

6	Einteilung der Wirtschaftsgüter:
	A] Dienstleistung
	B] Verbrauchsgut
	C] Recht (immaterielles Gut)
	D] Dienstleistung
	E] Verbrauchsgut (Konsumgut)
	F] Einfamilienhaus für die Familie X: Gebrauchsgut – Betriebsgebäude für das Unternehmen Y: Investitionsgut.

7	Wirtschaftssektoren:
	• Gemüsefarm: Primärsektor (Gütergewinnung direkt aus der Natur)
	• Konservenhersteller: Sekundärsektor (Verarbeitung von Gütern aus dem Primärsektor)
	• Detailhandelsunternehmen: Tertiärsektor (Dienstleistungsunternehmen)

8	Produktionsfaktoren im Coiffeursalon von Claudio Cescutti:
	• **Arbeit:** das Empfangen der Kunden, das Waschen, Schneiden, Föhnen der Haare usw., die Abrechnung der Dienstleistungen
	• **Betriebsmittel:** Salonräumlichkeiten, Waschtisch, Coiffeurstuhl, Scheren, Föhn, Wasser, Strom usw.
	• **Werkstoffe:** Shampoo, Haarlack, Haarfärbemittel, Kunsthaar usw.
	• **Know-how:** Kundenmarketing, Frisurenentwürfe, Schnitttechniken, Frisiertechniken usw.

9	• **Minimumprinzip:** Mit kleinstmöglichem (minimalem) Einsatz ein gewünschtes Ergebnis erzielen. Am Beispiel Lernaufwand: mit möglichst wenigen Stunden Lernaufwand die Modulprüfung bestehen.
	• **Maximumprinzip:** Mit den zur Verfügung stehenden Mitteln ein maximales Ergebnis erzielen. Am Beispiel: mit den für das Lernen zur Verfügung stehenden Stunden eine möglichst gute Note bei der Modulprüfung erzielen.

10	**A produziert wirtschaftlicher als B.** Die Differenz zwischen dem Verkaufserlös (Ertrag) und dem ursprünglichen Aufwand (Stoff) beträgt bei A CHF 2 000.–, bei B nur CHF 1 800.–.
	Diese Antwort gilt aber nur, wenn die Umstände in beiden Fällen dieselben sind, d. h., wenn A und B gleich viel Arbeit (Arbeitszeit x Stundenlohn) für den Einkauf, die Verarbeitung des Stoffes und für das Verkaufen der T-Shirts aufwenden. Auch die übrigen Produktionsfaktoren (Betriebsmittel, Werkstoffe, Know-how) müssen sich entsprechen.

11

Faktoren	Prod.faktoren
Umweltgüter	☒
Arbeitskraft	☒
Arbeitslosigkeit	☐
Kapitalgüter	☒

Faktoren	Prod.faktoren
Boden	☒
Ressourcen	☐
Konsumgüter	☐

12

Aussage	R/F
Das Wirtschaftlichkeitsprinzip ist eine theoretische Richtgrösse, die im Optimumprinzip konkret dargestellt werden kann.	R
Das Maximumprinzip besagt, dass mit den vorhandenen Gütern ein maximales Ergebnis hergestellt werden soll.	R
Das Optimumprinzip besagt, dass mit einem Minimum an eingesetzten Gütern ein maximales Ergebnis erzielt werden soll.	F
Eine hohe Produktivität ist erreicht, wenn mit geringem Input ein mengenmässig hoher Output erzielt werden kann.	R
Für ein Unternehmen ist es wichtiger, eine hohe Produktivität zu haben als eine hohe Wirtschaftlichkeit zu erzielen.	F

13

Beispiel	Güterart
Neue Kaffeeröstanlage	C
Beratungen durch Steuerberater	G
Patente für die Herstellung von Energie aus Kompost	B
Putzmittel im Haushalt	D
Autos von Privatpersonen	E
Haarschnitte beim Coiffeur	G
Zwei moderne Autowaschanlagen	C
Medikamente gegen Migräne	C

14 Beschaffungsmärkte:

A] Möbelproduzent: Rohstoffmarkt für Holz, Halbfabrikatemarkt für Leim, Beschläge usw., Arbeitsmarkt für Schreiner

B] Immobilienhändler: Bodenmarkt für Grundstücke oder Gebäude, Dienstleistungsmarkt für Bankdienstleistungen (v. a. Hypothekarkredite)

C] Airline: Rohstoffmarkt für Kerosin, Investitionsgütermarkt für Flugzeuge, Arbeitsmarkt für Flugpersonal

15 Bei der Preisreduktion für Fische und Meeresfrüchte kommt der Markt- oder Preismechanismus zum Tragen:

Der Fischhändler muss seine Ware heute verkaufen, da sie sonst verdirbt. Er kann also nicht auf einen anderen Markt ausweichen. Das Angebot von Fischen und Meeresfrüchten ist derzeit grösser als die Nachfrage (d. h., es herrscht ein Überangebot). Durch die Preisreduktion erhofft sich der Fischhändler mehr Nachfrage, sodass er die restlichen Fische und Meeresfrüchte noch absetzen kann.

16 Kenngrössen und Begriffe des Marktes:

A] Der Gesamtmarkt heisst: Bioprodukte.

B] Marktvolumen

C] Bioprodukte machen mit 701 Mio. Franken Umsatz 7.5 % Marktanteil am Gesamtmarkt von Frischprodukten aus. Das heisst, dass der Gesamtmarkt von Frischprodukten in der Schweiz (also 100 %) rund 9.346 Mia. Franken beträgt. Bezüglich Marktanteilen heisst das: 92.5 % der verkauften Frischprodukte sind nicht Bioprodukte.

17

Anspruchsgruppe	Beschaffungsmarkt	Absatzmarkt
Lieferanten	☒	☐
Kunden	☐	☒
Konkurrenz	☐	☒
Mitarbeitende	☒	☐
Kapitalgeber	☒	☐

18 Marktgrössen in aufsteigender Reihenfolge:

- Marktanteil
- Marktvolumen
- Marktpotenzial

19 Wirtschaftswissenschaftliche Gebiete:

A] VWL: Staatliche Eingriffe in die Wirtschaft sind von gesamtökonomischer Bedeutung.

B] Spezielle BWL: Problem eines Wirtschaftszweigs, der Tourismusbranche.

C] Allgemeine BWL: Es geht um die Effizienz des Personals.

20

Aktivitäten	BWL	VWL
Erforschung der Ursachen der Arbeitslosigkeit	☐	☒
Einstellung von Mitarbeitenden	☒	☐
Beschreiben und erklären, wie Märkte funktionieren	☐	☒
Güter und Dienstleistungen bereitstellen	☒	☐
Entwickeln von Massnahmen zur sozialen Sicherheit	☐	☒
Optimierung der Produktionsabläufe	☒	☐

21 Umweltsphären:

A] Gesellschaftliche Sphäre (soziales Umfeld): Der Lebensstil der Konsumenten hat sich geändert.

B] Technologische Sphäre: Das Produkt mit einer neuen Technologie verdrängt bisherige Produkte.

C] Ökologische Sphäre: Die Bauern wollen umweltfreundlicher produzieren.

D] Ökonomische Sphäre (gesamtwirtschaftliche Einflüsse): Die Wechselkursentwicklung hat Einfluss auf die gesamtwirtschaftliche Situation eines Landes.

22 Beispiele von Einflüssen aus den Umweltsphären des Viersternehotels in Lugano:

- **Ökologische Sphäre:** Wasserverbrauch für die Hotelwäsche, Heizölverbrauch durch Hotelbetrieb und Hotelgebäude, Verwendung von Bioprodukten in der Küche, Verwertung von Lebensmittelabfällen usw.
- **Gesellschaftliche Sphäre:** kulturelle Herkunft und somit Essgewohnheiten oder das Freizeitverhalten der potenziellen Hotelgäste, Tourismusförderungsprogramme der Stadt Lugano, des Kantons Tessins oder des Bundes usw.
- **Technologische Sphäre:** Internetanschluss im Hotelzimmer, Infrastruktur in den Seminarräumen, in der Hotelküche usw.
- **Ökonomische Sphäre:** Konjunkturentwicklung in der Schweiz und in den Ländern, aus denen die Touristen kommen, Wechselkursentwicklung, andere Viersternehotels in Lugano, Konzentration in der Branche durch Hotelketten usw.
- **Rechtliche Sphäre:** Gesamtarbeitsvertrag für das Hotel- und Gastgewerbe, Qualitätsnormen des Hotelierverbandes, Vorschriften bezüglich Lebensmittelhygiene usw.

23 Mögliche Zielkonflikte zwischen den Anspruchsgruppen:

A] Ziel der Gewerkschaften als Interessengruppe der Arbeitnehmer: mehr Ferien ohne Lohneinbussen. Ziel der Kapitalgeber: möglichst grosse Gewinne erwirtschaften. Mehr Ferien bedeutet mehr Personalbedarf für die gleiche Leistungserbringung oder höhere Personalkosten und somit tiefere Gewinne.

B] Ziel der Regierung (des Staates): tiefere Kosten bei den Gesundheitsdienstleistungen dank der Zusammenlegung von Spitalabteilungen. Ziel der Spitalmitarbeitenden: Sicherung des Arbeitsplatzes, bei einer Zusammenlegung würden jedoch Arbeitsplätze verloren gehen. Ziel der Patientinnen (Kundinnen): eine optimale Versorgung möglichst nahe beim Wohnort.

C] Ziel der Kunden: einen optimalen Sonnenschutz zu einem günstigen Preis. Ziel der Medien: mehr Einschaltquoten für die Sendung erzielen dank Tests, die spektakuläre Ergebnisse liefern, d. h. «gute» und «schlechte» Produkte ausfindig machen. Ziel der Konkurrenz: ein besseres Testergebnis und somit eine Kaufempfehlung erreichen.

24

Sphäre	Sphäre der Unternehmensumwelt
Rechtliche Sphäre	☐
Ökologische Sphäre	☒
Weltliche Sphäre	☐
Technologische Sphäre	☒
Soziale Sphäre	☒
Ökonomische Sphäre	☒
Überirdische Sphäre	☐

25

Anspruchsgruppe	Ansprüche
Lieferanten	Wollen Aufträge nicht verlieren
Mitarbeitende	Wollen Arbeitsplatz nicht verlieren
Kapitalgebende	Wollen einen möglichst hohen Gewinnanteil
Kunden	• Wollen gute Qualität • Wollen günstige Preise
Konkurrenz	Will Fairness (z. B. Marktpreise nicht massiv unterschreiten)
Staat	• Will Arbeitsplätze sichern • Will keine Steuereinnahmen verlieren
Ausland	• Will faire Arbeitsbedingungen für die Mitarbeitenden • Will ökologische Produktion

26

Forderungen der Anspruchsgruppe	Anspruchsgruppe
Wir möchten, dass unsere Arbeitszeiten flexibel sind.	B
Wir wünschen uns, dass die Rechnungen schnell bezahlt werden.	A
Wir wünschen, dass ein angemessener Gewinn erwirtschaftet wird.	C
Wir wollen ein optimales Preis-Leistungs-Verhältnis.	D
Wir wünschen uns einen kooperativen Führungsstil.	B
Der Wettbewerb ist manchmal hart, trotzdem wünschen wir uns Fairness.	E
Wir erwarten einen optimalen Service.	D
Wir hoffen, dass regelmässig bestellt wird.	A
Wir wollen einen angemessenen Lohn.	B
Wir wollen, dass die Steuern pünktlich gezahlt werden.	F

27 Aufgaben in den verschiedenen Funktionsbereichen:

A] Personalgewinnung (Personalmanagement)

B] Rechnungswesen

C] Einkauf/Beschaffung (Materialwirtschaft)

D] Werbung (Marketing)

E] Gestaltungsfunktion der Unternehmensführung

28 Die Betriebswirtschaftslehre nennt

- die Materialwirtschaft, Produktion und den Absatz **primäre Funktionen,** weil diese **direkt** der Leistungserstellung des Unternehmens und damit seiner Wertschöpfung dienen.
- das Personalwesen, die Organisation und den Finanzbereich **sekundäre Funktionen,** weil diese nur **indirekt** der Leistungserstellung dienen.

29 Anforderungen an das Informationssystem am Beispiel «Wochenumsatzliste für die Produktegruppe X» – die Information muss ...

A] **richtig und genau** sein: alle Umsätze aller Produkte der Produktegruppe X der betreffenden Woche.

B] beim Empfänger **wirksam** sein: Die Wochenumsatzliste ist so detailliert, wie sie der Empfänger als Führungsinstrument braucht, d. h. beispielsweise für den Product Manager von X sehr detailliert, für die Verkaufsdirektorin die wichtigsten Entwicklungen zusammengefasst.

C] **rationell** verarbeitet werden: Aufgrund der Tagesumsätze wird die Wochenumsatzliste im EDV-System automatisch erzeugt.

D] **rechtzeitig** erfolgen: Die Wochenumsatzliste der vergangenen Woche steht jeweils am Montagmorgen um 10 Uhr zur Verfügung.

E] die **richtigen Empfänger** erreichen: Nur ausgewählte Personen, welche die Wochenumsatzliste als Führungsinstrument brauchen.

F] für den Empfänger **verständlich** und **so umfangreich wie nötig** sein: Die Wochenumsatzliste ist so aufbereitet, wie sie der Empfänger braucht, d. h. beispielsweise für den Product Manager von X in Form von detaillierten Umsatzzahlen und Abweichungen zur Vorwoche pro Produkt, für die Verkaufsdirektorin die Umsatzzahlen und Abweichungen pro Produktebereich.

30 Zuordnung zu den strategischen Zielbereichen:

A] Leistungswirtschaftliches Ziel (Marktziel)

B] Soziales Ziel (gesellschaftsbezogenes Ziel)

C] Soziales Ziel (mitarbeiterbezogenes Ziel)

D] Finanzwirtschaftliches Ziel (Sicherungsziel)

31

Aussage	R/F
Die Materialwirtschaft ist zuständig für Lagerung, Verteilung und Entsorgung der Güter. Den Einkauf übernimmt das Marketing.	F
Damit kein Produktionsunterbruch entsteht, ist es sinnvoll, möglichst grosse Lager zu unterhalten.	F
Unter Transformation versteht man die Umformung von Produkten.	R
Die Produktion sollte möglichst flexibel gestaltet werden.	R
Die Wirtschaftlichkeit ist bei der Produktion kein zentrales Ziel.	F

32

Tätigkeit	Funktionsbereich
Beschaffung des nötigen Kapitals	Finanzierung
Beschaffung, Weiterbildung und Betreuung von Mitarbeitenden	Personalwesen
Termingerechte Herstellung von Gütern in der notwendigen Menge und Qualität	Produktion
Festlegung des Ablaufs der Tätigkeiten im Unternehmen	Organisation
Festlegung der Ziele des Unternehmens und Koordination aller Funktionsbereiche	Unternehmensführung
Vermarktung von Gütern und Dienstleistungen	Marketing
Dokumentation der finanziellen Tätigkeiten	Rechnungswesen
Ausstattung des Unternehmens mit Vermögenswerten	Investition

33 Mit dem Begriff «KMU» sind die sogenannt kleineren und mittleren Unternehmen gemeint. Das heisst in der Schweiz, **wenn zwei der drei folgenden Merkmale zutreffen:**

- Weniger als 1 000 Beschäftigte
- Eine Bilanzsumme von höchstens 25 Mio. Franken
- Ein Umsatz von höchstens 50 Mio. Franken

34 Branchen mit mächtigen Lieferanten:

- Treibstoffhandel (OPEC)
- Medizin (viele Spezialmedikamente sind nur bei einem Anbieter erhältlich)
- Bürokommunikation (Microsoft)

Branchen mit mächtigen Kunden oder Abnehmern:

- Landwirtschaft (Grossabnehmer Coop und Migros)
- Tiefbau (Staat)

35 Mögliche Gründe:

- Die Grossbetriebe sind in Wirtschaftsbereichen tätig, die einen hohen Kapitalbedarf erfordern.
- Die Grossbetriebe erzielen hohe Umsätze und Veränderungen, z. B. Personalabbau, Verlagerung von Arbeitsplätzen ins Ausland.
- Die Grossbetriebe betreffen immer viele Menschen.

In ökologischen, personalpolitischen und technologischen Fragen haben Grossbetriebe oft eine Pionierrolle, die für andere wegweisend ist.

36

Kriterien / Formen	Dauer		Art			Selbstständigkeit			
						Wirtschaftlich		Rechtlich	
	Dauernd	Vorübergehend	Horizontal	Vertikal	Diagonal	Selbstständig	Unselbstständig	Selbstständig	Unselbstständig
Partizipation		☒	☒			☒		☒	
Konsortium		☒	☒			☒		☒	
Kartell	☒		☒	☒		☒		☒	
Interessengemeinschaft	☒		☒	☒	☒	☒		☒	
Joint Venture	☒		☒	☒	☒	☒	☒	☒	
Konzern	☒		☒	☒	☒		☒	☒	
Fusion	☒		☒	☒	☒		☒		☒

37

Kartelle sind Zusammenschlüsse von Unternehmen, die einen Wirtschaftszweig weitgehend beherrschen wollen und zur Stärkung ihrer Marktposition Absprachen über Preise, Konditionen, Offertstellungen usw. unter sich treffen. Sie schränken den Wettbewerb ein.

38

Vorteile von Unternehmensverbindungen im Bereich Absatz/Marketing:

- Bessere Marktpräsenz durch gemeinsames Marketing.
- Verbesserte Stellung (mehr Marktanteile) auf den internationalen Märkten.
- Möglichkeit zur Spezialisierung dank der Aufteilung von Absatzmärkten.
- Breiteres Angebot an Produkten und somit eine bessere Position im Markt.

39

(Kommentar) Aus Ihrem Beispiel soll Folgendes klar hervorgehen:

- Eine **Vorwärtsintegration** findet dann statt, wenn eine **nachgelagerte** Produktionsstufe angehängt wird.
- Eine **Rückwärtsintegration** findet dann statt, wenn eine **vorgelagerte** Produktionsstufe angehängt wird.

40

Unternehmensverbindung	Form der Kooperation	Form der Konzentration
Mehrheitsbeteiligung	☐	☒
Kartelle	☒	☐
Konsortien	☒	☐
Partizipationen	☒	☐
Joint Ventures	☒	☐
Fusionen	☐	☒
Konzerne	☐	☒

41 A] Die Unternehmensleitung muss die Fähigkeit haben, den Prozess des Wandels zu beherrschen. Sie muss die Integration der beiden Unternehmen richtig planen, durchführen und nach aussen und innen überzeugend vertreten.

B]
- Fehlender Miteinbezug der Mitarbeitenden
- Unzureichende Kommunikation der Vision, Ziele und Gründe der Fusion, wirkt sich negativ auf die Motivation der Mitarbeitenden aus
- Unvereinbarkeit der Unternehmenskulturen

42 Mögliche Nachteile, wenn eine einzelne Person ein Unternehmen gründet:
- Man muss alle Aufgaben selber bewältigen, auch jene, wo man bestimmte persönliche oder fachliche Schwächen aufweist.
- Man muss alle Probleme selber lösen, sie beurteilen oder Entscheidungen treffen. Ein Sprichwort besagt, dass «vier Augen mehr sehen als zwei».
- Man muss sich selber motivieren, wenn es Rückschläge oder Probleme gibt. Das braucht viel Energie und Willen. (Ein Team kann sich gegenseitig wieder aufbauen, was oftmals leichter ist.)

43 Stellungnahme zu den Aussagen betreffend Geschäftsidee:

A] Nicht unbedingt. Eine Geschäftsidee kann noch so gut sein: Ohne die entsprechenden Kunden, die bereit sind, dafür Geld auszugeben, setzt sie sich nicht durch. Wenn man nicht in absehbarer Zeit Gewinn damit erwirtschaften kann oder wenn die Kunden daran noch nicht oder nicht genügend interessiert sind, dann wird die Geschäftsidee im Moment scheitern.

B] Die kreative Lösung genügt noch nicht. Sie ist ein Erfolgsfaktor, doch es sind weitere Kriterien zu beachten: Man muss eine kreative Lösung für ein ganz bestimmtes Kundenbedürfnis anbieten, d. h. einen Kundennutzen. Es muss ein genug grosser Markt vorhanden sein, damit man entsprechende Absatzchancen bekommt. Und die Lösung muss rentabel sein.

C] Diese Aussage trifft zu. Eine innovative Geschäftsidee hebt sich von vorhandenen Angeboten ab.

44 Nachvollziehbar heisst im Zusammenhang mit dem Businessplan:
- Alle Aussagen oder Fachbegriffe sind auch für Dritte verständlich.
- Zahlen werden plausibel belegt.
- Der Businessplan ist vollständig; es fehlen keine wichtigen Informationen oder Unterlagen.

45
- Wenn Gabriella und Reto über genügend Eigenkapital verfügen, das sie aus eigenen Quellen oder von Kapitalgebern eingebracht haben, können sie die Bank um Gewährung eines Kredits ersuchen.
- Sie können ihr eigenes Geld in das neue Unternehmen stecken oder im Familien- und Bekanntenkreis Geld ausleihen. Das kann allerdings zu Problemen führen, wenn sich das Unternehmen anfänglich nicht wie geplant entwickelt.
- Sie können sich an Venture-Capital-Gesellschaften wenden, die sich für eine bestimmte Zeit gezielt am Unternehmen beteiligen, um diese Beteiligung später mit Gewinn zu verkaufen. Diese Gesellschaften investieren aber normalerweise nur etwa 5 % ihrer Gelder in Start-up-Unternehmen.

- **Business Angels** sind weitere mögliche Investoren. Das sind Einzelpersonen oder Stiftungen von etablierten Unternehmen, die Jungunternehmen beim Aufbau ihres Unternehmens mit Geld und Ratschlägen helfen wollen.

46 Zutreffende Teilschritte im Businessplan:

A] Teilschritt 4) Marketing (Kundenbindung)

B] Teilschritt 3) Markt heute und in Zukunft (unser Markt in drei Jahren)

C] Teilschritt 5) Infrastruktur und Meilensteine (Lieferanten)

D] Teilschritt 7) Finanzierung (Sicherheiten)

E] Teilschritt 1) Unternehmen im Überblick (Unternehmen)

47 Mögliche Antworten an Thomas Krüsi und Mirco Slobic:

A] Die Auseinandersetzung mit den Konkurrenten dreht sich um folgende Fragen:
- Wer sind unsere Hauptkonkurrenten bzw. unsere direktesten Mitbewerber?
- Welche Ziele und Erfolgsrezepte verfolgen sie?
- Welche Stärken und Schwächen haben sie?
- Wie treten sie im Markt auf, wie gestalten sie ihre Marketinginstrumente (Produkte, Preis, Vertrieb, Kommunikation)?

B] Nein, eine Plan-Erfolgsrechnung für ein Jahr genügt nicht:
- Die Plan-Erfolgsrechnung muss über einen längeren Zeitraum erstellt werden, um eine Entwicklung erkennen zu können. Also mindestens für die nächsten drei Jahre.
- Zusätzlich braucht es eine Plan-Bilanz für denselben Zeitraum sowie eine Liquiditätsrechnung, die kurzfristig aufzeigt, welche flüssigen Finanzmittel man braucht.

C] Ja, denn dies kann sich durchaus als wichtige Stärke für die Neugründung erweisen.

48 A] Das Management Summary gehört an den Anfang des Businessplans. Es ist aber keine Einleitung, sondern eine verdichtete Darstellung der detaillierten Ausführungen im Businessplan.

B] Inhalt des Management Summarys:
- Was ist die Geschäftsidee?
- Kurzporträt des Unternehmens und der Schlüsselpersonen
- Welche Wachstumsziele streben wir an?
- Wie hoch ist der Finanzbedarf?
- Welche Absicht verfolgen wir mit dem Businessplan, welchen Antrag stellen wir?

49
- Der **Standort** ist der Ort der Ansiedlung eines Unternehmens. Das heisst, ein Unternehmen kann verschiedene Standorte haben.
- Der **Firmensitz** ist der Ort, wo das Unternehmen im Handelsregister eingetragen ist. Ein Unternehmen kann nur einen Firmensitz haben.

50 Typische Entwicklungen bei der Standortwahl eines Textilproduktionsunternehmens:

- Kostenvorteile: Die Textilproduktion ist nach wie vor arbeitsintensiv, z. B. das Nähen. Der wachsende Kostendruck zwingt zu einer Auslagerung der Produktion an Niedriglohnstandorte, wie z. B. China, Malaysia oder Osteuropa.
- Kundennähe für Zulieferer: Für einen Stoffproduzenten kann es ebenfalls sehr interessant sein, möglichst nahe am Verarbeitungsort des Stoffes zu sein. Daher bietet sich

eine Verlagerung des Produktionsstandortes hin zu den grossen Kunden an, die den Stoff verarbeiten.
- **Kostenvorteile dank Datenaustausch:** Auch bei den Kleiderproduzenten im Luxussegment hat eine Verlagerung der Produktionsstandorte stattgefunden. Das Design wird nach wie vor am Hauptsitz des Unternehmens in Westeuropa gemacht, die Produktion kann dank der Vernetzung problemlos an Niedriglohnstandorten erfolgen.
- **Kostenvorteile dank verbesserten Qualifikationen:** Es gibt heute auch in den Niedriglohnländern gut qualifizierte Mitarbeitende und ein besseres Qualitätsbewusstsein. So können heute auch höher qualifizierte Arbeiten wie das Schnittzeichnen ins Ausland verlagert werden, die früher am Hauptsitz erfolgten.
- **Wachstumsmärkte:** Dank der veränderten Lebensumstände und des grösseren Wohlstandes in China oder Osteuropa haben sich neue Absatzmärkte eröffnet. Die Nachfrage nach Kleidern im westlichen Stil ist dort sehr stark gewachsen.

51 Thomas und Mirco sollten sich bei der Standortanalyse auf die folgenden Standortfaktoren konzentrieren:

- **Absatz:** Die Kundennähe und besonders die Erreichbarkeit für Kunden sind zwei sehr entscheidende Kriterien. Man geht in der Freizeit (mittags, abends, am Wochenende) ins Fitnesscenter. Thomas und Mirco müssen zuerst festlegen, welche Kunden sie ansprechen wollen, und herausfinden, worauf diese bei der Wahl eines Fitnesscenters achten. Beispielsweise möchte man nicht in ein anonymes Industriequartier gehen, obwohl es dort grosse Flächen und auch Parkplätze gibt. Andererseits kommen viele mit dem Auto, sodass Parkmöglichkeiten in der Nähe gegeben sein müssen, usw.
- **Raumplanung:** Abzuklären ist, ob in der betreffenden Stadt bestimmte Zonen-Vorschriften über die Nutzung von Räumen die Standortwahl einschränken könnten.

52

Unternehmen	Standortkriterien
Grossbank	• Qualifizierte Arbeitskräfte • Höhe der Steuern
Grosses Handelsunternehmen im Bereich Gastronomie	• Qualifizierte Arbeitskräfte • Leichter Zugang zu wichtigen Verkehrswegen • Nähe zu anderen Geschäften • Höhe der Steuern • Nähe von Lieferanten
Haushalt-Fachgeschäft	• Qualifizierte Arbeitskräfte • Kundennähe • Leichter Zugang zu wichtigen Verkehrswegen • Nähe zu anderen Geschäften • Höhe der Steuern • Nähe von Lieferanten
Tankstellen-Shop	• Kundennähe • Leichter Zugang zu wichtigen Verkehrswegen • Höhe der Steuern

53	Standortfaktoren	Sehr wichtig	Weniger wichtig
	Anschluss an das Verkehrsnetz, kurze Gehzeiten zum öffentlichen Verkehrsnetz	☒	☐
	Grundstückpreise; niedrige Bodenpreise, da hoher Platzbedarf, auch für Parkplätze	☒	☐
	Angenehmes Klima, nicht zu heiss im Sommer (da die Besucher ja ohnehin schwitzen), gute Luft	☐	☒
	Absatzmöglichkeiten; grosse potenzielle Kundenzahl in der Nähe	☒	☐
	Arbeitskräfte; genug speziell ausgebildete Arbeitskräfte vorhanden	☐	☒
	Herrschende Gesetze; keine strengen Beschränkungen, z. B. gegen Lärm, da das Studio vorwiegend in den Randstunden (Abend, Wochenende) betrieben wird	☒	☐

54 Rechtsformen:

A] Kollektivgesellschaft (alle drei Gesellschafter sind namentlich erwähnt).

B] Aktiengesellschaft mit Fantasienamen

C] Einzelunternehmen (der Name der Inhaberin ist erwähnt).

55 Vor- und Nachteile der GmbH gegenüber der Kapitalgesellschaft:

Vorteile

- Ein geringeres Mindestkapital ist erforderlich (20 000 Franken gegenüber 100 000 Franken).
- Es braucht nur zwei Gründungsmitglieder (gegenüber drei Aktionären bei der AG).
- Die Gründer können die Rolle der Organe selber übernehmen; es braucht keinen Verwaltungsrat.
- Einfache, kurze Statuten genügen; bei der AG ist von Gesetzes wegen ein formelles Gründungsverfahren vorgeschrieben.
- Die Revisionsstelle ist fakultativ.

Nachteile

- Das Stammkapital einer GmbH kann 2 Mio. Franken nicht übersteigen.
- Mindestens ein Geschäftsführer muss in der Schweiz wohnhaft sein; bei der AG muss die Mehrheit der Verwaltungsratsmitglieder Schweizer Bürger sein.
- Die Gesellschafter müssen namentlich im Handelsregister eingetragen werden; im Gegensatz zur AG fehlt die Anonymität.
- Die Kreditfähigkeit ist teilweise beschränkt.
- Die Eigentumsanteile sind schwerer übertragbar als bei der AG.

56 Antworten an Thomas und Mirco bezüglich Wahl der Rechtsform:

A] Die Personengesellschaften, also auch die Kollektivgesellschaft, unterliegen keiner selbstständigen Besteuerung. Der Gewinn, den ihr mit dem Fitnesscenter erwirtschaftet, wird bei euch als Einkommen besteuert. Im Gegensatz zur GmbH: Dort entsteht eine Doppelbesteuerung des Gewinns. Ihr versteuert einerseits den Geschäftsgewinn für die GmbH, andererseits müsst ihr das Einkommen als Privatpersonen versteuern, das ihr aus dem Fitnesscenter bezieht.

B] Ja, das stimmt! Die Haftung der Gesellschafter ist bei einer Kollektivgesellschaft unbeschränkt. Ihr haftet also nicht nur mit eurem Gesellschafts-, sondern auch mit eurem Privatvermögen.

57

Rechtsform	Personenges.	Kapitalges.
Kollektivgesellschaft	☒	☐
Aktiengesellschaft	☐	☒
Einfache Gesellschaft	☒	☐
Kommanditgesellschaft	☒	☐
GmbH	☐	☒

58

Es handelt sich um eine typische Spartenorganisation.

Jeder Produktbereich bildet eine Einheit im Unternehmen (Haushaltgeräte, Kleinmaschinen für Handwerker, Bohrmaschinen für professionelle Hersteller), da die Kundengruppen sehr unterschiedlich sind. Die Funktionsbereiche Materialwirtschaft, Produktion und Marketing werden den einzelnen Produktbereichen untergeordnet.

Als Zentral- oder Stabsabteilungen werden das Rechnungswesen, die Finanz- und Personalabteilung geführt. Sie sind der Unternehmensleitung unterstellt.

59

Argumente für und gegen eine divisionale Organisationsstruktur:

Vorteile

- Mehr Autonomie für die einzelnen Geschäftseinheiten: Die Profit-Centers oder Sparten bilden ein Unternehmen im Unternehmen; der Profit-Center- oder Spartenleiter ist für den gesamten Prozess vom Einkauf bis zum Verkauf verantwortlich.
- Schnellere Entscheidungen, kürzere Kommunikationswege: Die einzelnen Geschäftseinheiten erhalten die Kompetenz, wichtige Entscheidungen innerhalb des Produktebereichs oder für die Abnehmergruppen selbstständig zu treffen.
- Mehr Kundennähe: Die Organisationsstruktur ist ein Spiegelbild der Kunden- oder Sortimentsstruktur. Die Aktivitäten können besser auf die jeweiligen Kunden ausgerichtet werden als bei einer funktionalen Organisation.
- Mehr Wettbewerb: Der grössere Wettbewerb zwischen den Geschäftseinheiten ist motivationsfördernd.

Nachteile

- Es können sich v. a. bei der Produktion Zielkonflikte oder Koordinationsprobleme ergeben, wenn zwei Geschäftseinheiten die Produktionskapazitäten für sich beanspruchen wollen.
- Generell mehr Koordinationsaufwand: Auch andere Bereiche wie der Einkauf, das Marketing oder das Personalmanagement müssen zwischen den Geschäftseinheiten abgestimmt werden.
- Es findet ein Machtwechsel und eine Veränderung in der Führungskultur statt. Zudem werden neue Anforderungen an die Führungskräfte gestellt: Statt Fach-Führungskräfte (wie z. B. Produktions- oder Marketingleiter) werden vor allem Allround-Führungskräfte (z. B. Divisionsleiter Schlafzimmermöbel) gebraucht. Die Unternehmensleitung muss sich der Konsequenzen einer solchen Reorganisation bewusst sein.
- Mehr Wettbewerb: Der grössere Wettbewerb zwischen den Geschäftseinheiten kann zu Konflikten führen.

60

Aussage	Aufbau-org.	Ablauforg.
Nach der Qualitätskontrolle wird das Produkt verpackt.	☒	☐
Die Geschäftsleitungsassistenz ist als Stabsstelle direkt der Geschäftsleiterin unterstellt.	☐	☒
Die Bestellungen werden in der Reihenfolge des Eingangs bearbeitet.	☒	☐
Die Abteilung Kinderbekleidung hat 25 Mitarbeitende in der Produktion.	☐	☒
Mein Vorgesetzter leitet die Marketingabteilung.	☐	☒

61   A]

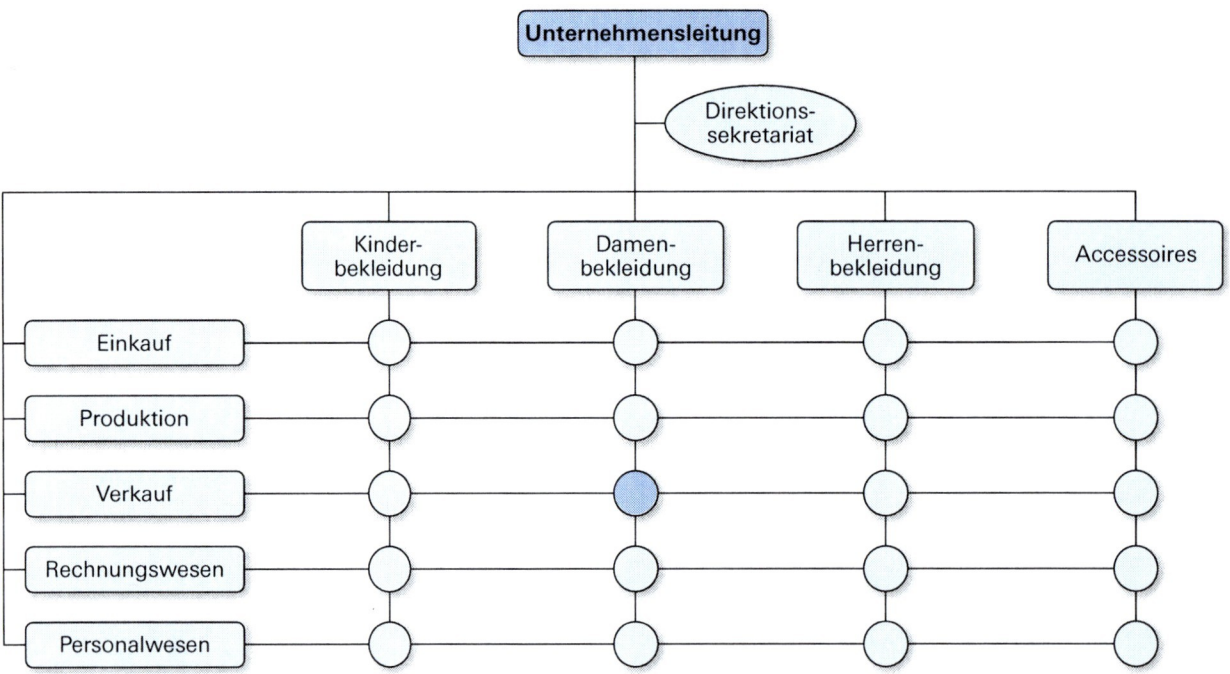

B] Leiter bzw. Leiterin «Damenbekleidung» und Leiter bzw. Leiterin «Verkauf».

C]
- Wenn die vorgesetzten Personen nicht gut miteinander auskommen, steht der Mitarbeiter bzw. die Mitarbeiterin zwischen den Fronten.
- Diese Stelle erhält von zwei vorgesetzten Personen Aufträge, was allenfalls hohe Ansprüche an die Kooperations- und Koordinationsfähigkeiten stellt.
- Die Informations- und Kommunikationswege sind kompliziert. Missverständnisse und Konflikte können entstehen.

62   A] Interner Veränderungsimpuls (direkte Führung)

B] Externer Veränderungsimpuls (ökonomische Veränderung)

C] Externer Veränderungsimpuls (wirtschaftspolitische Veränderung)

D] Prognose, Trendforschung

63 (Kommentar)

Vergleichen Sie Ihre Beispiele in A] und deren Zuordnung in B] mit den Ausführungen im Kap. 14, S. 140.

64 (Kommentar)

Ihre Beurteilung soll aufzeigen, inwiefern die folgenden drei Voraussetzungen gegeben waren:

- Veränderungsbedarf: Notwendigkeit einer Veränderung
- Veränderungsbereitschaft: Einstellung und Verhalten der am Veränderungsprozess Beteiligten bzw. davon Betroffenen
- Veränderungsfähigkeit: Wissen und Können, einen Veränderungsprozess durchzuführen

65

Methodischer Ansatz \ Beteiligungsgrad	Tief	Mittel	Hoch
Pilot	☐	☒	☐
Befehl	☒	☐	☐
Totale Partizipation	☐	☐	☒
Bombenwurf	☒	☐	☐

66

A] Mangelnde Veränderungsbereitschaft

B] Mangelnde Veränderungsfähigkeit

C] Mangelnde Veränderungsbereitschaft (argumentiert wird jedoch, dass im eigenen Bereich kein Veränderungsbedarf vorhanden sei)

67

Beschreibung	Phase
Lernen, sich in der veränderten Situation frei zu bewegen.	5
Weitermachen wie bisher. Die Situation ohne Veränderung in den Griff zu bekommen versuchen.	2
Reflexartige Reaktion	1
Endstation mit gewohntem Verhalten ist erreicht.	4
«Eigentlich wären neue Verhaltensweisen notwendig, um die aktuelle Situation zu meistern.»	3
Neue Verhaltensweisen werden auf andere Bereiche ausgeweitet.	7
Die neuen Verhaltensweisen werden bewusst eingesetzt.	6

68

Beispiel	Art des Widerstands
Polemische Äusserungen	Aktiv, Verbal
Fernbleiben von Sitzungen	Passiv, Nonverbal
Blödeln	Verbal
Unruhe	Nonverbal, Aktiv

69 Auswertung Kostenvergleichsdiagramm:

A] Beim Projektstart fielen die Ist-Kosten höher aus als budgetiert, was sich allerdings im Verlauf des Aprils wieder ausglich; im Mai und Juni fielen die Ist-Kosten z.T. deutlich tiefer aus als geplant. Hingegen ist im Juli ein steiler Anstieg der Ist-Kosten zu verzeichnen, womit sich kurz vor Projektabschluss eine Kostenüberschreitung ergibt. – Aufgrund des vorliegenden Diagramms lassen sich keine eindeutigen Rückschlüsse auf die Ursachen ziehen. Möglicherweise widerspiegeln sie die Tatsache, dass zeitliche Verzögerungen durch Mehrarbeit (und damit auch Mehrkosten) in den letzten Wochen aufgeholt wurden.

B] Mögliche Fragen:
- Handelt es sich beim Kostenanstieg um einen nachträglichen Ausgleich der zuvor zu tiefen Ist-Kosten, oder müssen wir mit einer Gesamtkostenüberschreitung rechnen?
- Warum sind die Ist-Kosten in den letzten Wochen steiler angestiegen als die Plankosten?
- Was unternehmen Sie konkret, damit wir beim Projektende keine Kostenüberschreitung haben?

70 A] Ein Terminverzug ruft nach Steuerungsmassnahmen zur Ist-Korrektur.

B] Beispiele für Steuerungsmassnahmen:
- Verpflichtung eines zusätzlichen Projektmitarbeiters für die Erledigung des Arbeitspakets (strukturbezogene Massnahme)
- Vergabe des Organisationsauftrags an eine externe (Event-)Agentur (strukturbezogene Massnahme)
- Kapazitätenkonflikt mit Olivia Hess bzw. den anderen Projektleitern lösen (steuerungsbezogene Massnahme)
- Motivationsförderung bei Olivia Hess, falls nicht die anderen Projekte, sondern die persönliche Motivation das Problem darstellt (kulturbezogene Massnahme)

71 A] Die oberen Balken, die die tatsächliche zeitliche Lage angeben, befinden sich weiter rechts als die unteren Balken. Es gibt einen zeitlichen Verzug im Projekt.

B] Die Prozentzahlen geben den prozentualen Fertigstellungsgrad jedes Arbeitspakets an. Man erkennt daraus, welche Arbeitspakete bereits angefangen und zu welchem Prozentsatz sie bearbeitet wurden.

72

Technik	Termin-vgl.	Kosten-vgl.	Einsatz-mittelvgl.
Ressourcen-Soll-Ist-Diagramm	☐	☐	☒
Balkendiagramm	☒	☐	☐
Kostenvergleichsdiagramm	☐	☒	☐
Arbeitsfortschritts-Vergleichsdiagramm	☒	☐	☐
Kostenvergleichstabelle	☐	☒	☐
Meilenstein-Trendanalyse	☒	☐	☐

73

Steuerungsmassnahmen	Strategie	Struktur	Kultur	Planung, Diagn. und Steuerung
Leistungsreduzierung	☒	☐	☐	☐
Technikeinsatz	☐	☒	☐	☐
Offene Informationspolitik	☐	☐	☒	☐
Erhöhung der Kontrollen	☐	☐	☐	☒
Einbau von Sicherheiten	☒	☐	☐	☐
Zukauf externer Kapazitäten	☐	☒	☐	☐
Delegation	☐	☐	☒	☐
Räumliche Zentralisierung	☐	☐	☐	☒
Verschiebung des Endtermins	☒	☐	☐	☐
Fortbildung der Mitarbeitenden	☐	☐	☒	☐

74

Risiko	Risiko-Kat.	Begründung
Der Schweizer Franken erfährt eine massive Aufwertung, d. h. er wird im Vergleich zu ausländischen Währungen massiv teurer.	C	Für ein in der Exportindustrie tätiges Unternehmen bedeutet eine Aufwertung des Schweizer Frankens einen Rückgang der Nachfrage, weil die Produkte für das Ausland teurer werden. Die Gewinnmarge für die einzelnen Produkte wird zwar grösser, der Mengenrückgang im Absatz führt jedoch zu geringeren Gesamteinnahmen. Bei einer langfristig bestehenden Aufwertung des Schweizer Frankens kann dieses Risiko auch als ein strategisches Risiko (Kategorie A) bezeichnet werden.
Eine neue Technologie wird entdeckt und bewirkt, dass unsere Produkte nicht mehr zu von den Kunden erwarteten Qualitätsstandards angeboten werden können.	A	Die Entwicklung von technologischen Neuerungen kann von einem Unternehmen über eine ausgebaute F&E-Abteilung beeinflusst werden. Wenn ein Konkurrent wider Erwarten eine technologische Neuerung auf den Markt bringt, so muss die Strategie neu überdacht werden.
Die Medien berichten, dass eines unserer Verwaltungsratsmitglieder in einen Bestechungsskandal verwickelt sei. Dadurch leidet unser Image in der Bevölkerung.	D	Negative Pressemeldungen können – ob sie der Wahrheit entsprechen oder nicht – das Nachfrageverhalten der Konsumenten negativ beeinflussen.
Verursacht durch einen landesweiten Stromausfall, stehen unsere Maschinen mehrere Stunden lang still.	B	Ein Produktionsausfall verursacht durch «höhere Gewalt» führt aufgrund der kurzfristig fixen Kosten und den entgangenen Einnahmen zu hohen Kostenbelastungen im operativen Bereich.
Wir halten eine Beteiligung von 40% des Aktienkapitals eines börsenkotierten Konkurrenz-Unternehmens. Die Aktien verlieren an der Börse massiv an Wert.	C	Der Wertverlust der Beteiligung ist ein Finanz-Risiko. Sinkt der Wert der Aktien aufgrund eines schlechten Geschäftsgangs oder einer nachhaltigen Erfolglosigkeit des Unternehmens, an dem die Beteiligung gehalten wird, so kann das Risiko auch als strategisches Risiko bezeichnet werden. (Beteiligungen werden meistens aufgrund von strategischen Absichten gehalten)
Änderungen der gesetzlichen Regelungen betreffend Altersvorsorge erhöhen unsere Personalkosten um 12%.	A	Die Änderung der gesetzlichen Bestimmungen kann vom Unternehmen nicht direkt beeinflusst werden. Ist die Wirkung der Änderung nachhaltig, so stellt sie ein strategisches Risiko dar. Dazu kommt, dass die Personalkosten kurzfristig fix sind und aufgrund der Sozialpartnerschaft (zwischen Arbeitgebern und Arbeitnehmern) auch mittel- bis langfristig nur geringfügig reduziert werden können.

75

A]

1. $0.1 \cdot 1\,000\,000.- = $ CHF 100 000.-
2. $0.000001 \cdot 12\,000\,000.- = $ CHF 12.-
3. $0.05 \cdot 80\,000.- = $ CHF 4 000.-
4. $0.4 \cdot 2\,500\,000.- = $ CHF 1 000 000.-
5. $0.02 \cdot 2\,000.- = $ CHF 40.-

B]

Hohe Tragweite (ab CHF 100 000.–)	2	1	4
Mittlere Tragweite (CHF 25 000.– bis CHF 99 999.–)		3	
Geringe Tragweite (bis CHF 24 999.–)	5		
	Geringe Eintrittswahrscheinlichkeit (bis 2.99 %)	Mittlere Eintrittswahrscheinlichkeit (3 % – 19.99 %)	Hohe Eintrittswahrscheinlichkeit (ab 20 %)

C]

Massnahme	Risiko Nr.
Risiko bearbeiten	4
Risiko eventuell bearbeiten	1, 3
Mit Risiko leben	2, 5

D]

1. Garantieleistungen werden von unserem Unternehmen gefordert. Das Risiko kann bearbeitet werden, muss aber nicht. Mögliche Massnahmen sind z. B.

- Risiko vermeiden, indem keine Garantieleistungen mehr offeriert werden (aber: evtl. sind Garantieleistungen ein wichtiges Verkaufsargument).
- Risiko vermindern indem verschärfte Qualitätskontrollen gemacht werden.
- Risiko überwälzen, indem dem Zwischenhandel Garantieleistungen aufgezwungen werden (falls überhaupt möglich).
- Mit dem Risiko leben, indem z. B. Rückstellungen für Garantiearbeiten gebildet werden.

2. Ein Blitz schlägt in unser Fabrikationsgebäude ein. Das Risiko muss aus Optik des Risikomanagements nicht bearbeitet werden (geringe Eintrittswahrscheinlichkeit). Allerdings ist in den meisten Kantonen die Gebäudeversicherung für Feuer/Elementarschäden obligatorisch. Ausserdem stehen für Naturereignisse sehr oft attraktive Angebote von Versicherungen zur Verfügung.

3. Eine massive Veränderung der Zinssätze führt zu gestiegenen Fremdkapitalkosten. Das Risiko kann bearbeitet werden, muss aber nicht. Mögliche Massnahmen sind z. B.

- Risiko vermeiden, indem das Fremdkapital zurückgezahlt wird (ist aber in der Praxis oft kaum möglich und reduziert die Eigenkapitalrendite).
- Risiko vermindern indem versucht wird, das variabel verzinste Fremdkapital in festverzinsliches Fremdkapital umzutauschen.
- Risiko überwälzen, indem zum Beispiel ein Swap gemacht wird. (Bei einem Swap werden Zahlungsströme ausgetauscht: Hier Tauschen der variablen Zinszahlungen gegen entsprechende fixe Zinszahlung.)

- Mit dem Risiko leben, indem z. B. Rückstellungen für höhere Zinskosten gebildet werden.

4. Ein Rückgang der Nachfrage nach unseren Produkten aufgrund des Markteintritts eines ausländischen Grosskonkurrenten. Das Risiko muss bearbeitet werden (grosse Tragweite und hohe Eintrittswahrscheinlichkeit). Mögliche Massnahmen sind z. B.

- Risiko vermeiden, indem der Eintritt des Konkurrenten auf politischer Ebene verhindert wird. (Für ein Unternehmen in einer funktionierenden Demokratie eigentlich unmöglich. Über Lobbying und das Sponsoring von Abstimmungskampagnen kann ein Unternehmen aber sehr wohl politischen Einfluss geltend machen.)
- Risiko vermindern, indem versucht wird, das eigene Produkte-Portefeuille zu diversifizieren und/oder die Kunden zur Abnahme zu verpflichten. (Beides meistens nur bedingt möglich.)
- Risiko überwälzen, indem zum Beispiel der Absatz gegen ein fixes Entgelt an den Franchise-Nehmer abgetreten wird. (Oft kaum möglich. Zudem schützt das Abtreten nicht vor Absatzschwierigkeiten der Franchise-Nehmer.)
- Mit dem Risiko leben, indem man z. B. versucht, die Nachfrage über geeignete Werbeaktionen, allenfalls Preissenkungen usw. hoch zu halten.

5. Der Konkurs unseres Büromateriallieferanten zwingt uns, das Büromaterial teurer einzukaufen. Das Risiko muss nicht bearbeitet werden (geringe Eintrittswahrscheinlichkeit und kleine Tragweite). Der Wechsel zu einem anderen Büromaterial-Lieferanten ist relativ schnell und unproblematisch zu vollziehen.

76

Es wäre falsch, nur an die Wachstumsstrategien zu denken. In allen Bereichen des Marketings gibt es Möglichkeiten der Expansion. Gehen wir sie durch:

- **Segmentierungsstrategien:** Er kann aus seiner Marktnische heraustreten und grössere Segmente ausfindig machen, z. B. alle deutschen Freunde der italienischen Küche oder alle, die es werden wollen; er kann auch Restaurants, Hotels usw. auf diese Weise ansprechen.
- **Positionierungsstrategien:** Er kann sein Angebot horizontal ausdehnen, indem er die importierten Delikatessen durch italienische Weine, Innendekorationsgegenstände usw. ergänzt. Vertikal dehnt er sein Angebot aus, wenn er nicht nur importiert, sondern auch den Gross- und eventuell den Einzelhandel beliefert oder selbst durchführt und z. B. in eigenen Läden verkauft, aber auch Gourmetgeschäfte, Restaurants und gehobene Warenhäuser beliefert, oder wenn er seiner Importorganisation und Ladenkette Produzenten in Italien angliedert oder eigene Restaurants gründet. Um wachsen zu können, muss er zudem ein Image aufbauen, das ihn entweder als besonders originell oder qualitativ besonders hoch stehend oder besonders kundenfreundlich usw. ausweist und ihm das Vertrauen der Kunden einbringt.
- **Wettbewerbsstrategien:** Gegenüber anderen Anbietern von Delikatessen muss er sich durch ein oder einige Merkmale profilieren, die besonders einzigartig sind. Sie können im Service, in der Qualität der Produkte, im Preis, in der Verteilung oder in Verkauf/Kommunikation liegen, z. B. in einer sehr originellen Werbung und einem besonders guten Preis-Leistungs-Verhältnis oder in äusserst hoher Kundenfreundlichkeit in allen Geschäften, die jede Woche Aktionen anbieten und besonders kreativ eingerichtet sind.
- **Wachstumsstrategien:** Er kann Markterweiterung betreiben und seine Produkte auch in anderen Segmenten anbieten, z. B. nicht nur Privathaushalten, sondern auch Restaurants, er kann sein Sortiment erweitern und ausser Lebensmitteln auch italienisches Tischzubehör einführen (Geschirr, Gläser, Tischtücher usw.) oder diversifizieren und Spezialitäten auch aus anderen Regionen hinzunehmen oder Reisen nach Italien anbieten usw.

- **Konkurrenzstrategien:** Er kann die Marktführerschaft für italienische Spezialitäten anstreben, indem er die Stärken seiner Branche durch neue Ideen angreift, z. B. durch einen Versandhandel oder die Gründung von Kochschulen unter seinem Namen oder einer Restaurantkette mit spezieller Atmosphäre und speziellen Leistungen. Allerdings hat er als Einsteiger kaum die nötigen Mittel dazu. Aber er kann sich bei anhaltendem Erfolg vielleicht mit einem starken Lebensmittelunternehmen zusammenschliessen und dann Marktherausforderungsstrategien verfolgen.

Sie sehen, dass strategisches Handeln sehr vielfältig sein kann und dass Überschneidungen und Kombinationen möglich sind. Der Erfolg einer Strategie hängt davon ab, wie gut sie auf die Verhältnisse des Unternehmens und des Markts ausgerichtet ist.

77

Begriff	Passende Aussage
1. EFQM-Modell	B
2. Benchmarking	D
3. Qualitäts-Aktionsplan	F
4. Nullfehlerprinzip	E
5. Kaizen	A
6. Chance von TQM	G
7. Commitment	C

78

A] Lieferant: Sekretariat: Das Sekretariat liefert die eingegangenen Bestellungen.

Kunden:

- Produktion: Die Produktion erhält die notwendigen Informationen für die Erstellung des Produkts (Termine, technische Angaben, Mengenangaben, usw.).
- Rechnungswesen: Das Rechnungswesen erhält die notwendigen Informationen für die Fakturierung und die Erfassung der Bestellung (Preis, Zahlungs- und Liefertermin, Kundenkoordinaten usw.).
- Vertrieb: Der Vertrieb erhält die notwendigen Informationen über die Lieferung (Lieferadresse, Lieferzeitpunkt, Lieferumfang usw.).

B]

- Gezieltes, schriftliches Festhalten festgestellter Schwachstellen und Weiterleiten derselben. Begründung: Nur so können Verbesserungen gezielt angestrebt werden.
- Entgegennehmen von Kritik der «internen Kunden» (Produktion, Rechnungswesen, Vertrieb) und Ableiten der Konsequenzen daraus. Begründung: Das Prozess-Denken muss losgelöst von aufbau-organisatorischen Gegebenheiten (Dienstweg, Hierarchie) zu einem «Miteinander» bei Verbesserungen führen.
- Teilnahme an Qualitätszirkeln zur Diskussion von Verbesserungsmöglichkeiten. Begründung: Nur ein offener Austausch von Anliegen aller Stellen kann den ganzheitlichen Prozess der Verbesserung vorantreiben.
- Usw.

79

	Trifft zu	Trifft nicht zu
Beim Total Quality Management steht die Produktqualität im Vordergrund.	☐	☒
Das Erreichen von Kostenzielen gehört nicht zu den Zielsetzungen von Total Quality Management.	☐	☒
Qualität ist ein Prozess, der nie zu Ende ist.	☒	☐
Benchmarking kann auch intern betrieben werden, indem die Leistungen verschiedener Geschäftseinheiten miteinander verglichen werden.	☒	☐
Für hervorragende Qualität sind die Kunden bereit, jeden Preis zu bezahlen.	☐	☒
Wenn ein Unternehmen ISO-9001 zertifiziert ist und sich an die Vorgaben des EFQM-Modells hält, ist ein erfolgreiches TQM garantiert.	☐	☒
Total Quality Management ist ein ganzheitlicher Ansatz, der nur dann optimale Resultate liefern kann, wenn er von den Mitarbeitenden unterstützt wird.	☒	☐

80

A] Das Total Quality Management kann durch höhere Kundenzufriedenheit höhere Umsätze, Gewinne und Aktienkurse bringen.

B] Die Umsetzung von TQM ist schwierig und kann übertrieben werden. Qualitätsverbesserungen erhöhen die Kosten und binden die Aktivitäten der Mitarbeitenden. Es muss abgeschätzt werden, wie viel die Kunden bereit sind, für die Qualität zu zahlen.

81

Begriff	Passende Aussage
1. Intranet	B
2. Informationen	A
3. Ziel des Wissensmanagements	E
4. Wissenstreppe	C
5. Wissenserwerb	D

82

Push-Verfahren: Die für eine Stelle als relevant betrachtete Information wird dem Stelleninhaber z. B. per E-Mail direkt zugestellt. Beispiele: Neue Regelungen, Information über neue Mitarbeitende, Information zu Verfahrensänderungen, usw.

Pull-Verfahren: In einem Portal z. B. auf dem Intranet des Unternehmens werden den Mitarbeitenden Informationen zugänglich gemacht. Beispiele: Formularvorlagen, Erfahrungen anderer Mitarbeitender mit demselben Problem, Problembehebungsvorschläge, usw.

83

Ziele des Wissensmanagements:

- Gemachte Fehler sollen in Zukunft vermieden werden
- Genauere Prognosen sollen ermöglicht werden
- Bessere Entscheidungen sollen herbeiführt werden
- Die Effektivität der Mitarbeitenden soll erhöht werden
- Die Effizienz des Unternehmens soll erhöht werden

84

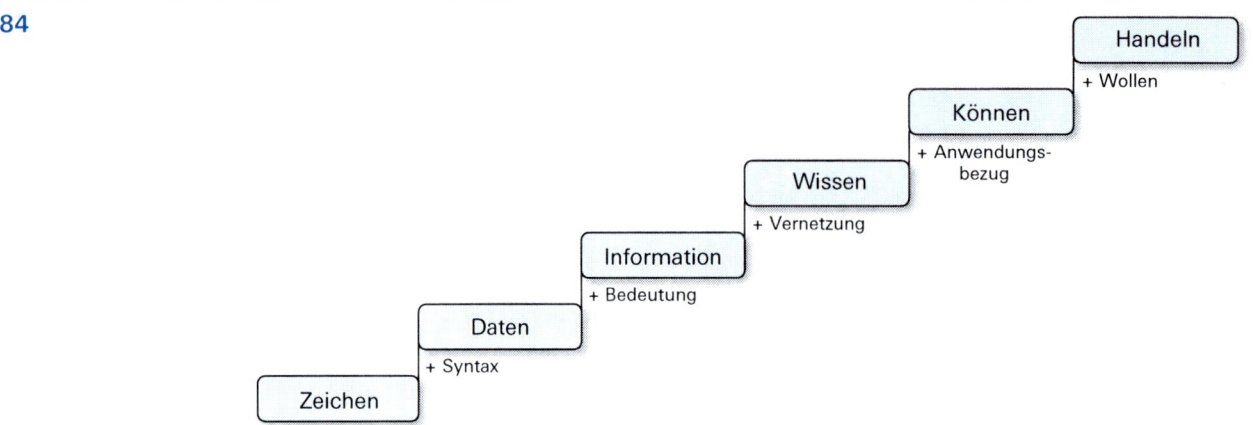

85

Begriff	Passende Aussage
1. Ökobilanz	E
2. Interner Nutzen eines Umweltmanagementsystems	A
3. Ökologiepolitik	H
4. SO 14001	C
5. Vorsorgeprinzip	F
6. Energie-Effizienz	D
7. Ökologiemanagement-Prozess	B
8. Produktlinienanalyse	G

86

Vermeiden von …	• Einsatz umweltbelastender Lacke und Lösungsmittel. (Nutzen: Imagegewinn) • Verwendung von Tropenhölzern. (Nutzen: Imagegewinn) • unnötigem Energieverbrauch durch Verwendung von Energiesparglühbirnen. (Nutzen: Senkung der Energiekosten) • usw.
Vermindern von …	• Lärmemissionen durch geeigneten Schallschutz. (Nutzen: Imagegewinn in der Nachbarschaft) • Abfällen durch effiziente Nutzung der Rohstoffe. (Nutzen: geringere Rohstoffkosten) • unnötigen Papierabfällen im Büro durch effizienteres Bewirtschaften der Verwaltung. (Nutzen: geringere Kosten) • usw.
Verwerten von …	• Abfallprodukten wie Sägemehl: z. B. Weiterverkauf an Hobbygärtner als Streugut für Gartenwege. (Nutzen: Zusatzeinnahmen) • Holzresten: Verschenken an Schulen als Bastelmaterial. (Nutzen: Imagegewinn) • Glasresten durch Sammlung und Übergabe in den Recycling-Prozess. (Nutzen: geringere Entsorgungsgebühren) • usw.
Entsorgen von …	• Abfällen aller Art unter Beachtung der Abfalltrennung. (Nutzen: geringere Entsorgungsgebühren) • Sonderabfall (Farben, Lösungsmittel und elektronische Geräte) unter Beachtung der gesetzlichen Vorschriften. (Nutzen: Imagegewinn bei Behörden) • «Ladenhütern» (nicht verkaufbare Möbel) durch Verschenken an Hilfswerke für Bedürftige. (Nutzen: Imagegewinn) • usw.

87   **Interne Nutzen**

- Kostenminimierung durch Einsparung von Rohstoffen
- Vermeidung von Haftung
- Erkennen von Schwachstellen

Externe Nutzen

- Verbesserte Wettbewerbsfähigkeit durch Imagegewinn
- Verbesserte Verhandlungsposition im Umgang mit Behörden, Banken und Versicherungen
- Verbesserte Kreditwürdigkeit

Stichwortverzeichnis

A

Ablauforganisation	129
Absatz	115
Absatzkanäle	68
Absatzmärkte	24, 32
Abweichungsursache	170
AHV	182
Akzeptanz (Reaktion auf Veränderungen)	150
Allokation der Ressourcen	33
ALV	182
Angebot	31
Anspruchsgruppen	46
Arbeitgeberorganisation	47
Arbeitsfortschritts-Vergleichsdiagramm	167
Arbeitskraft	20, 115
Arbeitslosenversicherung	182
Arbeitspaketbericht	161
Arbeitsproduktivität	23, 115
Asset Stripping	85
Aufbauorganisation	130
Ausland	50
Aussenfinanzierung	70

B

Balkendiagramm	165
Bauwesenversicherung	183
Bedarf	15
Bedingte Termingeschäfte	184
Bedürfnispyramide	14
Bedürfnisse	12
Beschaffung	64
Beschaffungsmärkte	31
Betriebsbuchhaltung	71
Betriebshaftpflichtversicherung	183
Betriebsmittel	20
Betriebsunterbrechungsversicherung	184
Betriebswirtschaftslehre (BWL)	37
Brainstorming	74, 177
Branche	80
Branchenverbände	49

Business Angels	100
Businessplan	100, 105

C

Change Management	140
Computer-Integrated Manufacturing (CIM)	66
Controlling	72, 160

D

Darstellungstechniken	
• Balkendiagramm	166
• Meilenstein-Trendanalyse	168
• Soll/Ist-Vergleichsdiagramme	167, 168, 169
Derivative Finanzinstrumente	184
Diebstahlversicherung	183
Direkte Führung	140
Direkte Führung (Ursache für Veränderungen)	141
Divisionale Organisation	133

E

EDVA-Versicherung	183
Effektivität	23
Effizienz	23
EFQM-Modell	190
Eigenkapital	100
Einkauf	64
Einsicht (Reaktion auf Veränderungen)	149
Eintrittsbarrieren	81
Eintrittswahrscheinlichkeit	178
Einzellebensversicherung	183
Einzelunternehmen	122
Emotionale Akzeptanz	150
Erfolgsziele	23
Erkenntnis (Reaktion auf Veränderungen)	151
Ersatzprodukte	81
Ethik	
• im Umgang mit den Mitarbeitenden	58
• im Umgang mit Partnern und Konkurrenten	58
• in der Kommunikationspolitik	58
• in der Kundenpolitik	58
• in der Preispolitik	58
• in der Produktpolitik	58
Europäische Union (EU)	50
Experimentieren (Reaktion auf Veränderungen)	150

Expertenbefragung	177
Externer Veränderungsdruck	143

F

Fertigstellungsgrad konsolidieren	164
Fertigungsart	82
Feuerversicherung	183
Finanzbuchhaltung	71
Finanzierung	111
Finanzmanagement	69
Finanzplanung	109
Finanzrisiken	178
Finanzwirtschaftliche Ziele	61
Firma	125
Firmengründer	99
Forschung und Entwicklung	73
Forwards	184
Franchising	181
Freie Güter	26
Friendly Take-over	89
Führung	141
Führungsprozess	63
Funktionale Organisation	132
Funktionsbereiche	56
Fusion	89
Futures	184

G

Gebäudehaftpflichtversicherung	183
Gebäudesachversicherung	183
Gebrauchsgüter	26
Geschäftsidee	96
Geschäftssachversicherung	183
Gesellschaftliche Veränderungen	145
Gesellschaftliche Sphäre	44
Gesetzliche Auflagen	46, 117
Gewerkschaften	48
Gewinn	98
Glasbruchversicherung	183
Global Player	85
Globalisierung	114
Goldene Regel der Ethik	58

Grundstrategie	59

H

Haftpflichtversicherung	183
Haftungsbestimmungen	123
Hagelversicherung	184
Handelsregister	125
Hausratversicherung	183
Human Resources Management	72

I

Immaterielle Güter	26
Indirekte Führung	140
Indirekte Führung (Ursache für Veränderungen)	142
Informationsmanagement	75
Informationstechnologie (IT)	76
Infrastruktur	109
Innenfinanzierung	70
Input	19
Instanzen	131
Integration (Reaktion auf Veränderungen)	151
Interessengemeinschaften	88
Interessengruppen	48
Interner Veränderungsdruck	140
Investitionsgüter	26
Investitionsmanagement	70
ISO 9001	190
Ist-Korrektur	171
Ist-Situation des Projekts	
• erheben	161
• konsolidieren	163
IV	182

J

Joint Venture	88, 122

K

Kaizen	190
Kapitalbeschaffung	70, 101
Kapitalgeber	48
Kapitalgesellschaften	122
Kartell	87
Kartellrecht	88

Kaufkraft	15
Kernkompetenzen	96
Klein- und Mittelbetriebe (KMU)	80
Know-how	20, 81
Kollektive Lebensversicherung	183
Kommunikation	177
Konkurrenz	46, 49, 107
Konkurrenzanalyse	107
Konsortium	87
Konstitutive Entscheidungen	97
Konsumgüter	26
Konzentration	87
Konzern	89
Kooperation	86
Kosten	
• Kostenstand konsolidieren	164
• Vergleich	168
Krise (Reaktion auf Veränderungen)	150
Kultur	143
Kulturelles Umfeld	44
Kunden	48
Kundenanalyse	107
Kundennähe	115
Kundennutzen	66, 98
Kundenorientierung	190

L

Lebensversicherung	182
Leistungswirtschaftliche Ziele	60
Leitbild	59
Lernende Organisation	156
Lieferanten	48
Liquiditätsrechnung	110
Logistik	65

M

Management Summary	111
Marketing	66, 108
Marketing-Mix	68, 108
Markt	24, 31, 46, 98
Marktanalyse	108
Marktanteil	25
Marktforschung	67
Marktmechanismus	32
Marktposition	25
Marktpotenzial	24
Marktsegment	34
Marktvolumen	24
Maschinenproduktivität	23
Maschinenversicherung	183
Materialwirtschaft	64
Materielle Güter	26
Matrixorganisation	134
Maximumprinzip	22
Medien	50
Megatrends	146
Mehrwert	19
Meilenstein-Trendanalyse	168
Minimumprinzip	22
Mitarbeitende	47
Mitarbeiterorganisationen	47
Monopolsituation	58
Montageversicherung	183
Morphologischer Kasten	74
Motivation	142
Motorfahrzeughaftpflichtversicherung	183
Motorfahrzeugkaskoversicherung	183

N

Nachfrage	15, 31
Nicht-Regierungsorganisationen (NGO)	49
Nullfehlerprinzip	190
Nutzenmaximierung	33
Nutzwertanalyse	117

O

Ökobilanz	201
Ökologie	116
Ökologie-Kennzahlen	201
Ökologiemanagement	199
Ökologiepolitik	199
Ökologische Sphäre	43
Ökologische Veränderungen	146
Ökonomische Sphäre	45
Ökonomische Veränderungen	143

Ökonomisches Prinzip	22
Operative Risiken	178
Operative Ziele	102
Operatives Management	63
Optimumprinzip	22
Optionen	184
Organigramm	131
Organisation	74, 128
Organisationsform	128
Output	19
Outsourcing	181

P

Partizipation	87
Partnersuche	101
Patente	26
Personalmanagement	72
Personengesellschaften	122
Personenversicherung	182
Plan-Bilanz	110
Plan-Erfolgsrechnung	110
Planungsprozess	102
Politisches Umfeld	44
Porter, Michael E.	21
Preismechanismus	32
Primärsektor	27
Privathaftpflichtversicherung	183
Produktehaftpflichtversicherung	183
Produktentwicklung	73
Produktion	65
Produktionsfaktoren	19, 81
Produktivität	23
Produktlebenszyklus	144
Produktlinienanalyse	201
Projekt	160
Projektmanagement-Tool	161
Projektorganisation	135
Public Relations (PR)	68

R

Raumplanung	116
Reaktion auf Veränderungen	148

Rechnungswesen	70
Recht	75
Rechtliche Sphäre	46
Rechtliche Veränderungen	146
Rechtsform	82
Rechtsschutzversicherung	184
Rentabilität	24
Ressourcen (Soll/Ist-Diagramm)	169
Risiko	176
Risikobewältigung	180
Risikoerkennung	176
Risikoliste	177
Risikomanagement	176
Risiko-Portfolio	179
Risikostreuung	85
Risikoüberwachung	180
Risikoüberwälzung	181
Risikoursache	178
Risikoverteilung	123
Rückversicherung	182
Rückwärtsintegration	90

S

Sachversicherung	182, 183
Sättigungsgrad	25
Schock (Reaktion auf Veränderungen)	148
Sekundärsektor	27
Sitzungen (Projekt-Status-Meeting)	161
SMART-Formel für Ziele	59
Soll/Ist-Vergleich	165
Soll-Korrektur	171
Soziale Risiken	178
Soziale Ziele	61
Soziales Umfeld	45
Sozio-technisches System	56
Spartenorganisation	133
Staat	49
Stabsstellen	131
Stakeholder	46
Standort	82, 114
Standortfaktoren	114
Startkapital	96, 100

Steuerliche Belastung	125
Steuern	49, 117
Steuerungsmassnahmen	171
Strategie	61, 142
Strategische Allianzen	88
Strategische Risiken	178
Strategische Ziele	102
Strategisches Management	59
Struktur	142
Strukturwandel	144
Swaps	184
Synektik	74
Synergieeffekte	84
Szenario-Technik	177, 202

T

Teamorganisation	135
Technische Versicherung	183
Technologische Sphäre	45
Technologische Veränderungen	144
Teilmarkt	34
Termine	
• Meilenstein-Trendanalyse	168
• Terminstand konsolidieren	163
• Vergleich	165
Tertiärsektor	27
Tochtergesellschaft	122
Total Quality Management	189
TQM	189
Trägerschaft	82
Tragweite	178
Transportversicherung	183

U

Überangebot	33
Umfeldbedingungen	96
Umweltanalyse	107
Umweltschutz	58
Umweltsphären	42, 107, 143
Unbedingte Termingeschäfte	184
Unfallversicherung	182
Unfriendly Take-overs	89
Unterangebot	33

Unternehmen als System	55
Unternehmensanalyse	107
Unternehmensführung	57
Unternehmensgründung	96
Unternehmenskonzept	97
Unternehmenskultur	57, 91
Unternehmensleitung	99
Unternehmenstypologie	80
Unternehmensverbindungen	84

V

Venture-Capital-Gesellschaften	100
Veränderungen	
• Bereitschaft fördern	153
• Externe Impulse	143
• Interne Impulse	140
• Reaktionen	148
• Voraussetzungen	151
Veränderungsprozess	140
Verbrauchsgüter	26
Vermögensversicherung	182, 183
Verneinung (Reaktion auf Veränderungen)	149
Versicherung	181
Versicherungspolice	184
Versicherungsvertrag	184
Versicherungsvertragsgesetz	184
Vertrieb	68
Vision	97, 102
Volkswirtschaftslehre (VWL)	37
Vorwärtsintegration	90

W

Warrants	184
Wasserversicherung	183
Werkstoffe	20, 116
Wertewandel	145
Wertkette (value chain)	21
Wertsachenversicherung	183
Wertschöpfung	21
Wirschaftsförderung	117
Wirtschaftlichkeit	24
Wirtschaftsgüter	26
Wirtschaftspolitische Rahmenbedingungen	117
Wirtschaftssektoren	27

Wissensbewahrung	196
Wissensentwicklung	196
Wissenserwerb	196
Wissensidentifikation	196
Wissensmanagement	195
Wissensnutzung	196

Wissensteilung	196
Wissenstreppe	195

Z

Zielkonflikte	51
Zielsetzungsprozess	102
Zweigniederlassung	122

Bildungsmedien für technische Kaufleute und HWD bei Compendio

Diese Lehrmittel-Reihe ist auf die Bedürfnisse von Studierenden zugeschnitten, die sich auf die Prüfungen zum/zur eidg. dipl. Technischen Kaufmann/-frau (TK) oder auf das Höhere Wirtschaftsdiplom (HWD) vorbereiten. Sie richtet sich deshalb in der Stoffauswahl und -tiefe nach den Prüfungsreglementen der beiden Lehrgänge, wobei die Neuerungen des TK-Prüfungsreglements 2010 berücksichtigt sind.

Betriebswirtschaftslehre für technische Kaufleute und HWD

Clarisse Pifko, Marcel Reber, Rita-Maria Züger
266 Seiten, A4, broschiert, 2., überarbeitete Auflage 2009, ISBN 978-3-7155-9402-6, CHF 55.00

Rechnungswesen für technische Kaufleute und HWD

Robert Baumann, Marcel Reber
324 Seiten, A4, broschiert, 2., überarbeitete Auflage 2009, ISBN 978-3-7155-9403-3, CHF 55.00

Marketing für technische Kaufleute und HWD

Compendio-Autorenteam
302 Seiten, A4, broschiert, 2., überarbeitete Auflage 2009, ISBN 978-3-7155-9404-0, CHF 55.00

Organisation und Projektmanagement für technische Kaufleute und HWD

Hugo Dobler, Andreas Führer, Daniel Kneubühl, Rita-Maria Züger
248 Seiten, A4, broschiert, 2., überarbeitete Auflage 2009, ISBN 978-3-7155-9405-7, CHF 55.00

Führung für technische Kaufleute und HWD

Marita Knecht, Clarisse Pifko, Rita-Maria Züger
246 Seiten, A4, broschiert, 2., überarbeitete Auflage 2009, ISBN 978-3-7155-9406-4, CHF 55.00

Kommunikation für technische Kaufleute und HWD

Susanne Jäggi
188 Seiten, A4, broschiert, 2., überarbeitete Auflage 2009, ISBN 978-3-7155-9407-1, CHF 45.00

Recht für technische Kaufleute und HWD

Lucien Gehrig, Thomas Hirt, Christa Müller
328 Seiten, A4, broschiert, 2., überarbeitete Auflage 2009, ISBN 978-3-7155-9409-5, CHF 55.00

Volkswirtschaftslehre für technische Kaufleute und HWD

Bernhard Beck, Marcel Reber
206 Seiten, A4, broschiert, 2., überarbeitete Auflage 2009, ISBN 978-3-7155-9408-8, CHF 55.00

Logistik für technische Kaufleute und HWD

Hans-Joachim Mathar, Johannes Scheuring
298 Seiten, A4, broschiert, 2., überarbeitete Auflage 2009, ISBN 978-3-7155-9362-3, CHF 55.00

Informatik für technische Kaufleute und HWD

Compendio-Autorenteam
326 Seiten, A4, broschiert, 2., überarbeitete Auflage 2009, ISBN 978-3-7155-9381-4, CHF 55.00

Bestellung Alle hier aufgeführten Lehrmittel können Sie per Post, E-Mail, Fax oder Telefon bei uns bestellen:

Compendio Bildungsmedien AG, Neunbrunnenstrasse 50, 8050 Zürich
Telefon ++41 (0)44 368 21 14, Fax ++41 (0)44 368 21 70
E-Mail: bestellungen@compendio.ch, www.compendio.ch